Peter Schäfer

KURZE GESCHICHTE
DES ANTISEMITISMUS

Peter Schäfer

KURZE GESCHICHTE
DES ANTISEMITISMUS

C.H.Beck

2. Auflage. 2020

© Verlag C.H.Beck oHG, München 2020
ww.chbeck.de
Umschlaggestaltung: Kunst oder Reklame, München
Satz: Janß GmbH, Pfungstadt
Druck und Bindung: GGP Media GmbH, Pößneck
Gedruckt auf säurefreiem und alterungsbeständigem Papier
Printed in Germany
ISBN 978 3 406 75578 1

myclimate
klimaneutral produziert
www.chbeck.de/nachhaltig

INHALT

VORBEMERKUNG 9

1 GRIECHISCH-RÖMISCHE ANTIKE
Die Diffamierung der Juden als Menschen-
und Fremdenfeinde 19

Identitätsstiftende Merkmale des jüdischen Ethnos 20
Persien und das Buch Esther:
    Ein Plan zur Ausrottung aller Juden 24
Ägypten: Eine Gegenerzählung vom Exodus 26
Syrien-Palästina: Eselskult und Menschenopfer 28
Rom: Hass und widerwillige Bewunderung 32
Alexandria: Das erste Pogrom der Geschichte 37
Tacitus: Die Summe des antiken Judenhasses 40

2 DAS NEUE TESTAMENT
Von innerjüdischer Polemik zu christlichem
Antisemitismus 43

Paulus: Angriff auf das traditionelle Judentum 45
Das Matthäusevangelium: Die Schuld des ganzen
    jüdischen Volkes 50
Das Johannesevangelium: Die Juden als Söhne der Finsternis . 58

3 DIE CHRISTLICHE SPÄTANTIKE
Der jüdische Stachel im Fleische des Christentums .. 67

Die Zerstörung des Jerusalemer Tempels und die Folgen 67
«Adversus Judaeos»: Die christliche Umdeutung der
    Hebräischen Bibel 71

Justin: Dialog mit dem Juden Trypho 73
Die Göttlichkeit Jesu und seine Menschwerdung 77
Jüdische Polemik gegen das Christentum 81
Arius und das Nizänische Glaubensbekenntnis 83
Chrysostomus: Hasspredigten gegen die Juden 86
Ambrosius: Die Kirche im Kampf gegen die Juden 89
Augustinus: Die Juden als «Rest Israels» 92
Die antijüdische Gesetzgebung der Spätantike 95

4 DER ISLAM
Juden und Christen als Schutzbefohlene 101

Muhammad und die Juden: Allianzen und Kriege 103
Der Koran: Die Religion Abrahams und ihre Entstellungen . . 107
Die Ausbreitung des Islam: Jerusalem 114
Die rechtliche Stellung der Juden 117

5 DAS CHRISTLICHE MITTELALTER
Schutz, Ausbeutung und Verfolgung 121

Kirchliche Judengesetzgebung: Vom Schutz zur Unterdrückung 122
Weltliches Recht: Die Juden als Besitz des Herrschers 128
Angst vor selbstbewussten Juden 132
Kreuzzüge und Judenverfolgungen 137
Die Legende vom jüdischen Ritualmord 142
Die Pariser Talmudverbrennung von 1242 147
Der Vorwurf des Hostienfrevels 150
Das Motiv der Judensau 153
Pest und Pogrome 155
Vertreibungen aus West- und Mitteleuropa 157

6 FRÜHE NEUZEIT
Zwischen Hebraismus und Antisemitismus 165

Johannes Reuchlin: Die neue Wissenschaft und
das Recht der Juden 166
Martin Luther: Das wahre christliche und das
teuflische Judentum 170
Der späte Luther: Hass und Aufruf zur Vernichtung 177
Christlicher Hebraismus und Philosemitismus 183

7 DAS ZEITALTER VON AUFKLÄRUNG, EMANZIPATION UND NATIONALISMUS
Gesellschaftlich akzeptierter Antisemitismus 187

Aufklärung: Das Judentum als Inbegriff der Intoleranz 187
Anfänge der Emanzipation 191
Emanzipation und Nationalismus 196
Das Kaiserreich als antisemitische Konsensgesellschaft 202
Juden in Wirtschaft und Gesellschaft des Kaiserreichs 206
Rassentheorie als Leitdisziplin 214
Politische Parteien und Verbände im Deutschen Reich 219
Das antisemitische Europa: Von der Dreyfus-Affäre zu den
«Protokollen der Weisen von Zion» 223

8 VON DEN WELTKRIEGEN BIS ZUR GEGENWART
Vernichtungsantisemitismus und die Wiederkehr des Verdrängten 229

Weimarer Republik: Im Vorhof zur Hölle 229
NSDAP: Der Kampf gegen die Juden als Programm 236
Das «Dritte Reich»: Vom «Judenboykott» bis zur «Kristallnacht» 243
Krieg und Schoah 251
Nach der Schoah: Kontinuität und Verdrängung 262
Aufklärung über die Schoah und die Wiederkehr alter Muster 268
Kritik an Israel – und wo sie antisemitisch wird 271
Zurück in die Mitte der Gesellschaft 274
Islamischer Antisemitismus 280
Israelboykott: Die Diskussion um den BDS 288

AUSBLICK 295

ANHANG

Anmerkungen 305
Literatur 321
Personen- und Ortsregister 329

VORBEMERKUNG

Eine kurze Geschichte des Antisemitismus zu schreiben, ist ein kühnes Unterfangen, denn der Antisemitismus hat eine überaus lange Geschichte: Er beginnt in der vorchristlichen Antike und reicht bis in die allerneueste Gegenwart. Er ist, um ein berühmtes Diktum des Historikers Theodor Mommsen abzuwandeln, so alt wie die jüdische Diaspora selbst, das heißt wie die Begegnung von Juden und Nichtjuden in den verschiedenen kulturellen Zentren des antiken Vorderen Orients. Mit anderen Worten: Antisemitismus beginnt in dem Augenblick, in dem die Juden als eine ethnische Gruppe mit eigenen religiösen und kulturellen Gewohnheiten, Ansprüchen, Gebräuchen wahrgenommen werden.

Mit dieser Aussage treffe ich mehrere weitreichende Festlegungen für das Konzept dieses Buches, die ich als bewusste Vorentscheidungen nur kurz begründen werde. Die wichtigste davon ist die Verwendung des Terminus «Antisemitismus». Ich benutze den Begriff für alle ausgeprägten Formen von Judenhass und Judenfeindschaft von den Anfängen bis zur Gegenwart und im vollen Bewusstsein der Tatsache, dass er anachronistisch ist und erst im 19. Jahrhundert geprägt wurde, um die rassistische Theorie von einem «ewigen Kampf» zwischen der «arischen» und der «semitischen Rasse» zu untermauern. Indem ich ihn für alle Formen des Antisemitismus durch die Geschichte hindurch verwende, gehe ich davon aus, dass diese zwar keineswegs identisch sind, dass sie aber Elemente enthalten, die es erlauben, sie unter einem gemeinsamen Begriff zu fassen. Ihre sowohl unterschiedlichen wie auch verbindenden Aspekte herauszuarbeiten, wird eine wesentliche Aufgabe dieses Buches sein.

Damit entscheide ich mich auch gegen eine Trennung von «Antijudaismus» als der spezifisch christlichen Ausprägung des Antisemitismus und «Antisemitismus» als seiner völkisch-rassistischen modernen Spielart. Weder glaube ich, dass diese beiden Aspekte säuberlich zu trennen sind – ganz im Gegenteil, sie überschneiden und überlappen sich ständig –, noch teile ich die Auffassung, dass das eine (Antijudaismus) irgendwann von dem anderen (Antisemitismus) abgelöst wird. Diese Unterscheidung verbietet sich schon deswegen, weil sie den vorchristlichen Antisemitismus komplett ausblendet. Ich werde beide Termini gleichberechtigt nebeneinander verwenden, allenfalls mit einer stärker religiösen Akzentuierung beim Antijudaismus und einer stärker gesellschaftlichen beim Antisemitismus. Manchmal verwende ich auch beide Begriffe gleichzeitig, wenn ich über den quellenbezogenen Befund (Antijudaismus) hinaus den Blick auch auf das Gesamtbild (Antisemitismus) lenken möchte.

Ich verzichte auch darauf, einen eigenen Begriff zu erfinden. Anhänger einer puristischen Terminologie mögen bei der Lektüre des Buches das Wort «Antisemitismus» durchgehend mit Anführungszeichen versehen. Und schließlich halte ich nichts davon, wie dies heute manchmal gefordert wird, den Begriff Antisemitismus aus der wissenschaftlichen Diskussion zu verbannen: Probleme, die ein Begriff zu erfassen sucht, erledigen sich nicht dadurch, dass man den Begriff verbietet. Dies ist zwar ein bekannter Kunstgriff in umstrittenen Bereichen der Forschung (ein anderes Beispiel ist der Begriff «Magie»), aber letztlich ein unfruchtbares Glasperlenspiel.

Dies bedeutet konkret: Mit dem Beginn des Antisemitismus in der vorchristlichen Antike lehne ich ausdrücklich die These ab, dass es das Christentum mit seinem Vorwurf des Messias- und Gottesmordes war, das den Antisemitismus in die Welt gebracht hat. Ich halte diese These für eine Verkürzung des historischen Sachverhalts, die weder dem Christentum noch dem Antisemitismus gerecht wird. Ebenso wenig schließe ich mich den Forschern an, die den «eigentlichen» Antisemitismus erst im Mittelalter mit der Dämonisierung der Juden und den Anklagen der Blutschuld, der Hostienschändung, des Ritualmords und der Brunnenvergiftung beginnen lassen wollen. Noch viel weniger bin ich der Auffassung, dass es erst die rassistische Variante der Neuzeit war, die es erlaubt, von Antisemitismus zu sprechen. Antisemitismus ist dies alles – und vieles mehr. Deshalb sind auch alle Versuche von vorneherein zum Scheitern verurteilt, das Phänomen des Antisemitismus in die Zwangsjacke einer allgemeingültigen Definition zu zwingen; die seriöse wissenschaftliche Erforschung des Antisemitismus hat gut daran getan, eine solche nicht zu forcieren.

Wie problematisch derartige Versuche sind, zeigt die im Mai 2016 verabschiedete Definition der International Holocaust Remembrance Alliance (IHRA), die im September 2017 von der deutschen Bundesregierung übernommen wurde:[1]

> Antisemitismus ist eine bestimmte Wahrnehmung von Juden, die im Hass auf Juden Ausdruck finden kann. Rhetorische und physische Manifestationen von Antisemitismus richten sich gegen jüdische oder nichtjüdische Individuen und/oder ihr Eigentum, gegen Institutionen jüdischer Gemeinden und religiöse Einrichtungen.

Diese ausdrücklich als Arbeitsdefinition bezeichnete Definition ist merkwürdig blass und unbestimmt. Was heißt hier «kann»? Gibt es noch andere Wahrnehmungen von Juden, die unter die Kategorie Antisemitismus fallen, sich aber nicht im Hass auf Juden ausdrücken? Ebenso wird nicht genauer erläutert, was mit der Einbeziehung «nichtjüdische[r] Individuen» in die Definition gemeint ist. Hilfreicher ist die an die Arbeitsdefinition angehängte Liste von Beispielen, die eklatante Manifestationen des Antisemitismus illustrieren sollen (wobei aber auch wichtige fehlen oder unterbewertet werden).

Ich möchte daher festhalten, gegen alle Versuche einer vereinheitlichenden Definition: Antisemitismus ist ein variables, vielschichtiges und offenes System, das sich im Laufe seiner Geschichte ständig mit neuen Facetten anreichert und in unterschiedlichen gesellschaftlichen Konstellationen immer wieder neu erfindet. «Bewährte» ältere Elemente bleiben dabei als Konstante erhalten und werden durch neu hinzukommende Elemente nicht etwa relativiert, sondern im Gegenteil intensiviert. Das ideologische System des Antisemitismus entwickelt sich dadurch zu einer potenten Kraftmaschine, deren Effizienz und Gefährlichkeit im Laufe der Zeit selten ab- und meistens zunimmt. Diese Entwicklung vollzieht sich nicht in kleinen und kontinuierlichen

Vorbemerkung

Schritten, sondern meist in dramatischen Sprüngen. Der Betrachter des Phänomens Antisemitismus braucht umfassende historische Kenntnisse über lange Zeiträume sowie die Fähigkeit, einen multiperspektivischen und nüchternen Blick auf ein emotional hochaufgeladenes Thema zu werfen.

Mit diesem breitgefächerten Ansatz, der historische Veränderungen und Anreicherungen berücksichtigt, votiere ich schließlich gegen die beiden vorherrschenden Erklärungsmodelle des Antisemitismus, die man als «substantialistisch» oder «essentialistisch» und «funktionalistisch» bezeichnet hat. Das substantialistische/essentialistische Modell deutet Antisemitismus gewissermaßen als ein «natürliches» und konstantes Phänomen der Gesellschaften, in denen Juden lebten, weitgehend unabhängig von den jeweils unterschiedlichen historischen Kontexten. Es ist ein Modell, das auf ein im Kern immer identisches «Wesen des Judentums» rekurriert, dem ein monolithischer, in seinem Wesen immer identischer Antisemitismus gegenübersteht. Das funktionalistische Modell stellt dagegen die sich ständig wandelnden historischen Umstände in den Mittelpunkt, aus denen heraus sich variable und immer wieder neue Merkmale des Antisemitismus ergeben.

Beide Modelle hat es in ihrer reinen Form wohl nie gegeben, und beide sind auch methodisch hochproblematisch. Ein ausschließlich funktionalistischer Ansatz läuft Gefahr, seinen Gegenstand in sich ständig ändernde politische und soziale Relationen aufzulösen und ihn damit letztendlich wegzuerklären. Es ist daher auch kein Zufall, dass die Vertreter des funktionalistischen Modells lieber über Politik als über Religion sprechen. Ein exklusiv substantialistischer Ansatz dagegen, der die Ursache des Antisemitismus im innersten Wesen des Judentums sieht, muss sich den Vorwurf gefallen lassen, letztlich den Juden selbst die Schuld für das zu geben, was ihnen widerfahren ist. Da «Funktion» und «Wesen» nicht säuberlich voneinander zu trennen sind, sondern immer nur in ihrem Bezug aufeinander greifbar werden, kann nur eine Kombination beider Modelle zu historisch abgesicherten Ergebnissen führen.

Dabei liegt es mir aber völlig fern, diese beiden Modelle bzw. die Möglichkeiten ihrer Kombination anhand der geschichtlichen Entwicklung des Antisemitismus zu verifizieren und zu überprüfen, um dann zu einer Theorie des Antisemitismus zu gelangen. Sie sind nichts weiter als theoretische Hilfskonstruktionen, die dazu beitragen, den Blick für historische Prozesse zu schärfen, und in ihrem spannungsreichen Verhältnis zueinander uns davor bewahren (können), einseitig die eine oder andere Richtung zu favorisieren.

Mein Hauptanliegen bei der Planung und Strukturierung des Buches war, so weit wie eben möglich die zur Verfügung stehenden Quellen sprechen zu lassen. Dabei bin ich mir selbstverständlich bewusst, dass immer ich als Autor derjenige bin, der die Quellen ausgewählt und dadurch die entscheidenden Akzente gesetzt hat – Quellen sprechen nie für sich, sondern wirken durch ihre Auswahl und ihre Interpretation. Diese methodische Banalität sei durch den ebenso selbstverständlichen Hinweis ergänzt, dass die Quellenlage sich für die einzelnen behandelten Epochen sehr unterschiedlich gestaltet: Während für die Antike und Spätantike die Quellen spärlich sind, sprudeln sie im Mittelalter und vor allem dann in der Neuzeit in einer Quantität, die die Auswahl immer schwieriger werden lässt. Hier mussten oft aus der Fülle des Materials Entscheidungen getroffen werden, über die man im Einzelfall sicher diskutieren kann.

Das größte Problem neben der Bewältigung der schier unermesslichen Materialfülle war die Eingrenzung des Themas, und zwar sowohl inhaltlich als auch geographisch. Das Buch erhebt den Anspruch, einen Gesamtüberblick über die Entstehung und Entwicklung des Antisemitismus in seinen wichtigsten Manifestationen und Formen von den Anfängen bis zur Gegenwart zu geben. Dabei wird ein besonderer Akzent auf die Grundlegung des Antisemitismus in der Antike gelegt, und zwar sowohl in der klassischen vorchristlichen Antike als auch in der christlichen Theologie des Neuen Testaments und der frühen Kirche in der Spätantike. In dieser Schwerpunktsetzung unterscheidet sich meine Darstellung von den meisten vergleichbaren Unternehmungen, in denen die griechisch-römische Antike oft nur am Rande vorkommt und die christlich-theologische Spielart eher als Sonderfall behandelt wird. Dies bedeutet auch, dass der Religion bzw. christlichen Theologie insgesamt ein viel größeres Gewicht eingeräumt wird, als sowohl christ-

Vorbemerkung

liche Theologen wie auch Neuzeithistoriker – in einer bemerkenswerten Allianz, aber aus unterschiedlichen Gründen – ihr zugestehen wollen. Während den Theologen immer noch und allzu oft daran gelegen ist, die Bedeutung der christlichen Manifestationen des Antisemitismus herunterzuspielen und die Kirchen damit zu exkulpieren, ziehen sich die Neuzeithistoriker gerne auf das Argument zurück, dass der Einfluss der Religion seit der Aufklärung immer weiter zurückgegangen sei und heute so gut wie keine Rolle mehr spiele. Dabei übersehen sie, dass für die Bewertung des religiösen Elements im Antisemitismus nicht der bewusste Rekurs auf die Religion entscheidend ist, sondern das Weiterwirken – bewusst oder unbewusst – der religiösen Stereotype und Vorurteile, die sich im Laufe der Zeit im Christentum herausgebildet hatten. Dieses Weiterwirken ist völlig unabhängig davon, wie christlich oder säkular sich eine Gesellschaft versteht. Mit dieser Hervorhebung des Anteils, den das Christentum an der Entwicklung des Antisemitismus hatte und hat, geht es mir nicht darum, das Christentum an den Pranger zu stellen, sondern deutlich zu machen, dass in der kumulierten Präsenz *aller* Facetten des Antisemitismus gerade auch seine christlich-religiöse Manifestation bis heute weiterwirkt und nie überwunden wurde.

Zu den schwierigsten Überlegungen bei umfassenden historischen Überblicken, die sich nicht als erschöpfende Information, sondern als Diskussionsbeiträge verstehen, gehört die Entscheidung, was der Autor weglässt. Diese Entscheidung muss ständig getroffen werden und kann niemals alle Leser in gleicher Weise zufriedenstellen. Ohne darauf im Einzelnen einzugehen, sei hier nur hervorgehoben, dass ich die jüdische Auseinandersetzung mit dem Christentum im Mittelalter und insbesondere auch die jüdische Antwort auf den Antisemitismus in der Neuzeit weitgehend ausgeklammert habe. Eine wichtige Ausnahme ist die jüdische polemische Streitschrift *Toledot Jeschu* («Lebensgeschichte Jesu»), und dies aus folgendem Grunde: Die *Toledot Jeschu* entstanden in der Spätantike nicht als Antwort auf antisemitische christliche Polemik, sondern sind Teil der direkten Auseinandersetzung zwischen dem entstehenden Christentum und dem sich neu formierenden rabbinischen Judentum. Sie wurden im Laufe der Jahrhunderte immer weiter «angereichert» und dann im Mittelalter, als sie durch Übersetzungen ins Lateinische und später auch Deutsche im Christentum bekannt wurden, zu einem wichtigen Stichwortgeber für christliche antisemitische Angriffe auf das Judentum.

Was die geographische Eingrenzung betrifft, verbot die Schwerpunktsetzung in der Antike und auch die Einbeziehung des klassischen Islam jede Begrenzung des Themas auf Europa oder gar nur auf Deutschland. Der Islam ist aus zwei Gründen ein integraler Bestandteil meines Überblicks: Einmal ist er in seinen Anfängen ohnehin in der Welt der christlichen und jüdischen Spätantike verwurzelt, und zum anderen spielt er in der gegenwärtigen Diskussion des Antisemitismus eine so herausragende Rolle, dass er gerade auch in seiner klassischen Form keinesfalls übergangen werden kann. Ich beginne also mit einem geographisch sehr weit gefassten Raum, begrenze diesen aber zunehmend auf Europa und dann, vor allem in der Neuzeit, auf Deutschland im Sinne der Staaten des Deutschen Bundes, des Kaiserreichs, der Weimarer Republik und schließlich des NS-Staates. Dabei versuche ich aber, die benachbarten Staaten (Frankreich, Österreich-Ungarn, Polen, Russland) so weit wie möglich einzubeziehen, zumal dort ähnliche Prozesse, aber mit unterschiedlichen Akzentuierungen, zu beobachten sind. Die extremste Manifestation des Antisemitismus, der industriell organisierte Massenmord als Staatsdoktrin, findet sich nur in Deutschland.

Das Buch ist als Sachbuch für ein breiteres Publikum konzipiert und erhebt nicht den Anspruch, ein neuer und eigenständiger Forschungsbeitrag zu sein; meine eigene Forschung zum Thema konzentriert sich auf die Antike/Spätantike und das Mittelalter. Es ging mir ausschließlich darum, eine pointierte – und das bedeutet auch: meine – Sicht des Antisemitismus in seiner geschichtlichen Entfaltung vorzulegen. Die Notwendigkeit und Aktualität eines solchen Buches bedarf in der gegenwärtigen Situation – ich schreibe dies am 75. Jahrestag der Befreiung von Auschwitz – keiner besonderen Begründung. Eine Auseinandersetzung mit der inzwischen uferlosen Sekundärliteratur findet grundsätzlich nicht statt; Kenner der Literatur werden aber in Einzelfällen bemerken, dass ich mich für oder gegen eine be-

Vorbemerkung

stimmte Position in der Forschung äußere. Die Anmerkungen beschränken sich daher im Wesentlichen auf Quellennachweise; im Literaturverzeichnis wird darüber hinaus ausgewählte Sekundärliteratur aufgeführt, die das Weiterstudium erleichtern kann. Diese Auswahl ist ausdrücklich subjektiv und verfolgt nicht das Ziel, repräsentativ oder gar umfassend zu sein. Ich hebe aber gerne einige Forschungsbeiträge und Autoren hervor (genaue Angaben im Literaturverzeichnis), auf die ich mich besonders gestützt habe: David Nirenbergs umfassende Zusammenschau in seinem Opus magnum *Anti-Judaismus. Eine andere Geschichte des westlichen Denkens*, vor allem in den Kapiteln über das Neue Testament, die Alte Kirche und das Mittelalter; Glen Bowersock für die historische Einordnung des Islam; Angelika Neuwirth für den Koran; Mark Cohen für den Vergleich des Antisemitismus im Islam und im Christentum; Thomas Kaufmann für Luthers Antisemitismus; Hermann Greive für den modernen Antisemitismus in Deutschland; Friedrich Battenberg als unerschöpfliche Quelle für die Geschichte der Juden Europas im Mittelalter und in der Neuzeit; und Stefanie Schüler-Springorum, die mir die Einsichtnahme in mehrere ihrer noch unveröffentlichten Arbeiten zum modernen Antisemitismus ermöglicht hat.

Mehrere Kolleginnen und Kollegen aus verschiedenen Fachgebieten haben das Manuskript des Buches in Teilen oder sogar ganz gelesen und mit ihrer Kritik, ihren Einwänden, ihren hilfreichen Verbesserungen, aber auch mit ihrer Ermunterung nicht gespart. Diese Erfahrung war für mich in einer nicht leichten Zeit eine große Hilfe. Klaus Haacker, Klaus Herrmann, Christoph Markschies, Jürgen Richert und Stefanie Schüler-Springorum haben mir erlaubt, ihre Namen zu nennen, und ich danke ihnen von ganzem Herzen für ihre freundschaftliche und großzügige Unterstützung. Meine kritischste Leserin und Diskussionspartnerin war, gerade bei diesem Thema, meine Frau; vieles von dem, was ich hier formuliert habe, geht auf unsere langen und intensiven Diskussionen zurück. Da sie sich aber das Ritual einer öffentlichen Danksagung verbittet – mit dem schwer zu widerlegenden Argument, dass wir in unserem Alter auch dieses Stadium hinter uns gelassen haben –, belasse ich es bei dieser Bemerkung. Danken möchte ich aber ausdrücklich noch Ulrich Nolte vom Verlag C.H.Beck, der mich ermuntert hat, dieses Buch zu schreiben, und dessen sorgfältige Lektorierung des Manuskriptes eine große Hilfe war.

1

GRIECHISCH-RÖMISCHE ANTIKE

Die Diffamierung der Juden als Menschen-
und Fremdenfeinde

Es besteht heute weitgehend Einigkeit darüber, dass das Judentum, so
wir wie es kennen, erst im Babylonischen Exil im 6. Jahrhundert v. Chr.
und in der unmittelbar folgenden nachexilischen Zeit seine bis heute
gültige Gestalt gewonnen hat. Der persische König Kyros erlaubte
538 v. Chr. den verbannten Israeliten die Rückkehr aus dem Exil. Die
Zeit der persischen Oberherrschaft über die kleine jüdische Provinz
Judäa (Jahud) am äußersten westlichen Rande des persischen Großreiches endete mit dem Sieg Alexanders des Großen über Darius III.
im Jahr 333 v. Chr. Mit Alexander begann die lange Zeit der griechischen und dann der römischen Oberhoheit über das jüdische Territorium, die das Judentum der Antike über weite Strecken geprägt hat.
Durch die Reichsteilung nach Alexanders Tod kam Judäa zunächst
unter die Herrschaft der Ptolemäer in Ägypten, dann der Seleukiden in
Syrien-Palästina. Die Makkabäeraufstände ab ca. 168/67 v. Chr. führten zur schrittweisen Loslösung der jüdischen Provinz aus dem seleukidischen Staatsverbund, die schließlich in der Errichtung eines selbständigen jüdischen Staates unter der Dynastie der Hasmonäer gipfelte. Als
die Römer ihren Einfluss auf den Vorderen Orient ausdehnten und
dem Seleukidenreich ein Ende bereiteten (64 v. Chr.), war es auch mit
der relativen Selbständigkeit des jüdischen Staates vorbei. Die Römer
installierten Herodes den Großen als ihren Vasallenkönig (37–4 v. Chr.)
und gliederten Judäa bald nach dem Tod des Herodes als Provinz in das

Römische Reich ein. Der erste jüdische Krieg besiegelte mit der Eroberung Jerusalems und der Zerstörung des Tempels durch den späteren Kaiser Titus (70 n. Chr.) das Schicksal des jüdischen Staates und des sich auf den Tempelkult gründenden Judentums. Mit dem Entstehen des Christentums und seiner rasanten Ausbreitung in der griechisch-römischen Antike betrat ein neuer Mitspieler die politische Bühne, der das Ende des römischen Imperiums einläuten und die weitere Entwicklung des Judentums in dramatischer Weise beeinflussen sollte.

Der Siegeszug des jungen Alexander eröffnete ein ganz neues Kapitel in der Geschichte des Vorderen Orients. Zwar waren die westlichen Gebiete des persischen Großreiches – darunter auch die Küstenebene des später «Palästina» genannten fruchtbaren Landstrichs zwischen Syrien im Norden und Ägypten im Süden – wirtschaftlich und kulturell schon lange nach Griechenland hin orientiert, doch wurden sie nun auch militärisch und politisch in die umfassende Ökumene des neuen hellenistischen Großreiches integriert. Auch das kleine und politisch unbedeutende Judäa wurde Teil dieser Ökumene, die sich als Zentrum und Speerspitze der zivilisierten Welt verstand. Wer außerhalb dieser Zivilisation stand, die durch einen einheitlichen Wirtschaftsraum, gemeinsame Werte, gemeinsame religiöse Grundüberzeugungen und gemeinsame kulturelle Errungenschaften geprägt war, und ihr auch nicht durch Eroberung und Unterwerfung eingegliedert werden konnte, war ein verachteter Barbar.

Identitätsstiftende Merkmale des jüdischen Ethnos

Das Judentum, das durch die Eroberung Alexanders in diese weltumspannende hellenistische Ökumene eintrat, war – wie auch die anderen Völker des Vorderen Orients – ein Ethnos, also eine Stammes- und Volksgemeinschaft mit besonderen kulturellen, sprachlichen und religiösen Eigenheiten. Seine identitätsstiftenden Merkmale, die sich nach dem Babylonischen Exil herausgebildet hatten und als solche auch von der griechisch-römischen Umwelt wahrgenommen wurden, lassen sich kurz zusammenfassen:

Im Zentrum des jüdischen Selbstverständnisses steht seit der Rückkehr aus dem Exil die Torah – im engeren Sinne, die Fünf Bücher Mose der Hebräischen Bibel –, die Moses nach jüdischer Tradition auf dem Berg Sinai von Gott offenbart wurde. Die Torah ist das Religions- und Staatsgesetz, das alle Belange des jüdischen Volkes regelt. Es ist der normative, das heißt für alle Juden gültige Ausdruck der jüdischen Lebensweise in ihren religiösen und politischen Komponenten, das Gesetz des in Judäa lebenden Volkes, das ihm von Gott gegeben wurde und das es freiwillig angenommen hat. Die jüdischen Schriften der hellenistischen Zeit nennen die Torah daher auch «die väterlichen Gesetze» *(ta patria nomima)*. Jeder Eingriff in diese väterlichen Gesetze gilt als ein Angriff auf den Kern und das Wesen des Judentums.

Eng verbunden mit der Torah als identitätsstiftendem Merkmal des Judentums ist die jüdische Gottesvorstellung. Die Zehn Gebote verkünden Gott als den Gott, der Israel aus Ägypten geführt hat und neben dem sie keine anderen Götter haben dürfen.[1] Das «Höre Israel» *(Schema' Jisrael)*, das feierliche Gottesbekenntnis des Judentums, preist Gott als Israels einen und einzigen Gott, den Israel mit seinem ganzen Herzen, seiner ganzen Seele und seiner ganzen Kraft lieben soll.[2] Dieser Gott wird von seinem Volk in seinem einzigen Tempel in Jerusalem durch kultische Handlungen (Tieropfer) und Gebete verehrt. Er ist unsichtbar und braucht keinen Namen, der ihn von anderen Göttern unterscheidet; auch Abbilder von ihm gibt es nicht. Für die religiöse Kultur der Griechen und Römer war dieser Gott befremdlich. So vertraut der Tempelkult mit seinen Tieropfern ihnen war, so wenig konnten sie mit der Vorstellung eines einzigen, bild- und namenlosen und in seinem Wesen unbekannten Gottes anfangen. Ihr Götterpantheon kannte zwar die Idee eines obersten Gottes, aber es war gerade darauf angelegt, sich zu erweitern und auch die Götter anderer Völker zu integrieren. Dass die Juden sich dieser harmonisierenden Tendenz widersetzten, war von Anfang an ein Stein des Anstoßes.

Weitere Identitätsmerkmale, die seit der nachexilischen Zeit immer prominenter hervortraten, waren die Beschneidung, der Sabbat und das

Verbot, Schweinefleisch zu essen. Von diesen dreien war die Beschneidung das folgenreichste ethnische Identitätsmerkmal, weil es physisch sichtbar und nur schwer rückgängig zu machen ist. Die Bibel verlangt von jedem männlichen Juden, beschnitten zu werden: «Ein Unbeschnittener, eine männliche Person, die am Fleisch ihrer Vorhaut nicht beschnitten ist, soll aus ihrem Stammesverband abgeschnitten/ausgemerzt werden *(karet)*. Er hat meinen Bund gebrochen» (Genesis 17,14). Aber da die Beschneidung den Bund Gottes mit Abraham und dem aus ihm entstehenden Volke besiegelt, ist sie gleichzeitig auch ein religiöser Akt. Die Griechen (und später auch die Römer) missbilligten die Beschneidung, und es war eines der erklärten Ziele der jüdischen Hellenisten in Jerusalem, sie abzuschaffen. Da die athletischen Wettkämpfe im Stadion, eines der wichtigsten Symbole der griechischen Lebensweise, nackt ausgetragen wurden, propagierten die jüdischen Hellenisten sogar eine operative Prozedur, die darauf abzielte, die Vorhaut wiederherzustellen (in den griechischen Quellen *epispasmos* genannt). Zu den berüchtigten Gesetzen, die der seleukidische König Antiochus IV. gegen das traditionelle Judentum erließ, gehört daher auch an ganz prominenter Stelle das Verbot der Beschneidung (1. Makkabäer 1,48). Frauen, die ihre Söhne hatten beschneiden lassen, wurden öffentlich in der Stadt herumgeführt und dann mit ihren Kindern von der Stadtmauer gestürzt (2. Makkabäer 6,10). Im Gegenzug ließen die makkabäischen Rebellen, die sich gegen die Seleukiden und ihre «aufgeklärten» jüdischen Parteigänger erhoben, unbeschnittene Jungen zwangsweise beschneiden (1. Makkabäer 1,46).

Der Sabbat als Tag der Ruhe von jeder Arbeit geht nach der Hebräischen Bibel auf den göttlichen Schöpfungsakt zurück. Als Gott die Erschaffung des Himmels und der Erde abgeschlossen hatte, ruhte er am siebten Tag: «Am siebten Tag vollendete Gott das Werk, das er gemacht hatte, und er ruhte am siebten Tag von dem ganzen Werk, das er gemacht hatte» (Genesis 2,2). Israel soll dem Beispiel seines Gottes folgen und ebenfalls am siebten Tag ruhen (Exodus 20,8–11); gleichzeitig soll der Sabbat Israel auch an den Auszug aus Ägypten erinnern (Deuteronomium 5,15). Und auch der Sabbat erreichte seinen vorläufigen Höhepunkt als ethnisches Identitätsmerkmal des Judentums in hellenistischer Zeit. Genau deswegen verbot Antiochus IV. auch die Feier des Sabbats und der anderen jüdischen Festtage (1. Makkabäer 1,45). Die makkabäischen Rebellen weigerten sich zunächst, am Sabbat zu kämpfen. Als die seleukidische Armee sich diesen taktischen Vorteil zunutze machte, lernten die Rebellen ihre Lektion und verzichteten auf den religiösen Grundsatz der Sabbatheiligung in Zeiten der Gefahr für Leib und Leben (1. Makkabäer 2,41).

Auch das Verbot, Schweinefleisch zu essen, ist biblisch verankert: Die Bibel erlaubt, nur die Großtiere zu essen, die sowohl gespaltene Hufe haben als auch Wiederkäuer sind. Da das Schwein zwar gespaltene Hufe hat, aber kein Wiederkäuer ist, gilt es als unrein (Deuteronomium 14,8; Levitikus 11,7). Auch das Tabu des Schweinefleischs wurde seit der hellenistischen Zeit verstärkt als jüdisches Identitätsmerkmal wahrgenommen. Folgerichtig verlangte Antiochus IV. zur konsequenten Durchsetzung seiner Hellenisierungspolitik von den Juden seines Reiches, dass sie nicht nur die Beschneidung und die Feier des Sabbats aufgaben, sondern in ihrem Tempel auch Schweine und andere unreine Tiere opferten (1. Makkabäer 1,47).

Mit diesen ihren Besonderheiten stellten die Juden sich in den Augen ihrer griechischen und römischen Zeitgenossen gegen den umfassenden Anspruch des Hellenismus, mit seiner Zivilisation – seinen kulturellen, wirtschaftlichen und religiösen Errungenschaften – die gesamte Welt (soweit sie durch Alexander erschlossen war) zu vertreten. Die Juden waren keine Barbaren an den Rändern und außerhalb der hellenistischen Ökumene, sondern sie lebten mittendrin – aber sie waren «anders», pochten auf dieses Anderssein und ließen sich nicht in den allgemein akzeptierten hellenistischen Lebens- und Wertekanon einbinden, ja sie behaupteten sogar, dass dieser dem ihrigen unterlegen sei. Damit stoßen zwei unterschiedliche Weltanschauungen aufeinander und treten in Konkurrenz zueinander, aber dies ist für sich genommen weder historisch ungewöhnlich noch ethisch verwerflich. Was an diesem Zusammentreffen erlaubt uns also, die Reaktion der einen (der Griechen und Römer) auf das Verhalten der anderen (der Juden) nicht nur als xenophobisch, sondern als antisemitisch zu bezeichnen?

Identitätsstiftende Merkmale des jüdischen Ethnos

Persien und das Buch Esther:
Ein Plan zur Ausrottung aller Juden

Die Quellenlage[3] führt uns bis ins Ende der persischen Zeit zurück, unmittelbar zum Übergang in die von Alexander dem Großen ausgelöste Hellenisierung des Vorderen Orients. Das biblische Buch Esther, das in seiner ältesten hebräischen Fassung zwar in der Perserzeit spielt, wahrscheinlich aber erst um 300 v. Chr. verfasst wurde und daher schon den neuen hellenistischen Zeitgeist erkennen lässt, ist das älteste Dokument, das über das Thema Antisemitismus Aufschluss gibt. Es erzählt die Geschichte vom persischen König Artaxerxes und seiner jüdischen Gemahlin Esther, die ihr Volk vor dem Untergang rettet: Haman, der königliche Großwesir und Erzfeind der Juden, überredet seinen König zu einem Dekret, mit dem die Vernichtung aller Juden des Reiches verhängt werden soll. Nur die kluge Intervention Esthers und ihres Vertrauten Mordechai vereitelt den ruchlosen Plan Hamans.

In der Beschreibung der Juden, die Haman dem König vorträgt und mit der er das Edikt begründet, wird zum ersten Mal in unseren Quellen der Ton angeschlagen, mit dem die dünne und schwer fassbare Linie überschritten wird, die Judenfeindschaft in einem weiteren und diffusen Sinne von Antisemitismus trennt und der sich als Cantus firmus durch die ganze weitere Geschichte ziehen wird. In der hebräischen Fassung des Estherbuches heißt es noch relativ gemäßigt: «Es gibt ein einziges Volk, das über alle Provinzen deines Reiches verstreut lebt, aber sich von den anderen Völkern absondert. Seine Gesetze sind von denen aller anderen Völker verschieden; auch die Gesetze des Königs befolgen sie nicht» (Esther 3,8). Danach befolgen die Juden als einziges Volk im persischen Vielvölkerstaat nicht die Gesetze des Königs, sondern nur ihre eigenen Gesetze. Deswegen solle der König ein Dekret erlassen, wonach alle Juden in seinem Reich auszurotten sind (Esther 3,9: Das verwendete hebräische Wort *le-'abbedam* bedeutet genau dies: ausrotten, vernichten). Die jüngere griechische Fassung des Estherbuches, die aber wahrscheinlich auf ältere hebräische Vorlagen zurückgeht, formuliert deutlich schärfer: Ein «bestimmtes heimtückisches Volk» habe sich unter alle Nationen der Erde gemischt; es stehe

1 Griechisch-römische Antike

durch seine Gesetze «zu jedem anderen Volk in Gegensatz» und missachte ständig die Anordnungen der persischen Könige (Esther 3,13d). Deswegen ist der König zu der Ansicht gelangt, «dass dieses Volk als Einziges sich gegen alle Menschen ohne Ausnahme feindselig verhält, nach absonderlichen und befremdlichen Gesetzen lebt und sich gegen die Interessen unseres Landes stellt und die schlimmsten Verbrechen begeht» (Esther 3,13e). Alle Juden im persischen Reich müssen «samt ihren Frauen und Kindern ohne Gnade und Erbarmen durch das Schwert ihrer Feinde radikal ausgerottet werden» (Esther 3,13 f.).

Hier wird zum ersten Mal in unmissverständlicher Deutlichkeit und Schärfe eine radikale antisemitische, über bloße Judenfeindschaft hinausgehende Vernichtungspraxis begründet: Die Juden unterscheiden sich demnach durch ihre als absonderlich gebrandmarkten Gesetze von allen anderen Völkern und stellen ihre Gesetze über die ihres Landes. Damit beanspruchen sie nicht nur, ein eigenes Volk in der sie umgebenden Volksgemeinschaft zu sein, sondern stellen sich auch gegen alle anderen Menschen, das heißt, sie verlassen den Konsens, den die Menschheit im Interesse eines zivilisierten Zusammenlebens eingegangen ist. Dies bedeute in letzter Konsequenz, dass sie sich eines Verbrechens gegen die Menschheit und Menschlichkeit schuldig machten, das nicht durch individuelle Strafen abgegolten werden könne. Die einzige angemessene Antwort sei die Vernichtung aller Juden, einschließlich ihrer Frauen und Kinder.

Es fällt schwer, in diesen noch in der vorchristlichen Antike einem persischen König in den Mund gelegten Worten nicht ein Modell der monströsen Einstellung zu sehen, die die Geschichte der Juden durch die Jahrhunderte hindurch bis zu ihrem bisherigen Höhepunkt in der ersten Hälfte des 20. Jahrhunderts begleiten sollte. Auf jeden Fall gilt, dass die hier vorgetragenen «Argumente» in ihrem Kern eine zentrale Rolle in der Einstellung der Griechen und Römer zu den Juden spielen werden.

Persien und das Buch Esther

Ägypten: Eine Gegenerzählung vom Exodus

Die ersten historisch verifizierbaren Zeugnisse für Antisemitismus in der griechisch-römischen Welt finden sich im ptolemäischen Ägypten, wo sich Ptolemaios, der General und Freund Alexanders des Großen, in den Wirren nach dessen Tod als Herrscher Ägyptens durchgesetzt hatte. Der Historiker und Geograph Hekataios von Abdera (um 300 v. Chr.) erwähnt in seiner Geschichte Ägyptens beiläufig auch die Juden und berichtet erstmals von einer ägyptischen Gegenerzählung zur biblischen Exodusgeschichte.[4] Während einer schlimmen Pest hätten die Ägypter alle fremdstämmigen Bevölkerungsgruppen aus dem Lande vertrieben, und die meisten von ihnen seien schließlich in dem Gebiet gelandet, das heute «Judäa» genannt wird. Dort hätten sie unter ihrem Anführer Moses eine Kolonie (Jerusalem) gegründet, in der sie nach ihren eigenen Gesetzen leben konnten: «Er [Moses] setzte Opfer und eine Lebensweise fest, die sich von denjenigen der anderen Völker unterscheiden; aufgrund der am eigenen Leibe erfahrenen Vertreibung führte er nämlich eine asoziale/menschenfeindliche *(apanthrōpon)* und fremdenfeindliche *(misoxenon)* Lebensweise ein.»[5] Hier wird das fundamentale Anderssein der Juden mit ihrer tief verwurzelten «Menschenfeindlichkeit» *(apanthrōpia)* und «Fremdenfeindlichkeit» *(misoxenia)* begründet; beide, zusammen mit dem Vorwurf der «Gottlosigkeit», sollten den weiteren Diskurs in der hellenistischen Zeit und dann auch weit darüber hinaus maßgeblich bestimmen.

Der ägyptische Priester Manetho, der etwas jüngere Zeitgenosse des Hekataios, überliefert in seinen verloren gegangenen *Aegyptiaca* sogar zwei Versionen der ägyptischen Exodusgeschichte, die nur noch in Zitaten bei dem jüdischen Historiker Flavius Josephus erhalten sind.[6] Die historischen Hintergründe dieser Erzählung sind kompliziert und teilweise auch rätselhaft, aber ihr Kern lässt sich einigermaßen sicher bestimmen: Nach der längeren Fassung wollte ein ägyptischer Pharao mit Namen Amenophis (welcher, ist unklar; manche vermuten Amenophis III., der aber auch mit Amenophis IV. = Echnaton verwechselt wurde) das Land von allen Aussätzigen und anderen «unreinen» Menschen befreien. Er internierte 80 000 von ihnen in einer verlassenen ägyptischen Stadt. Ihr Anführer war ein ägyptischer Priester mit Namen Osarseph, von dem wir später erfahren, dass er niemand anderes ist als Moses. Dieser Osarseph/Moses erließ Gesetze für die Ausgestoßenen, darunter «als erstes das Gesetz, weder die (ägyptischen) Götter anzubeten noch auf eines der in Ägypten am meisten verehrten heiligen Tiere zu verzichten, sondern alle als Opfer darzubringen und zu vernichten; ferner dass sie mit niemandem in Verbindung treten sollten außer mit ihren eigenen Bundesgenossen».[7] Nachdem er viele andere Gesetze erlassen hatte, «die den ägyptischen Bräuchen völlig entgegengesetzt waren»,[8] verbündete Osarseph/Moses sich mit den Bewohnern Jerusalems – die nach Hekataios aus Ägypten vertrieben worden waren – und brachte ganz Ägypten in seine Gewalt. Seine Truppen zerstörten Städte und Dörfer, vernichteten die Götterbilder in den Tempeln und zwangen die Priester, ihre heiligen Tiere zu schlachten und zu braten.[9] Die unheilige Allianz der unreinen Ägypter mit den Juden aus Jerusalem führte zu einer dreizehn Jahre währenden Fremdherrschaft, bis die rechtmäßige Herrschaft des Pharao wiederhergestellt werden konnte.

Eine spätere Version der Erzählung von der Vertreibung der Juden aus Ägypten, die der griechische Historiker Diodorus Siculus wiedergibt, weist deutliche Parallelen mit Manetho und Hekataios auf. Danach seien die Vorfahren der Juden als unreine Aussätzige und «gottlose, den Göttern verhasste Menschen» aus Ägypten vertrieben worden. Sie hätten dann die «Gegend um Jerusalem» besetzt und das «Volk der Juden» begründet. Dieses Volk der Juden zeichne sich durch seinen «Hass gegen die Menschen» *(to misos to pros tous anthrōpous)* aus, den es an seine Nachkommen vererbt habe. Deswegen hätten sie auch «ganz ausgefallene Bräuche» eingeführt: Sie lehnten die Tischgemeinschaft mit jedem anderen Volke ab und würden anderen Menschen keinerlei Wohlwollen entgegenbringen.[10]

Im Mittelpunkt aller ägyptischen Exodus-Traditionen steht das Thema der Menschen- und Fremdenfeindlichkeit: Die Juden seien gottlos und den Göttern verhasst, und sie hassten alle anderen Menschen. Dieser Hass schlage sich in ihren eigenen Gesetzen nieder, die sie von allen anderen Menschen und Völkern unterschieden und die darauf ausgerichtet seien, die kulturelle und religiöse Identität der anderen Völker zu unterminieren. Die uralte Angst der Ägypter vor der Eroberung durch fremde Völker und Fremdherrschaft wird hier auf die Juden projiziert. Die Juden verkehrten nur untereinander und vermieden den Umgang mit anderen Menschen (wie sich vor allem an ihren Essgewohnheiten zeige). In Wirklichkeit seien sie unrein und verbreiteten schreckliche Krankheiten wie den Aussatz (dieses Motiv sollte im Mittelalter während der Pestwelle von 1348 in Form der jüdischen Brunnenvergiftung wiederkehren).

In der Kombination der Motive der Gottlosigkeit und der Fremden- und Menschenfeindlichkeit entstand im hellenistischen Ägypten ein bis dahin unbekanntes und in seiner propagandistischen Wirkung kaum zu überschätzendes antijüdisches Potential, das sich in dieser schlagkräftigen Form erst unter den Bedingungen des Hellenismus entwickeln konnte. Die Wiege des Phänomens, das wir als Antisemitismus bezeichnen, stand im hellenistischen Ägypten.

Syrien-Palästina: Eselskult und Menschenopfer

Die Motive der Gottlosigkeit der Juden und ihres Hasses auf alle anderen Menschen ziehen sich wie ein roter Faden durch die griechische und römische Literatur der Antike. Sie lassen sich bei zahlreichen Autoren nachweisen und wurden mit weiteren Motiven aus dem Fundus der die Juden charakterisierenden Besonderheiten (Beschneidung, Feier des Sabbat, Verbot von Schweinefleisch) angereichert. Vom ptolemäischen Ägypten wanderten sie in das seleukidische Syrien-Palästina und verlangten immer deutlicher nach Konsequenzen. Der unsichtbare und namenlose jüdische Gott war den Griechen und Römern von jeher suspekt, und sie reagierten darauf sehr unterschiedlich. Neben nachdenklichen und wohlmeinenden, später (vor allem in Rom) auch bewundernden Stellungnahmen häuften sich unter den Seleukiden negative und abschätzige Reaktionen. Ein früher Versuch, das jüdische Gottesbild lächerlich zu machen, ist die Behauptung, dass die Juden in ihrem Tempel in Wirklichkeit einen Esel oder auch nur einen Eselskopf verehrten – den sie aber aus guten Gründen im Allerheiligsten des Tempels versteckten, das nur ihr Hohepriester betreten durfte. Diese angebliche Eselsverehrung sollte später den Christen zugeschrieben werden.

Interessanterweise wurde im seleukidischen Herrschaftsbereich zwar der Vorwurf des Eselskults übernommen, aber im Mittelpunkt der Vorwürfe gegen die Juden stand wieder deren angebliche grundsätzliche Menschenfeindlichkeit. Danach drang der Erzfeind der Juden, Antiochus IV. Epiphanes – der mit seinen antijüdischen Dekreten den Kampf gegen das traditionelle Judentum eröffnet hatte –, in das Allerheiligste des jüdischen Tempels ein und fand dort zu seiner Überraschung «das steinerne Bild eines Mannes mit langem Barte», der auf einem Esel saß und ein Buch in seinen Händen hielt. Der König vermutete sogleich, dass es sich dabei um Moses mit dem Buch der Torah handelte. Und es ist weniger der Esel, der Antiochus verstörte, als vielmehr das Bild des Moses mit der Torah, enthalte die Torah doch genau die «menschenfeindlichen und unsittlichen Bräuche», die Moses den Juden zum Gesetz gegeben habe. Schockiert über den Hass der Juden auf die gesamte Menschheit, beschloss der König, die traditionellen Bräuche der Juden abzuschaffen:[11]

Und da Epiphanes die menschenfeindliche Ablehnung aller Völker durch die Juden abscheulich fand, machte er es zu seinem ehrgeizigen Ziel, die jüdischen Sitten abzuschaffen. Deswegen opferte er vor dem Bild des Gründers [Moses] und dem unter offenem Himmel aufgestellten Altar des Gottes eine große Sau und schüttete das Blut über das Standbild und den Altar. Das Fleisch ließ er zubereiten und befahl, mit dessen Brühe die heiligen Bücher der Juden, die die fremdenfeindlichen Gesetze enthielten, zu übergießen. Weiter befahl er, den angeblich unsterblichen Leuchter, der ohne Unterlass im Tempel brannte, auszulöschen und den Hohepriester sowie die anderen Juden zu zwingen, von dem Fleisch zu kosten.

Hier wird die angeblich fundamentale jüdische Menschenfeindlichkeit mit dem Verbot aller jüdischen Gesetze und Gebräuche beantwortet. Und was wäre besser für einen solchen Kahlschlag geeignet, als von den

Syrien-Palästina: Eselskult und Menschenopfer

Juden zu verlangen, genau das zu tun, was sie am meisten verabscheuen und fürchten: Schweine in ihrem Tempel zu opfern und das Opferfleisch zu essen. Eine extremere Pervertierung der jüdischen Lebensweise und Religion als das Opfer eines Schweins im Tempel und das anschließende Essen des Schweinefleisches ist kaum denkbar. Die nichtjüdische Obsession mit dem jüdischen Schweinetabu sollte im christlichen Mittelalter mit dem Bildmotiv der Judensau in Steinreliefs christlicher Kirchen ihre obszöne Wiederauferstehung feiern.

Mit seinen Maßnahmen traf Antiochus IV. den Lebensnerv des Judentums. Dabei ist es unerheblich, ob der König diese wirklich genau so erlassen und dann auch durchgesetzt hat. Im historischen Kontext betrachtet geht es ja um eine sehr komplexe politische Gemengelage, die sich nicht einfach im Kampf *der* Seleukiden gegen *die* Juden und *der* Juden gegen ihre seleukidischen Unterdrücker erschöpft. Weder waren die Seleukiden untereinander in allem einig, noch, sehr viel weniger, waren alle Juden vereint in ihrer Ablehnung der seleukidischen Maßnahmen – ganz im Gegenteil; auch auf jüdischer Seite fand die Politik des Königs bei den jüdischen Hellenisten, die sich aus der Oberschicht bis hin zum Hohepriester rekrutierten, begeisterte Anhänger. Im Übrigen darf man nicht vergessen, dass der Kampf um das Verständnis dessen, was in einer modernen hellenistisch geprägten Gesellschaft unter «Judentum» zu verstehen war, nicht nur mit aktiven Maßnahmen, sondern auch als Propagandaschlacht ausgetragen wurde, in der beide Seiten mit harten Bandagen um die Deutungshoheit kämpften. Dennoch können die komplexen historischen Umstände nicht darüber hinwegtäuschen, dass insbesondere unter der seleukidischen Herrschaft über Judäa ein antijüdisches Potential freigesetzt wurde, das unabhängig von seinen realpolitischen Bedingungen durch die weitere Geschichte hindurch – und weit über die Antike hinaus – eine dramatische und in der Folge für die Juden tödliche Wirkung entfalten sollte.

Die schlimmste denkbare Konsequenz der angeblich tief im Judentum verankerten Menschenfeindlichkeit ist der Vorwurf, Menschen – genauer: Menschen fremder Herkunft – in einem kultischen Ritual zu opfern und zu verspeisen. Genau dieser Vorwurf wurde den Juden in der hellenistischen Antike gemacht, und es ist gewiss kein Zufall, dass ausgerechnet wieder Antiochus IV. der Held dieser Geschichte ist. Danach habe der König, als er den Jerusalemer Tempel betrat, in einem abgesperrten Raum einen Menschen auf einem Ruhebett gefunden, vor dem ein Tisch mit allen erdenklichen Speisen und Getränken stand. Dieser Mensch sei dem König zu Füßen gefallen und habe ihn angefleht, ihn zu befreien. Auf Geheiß des erstaunten Königs habe er diesem dann sein Schicksal erzählt:[12]

> Er sei ein Grieche, und während er, um seinen Lebensunterhalt zu verdienen, die Provinz [Judäa] durchzogen habe, sei er plötzlich von fremdstämmigen Menschen ergriffen, in einen Tempel geschleppt und hier eingesperrt worden. Dort wurde er von niemandem erblickt, aber dauernd mit Speisen gemästet. Anfangs hätten ihm diese unerwarteten Wohltaten Freude verursacht, darauf aber Verdacht, dann Erstaunen. Zuletzt habe er einen der Diener gefragt und von ihm erfahren, dass es ein geheimes Gesetz der Juden gebe, dem zuliebe er genährt werde. Sie täten dies jährlich zu einer festgelegten Zeit. Sie fingen nämlich einen durchreisenden Griechen, mästeten ihn ein Jahr lang, führten ihn dann in einen Wald, schlachteten ihn, opferten seinen Leib nach ihrem Brauche, kosteten von seinen Eingeweiden und schwüren bei der Opferung des Griechen, Feindschaft gegen die Griechen zu hegen. Dann würfen sie die Überreste des Geopferten in eine Grube.

Der Bericht des Griechen endet damit, dass er nur noch wenige Tage zu leben habe und den König inständig bitte, ihn aus Ehrfurcht gegenüber den Göttern der Griechen aus dieser schrecklichen Lage zu befreien und durch seine Rettung dieses Komplott der Juden zunichtezumachen.

Das Motiv der kannibalistischen Verschwörung *(coniuratio)* ist in der klassischen Literatur gut bezeugt und wird hier erstmals auf die Juden angewandt. Die Verschwörung besteht aus einem Eid in Kombination mit einem Menschenopfer und dem Berühren oder dem Verzehr der Überreste des Opfers (meistens der Eingeweide, manchmal aber auch von Fleisch oder Blut). Ein bekanntes Beispiel ist die Legende von der Verschwörung des römischen Politikers Catilina *(coniuratio Catilinae)*, wonach Catilina einen Knaben opferte und seine Mitver-

Syrien-Palästina: Eselskult und Menschenopfer   **31**

schworenen einen Eid bei den Eingeweiden des Knaben schwören ließ. Anschließend verzehrten er und seine Freunde die Eingeweide bei einem Opfermahl. Dieser Vorwurf konnte gegen alle möglichen Rivalen und Feinde in unterschiedlichen politischen Zusammenhängen erhoben werden, und es ist gewiss kein Zufall, dass er später auch den Christen gemacht wurde.

Der Schwerpunkt der judenfeindlichen Version liegt ganz offensichtlich auf dem Eid der Feindschaft gegenüber den Griechen, die zum Hassgegner der Juden stilisiert werden. Dies ist das alte Motiv des Menschen- und Fremdenhasses, wie es uns zuerst im ptolemäischen Ägypten begegnete, hier auf den Fremdenhass zugespitzt. Indem es mit einem kultischen Ritual verbunden wird, verwandelt es sich in ein schlagkräftiges Argument gegen die geheimnisvolle jüdische Religion: Der unsichtbare jüdische Gott sei in Wirklichkeit ein grausamer Gott, der in einem jährlich erneuerten Ritual Menschenopfer verlangt. Indem die Erzählung betont, dass der Hass der Juden vorwiegend den Griechen gelte, stellt sie klar, dass der jüdische Tempelkult sich gegen die allgemein akzeptierten Werte der zivilisierten, das heißt griechischen Welt richte. Letztlich geht es also um den unüberbrückbaren Gegensatz zwischen der universalen, von allen anderen Menschen und Völkern anerkannten Religion der Griechen und der barbarischen und menschenverachtenden Religion der Juden.

Rom: Hass und widerwillige Bewunderung

Die zentralen Motive der antiken Judenfeindschaft sind im kollektiven Gedächtnis unseres – eng mit dem Vorderen Orient verbundenen – europäischen Kulturkreises fest verankert und wanderten mit der schrittweisen Eroberung des Vorderen Orients durch Rom von den Griechen zu den Römern. Zwar gab es schon seit dem 2. Jahrhundert v. Chr. eine jüdische Gemeinde in Rom, aber die Verhältnisse dort waren relativ friedlich und unbelastet, auch als nach der Eroberung Jerusalems durch Pompejus (63 v. Chr.) und nach den jüdisch-römischen

Kriegen (68–74 und 132–135 n. Chr.) unter Vespasian/Titus und Hadrian viele Juden vor allem als Gefangene und Sklaven nach Rom kamen. Die Juden Judäas und die kleinasiatischen, nordafrikanischen und ägyptischen Diasporajuden lernten die Römer im Zuge ihrer expansiven Politik gegen die hellenistischen Königreiche des Vorderen Orients kennen; nach dem Aufstand der traditionellen Juden gegen Antiochus IV. und mit den zunehmenden Erfolgen der Makkabäer gegen die verhassten Seleukiden wurden die Juden Judäas willkommene Bundesgenossen Roms gegen die Seleukiden und entsandten in dieser Funktion auch Delegationen nach Rom. Die Vermutung liegt nahe, dass die Römer im Zuge dieser politischen Kontakte mit den Juden Judäas bzw. ihrer Gegner auch mit den antijüdischen Stereotypen der hellenistischen Welt bekannt wurden.

Die römische Literatur steht der Literatur der Griechen in ihren Klischees und Vorurteilen in nichts nach; vieles in den römischen Quellen ist nachweislich von ihren hellenistischen Vorläufern abgeschrieben. Die Gewichtung der einzelnen Motive ist allerdings unterschiedlich; vor allem kam im römischen Kontext ein Aspekt hinzu, der bei den Griechen so gut wie gar keine Rolle spielte: die Furcht vor der Attraktivität des Judentums gerade auch unter gebildeten Schichten der römischen Gesellschaft. Die Überzeugung von der allumfassenden und alle Völker befriedenden geistigen Überlegenheit der griechischen Kultur wich im Römischen Reich einer pragmatischeren Einstellung, die sich mehr auf die militärische als auf die geistige Überlegenheit gründete. Die alten und wirksamen Instrumente der Judenfeindschaft blieben zwar erhalten und wurden, je nach persönlicher Einstellung des Autors und den spezifischen historischen Gegebenheiten, auch verschärft, aber jetzt konnte man den ethischen und moralischen Besonderheiten der jüdischen Religion zunehmend positive Seiten abgewinnen. Anders als oft behauptet wird, hat das antike Judentum nicht aktiv missioniert, aber gebildete römische Kreise entdeckten die Vorzüge der jüdischen Gottesvorstellung und der jüdischen Lebensweise. Echte Übertritte mit allen Konsequenzen (inklusive der Beschneidung) waren zunächst zwar selten, aber es bildete sich eine nicht unbeträchtliche Gruppe von «Gottesfürchtigen» heraus, die sich vom Judentum

Rom: Hass und widerwillige Bewunderung

angezogen fühlten, den Gottesdienst am Sabbat und an den Festtagen besuchten und auch Geld für Wohltätigkeit oder sogar für den Ausbau von Synagogen spendeten. (Diese «Gottesfürchtigen» hießen auf Griechisch *sebomenoi* oder *phoboumenoi* und auf Lateinisch *metuentes*.)

Verstreute Hinweise in der Literatur, die auf sporadische Ausweisungen von Juden aus Rom hindeuten, haben sehr wahrscheinlich mit diesem Interesse nichtjüdischer Römer an jüdischen Sitten und Gebräuchen zu tun. Schon das erste Zeugnis für die Anwesenheit einer jüdischen Gemeinde in Rom erwähnt eine solche befristete Vertreibung (139 v. Chr.) wegen angeblicher Sympathie einflussreicher Römer für die Juden. Dasselbe gilt für die Vertreibung der Juden aus Rom durch Kaiser Tiberius im Jahre 19 n. Chr., die angesichts der wiederholten Zusicherungen jüdischer Religionsfreiheit überraschend ist (anders als die im selben Edikt verfügte Vertreibung der Ägypter, deren Kult den Römern besonders fremd war).[13] Auch hier richteten sich die Maßnahmen weniger gegen die Ausübung der jüdischen Religion als vielmehr gegen die Attraktivität dieser Religion für Römer, die jetzt auch zunehmend formell und mit allen Konsequenzen zum Judentum übertraten. Eine dieser Konsequenzen war, dass ein zum Judentum übergetretener Römer nun auch den *fiscus Iudaicus* bezahlen musste, die nach der Eroberung Jerusalems und des Tempels eingeführte Sondersteuer für Juden. Vom römischen Kaiser Domitian wird berichtet, dass er systematisch nach übergetretenen Römern suchen ließ, die diese Steuer vermeiden wollten, indem sie ihren Übertritt vor den römischen Autoritäten verheimlichten. So erinnert sich der römische Schriftsteller Sueton in seinen Kaiserviten, dass er als junger Mann mitansehen musste, wie der Prokurator bei einem neunzigjährigen Greis öffentlich nachprüfen ließ, ob dieser beschnitten sei.[14] Wenn diese Geschichte zutrifft, muss die Anzahl der Proselyten in Rom immerhin so groß gewesen sein, dass sich solche rigorosen und demütigenden Maßnahmen für die Staatskasse lohnten.

Eine Summe aller jüdischen Eigenarten, die den Römern unverständlich waren und die sie verachteten, findet sich in ironischer Zuspitzung bei den lateinischen Satirikern des ersten und zweiten nachchristlichen Jahrhunderts. Der erste ist Petronius, ein Höfling am Hof

Neros, der für seinen satirischen Roman *Satyricon* bekannt ist. Von ihm ist folgendes Gedichtfragment erhalten:[15]

> Der Jude, mag er auch seine Schweinegottheit *(porcinum numen)* anbeten
> und die höchsten Himmelshöhen anrufen,
> wenn er nicht doch auch mit dem Messer den Saum seines Penis abschneidet
> und knotenförmig die Eichel freilegt,
> so soll er, vom Volk verjagt, in die griechischen Städte auswandern
> und soll nicht zittern beim vom Gesetz auferlegten Sabbatfasten.

In diesem kurzen, aber pointierten Text sind die wichtigsten Charakteristika der Juden aus griechisch-römischer Sicht angesprochen: das Tabu des Schweinefleischs, das zur Verehrung eines Schweinegottes persifliert wird, das Gebet zu dem in den höchsten Himmelshöhen verborgenen Himmelsgott, die Beschneidung und die Feier des Sabbat. Die Unterscheidung zwischen einer schweinegestaltigen Gottheit und dem höchsten Himmelsgott ist singulär; nirgendwo sonst wird die Abneigung der Juden gegen das Opfern und Verspeisen von Schweinefleisch in dieser geradezu perversen Weise zur angeblichen Verehrung einer Schweinegottheit verdichtet. Das Sabbatfasten als Besonderheit des Sabbat findet sich nur in lateinischen Quellen und ist vermutlich aus einer Übertragung des Fastens am jüdischen Versöhnungstag auf den Sabbat entstanden.

Besonderen Wert legt Petronius auf die Beschneidung: Wer sich nicht beschneiden lässt, ist kein Jude im vollen Sinne, kann der Volksgemeinschaft nicht angehören und darf auch den Sabbat nicht feiern. Da die Beschneidung im Judentum selbst – mit ganz wenigen Ausnahmen[16] – nicht umstritten war, hat Petronius es hier offensichtlich auf die «Gottesfürchtigen» abgesehen, die römischen Möchtegern-Juden, die (noch) vor dem letzten und unumkehrbaren Schritt zurückschreckten. Diese Stoßrichtung zeigt sich deutlich bei Juvenal, Petronius' etwas jüngerem Zeitgenossen:[17]

Rom: Hass und widerwillige Bewunderung

Manche, denen ein den Sabbat ehrender Vater zuteilwurde,
beten nichts an außer den Wolken und der Gottheit des Himmels
und sehen keinen Unterschied zwischen menschlichem Fleisch und
    dem eines Schweines,
dessen sich der Vater enthielt,
und lassen bald auch ihre Vorhaut beschneiden.
Daran gewöhnt, die römischen Gesetze geringzuschätzen,
lernen, praktizieren und verehren sie das jüdische Gesetz,
wie Moses es ihnen in geheimer Buchrolle überlieferte:
niemandem die Wege zu zeigen außer den Anhängern desselben Kults
und allein die Beschnittenen zur begehrten Quelle zu führen.
An all dem war allein der Vater schuld,
der jeden siebten Tag der Trägheit widmete
und fernhielt von allen Belangen des Lebens.

Hier steht der gottesfürchtige Vater im Mittelpunkt, der den Sabbat
hält, den unsichtbaren Himmelsgott anbetet und Schweinefleisch ver-
abscheut, aber den endgültigen Schritt zum Judentum noch nicht vollzogen hat. Dieser letzte Schritt ist dem Sohn vorbehalten, der durch
das Vorbild des Vaters angeleitet sich an das jüdische Gesetz gewöhnt
hat. Daraus spricht offensichtlich die Erfahrung der zweiten Genera-
tion der «Gottesfürchtigen», die nicht nur mit den zunehmend gesell-
schaftsfähigen Aspekten des Judentums liebäugelte, sondern mit der
Beschneidung – die den Römern nicht weniger verachtungswürdig war
als den Griechen – den endgültigen Seitenwechsel vollzogen hatte.
Dieser Seitenwechsel bedeutete nach dem Verständnis der Antike eben
nicht nur den Übertritt zu einer anderen «Religion» (eine Religion im
modernen, nachaufklärerischen Sinne gab es in der Antike ohnehin
nicht, weder bei den Juden noch bei den Griechen und Römern), sondern den viel radikaleren Wechsel der Volksgemeinschaft: vom Volk
der Römer, die sich immer für die Elite aller Völker hielten und das
römische Bürgerrecht sehr restriktiv handhaben, zum verachteten
Volk der Juden.

    Ganz anders als bei den Griechen zeigt sich bei den Römern, trotz
aller Verachtung der Juden und der Ablehnung ihrer Sitten und Gebräuche, eine tiefsitzende Furcht vor ihrer moralischen Überlegenheit

und ihrem Erfolg in der gebildeten römischen Gesellschaft. Ausdrücklich hervorgehoben sei – im Blick auf spätere Entwicklungen des Antisemitismus –, dass wirtschaftliche Gesichtspunkte dabei so gut wie keine Rolle spielten. Dieses Doppelgesicht der römischen Einstellung gegenüber den Juden – Hass und widerwillige Bewunderung – hat niemand besser zum Ausdruck gebracht als Seneca, der Erzieher Neros, der von diesem im Jahr 65 zum Selbstmord gezwungen wurde: «Inzwischen hat die Lebensweise dieses überaus verruchten Volkes *(sceleratissima gens)* solchen Einfluss gewonnen, dass sie in fast allen Ländern Eingang gefunden hat. Die Besiegten haben den Siegern Gesetze gegeben *(victi victoribus leges dederunt)*.»[18]

Alexandria: Das erste Pogrom der Geschichte

Wenn im hellenistischen Ägypten des 3. Jahrhunderts v. Chr. die Wiege des Antisemitismus stand, so markiert das hellenistische Ägypten des 1. Jahrhunderts n. Chr. den Höhe- und Endpunkt des vorchristlichen antiken Antisemitismus. Viele Juden waren mit und in der Folge der Eroberung Alexanders nach Ägypten gekommen; dort rivalisierten sie mit den einheimischen Ägyptern um die Gunst der griechischen Eroberer. Diese Rivalität äußerte sich in zahlreichen alltäglichen Situationen, besonders konkret und weitreichend aber bei der Besteuerung, die wiederum mit der Frage des Bürgerrechts in den Städten, insbesondere der Hauptstadt Alexandria, zusammenhing. Hier sind immer wieder Konflikte bezeugt, weil die Juden angeblich bevorzugt behandelt wurden. Mit der Eroberung Ägyptens durch Octavian, den späteren Kaiser Augustus, im Jahr 30 v. Chr. änderte sich das Machtgefüge grundlegend: Zu den bisherigen Hauptakteuren – Juden, einheimische Ägypter und Griechen – traten nun die Römer als die dominierende politische Macht hinzu. Die Spannungen zwischen Juden und Ägyptern verschärften sich, als Augustus 24/23 v. Chr. eine Kopfsteuer *(laographia)* einführte, von der nur die griechischen Bewohner Alexandrias vollständig ausgenommen waren. Nun entschied sich am Bürgerrecht in Alexandria, ob die Juden zu den Griechen oder zu den benachteiligten Ägyptern gerechnet wurden und von der Kopfsteuer befreit waren oder nicht. In dieser politisch aufgeheizten Situation trieb ein lange schwelender Konflikt auf seinen Höhepunkt zu.

Wir sind durch die Ereignisse, die schließlich als das erste Pogrom in die jüdische Geschichtsschreibung eingehen sollten, durch den jüdischen Philosophen Philo von Alexandria für antike Verhältnisse ungewöhnlich gut informiert.[19] Als Gaius Caligula im März 37 n. Chr. Nachfolger von Kaiser Tiberius wurde, spitzten sich die Ereignisse in Ägypten zu. A. Avillius Flaccus, der von Tiberius eingesetzte römische Präfekt Ägyptens, musste um seine Stellung fürchten und suchte sein Heil in der Unterstützung der griechischen Fraktion in Alexandria (die sich mit den Ägyptern gegen die Juden verbündete). Unmittelbarer Auslöser der Unruhen in Alexandria war dann der überraschende Besuch des judäischen Königs Herodes Agrippa I. in Alexandria im August 38 n. Chr. Caligula hatte ihn zum König der großen Gebiete nordöstlich vom See Genesareth ernannt, die zum Herrschaftsbereich des Herodes gehört hatten, und Agrippa machte auf dem Weg von Rom in sein neues Königreich in Alexandria Station. Sein Auftritt dort erregte den Zorn der ägyptischen Bevölkerung Alexandrias. Die Ägypter, die «von Natur aus gehässig sind», schreibt Philo, «barsten vor Neid und argwöhnten, dass das Glück anderer ihr Unheil sei; und weil ihnen die uralte Feindschaft gegen die Juden eingeboren war, ärgerten sie sich darüber, dass ein Jude König geworden war, nicht weniger, als wenn jedem einzelnen von ihnen eine angestammte Königswürde geraubt worden wäre».[20] Flaccus erlaubte «dem faulen und untätigen Stadtpöbel», Agrippa öffentlich zu schmähen und zu verspotten.[21] Philo vergisst nicht hinzuzufügen, dass Flaccus mit dieser Aktion, die gegen einen Freund und Bundesgenossen Caligulas gerichtet war, auch den Kaiser selbst beleidigte.[22]

Im nächsten Schritt duldete Flaccus, dass der alexandrinische Mob gegen den Willen der Juden römische Standbilder in den Synagogen aufstellte (womit diese nach dem jüdischen Religionsgesetz entweiht waren) und sogar Synagogen beschlagnahmte und zerstörte.[23] Ganz offensichtlich im Rückgriff auf die uralten Ängste der ägyptischen Juden veröffentlichte er einen Erlass, in dem er die Juden «als Fremde und Ausländer

anprangerte» und damit deren Bürgerrecht abschaffte.[24] Schließlich
brach der letzte Damm, indem Flaccus dem Mob gestattete, «die Juden
auszuplündern wie bei der Einnahme einer Stadt».[25] Als illegale Fremd-
linge gebrandmarkt, wurden die Juden in einem eng begrenzten Quar-
tier Alexandrias zusammengepfercht, dem ersten bekannten Ghetto der
Welt.[26] Philos drastische Beschreibung des ersten antijüdischen Pogroms
der Geschichte im orchestrierten Zusammenspiel von Staatsgewalt und
aufgehetztem Pöbel liest sich wie das unheimliche Drehbuch der Massaker, denen die Juden durch die Jahrhunderte hindurch bis in die
Gegenwart hinein ausgesetzt sein sollten:[27]

> Die Unglücklichen! Sie wurden ja sofort von denen ergriffen, die die
> Pöbelherrschaft unterstützten. Sie wurden umgebracht, durch die ganze
> Stadt geschleift, getreten und so zugerichtet, dass kein Glied ihres Körpers
> übrigblieb, das man hätte bestatten können. Mit vielfältigen, zu entsetz-
> licher Rohheit gesteigerten Formen des Terrors räumte der in bestialischer
> Wildheit rasende Pöbel auch noch unzählige andere beiseite und vernich-
> tete sie. Gleichgültig, wo sich ein Jude zeigte, er wurde gesteinigt oder
> niedergeknüppelt – allerdings trafen ihn nicht gleich die tödlichen Schläge,
> damit ihm nicht ein allzu schneller Tod die Schmerzen zu schnell erspare.
> Einige, durch die Immunität und die Erlaubnis (zum Töten) hemmungs-
> los gemacht, … griffen zu den allerwirksamsten (Waffen), zu Feuer und
> Eisen, und brachten viele mit Schwertern um, nicht wenige aber ver-
> brannten sie. Schon waren ganze Familien, Männer mit ihren Frauen,
> unmündige Kinder mit ihren Eltern mitten in der Stadt den Feuertod
> gestorben. … Eine noch erbärmlichere und langsamere Vernichtung
> dachten sie sich aus, wenn ihnen Brennholz fehlte. Dann sammelten sie
> Reisig und ließen die Armen mehr im Rauch als im Feuer umkommen;
> ihre Leichen lagen halbverkohlt überall. …
> Vielen banden sie auch, während sie noch lebten, die Füße bei den
> Knöcheln zusammen, zerrten sie herum, sprangen dabei auf ihre Körper
> und zerquetschten sie, denen sie den grausamsten Tod zugedacht hatten;
> und ihre Raserei erschöpfte sich keineswegs, wenn sie verendet waren.
> Den Leichen taten sie noch schlimmere Schmach an: Sie zerrten sie durch
> fast alle Gassen der Stadt, bis der Tote von dem unebenen, rauhen Boden
> zerfetzt war, bis Haut, Fleisch, Muskeln und was im Organismus zusam-
> mengehörte, zerrissen auseinanderfiel und verging.

Kurz nach dem Pogrom wurde Flaccus von Caligula als Präfekt Ägyptens abgesetzt und bald darauf hingerichtet. Caligula, der inzwischen versuchte, den Kaiserkult auch in Jerusalem durchzusetzen, empfing eine jüdische Gesandschaft in Rom und begrüßte sie als die «Gotteshasser, die nicht glauben, ich sei ein Gott, ich, der ich schon bei allen anderen anerkannt bin, sondern ihr glaubt an den für euch unbenennbaren Gott».[28] Im Übrigen interessierte ihn nur, warum die Juden kein Schweinefleisch essen.[29] Weitere Konsequenzen blieben den alexandrinischen Juden erspart, weil Caligula 41 n. Chr. ermordet wurde. Sein Nachfolger Claudius erneuerte schließlich in einem Edikt das gleichberechtigte Bürgerrecht der Juden zusammen mit den Griechen in Alexandria und bestätigte ausdrücklich auch ihr Recht, nach ihren eigenen Bräuchen zu leben.[30]

Tacitus: Die Summe des antiken Judenhasses

Das reiche Arsenal des Judenhasses in der griechisch-römischen Antike ging mit dieser nicht unter, sondern reichte vor allem in seinen literarischen Ausprägungen weit über die Antike hinaus. Viele der antijüdischen Vorurteile und Stereotype sind in unser kulturelles Gedächtnis eingegangen und haben eine beträchtliche Wirkung entfaltet. Von besonderem Gewicht ist hier die ausführliche systematische Zusammenfassung, die der einflussreiche römische Senator und Historiker Tacitus im ersten Jahrzehnt des zweiten Jahrhunderts in dem berühmten Exkurs über die Juden in seinen *Historiae* gibt.[31] Für Tacitus vertreten die Juden keine «Religion», vergleichbar der römischen *religio*, sondern das extremste Beispiel eines abstoßenden Aberglaubens *(superstitio)*. Zwar gebe es auch andere abergläubische Barbaren, aber die Juden überträfen sie alle: Schon unter den Assyrern, Medern und Persern galten die Juden als «der am meisten verachtete Teil ihrer Untergebenen», und der hellenistische König Antiochus IV. habe deswegen auch versucht, ihren Aberglauben zu beseitigen und ihnen die griechische Zivilisation zu bringen – aber leider sei er durch die politischen Umstände daran ge-

40   1 Griechisch-römische Antike

hindert worden, diesen «durch und durch abscheulichen Volksstamm» *(taeterrima gens)* zu bessern.[32]

Dies ist der durchgehende Ton des ganzen Exkurses. Während Teile ihrer Sitten und Gebräuche sich durch den Ursprung der Juden erklären lassen (die Vertreibung aus Ägypten) und daher noch relativ mild beurteilt werden, sind die meisten «verkehrt und abstoßend» *(sinistra foeda):* Untereinander immer loyal und mitfühlend, hätten die Juden für alle anderen Menschen nur feindseligen Hass *(hostile odium)* übrig; sie äßen und schliefen getrennt von «uns» [Römern] und vermieden auch Geschlechtsverkehr mit fremden Frauen, obwohl sie zu Wollust neigten. Die Beschneidung habe nur den Zweck, sich damit von anderen Völkern abzugrenzen; wer zu ihnen übertritt, sei angehalten, die traditionellen Götter zu verachten und sein Land sowie die eigene Familie zu verleugnen; sie verehrten nur einen Gott, von dem es kein Abbild gebe. Zusammengefasst ergibt dies das vernichtende Urteil: «die Lebensart der Juden ist absurd und verächtlich» *(absurdus sordidusque).*[33]

Das alte hellenistische Motiv der grundlegenden und unüberbrückbaren Menschen- und Fremdenfeindlichkeit der Juden hat hier seine endgültige römische/westliche Ausprägung gefunden. Nachdem schon die Griechen, allen voran der seleukidische König Antiochus IV. Epiphanes, vergeblich versucht hätten, die Juden zu einem akzeptierten Mitglied der zivilisierten Menschheit zu machen, seien auch die Römer darin gescheitert. Schlimmer noch: Die Juden verkörperten für die Griechen und Römer nicht nur das Gegenteil aller gemeinsamen Werte der griechisch-römischen Kultur, mit dem wachsenden Einfluss ihres «Aberglaubens» unterwanderten sie auch die römische Gesellschaft und bedrohten letztlich den Bestand des Römischen Reiches. Im historischen Rückblick war *diese* Furcht durchaus begründet, denn es sollten zwar nicht die Juden sein, wohl aber die sich von ihnen abspaltenden Christen, die dem Römischen Reich, so wie der Senator Tacitus es kannte und verehrte, ein Ende bereiteten. Gewiss nicht zufällig überträgt Tacitus denn auch den angeblichen Menschenhass der Juden auf die Christen: Als Nero die Christen für den berüchtigten Brand Roms im Juli 64 verantwortlich machte, bestrafte er sie nach Tacitus nicht

Tacitus: Die Summe des antiken Judenhasses　　　**41**

etwa wegen Brandstiftung – wie haltlos dieser Vorwurf war, hatte sich inzwischen herumgesprochen –, sondern wegen ihres Hasses auf das gesamte Menschengeschlecht *(odium humani generis)*.[34]

Wie viele Werke der klassischen Antike geriet Tacitus im Mittelalter weitgehend in Vergessenheit. Erst den Renaissance-Humanisten des 15. und 16. Jahrhunderts war es vorbehalten, ihn wieder neu zu entdecken und zu lesen. Dadurch gelangte auch seine prägnante Summe der antiken Judenfeindschaft in das Bewusstsein einer gebildeten, christlich geprägten, aber für den Wertekanon der griechisch-römischen Antike aufgeschlossenen Öffentlichkeit. In der Spätantike betrat aber lange vorher mit dem Christentum ein ganz neuer Akteur die politische und kulturelle Bühne, der die Geschichte der Judenfeindschaft und des Antisemitismus radikal verändern sollte.

2

DAS NEUE TESTAMENT

Von innerjüdischer Polemik zu christlichem
Antisemitismus

Die Geschichte des Christentums und damit auch der christlichen
Judenfeindschaft beginnt mit dem Neuen Testament. Das Neue Testament ist eine Sammlung von Schriften verschiedener Autoren über Leben und Sendung Jesu, die zu verschiedenen Zeiten geschrieben wurden
und sehr unterschiedliche Akzente gesetzt haben. Was sie vereint, ist die
Tatsache, dass sie im 4. Jahrhundert als allgemein anerkannte, das heißt
kanonische Schriften des Neuen Testaments verbindlich festgelegt und
andere konkurrierende Schriften damit ausgeschieden wurden. Über
die chronologische Reihenfolge der Entstehung dieser Schriften besteht
heute weitgehend Einigkeit: Jesus von Nazareth, der erwartete Messias
der Juden, hat selbst keine schriftlichen Zeugnisse hinterlassen; wie
viele in den Evangelien überlieferte Jesusworte tatsächlich von ihm
stammen, ist in der Forschung umstritten. Die frühesten erhaltenen
Dokumente des Christentums sind die Briefe des Apostels Paulus; allerdings hat er nicht alle Briefe, die im Neuen Testament unter seinem
Namen gesammelt sind, tatsächlich selbst verfasst. Die heute als echt
anerkannten Briefe entstanden zwischen 50/51 und dem Anfang der
60er Jahre.

Paulus bezeichnet sich selbst als beschnittenen Juden «aus Israels
Geschlecht, vom Stamm Benjamin, ein Hebräer von Hebräern, nach
dem Gesetz ein Pharisäer» (Philipper 3,5). Nach der deutlich später, am
Ende des 1. Jahrhunderts, geschriebenen Apostelgeschichte trug er den

jüdischen Namen Saul und war ein fanatischer Verfolger der Anhänger Jesu – bis er auf dem Weg nach Damaskus ein unerwartetes Erlebnis hatte. Ein Lichtblitz blendete ihn, er fiel zu Boden und hörte eine Stimme: «Saul, Saul, warum verfolgst du mich?», und diese Stimme offenbarte sich ihm als der Jesus, den er verfolgte und der ihm nun befahl: «Steh auf und geh in die Stadt; dort wird dir gesagt werden, was du tun sollst» (Apostelgeschichte 9,4–6). Dieses Erlebnis verwandelte den Verfolger der Christen in den Apostel Jesu, der die «neue Botschaft» nicht nur den Juden, sondern auch den Heiden, das heißt den Griechen und Römern, brachte. Der maßgebliche Gründer des so verstandenen Christentums ist deswegen gewiss nicht Jesus, sondern Paulus.

Die Evangelien entstanden erst nach den Paulusbriefen, wobei zwischen den synoptischen Evangelien Matthäus, Markus, Lukas und dem Johannesevangelium zu unterscheiden ist. Alle vier Evangelien bieten keine historische Darstellung des Lebens, der Lehre und des Todes des Messias Jesus, sondern ihre jeweils eigene Form der Verkündigung und des Aufrufs, ihm zu folgen. Alle Evangelien wurden erst nach der Zerstörung Jerusalems und des Tempels im Jahre 70 verfasst: das Markusevangelium bald nach 70, das Matthäusevangelium um 80, das Lukasevangelium zwischen 80 und 90 und das Johannesevangelium wohl kurz nach 100. Ihre ursprüngliche Sprache ist Griechisch, aber wer ihre tatsächlichen Verfasser sind, ist ebenso umstritten wie ihr Entstehungsort. Das schon im 2. Jahrhundert am meisten gelesene Evangelium war das Matthäusevangelium, dessen Verfasser das Markusevangelium benutzt hat. Ob es, wie lange angenommen, für Judenchristen (also gebürtige Juden, die sich zum Messias Jesus bekannten) geschrieben war, wird heute wieder diskutiert. Das Johannesevangelium unterscheidet sich in Aufbau, Stil, Sprache und Ton deutlich von den synoptischen Evangelien. Der Verfasser des Lukasevangeliums gilt auch als Verfasser der um 90 entstandenen Apostelgeschichte, die die Ausbreitung der Kirche von der Urgemeinde in Jerusalem bis zum großen Missionswerk des Paulus schildert.

Die Autoren der neutestamentlichen Schriften waren in der Mehrzahl gebürtige Juden, einige – wer genau, ist wegen der komplizierten

Verfasserfrage der Evangelien umstritten – gebürtige Heiden, die sich früh zur Jesusbewegung bekannten. Daher werden die im Neuen Testament zweifellos vorhandenen negativen Stimmen über das Judentum oft einer *inner*jüdischen Polemik zugeschrieben, die im Judentum seit der Hebräischen Bibel eine lange Tradition hat. Allerdings stellt sich bei genauerem Hinsehen sofort heraus, dass das Thema des Antisemitismus im Neuen Testament mit diesem Hinweis noch nicht erledigt ist. Ist doch das Kernthema aller Autoren des Neuen Testaments – in unterschiedlicher Gewichtung und unter sich verändernden historischen Bedingungen – nicht die Welt des traditionellen Judentums allein, sondern der Aufbruch der Jesusbewegung aus der fest gefügten Welt dieses Judentums in die große griechisch-römische Ökumene, zwei Welten, die sich bisher beide so erfolgreich und mit so dramatischen Folgen für das Judentum voneinander abgegrenzt hatten.

Was bedeutet dieser Aufbruch für die paganen Griechen und Römer und vor allem: Was bedeutet er für das Selbstverständnis der «alten» (ethnischen) Juden? Die Selbstaufgabe der «alten Juden» zugunsten der sich zu Jesus bekennenden «neuen Juden»? Konkreter gefragt: Müssen die «neuen Juden» auch den Ritus der Konversion vollziehen, das heißt sich beschneiden lassen? Wenn ja, was ist dann das Neue, wenn nein, sind sie dann noch Juden? Wann wird innerjüdische Polemik antijüdisch und schlägt in Antijudaismus um, vor allem dann, wenn sich die unbeschnittenen neuen Juden durchsetzen? Wann also wird aus polemischem Diskurs Feindschaft – vielleicht nicht in der Intention, längerfristig aber in der Wirkung?

Paulus: Angriff auf das traditionelle Judentum

Die Spannung zwischen Juden und Heiden, Judenchristen und Heidenchristen, alten und neuen Juden, zieht sich wie ein roter Faden durch alle Briefe des Heidenapostels Paulus. Seine Briefe sind alle keine systematischen theologischen Abhandlungen, sondern Gelegenheitsbriefe, die sich mit ganz konkreten Fragen der neuen Gemeinden in

Griechenland, Kleinasien und Rom beschäftigen. Schon der älteste bekannte Brief, der Brief an die Thessalonicher (geschrieben 50/51), die neue Gemeinde in Thessaloniki in Griechenland, artikuliert diese Spannung noch in ganz direkter, theologisch wenig reflektierter Weise. Diese neue Gemeinde war von Paulus und seinen Mitarbeitern gegründet worden und bestand ganz offensichtlich aus Heidenchristen, also Heiden, die sich zum Gott Israels in der Person Jesu Christi bekehrt hatten (1. Thessalonicher 1,9) und die deswegen von ihren jüdischen Mitbürgern angegriffen wurden. Paulus ermahnt sie, treu in ihrem Glauben zu bleiben, und vergleicht ihr Schicksal mit dem der «neuen Juden» in Judäa, die ebenfalls von ihren jüdischen Mitbürgern verfolgt werden:

> Denn, Brüder und Schwestern, ihr seid dem Beispiel der Gemeinden Gottes in Judäa gefolgt, die in Christus Jesus sind. Ihr habt von euren Mitbürgern das Gleiche erlitten wie jene von den Juden. Diese haben Jesus, den Herrn, und die Propheten getötet; auch uns haben sie verfolgt. Sie missfallen Gott und sind Feinde aller Menschen; sie hindern uns (nämlich) daran, den Heiden das Evangelium zu verkünden und ihnen so das Heil zu bringen. Dadurch machen sie unablässig das Maß ihrer Sünden voll. Aber der ganze Zorn ist schon über sie gekommen. (1. Thessalonicher 2,14–16)

Hier spricht Paulus als der Jude, der seine jüdischen Glaubensgenossen davon zu überzeugen sucht, dass die Botschaft Jesu Christi, so wie er sie versteht, auch die Nichtjuden, das heißt die paganen Griechen und Römer, mit einschließt. Seine Revolution des traditionellen Judentums werde aber von vielen Juden nicht akzeptiert: So wie die Juden schon die Propheten verfolgt und getötet hätten – ein klassischer Topos der innerjüdischen Auseinandersetzung –, hätten sie auch den Messias Jesus getötet und verfolgten nun ihn selbst als den Apostel der Heiden. Es ist alles andere als zufällig, dass Paulus die zeitgenössischen Juden mit dem Verdikt der Gottlosigkeit und der Menschenfeindlichkeit belegt, genau dem Vorwurf, der sich durch die gesamte pagane Literatur der Antike zieht.[1] Paulus macht sich hier also das klassische antijüdische Stereotyp zu eigen, das eine so verhängnisvolle Rolle in der Geschichte des vorchristlich-antiken Judentums gespielt hat. Dies sind starke Worte, und es überrascht nicht, dass manche moderne Theologen sie für eine spätere Hinzufügung und damit für unpaulinisch halten möchten.

Solche philologischen Manöver ändern aber nichts daran, dass Paulus' Grundanliegen in allen Briefen die Öffnung des Judentums zu den Heiden ist, zwar unterschiedlich akzentuiert, aber immer kompromisslos. Sehr viel theologischer argumentiert Paulus in seinem Sammelbrief an mehrere heidenchristliche Gemeinden in Galatien in Kleinasien (geschrieben 55). Diese «neuen Juden» sehen sich Angriffen von zu Christus bekehrten ethnischen Juden ausgesetzt, die von ihnen verlangen, sich beschneiden zu lassen und das biblische Gesetz in seiner ganzen Fülle und Strenge als heilsnotwendig anzuerkennen. Gegen dieses Ansinnen läuft Paulus Sturm:

> Dies eine möchte ich von euch erfahren: Habt ihr den Geist durch die Werke des Gesetzes oder durch das Hören der Glaubensbotschaft empfangen? Seid ihr so unvernünftig? Im Geist habt ihr angefangen und jetzt wollt ihr im Fleisch enden? (Galater 3,2 f.)

Paulus führt hier die für sein ganzes Werk grundlegenden Dichotomien von Geist und Fleisch sowie Glaube und Gesetz ein. Das «Fleisch» sind die ethnischen Juden, die dem Gesetz verhaftet bleiben, und der «Geist» sind die neuen Juden, also die Heidenchristen, die von der Knechtschaft des Gesetzes befreit sind. Wie können die, die den Geist der neuen Botschaft empfangen haben, sich durch die Beschneidung wieder dem Gesetz unterwerfen und damit zum Status des Fleisches zurückkehren? Deswegen lautet das Verdikt:

> Ich, Paulus, sage euch: Wenn ihr euch beschneiden lasst, wird Christus euch nichts nützen. Ich bezeuge wiederum jedem Menschen, der sich beschneiden lässt: Er ist verpflichtet, das ganze Gesetz zu halten. Ihr, die ihr durch das Gesetz gerecht werden wollt, seid von Christus getrennt; ihr seid aus der Gnade herausgefallen. (Galater 5,2–4)

Paulus: Angriff auf das traditionelle Judentum

Diese Unterscheidung gilt, wie Paulus im Folgenden weiter ausführt, nicht erst jetzt, nach dem Erscheinen des Messias Jesus, sondern schon von Anfang an für alle Nachkommen Abrahams, des Stammvaters aller Menschen und nicht nur der Juden. Alle, die «aus dem Glauben leben» (Galater 3,7), sind Söhne Abrahams, und deswegen sind auch *alle* Völker, die glauben, auch die Heidenvölker, mit Abraham gesegnet. «Diejenigen aber, die (nur) aus den Werken des Gesetzes leben, stehen unter einem Fluch» (Galater 3,10). Damit alle Völker an dem neuen Geist teilhaben können, bedurfte es der Erlösung durch den Kreuzestod des Messias Jesus Christus: «Jesus Christus hat uns freigekauft von dem Fluch des Gesetzes, ... damit den Völkern durch ihn der Segen Abrahams zuteilwird durch Jesus Christus und wir so durch den Glauben den verheißenen Geist empfangen» (Galater 3,13–14).

Die Dichotomie von Fleisch und Geist sowie von Gesetz und Glaube ist für Paulus sogar schon in den direkten Nachkommen Abrahams präfiguriert. Abraham hatte zwei Söhne, Ismael von der ägyptischen Sklavin Hagar und Isaak von seiner Frau Sara. Hagar und Ismael stehen für Fleisch und Sklaverei, Sara und Isaak für die Verheißung und Freiheit (Geist). Fleisch und Sklaverei verkörpern den alten Bund, der durch die Gabe des Gesetzes am Berg Sinai besiegelt wurde, Verheißung und Freiheit stehen für den neuen Bund, der durch den Tod Jesu besiegelt wurde. Mehr noch: Hagar und Ismael, Fleisch und Sklaverei, entsprechen dem gegenwärtigen Jerusalem; Sara und Isaak, Verheißung und Freiheit, repräsentieren das «Jerusalem oben», also das geistige Jerusalem (Galater 4,21–27). Das irdische Jerusalem des Fleisches (der alte Bund) wurde durch das himmlische Jerusalem des Geistes (den neuen Bund) abgelöst. So wie Hagar und Ismael verstoßen wurden, weil sie nicht die Erben der göttlichen Verheißung waren, muss auch das irdische Jerusalem verstoßen werden, wenn es sich weigert, die Verheißung anzunehmen. Im neuen Bund sind alle eins; die alten Unterschiede und Gegensätze zählen nicht mehr: «Es gibt nicht mehr Juden und Griechen, nicht Sklaven und Freie, nicht männlich und weiblich; denn ihr alle seid einer in Jesus Christus. Wenn ihr aber Christus gehört, dann seid ihr Abrahams Nachkommen, Erben gemäß der Verheißung» (Galater 3,28–29). Daraus ergibt sich für das konkrete Problem der galatischen Gemeinden: «Denn es gilt weder die Beschneidung etwas noch das Unbeschnittensein, sondern: eine neue Schöpfung» (Galater 6,15).

Stärker konnte Paulus den Gegensatz von Fleisch und Geist, Gesetz und Glaube, ethnischen Juden und neuer Schöpfung, kaum vorantreiben. Wenn man seine Formulierungen rückblickend liest, durch die Linse vieler Jahrhunderte der christlich-jüdischen Geschichte bis heute, dann stockt einem der Atem. Aber für eine Bewertung im Blick auf die Frage eines christlichen Antijudaismus muss man zwei Dinge berücksichtigen. Zum einen beziehen sich die Briefe immer auf konkrete Umstände und Probleme der neuen Gemeinden – in diesem Falle auf die Frage, ob Heidenchristen beschnitten werden sollen. Sie wurden nicht als Generalabrechnung mit dem traditionellen Judentum verfasst. Im Brief an die Römer (geschrieben 56/57) etwa zeichnet Paulus ein deutlich differenzierteres Bild von den ethnischen Juden, die sich der neuen Botschaft verweigern: Aus dem alten und edlen Ölbaum des Judentums wurden einige Zweige herausgebrochen und statt ihrer Zweige vom wilden Ölbaum der Heiden eingepfropft. Doch die neuen Zweige sollen sich nicht gegenüber den alten Zweigen rühmen und überheblich werden – Gott kann auch die neuen Zweige herausreißen und die herausgebrochenen Zweige wieder einpfropfen (Römer 11,17–24).

Zum anderen darf man nicht vergessen, dass die Briefe in einer Zeit entstanden, in der mit der unmittelbar bevorstehenden Parusie gerechnet wurde, der Wiederkunft des auferstandenen und in den Himmel entrückten Jesus Christus, und dem Ende der uns bekannten Welt. Im 1. Brief an die Thessalonicher macht Paulus dies unmissverständlich klar: Bei der Wiederkunft des Herrn werden «zuerst die in Christus Verstorbenen auferstehen», und unmittelbar danach «werden wir, die Lebenden, die noch übrig sind, zugleich mit ihnen auf den Wolken in die Luft entrückt zur Begegnung mit dem Herrn» (1. Thessalonicher 4,16–17). In der akuten Dringlichkeit dieses endzeitlichen Szenarios ist der alte Bund aufgehoben und kann nur im neuen Bund fortleben; wer im alten Bund verbleibt, wird nicht Teil der neuen Schöpfung und wird nicht, zusammen mit den Verstorbenen, wie der auferstandene Jesus in den Himmel entrückt werden. Aber auch hier ist das Bild im Römerbrief sehr viel entspannter: Wenn alle Heiden-völker Teil Israels geworden sind, wird am Ende «ganz Israel gerettet werden» (Römer 11,25–26).

Doch dies ist nur die halbe Wahrheit. Die andere Hälfte besagt: Alles, was Paulus über die ethnischen Juden schreibt, kann für sich genommen und ohne Berücksichtigung des unmittelbaren historischen Kontextes als ein massiver Angriff auf das traditionelle Judentum ver-standen werden – und es wurde so verstanden, wie die weitere Ge-schichte zeigt. Genau dieser Teil der Wahrheit ist der, der immer mehr in den Vordergrund rücken sollte, und zwar je länger die erhoffte Wie-derkunft Christi auf sich warten ließ; der relativierende Teil der konkre-ten Zeitumstände schwächte sich immer mehr ab. Unfreiwillig wird Paulus so nicht nur zum Mitbegründer des Christentums, sondern auch zum Mitbegründer eines christlichen Antijudaismus/Antisemitismus.

Das Matthäusevangelium:
Die Schuld des ganzen jüdischen Volkes

Die vier Evangelien sind alle schon weiter fortgeschritten auf dem Weg zur Kirche aus Juden und Heiden, setzen also die von Paulus vorge-gebene Richtung fort. Sie porträtieren Jesus als Propheten, der die Zer-störung Jerusalems und des Tempels voraussah und davor warnte, ganz im Stile der alttestamentlichen Propheten. Jesu Gegner sind die Juden – genauer: unterschiedliche jüdische Gruppen, vor allem die Pharisäer und Schriftgelehrten –, und insofern bewegt sich seine Kritik im Rah-men der bekannten innerjüdischen Auseinandersetzung. Aber sie über-steigt diesen Rahmen auch: einmal, weil sie, wie schon Paulus, leicht aus ihrem unmittelbaren historischen Kontext gelöst und verabsolutiert werden kann; zum anderen, weil der zunehmende Erfolg unter den Heiden die Absetzbewegung von den ethnischen Juden verstärkt.

Die Spannung zwischen der Verkündigung Jesu und der Lehre bzw. dem Handeln der Schriftgelehrten und Pharisäer zeigt sich am deut-lichsten im Matthäusevangelium, dem längsten und wohl auch einflussreichsten der drei synoptischen Evangelien. Die Pharisäer und Schriftgelehrten sind durchgehend die Heuchler schlechthin, bei denen eine gewaltige Kluft zwischen ihrer Lehre und ihrem Handeln besteht, die es aber geschafft haben, diese Kluft vor ihren jüdischen Glaubensgenossen erfolgreich zu überdecken. Schon ganz am Anfang seines Evangeliums lässt Matthäus Johannes, den Täufer und Vorläufer des Messias Jesus, die Pharisäer und Sadduzäer zurechtweisen:

> Ihr Schlangenbrut, wer hat euch denn gelehrt, dass ihr dem kommenden Zorngericht entrinnen könnt? Bringt Frucht hervor, die eure Umkehr zeigt, und meint nicht, ihr könntet sagen: Wir haben Abraham zum Vater. Denn ich sage euch: Gott kann aus diesen Steinen dem Abraham Kinder erwecken. Schon ist die Axt an die Wurzel der Bäume gelegt; jeder Baum, der keine gute Frucht hervorbringt, wird umgehauen und ins Feuer geworfen. (Matthäus 3,7–10)

Der Zorn des Täufers richtet sich hier gegen die Pharisäer und Sadduzäer, die beiden wichtigsten Gruppen des antiken Judentums. Erstere waren eine eher volksnahe und oft mit den Schriftgelehrten gleichgesetzte Laienbewegung, Letztere gehörten der Priesteraristokratie an. Später werden die «Schriftgelehrten und Pharisäer» die bevorzugten Gegner Jesu bei Matthäus, die er wohl als eine zusammengehörige Gruppe betrachtete. Sie sind für ihn ein Natterngezücht, das durch die Johannestaufe dem bevorstehenden Gericht zu entkommen hofft, dessen Taten aber nicht mit seinen Lehren übereinstimmen. Ihre Berufung auf ihren Stammvater Abraham nützt ihnen nichts, denn die ethnische Abstammung alleine reicht nicht. Wenn Gott sogar aus Steinen neue Kinder Abrahams erschaffen kann, kann er dies erst recht auch aus den Heidenvölkern.

Der Antagonismus zwischen Jesus und den Schriftgelehrten/Pharisäern zieht sich wie ein roter Faden durch das ganze Matthäusevangelium. Sogar der «jüdischste» unter den Aussprüchen Jesu, der von manchen als Beleg dafür angesehen wird, dass das Matthäusevangelium ein judenchristliches Evangelium ist, wird entsprechend relativiert: «Denkt nicht, ich bin gekommen, um das Gesetz und die Propheten aufzuheben! Ich bin nicht gekommen, um aufzuheben, sondern um zu er-

Das Matthäusevangelium

füllen» (Matthäus 5,17). Dies ist eine klare Aussage, noch verstärkt durch den Folgesatz: «Amen, ich sage euch: Bis Himmel und Erde vergehen, wird kein Jota und kein Häkchen des Gesetzes vergehen, bevor nicht alles geschehen ist» (Vers 18). Und doch heißt es am Schluss unmissverständlich: «Darum sage ich euch: Wenn eure Gerechtigkeit nicht weit größer ist als die der Schriftgelehrten und Pharisäer, werdet ihr nicht in das Himmelreich kommen» (Vers 20). Das Gesetz gilt weiter, aber eben nicht im Verständnis und der Auslegung der Schriftgelehrten und Pharisäer, sondern in der neuen Auslegung Jesu, die dann genauer spezifiziert wird und erheblich vom traditionellen Judentum abweicht. Der Prototyp der falschen Abrahamjuden sind immer die Heuchler in den Synagogen, die zum Beispiel ostentativ und öffentlich Almosen geben (Matthäus 6,2) oder beten, um dabei gesehen zu werden (6,5). Der Prototyp des gerechten neuen Juden ist der römische Offizier, der Jesus bittet, seinen gelähmten Diener zu heilen. Angesichts dieses Vertrauens sagt Jesus zu seinen Jüngern:

> Einen solchen Glauben habe ich in Israel noch bei niemandem gefunden. Ich sage euch: Viele werden von Osten und Westen kommen und mit Abraham, Isaak und Jakob im Himmelreich zu Tisch sitzen; aber die Söhne des Reiches werden hinausgeworfen in die äußerste Finsternis. Dort wird Heulen und Zähneknirschen sein. (Matthäus 8,10–12)

Die Völker aus der ganzen bekannten Ökumene werden den neuen Glauben annehmen und das Freudenmahl im Himmel mit den Stammvätern der Juden einnehmen; die ethnischen Nachkommen der Stammväter, für die das Himmelreich eigentlich bestimmt war, werden in die ewige Finsternis der Hölle geworfen.

Je weiter die Mission Jesu in der Darstellung bei Matthäus voranschreitet, desto misstrauischer und feindseliger werden die Pharisäer. Als die Jünger Jesu am Sabbat Ähren abreißen und die Körner essen, weil sie hungrig sind, beschuldigen die Pharisäer Jesus, dass er etwas zulässt, das am Sabbat verboten ist. Jesus belehrt sie, dass das Verbot, am Sabbat arbeitsmäßige Handlungen zu verrichten, unter bestimmten Bedingungen nicht gilt (Matthäus 12,1–8). Die Pharisäer versuchen, ihn öffentlich bloßzustellen, und verleiten ihn dazu, einen Mann mit einer gelähmten Hand am Sabbat in der Synagoge zu heilen. Als auch dieser Angriff der Pharisäer auf den messianischen Anspruch Jesu misslingt (Jesus verweist darauf, dass bei Lebensgefahr das Verbot der Arbeit am Sabbat außer Kraft gesetzt ist), beschließen die Pharisäer, ihn zu töten (Matthäus 12,9–14). Jesus steigert seine Tätigkeit als Wunderheiler und greift die Pharisäer öffentlich an, mit denselben Worten wie sein Vorläufer Johannes der Täufer zu Beginn des Evangeliums:

> Entweder: Der Baum ist gut – dann sind auch seine Früchte gut. Oder der Baum ist schlecht – dann sind auch seine Früchte schlecht. An der Frucht also erkennt man den Baum. Ihr Schlangenbrut, wie könnt ihr Gutes reden, wenn ihr böse seid? (Matthäus 12,33–34)

Die öffentliche Tätigkeit Jesu erreicht mit seinem Weg von Galiläa nach Jerusalem und seinem Auftritt in Jerusalem ihren Höhepunkt, denn in Jerusalem sollte der vorgezeichnete Weg in der Passion Jesu sein Ende finden. In Jerusalem stellt er nacheinander die Pharisäer, die Sadduzäer und danach mehrmals wieder die Pharisäer (ganz offensichtlich seine Hauptgegner) öffentlich bloß, die ihm religionsgesetzliche Fallen stellen, um seine laxe Gesetzesauffassung anzuprangern (Matthäus 22,15–46). Der ungleiche Kampf zwischen Jesus und seinen jüdischen Gegnern kulminiert schließlich in den berühmten sieben Weherufen über die Schriftgelehrten und Pharisäer, die Jesu Verhältnis zu den wichtigsten jüdischen Gruppen dramatisch zuspitzen (Matthäus 22,13–39). In der Einleitung vor den eigentlichen Weherufen fasst er noch einmal den Kern seiner Anklage zusammen: Die Schriftgelehrten und Pharisäer halten sich für die legitimen Nachfolger des Moses, aber ihre Taten folgen nicht ihren Worten. Sie legen den Menschen unerträgliche Lasten des Gesetzes auf die Schultern, kümmern sich aber selbst nicht darum; ihre öffentlichen Auftritte dienen nur ihren eigenen Eitelkeiten und ihrer religiösen Prahlerei. Und dann kommen mit erbarmungsloser sprachlicher und theologischer Wucht die sieben Weherufe, die alle (mit einer Ausnahme) mit «Wehe euch, ihr Schriftgelehrten und Pharisäer, ihr Heuchler» eingeleitet werden:

Das Matthäusevangelium

(1) Wehe euch, ihr Schriftgelehrten und Pharisäer, ihr Heuchler! Ihr verschließt den Menschen das Himmelreich. Denn ihr selbst geht nicht hinein und lasst die nicht hinein, die hineingehen wollen.

(2) Wehe euch, ihr Schriftgelehrten und Pharisäer, ihr Heuchler! Ihr zieht über Land und Meer, um einen einzigen Menschen für euren Glauben zu gewinnen; und wenn er gewonnen ist, dann macht ihr ihn zu einem Sohn der Hölle, doppelt so schlimm wie ihr selbst.

(3) Wehe euch, ihr seid blinde Führer! Ihr sagt, wenn einer beim Tempel schwört, gilt es nicht, wenn er aber beim Gold des Tempels schwört, gilt es. Ihr blinden Narren! Was ist wichtiger: das Gold oder der Tempel, der das Gold erst heilig macht? ...

(4) Wehe euch, ihr Schriftgelehrten und Pharisäer, ihr Heuchler! Ihr gebt den Zehnten von Minze, Dill und Kümmel und lasst das Wichtigste im Gesetz außer Acht: Recht, Barmherzigkeit und Treue. Man muss das eine tun, ohne das andere zu lassen. Blinde Führer seid ihr: Ihr siebt die Mücke aus und verschluckt das Kamel.

(5) Wehe euch, ihr Schriftgelehrten und Pharisäer, ihr Heuchler! Ihr haltet Becher und Schüsseln außen sauber, innen aber sind sie voll von Raffsucht und Gier. Du blinder Pharisäer! Mach den Becher zuerst innen sauber, dann ist er auch außen rein.

(6) Wehe euch, ihr Schriftgelehrten und Pharisäer, ihr Heuchler! Ihr seid wie getünchte Gräber, die von außen schön aussehen, innen aber voll sind von Knochen der Toten und aller Unreinheit. ...

(7) Wehe euch, ihr Schriftgelehrten und Pharisäer, ihr Heuchler! Ihr errichtet den Propheten Grabstätten und schmückt die Denkmäler der Gerechten und sagt dabei: Wenn wir in den Tagen unserer Väter gelebt hätten, wären wir nicht wie sie am Blut der Propheten schuldig geworden. Damit bestätigt ihr selbst, dass ihr die Söhne der Prophetenmörder seid. Macht nur das Maß eurer Väter voll! Ihr Nattern, ihr Schlangenbrut! Wie wollt ihr dem Strafgericht der Hölle entrinnen? (Matthäus 23,13–35)

Diese Worte Jesu, so vernichtend sie auch sind, sind keine Abrechnung Jesu mit dem Judentum schlechthin und somit auch nicht in ihrem Kern «antijüdisch». Bei aller bisher ungehörten Schärfe bleiben sie im Rahmen einer innerjüdischen Polemik. Nicht das Gesetz als solches ist der Stein des Anstoßes, sondern die offenkundige Diskrepanz zwischen Lehre und Tun, Theorie und Praxis der Pharisäer, die sie durch ihre unverfrorene Heuchelei zu verdecken suchen. Sie haben ihre wesentliche Aufgabe, die Auslegung des Gesetzes, zu einem mechanischen und kleinkrämerischen Perfektionismus pervertiert und vergessen dabei die Grundlage des Gesetzes: Recht, Barmherzigkeit und Treue. Nicht das Gesetz ist überholt, sondern das, was die Schriftgelehrten und die Pharisäer in ihrer Verblendung daraus gemacht haben.

Und dennoch: Liest man die geballte Wucht dieser erbarmungslosen Kritik aus dem Munde Jesu, kann man sich ihrer Wirkung nicht entziehen. Es bedarf nur eines kleinen Schrittes weg von der unmittelbaren historischen Konstellation des Matthäusevangeliums, und Jesu Worte gewinnen ein ganz anderes Gewicht. Für sich genommen und verabsolutiert kann man sie leicht als die ureigene und authentische Stimme Jesu verstehen, als Radikalabrechnung Jesu mit dem Judentum seiner Zeit (ungeachtet der historischen Distanz zwischen dem historischen Jesus und der Abfassung des Matthäusevangeliums) – und genau so wurden sie sehr bald verstanden und sollten sie ihre verhängnisvolle Wirkung entfalten.

Schon das Matthäusevangelium selbst schlägt diese Richtung ein. Direkt nach den Weherufen beginnt der Bericht von der Passion und der Auferstehung Jesu, der Ziel- und Höhepunkt des Evangeliums. Während Jesus sich bisher vorwiegend mit den Schriftgelehrten und Pharisäern, seltener auch mit den Sadduzäern – also den wichtigsten Gruppierungen des zeitgenössischen Judentums – geschlagen hatte, sind es nun die Hohepriester und die Ältesten des Volkes, die in den Vordergrund treten: Der Kreis der Verantwortlichen und Schuldigen wird erweitert, um am Ende das ganze jüdische Volk in die Haftung zu nehmen. Nicht die Schriftgelehrten und Pharisäer, die vorher den Beschluss gefasst hatten, Jesus zu töten, setzen diesen in die Tat um, sondern die Spitzen der jüdischen Selbstverwaltung (am Ende unterstützt durch den römischen Statthalter): «Da versammelten sich die Hohepriester und die Ältesten des Volkes im Palast des Hohepriesters, der Kaiaphas hieß, und beschlossen, Jesus mit List in ihre Gewalt zu bringen und ihn zu töten» (Matthäus 26,3–4). Die Bewaffneten, die Jesus im Garten von Gethsemane gefangen nehmen, sind «von den Hohepriestern und den Ältesten des Volkes» geschickt worden (26,47), und die erste Stufe des Prozesses Jesu findet vor dem Hohepriester Kaiaphas und den Ältesten statt, dem sogenannten Hohen Rat der Juden (26,57 ff.). Der Hohe Rat beschließt, Jesus wegen Gotteslästerung hinrichten zu lassen, und überstellt ihn an den römischen Statthalter Pontius Pilatus, dem die Kapitalgerichtsbarkeit vorbehalten ist und der das Urteil daher bestätigen und vollstrecken muss. Es folgt die zweite Stufe des Prozesses, in der die Hohepriester und Ältesten als Ankläger fungieren (Matthäus 27,11–26). Pilatus ist wenig geneigt, Jesus zu verurteilen, und versucht, die jüdischen Autoritäten und die anwesende Volksmenge gegeneinander auszuspielen. Der römische Statthalter ließ üblicherweise an hohen Festtagen einen zum Tode verurteilten Gefangenen frei, den das Volk sich aussuchen konnte, und in einem dramatisch ausgestalteten «Zwiegespräch» zwischen Pilatus und der Masse des Volkes legt dieser den Juden nahe, Jesus freizulassen. Aber das Volk folgt dem Rat seiner Hohepriester und Ältesten und besteht auf der Freilassung eines gewissen Barabbas:

> Als Pilatus sah, dass er nichts erreichte, sondern dass der Tumult immer größer wurde, ließ er Wasser bringen, wusch sich vor allen Leuten die Hände und sagte: Ich bin unschuldig am Blut dieses Menschen. Das ist eure Sache! Da rief das ganze Volk: Sein Blut (komme) über uns und unsere Kinder! Darauf ließ er Barabbas frei, Jesus aber ließ er geißeln und lieferte ihn aus zur Kreuzigung. (Matthäus 27,24–26)

Dies ist der Höhepunkt des Antagonismus zwischen Jesus und den Vertretern der Juden im Matthäusevangelium. In kunstvoll aufgebauter Steigerung von den Schriftgelehrten und Pharisäeren (einschließlich der Sadduzäer) über die Hohepriester und Ältesten als den Gegnern Jesu zielt das Evangelium schließlich auf das ganze Volk der Juden als diejenigen, die für die Kreuzigung Jesu verantwortlich sind. Hier lohnt es sich, genau auf die Sprache bei Matthäus zu achten: Während im Verlauf des Prozesses bei Pilatus immer von der «Menge» oder «Masse» des zufällig gerade anwesenden Volkes die Rede ist (griechisch *ochlos*), heißt es vor dem alles entscheidenen Satz «Da rief das ganze Volk» (griechisch *pas ho laos*) – damit kein Zweifel mehr bestehen kann, dass nicht irgendwelche Gruppen der Juden, wie einflussreich sie auch immer gewesen sein mögen, den Tod Jesu verlangten, sondern das Volk der Juden in seiner Gesamtheit. Und es ist dieses ganze Volk der Juden, das die Verantwortung für die Ermordung des Messias auf sich nimmt – für sich selbst und für alle kommenden Generationen.

Damit setzt der Verfasser des Matthäusevangeliums ein Bild von den Juden in die Welt, dessen Implikationen und Folgen er nicht mehr kontrollieren konnte (und vielleicht auch nicht wollte). Unabhängig von der umstrittenen Frage, ob der Verfasser des Evangeliums seinen Jesus «nur» als Messias verstanden wissen wollte oder (schon) als Sohn Gottes – die allen Juden unterstellte Verantwortung für die Ermordung des Gottessohnes und die Schuld, die sie damit auf sich laden, ist in der Welt und kann schwerlich relativiert, geschweige denn zurückgenommen werden: *Die* Juden sind dem Matthäusevangelium zufolge schuld am Kreuzestod Jesu und akzeptieren diese Schuld ganz bewusst für sich und für alle Juden nach ihnen.

Nach dem Tod Jesu treten die Hohepriester und Ältesten (diesmal auch zusammen mit den Pharisäern) noch einmal auf und machen ihrem Ruf als Heuchler und Intriganten alle Ehre. Weil Jesus vorausgesagt hatte, dass er drei Tage nach seinem Tode wieder auferstehen werde, überreden sie Pilatus, eine römische Wache an seinem Grab aufzustellen, um den Jüngern Jesu keine Gelegenheit zu geben, den Leichnam heimlich zu entführen und zu behaupten, Jesu Voraussage sei eingetroffen. Als Jesus dennoch aufersteht, bestechen die Hohepriester und Ältesten die Wache, das Gerücht zu verbreiten, dass die Jünger Jesu in der Nacht, als sie schliefen, den Leichnam Jesu gestohlen hätten. Der Verfasser des Matthäusevangeliums kommentiert dies mit dem lapidaren Satz: «Und dieses Gerücht verbreitete sich bei den Juden bis heute» (Matthäus 28,15). Mit anderen Worten: *Die* Juden, die Gegner unserer christlichen Botschaft, leugnen die Auferstehung Jesu, die Kernaussage dieser Botschaft, mit dem schäbigen Hinweis auf einen angeblichen Trick der Anhänger Jesu.

Unmittelbar darauf folgt der Schluss des Evangeliums mit der Erscheinung des auferstandenen Jesus vor den verbliebenen elf Jüngern in Galiläa und dem Missionsauftrag:

Mir ist alle Vollmacht gegeben im Himmel und auf der Erde. Darum geht und macht alle Völker zu (meinen) Jüngern; tauft sie auf den Namen des Vaters und des Sohnes und des Heiligen Geistes und lehrt sie, alles zu befolgen, was ich euch geboten habe. (Matthäus 28,18–20)

Das, was Paulus begonnen hatte und längst Wirklichkeit geworden ist – die Öffnung des Judentums zu den Heidenvölkern und die erfolgreiche Gründung heidenchristlicher Gemeinden –, wird hier anachronistisch dem historischen Jesus in den Mund gelegt.[2] Die Spannung zwischen der ethnisch-jüdischen Grundierung der neuen Botschaft und ihrer gleichzeitigen Ausrichtung auf die nichtjüdischen Griechen und Römer ist nahezu aufgehoben zugunsten einer immer stärkeren Akzentuierung der Letzteren. Sicher, die anderen Evangelien und vor allem auch die das Lukasevangelium ergänzende Apostelgeschichte (um 90) wissen noch viel von den Spannungen zwischen alten und neuen Juden, «Judenchristen» und «Heidenchristen», aber die Richtung hin zu einer Dominanz der Heidenchristen ist klar und wird immer klarer, je stärker sich die christliche Kirche kulturell und politisch konsolidiert. Tragischerweise verschiebt sich damit auch die innerjüdische Kritik an Missständen und Fehlentwicklungen im Judentum immer mehr in Richtung auf einen grundsätzlichen Antagonismus und eine sich verschärfende Feindschaft zwischen «Juden» und «Christen».

Das Johannesevangelium: Die Juden als Söhne der Finsternis

Mit dem vierten und jüngsten Evangelium, das dem Johannes zugeschrieben wird, dem «Jünger, den Jesus liebte» (so mehrfach in der Passionsgeschichte), betreten wir eine ganz andere Welt. Die Probleme des Paulus und der synoptischen Evangelien sind weitgehend zugunsten der Heidenkirche geklärt. Insofern ist das Johannesevangelium der «christlichste» aller Texte des Neuen Testaments. Die Fronten sind klar: Auf der einen Seite stehen die Juden und auf der anderen Seite die Christen, und die Stoßrichtung geht eindeutig gegen die Juden. Insofern ist das Johannesevangelium auch das antijüdischste der vier Evangelien. Dieser Antagonismus wird wie mit einem Paukenschlag gleich zu Anfang im Prolog des Evangeliums ausgeführt:

> Im Anfang war das Wort und das Wort war bei Gott und das Wort war Gott. Dieses war im Anfang bei Gott. Alles ist durch das Wort geworden und ohne es wurde nichts, was geworden ist. In ihm war Leben und das Leben war das Licht der Menschen. Und das Licht leuchtet in der Finsternis und die Finsternis hat es nicht erfasst. (Johannes 1,1–5)

Dies ist nichts weniger als eine hymnische Zusammenfassung der Botschaft des ganzen Evangeliums. Wie im Folgenden deutlicher wird, ist Jesus das Wort, und dieses Wort war seit Anbeginn und vor aller Schöpfung bei Gott, genauer: Es war Gott. Es war also kein Geschöpf Gottes, sondern im Gegenteil, die Schöpfung geschah durch das Wort beziehungsweise Jesus. Es bringt Leben und Licht, das sich aber gegen die Finsternis behaupten muss. Damit ist ein kosmischer, ewiger Dualismus zwischen Licht und Finsternis als Grundstruktur der Welt eingeführt: Das Licht muss sich in der Finsternis behaupten, die es nicht akzeptiert, sondern bekämpft. Wer diese «Finsternis» vertritt, wird bald genauer ausgeführt, aber schon jetzt klingt ganz unmissverständlich an, dass es niemand anderes ist als die Juden.

Das Verhältnis zwischen Gott und dem Wort, das selbst Gott ist, wird weiter spezifiziert. Das Wort ist nämlich kein Geringerer als der einzige Sohn seines göttlichen Vaters (1,14), das «Lamm Gottes» (1,29.36), der «Sohn Gottes» (1,34.49), der Messias (1,41) und der Menschensohn aus dem biblischen Buch Daniel (1,51). Diese durchweg messianischen Hoheitstitel sind den zeitgenössischen Juden vertraut, aber Johannes spitzt sie von Anfang an in ungewohnter Weise zu. Der Messias Jesus ist der vom Himmel herabgestiegene Sohn Gottes, der Mensch wurde: «Und das Wort ist Fleisch geworden und hat unter uns gewohnt» (1,14). Damit verkündet er, was keiner der synoptischen Evangelisten so gesagt hätte, dass der Sohn Gottes inkarniert wurde und als Mensch auf die Erde kam, um das Erlösungswerk des Messias zu vollbringen:

Das Johannesevangelium

Und niemand ist in den Himmel hinaufgestiegen außer dem, der vom Himmel herabgestiegen ist: der Menschensohn. Und wie Moses die Schlange in der Wüste erhöht hat, so muss der Menschensohn erhöht werden, damit jeder, der glaubt, in ihm ewiges Leben hat. Denn Gott hat die Welt so sehr geliebt, dass er seinen einzigen Sohn hingab, damit jeder, der an ihn glaubt, nicht verloren geht, sondern ewiges Leben hat. (Johannes 3,13–16)

Das Licht, das der Messias Jesus in die Welt bringt, bedeutet ewiges Leben, und Johannes stellt wieder und wieder klar, dass nur diejenigen, die an Jesus glauben, sich taufen lassen und ihm folgen, an diesem ewigen Leben teilhaben werden. Alle Wunder, die Jesus in seinem kurzen öffentlichen Leben wirken wird, beruhen auf der ihm vom Vater übertragenen Vollmacht:

Denn der Vater liebt den Sohn und zeigt ihm alles, was er tut, und noch größere Werke wird er ihm zeigen, so dass ihr staunen werdet. Denn wie der Vater die Toten auferweckt und lebendig macht, so macht auch der Sohn lebendig, wen er will. Auch richtet der Vater niemanden, sondern er hat das Gericht ganz dem Sohn übertragen, damit alle den Sohn ehren, wie sie den Vater ehren. Wer den Sohn nicht ehrt, ehrt auch den Vater nicht, der ihn gesandt hat. Amen, amen, ich sage euch: Wer mein Wort hört und dem glaubt, der mich gesandt hat, hat das ewige Leben; er kommt nicht ins Gericht, sondern ist aus dem Tod ins Leben hinübergegangen. (Johannes 5,20–24)

Vor diesem Hintergrund fällt es dem Jesus des Johannesevangeliums nicht schwer, sich als das neue Manna vorzustellen, das vom Himmel herabgekommen ist. Das Manna in der Hebräischen Bibel hilft dem Volk Israel, auf seiner Wüstenwanderung zu überleben, das neue Manna Jesus aber schenkt ewiges Leben – und ist im wörtlichen Sinne Jesu Körper, sein Fleisch und Blut:[3]

Amen, amen, ich sage euch: Wer glaubt, hat das ewige Leben. Ich bin das Brot des Lebens. Eure Väter haben in der Wüste das Manna gegessen und sind gestorben. So aber ist es mit dem Brot, das vom Himmel herabkommt: Wenn jemand davon isst, wird er nicht sterben. Ich [Jesus] bin das lebendige Brot, das vom Himmel herabgekommen ist. Wer von diesem Brot isst, wird in Ewigkeit leben. Das Brot, das ich geben werde, ist mein Fleisch für das Leben der Welt. (Johannes 6,47–51)

Das ganze Wirken Jesu in Judäa und Galiläa dient seiner Selbstoffenbarung als der Menschensohn-Messias und Sohn Gottes, der denen, die an ihn glauben, das ewige Leben bringt. Besonders eindrücklich zeigt dies die Erzählung vom Tod und von der Auferweckung des Lazarus, des Bruders von Maria (Magdalena) und ihrer Schwester Martha (Johannes 11). Jesus «liebte» die Geschwister (11,5) und war vom Tod des Lazarus tief erschüttert. Martha macht Jesus Vorwürfe, dass er nicht eher zu ihnen gekommen sei und Lazarus vor dem Tode bewahrt habe. Jesus versichert ihr, dass Lazarus auferstehen werde: «Ich bin die Auferstehung und das Leben. Wer an mich glaubt, wird leben, auch wenn er stirbt, und jeder, der lebt und an mich glaubt, wird auf ewig nicht sterben. Glaubst du das?» (11,25–26), worauf Martha ihn als Messias und Gottessohn und damit Herrn über Leben und Tod bekennt: «Ja, Herr, ich glaube, dass du der Christus bist, der Sohn Gottes, der in die Welt kommen soll» (11,27). Erst danach geht er zum Grab des schon vier Tage toten Lazarus, dessen Leichnam bereits riecht, wie Martha drastisch sagt, und erweckt ihn zum Leben.

Die Anwesenheit Jesu unter den Menschen als das Licht der Welt ist begrenzt, denn der Gottessohn muss erst den Tod erleiden, um die endgültige Erlösung zu bringen. Die Passion Jesu besiegelt seine Mission auf Erden und leitet auch seine Rückkehr zu seinem Vater im Himmel ein (Johannes 13,1). In den Abschiedsreden an seine Jünger bereitet Jesus sie darauf vor: «Ich bin vom Vater ausgegangen und in die Welt gekommen; ich verlasse die Welt wieder und gehe zum Vater» (16,28). Aber er stellt auch klar, dass seine Abwesenheit nur temporär ist und dass er wiederkommen wird (14,28; 16,16). In der Zwischenzeit wird Gott ihnen den Heiligen Geist senden, der sie an die Lehre Jesu erinnern und ihnen beistehen wird (14,26). Diese Zwischenzeit wird von Johannes nicht genauer bemessen, aber es ist offenkundig, dass sie sehr viel länger dauern wird als etwa bei Paulus. Die Jünger müssen sich also auf eine Zeit der irdischen Kirche einrichten, in der sie vom

Das Johannesevangelium

Heiligen Geist geleitet und durch Jesus direkten Zugang zu seinem Vater haben werden: «Amen, amen, ich sage euch: Was ihr den Vater in meinem Namen bitten werdet, das wird er euch geben. Bis jetzt habt ihr noch um nichts in meinem Namen gebeten. Bittet und ihr werdet empfangen, damit eure Freude vollkommen ist» (16,23–24).

Die dunkle Folie, von der sich die Lichtgestalt Jesu als Sohn Gottes abhebt, ist die Finsternis, die sich seinem Licht verweigert, und dafür stehen ausschließlich und allein die Juden. Entsprechend werden sie oft und generalisierend schlicht «die Juden» genannt, manchmal auch «die Pharisäer» oder, je näher die Passion rückt, «die Hohepriester und die Pharisäer» (als Vertreter des Hohen Rates). Die Heilung des Gelähmten erregt ihren Zorn, weil sie an einem Sabbat geschieht und damit gegen das Gesetz verstößt, so wie sie es verstehen, und weil Jesus sie mit dem Anspruch begründet, der Sohn Gottes zu sein – die in ihren Augen alles übertreffende Blasphemie: «Darum suchten die Juden noch mehr, ihn zu töten, weil er nicht nur den Sabbat brach, sondern auch Gott seinen Vater nannte und sich damit Gott gleichmachte» (5,18). Seinen Anspruch, das vom Himmel herabgekommene Brot zu sein, kontern sie mit dem nüchternen Hinweis: «Ist das nicht Jesus, der Sohn Josefs, dessen Vater und Mutter wir kennen? Wie kann er jetzt sagen: Ich bin vom Himmel herabgekommen?» (6,42) Ebenso irritiert und zurückhaltend reagieren «die Juden» auf Jesu anstößige Behauptung, das Brot des Lebens zu sein und ihnen sein Fleisch und sein Blut zum Essen und Trinken anzubieten: «Da stritten sich die Juden und sagten: Wie kann er uns sein Fleisch zu essen geben?» (6,52) Diese Vorstellung war selbst für seine Jünger eine Zumutung (6,60).

Der Verfasser des Johannesevangeliums bietet hier zugespitzt und möglicherweise auch stilisiert einen Einblick in eine konkrete Auseinandersetzung zwischen Jesus und den ungläubigen Juden. Unabhängig von der Frage, ob sie sich tatsächlich so zugetragen hat und ob die polemische Reaktion der Juden historisch ist, werden hier einige sehr grundsätzliche Differenzen angesprochen: Wie kann der Jesus, dessen Familie wir kennen, auf die absurde Idee verfallen, sich als der vom Himmel herabgekommene Sohn Gottes auszugeben? Wie kann er sich zu der noch verrückteren Idee versteigen, dass seine Anhänger sein

Fleisch essen und sein Blut trinken und dadurch das ewige Leben erwerben? Als Jesus sich darauf beruft, das Licht der Welt zu sein, halten ihm die Pharisäer, denen das Evangelium eine pedantische Gesetzestreue unterstellt, die übliche religionsgesetzliche Regel vor, wonach erst das Zeugnis von zwei voneinander unabhängigen Zeugen rechtskräftig ist: «Du [aber] legst über dich selbst Zeugnis ab; dein Zeugnis ist nicht wahr» (8,13). Jesus wischt dieses traditionelle Argument mit der in den Ohren der Pharisäer arroganten Bemerkung weg: «Ich bin es, der über mich Zeugnis ablegt, und auch der Vater, der mich gesandt hat, legt über mich Zeugnis ab» (8,18) – mit anderen Worten: Mein Zeugnis muss euch genügen, denn es wird von Gott bestätigt.

Ihren Höhepunkt erreicht die Konfrontation zwischen Jesus und den Juden in der Erzählung des Johannesevangeliums, als die Juden sich auf Abraham als ihren Stammvater berufen, das heißt auf ihre ethnische Herkunft von Abraham. Dieses Thema spielte schon bei Paulus eine zentrale Rolle, der darauf bestand, dass nicht die fleischliche Abstammung von Abraham maßgebend ist, sondern allein der Glaube («Fleisch» versus «Geist»): Nur wer sich zu Christus bekennt, ist Abrahams wirklicher Nachkomme, und genau deswegen können auch Heiden Nachkommen Abrahams werden – und sind es im Zweifelsfalle eher als die Juden, die sich so stolz darauf berufen. Der Jesus des Johannesevangeliums greift dieses Argument auf und spitzt es in nahezu unerträglicher Weise zu. Als die Juden insistieren: «Unser Vater ist Abraham» (8,39), verweist Jesus (wie auch schon Paulus) auf ihre Taten:

> Wenn ihr Kinder Abrahams wärt, würdet ihr die Werke Abrahams tun. Jetzt aber sucht ihr, mich zu töten, einen Menschen der euch die Wahrheit verkündet hat, die ich von Gott gehört habe. So hat Abraham nicht gehandelt. Ihr vollbringt die Werke eures Vaters. (Johannes 8,39–41)

Durch ihre schändlichen Werke – und das heißt vor allen: durch ihr Vorgehen gegen Jesus – erweisen sich die Juden als unwürdige Nachkommen Abrahams. Und hier kontern die Juden nun mit dem schärfsten und vernichtendsten Argument, das ihnen zur Verfügung steht und das eher beiläufig eingebracht und in seiner polemischen Tragweite oft nicht erkannt wird: «Sie entgegneten ihm: *Wir* stammen nicht aus Unzucht, sondern wir haben nur den einen Vater: Gott» (8,41, Hervorhebung von mir). Hinter diesem Argument verbirgt sich ganz offensichtlich eine frühe Polemik des Judentums, die als Antwort auf Jesu angebliche davidische Herkunft und seine Gottessohnschaft entstanden ist: Wir Juden haben durch unsere Herkunft von Abraham Gott zum Vater; dieser Jesus aber, der sich für den Gottessohn hält und sich ständig auf seinen «Vater» beruft, ist in Wirklichkeit die Frucht eines ehebrecherischen Verhältnisses seiner Mutter Maria mit einem römischen Soldaten, in Unzucht und Unreinheit gezeugt (siehe unten, S. 81 f.).

Eine bösartigere Replik auf Jesu Anspruch und Sendung ist kaum denkbar, aber Jesu Antwort lässt ebenfalls an Schärfe nichts zu wünschen übrig:

> Jesus sagte zu ihnen: Wenn Gott euer Vater wäre, würdet ihr mich lieben; denn von Gott bin ich ausgegangen und gekommen. Ich bin nicht von mir aus gekommen, sondern er hat mich gesandt. Warum versteht ihr nicht, was ich sage? Weil ihr nicht imstande seid, mein Wort zu hören. Ihr habt den Teufel zum Vater und ihr wollt das tun, wonach es euren Vater verlangt. Er war ein Mörder von Anfang an. Und er steht nicht in der Wahrheit; denn es ist keine Wahrheit in ihm. Wenn er lügt, sagt er das, was aus ihm selbst kommt; denn er ist ein Lügner und ist der Vater der Lüge. (Johannes 8,42–44)

Deutlicher könnten die Fronten nicht abgegrenzt werden. Das Reich des Lichtes mit Jesus als dem Sohn Gottes und seinen Anhängern, den Christen, und das Reich der Finsternis mit dem Satan als dem Fürsten der Finsternis und den Juden als seinen Anhängern stehen sich in einem scharfen und unversöhnlichen Dualismus gegenüber. Ein Ausgleich und eine Versöhnung zwischen beiden Lagern ist nicht möglich, solange die Juden die Botschaft Jesu nicht anerkennen. Der weitere Ablauf ist klar vorgezeichnet: Die Juden werden den Sohn Gottes töten und hoffen, sich des Problems damit zu entledigen. Aber in Wirklichkeit wird der Sohn Gottes vom Tode auferstehen, zu seinem Vater im Himmel zurückkehren und später (wann immer das sein wird) auf die Erde zurückkommen, um seine Sendung zu vollenden. Die Juden bleiben von dieser Vollendung ausgeschlossen, sofern sie sich nicht zum Messias und Gottessohn Jesus bekennen.

Wie Paulus und die synoptischen Evangelien schreibt auch der Verfasser des Johannesevangeliums in einer bestimmten historischen Situation, diesmal der schwierigen Lage der kleinasiatischen Gemeinden, in denen Anhänger Jesu damit rechnen mussten, aus der Synagoge ausgestoßen zu werden (Johannes 9,22; 12,42). Der Verfasser der um 95 entstandenen Apokalypse des Johannes (wohl ebenso wenig identisch mit dem Apostel Johannes wie der Verfasser des Johannesevangeliums) spricht den jüdischen Rädelsführern das Recht ab, sich Juden zu nennen, und bezeichnet ihre Synagogen als Synagoge des Satans: «Ich kenne die Lästerung von denen, die sagen, sie seien Juden; sie sind es aber nicht, sondern sind eine Synagoge des Satans» (Apokalypse 2,9; 3,9). Die Juden haben demnach Satan zum Vater, den Fürsten der Finsternis, und ihre angeblich jüdische Synagoge ist keine Synagoge, sondern die Versammlungsstätte der Abkömmlinge Satans.

Hier wird die Spannung zwischen traditionellen Juden und neuen Juden (seien es konvertierte ethnische Juden, seien es christusgläubige Heiden) zu einem kosmischen Kampf auf Leben und Tod stilisiert. Wie die Bilder von den heuchlerischen Pharisäern und vom kollektiven Hass des ganzen jüdischen Volkes auf Jesus im Matthäusevangelium, so sollten sich auch die Bilder des Johannesevangeliums vom Satan als dem wahren Vater der Juden und von ihren «Synagogen des Satans» unauslöschlich in das kulturelle Gedächtnis der Menschheit einprägen. Und sie sollten ein Eigenleben und eine Dynamik entwickeln, die nicht mehr zu kontrollieren war und auf historische Bedingtheiten keine Rücksicht mehr nahm. Aber diese Dynamik entfaltet sich nicht erst in der Wirkungsgeschichte des Johannesevangeliums, sondern ist in ihm und in seiner intendierten Botschaft selbst begründet (und dies gilt nicht nur für das Johannesevangelium, sondern auch für die Johannesapokalypse): Die Juden werden diesen frühchristlichen Schriften zufolge nicht schrittweise zu Gegnern und Feinden Jesu – und damit auch Gottes –, sondern sie sind es von Anbeginn aufgrund ihrer genealogischen Herkunft, und sie werden es für immer bleiben wegen ihres Unvermögens, sich von ihren ethnischen Fesseln zu lösen.

Das Johannesevangelium

Die neutestamentlichen Schriften konstruieren eine Spannung zwischen Juden, die sich der Botschaft Jesu grundsätzlich verweigern, «alten» Juden, die sich Jesus anschließen, und «neuen» Juden, die Christen werden, ohne zum Judentum überzutreten. Diese Spannung ist in der Entstehung und Selbstfindung des Christentums angelegt. Sie äußert sich in sehr unterschiedlicher Weise bei Paulus, in den synoptischen Evangelien und im Evangelium des Johannes. Während sie bei Paulus in ihrer geradezu tragischen Schärfe klar hervortritt, aber ausgehalten wird (allerdings in unterschiedlichen Akzentuierungen), verschiebt sich das Gewicht bei den Synoptikern immer mehr in Richtung auf die Dominanz der Heidenkirche auf Kosten sowohl der christusgläubigen als auch insbesondere der ethnischen Juden, die an ihrem Judentum festhalten wollen. Bei Johannes schließlich werden die Juden schlechthin zu den ewigen Feinden Jesu und Gottes und zu einer wesensmäßig bösen Gegenwelt des Christentums. Diese Entwicklung ist im Johannesevangelium noch nicht in allen Punkten und in aller Konsequenz vollzogen, aber der Anfang war gemacht, und die Entwicklung ließ sich nach der Kanonisierung des Evangeliums nicht mehr aufhalten. Damit erweist sich die saubere Trennung zwischen der Intention der neutestamentlichen Schriften und ihrer Wirkung, die von der christlichen Theologie immer wieder ins Feld geführt wird, als brüchig. Die Saat dessen, was man in verschiedenen Schärfegraden christliche Judenfeindschaft, christlichen Antijudaismus oder eben christlichen Antisemitismus nennt, ist – in unterschiedlicher Weise – im Neuen Testament gesät und wird immer wieder aufs Neue aufgehen.

3
DIE CHRISTLICHE SPÄTANTIKE
Der jüdische Stachel im Fleische
des Christentums

Die Zerstörung des Jerusalemer Tempels und die Folgen

Die ersten Jahrhunderte nach der Herausbildung des neutestamentlichen Kanons brachten eine stetige Weiterentwicklung und Ausdiffe-
renzierung des Christentums, seiner Lehre und seines Selbstverständnisses. Da das Verhältnis zu den Juden im Kern des Christentums
angelegt ist, musste auch dieses immer wieder neu «verhandelt» werden, und zwar sowohl auf der Basis des Neuen Testaments als auch
ganz elementar auf der Basis der damit zum «Alten Testament» degra-
dierten Hebräischen Bibel. Denn die entstehende christliche Kirche
verstand sich ja in ihrem Wesen als jüdisch, aber eben als das «wahre
Israel» im Unterschied zu den Juden, die ihren alten Mustern verhaftet
blieben und sich weigerten, in den neuen Bund einzutreten. Die kirchlichen Lehrer mussten das biblische Schema von Verheißung und Erfüllung im Sinne ihres neuen Verständnisses immer wieder neu aus der
Schrift ableiten und erweisen: Die Juden sind demnach zwar die erstge-
borenen Kinder Gottes, denen die göttlichen Verheißungen ursprünglich gegolten haben, aber sie waren dieser Verheißung nicht würdig
und wurden von den zweitgeborenen Kindern abgelöst. Gott hat sich
seinem Volk gegenüber lange genug als geduldig und langmütig gezeigt, aber die ständige Abkehr von Gott, die ständige Nichtbeachtung
seiner Gebote, das Misstrauen in seine Heilszusagen – all das musste

irgendwann zur Abkehr Gottes von seinem Volk führen, zur endgültigen Verwerfung des alten Israel.

Als ungemein hilfreich für diesen christlichen Anspruch, das Volk
Israel zu ersetzen und zu verdrängen, erwies sich der Verlauf der Geschichte. Mit der Eroberung Jerusalems durch die Römer im Jahr 70
war das Ende der (wenn auch nur noch rudimentär vorhandenen) politischen Autonomie der Juden besiegelt. Judäa wurde endgültig römische Provinz, mit einem Statthalter im Range eines Prätors und mit
einer ständig in dem vollständig zerstörten Jerusalem und in Caesarea
stationierten Legion. Judäa galt weiterhin als gefährlicher Unruheherd,
in dem es schnell wieder zu neuen Eruptionen kommen konnte. Mit
dem Bar-Kokhba-Krieg, dem zweiten jüdisch-römischen Krieg (132–
135), war es dann auch wieder so weit: Ein neuer Messias, der von seinen
Anhängern Bar Kokhba («Sternensohn») genannt wurde, zog große
Teile der Bevölkerung auf seine Seite und verwickelte Rom in einen
taktisch geschickten Guerillakrieg, der nur unter großem militärischen
Einsatz zugunsten Roms entschieden wurde. Jerusalem wurde in eine
römische Kolonie umgewandelt *(Colonia Aelia Capitolina)*, und den
Juden wurde unter Androhung der Todesstrafe verboten, die neue
römische Stadt überhaupt noch zu betreten. Judäa war weitgehend
verwüstet, die wirtschaftliche Struktur der Provinz zerstört, und das
Zentrum des jüdischen Lebens verlagerte sich nach Galiläa.

Die Eroberung Jerusalems im Jahr 70 besiegelte auch das Schicksal
des jüdischen Tempels und damit eines, wenn nicht *des* Grundpfeilers
der jüdischen Religion im weitesten (auch politischen) Sinne. Das
Opfer im Tempel als Garant für die immer wieder neu zu verhandelnde
Balance zwischen Himmel und Erde, zwischen Gott und Mensch, war
unterbrochen. Der Bar-Kokhba-Aufstand machte ein halbes Jahrhundert später jede Hoffnung auf einen politischen Umschwung und auf
die Wiedererrichtung des Tempels zunichte, und dies, wie sich zeigen
sollte, bis heute. Die Endgültigkeit der Tempelzerstörung bedrohte die
Existenz des Judentums und verankerte sich immer stärker im jüdischen Bewusstsein. In einem geschickten propagandistischen Schachzug verfügten die Römer, dass die Tempelsteuer, die jeder erwachsene
Jude in Judäa und in der Diaspora an den Tempel zahlen musste, nun

als Judensteuer *(fiscus Judaicus)* an den Tempel des Jupiter Capitolinus in Rom zu entrichten war. Dies war eine gezielte und entmutigende Demütigung, denn damit signalisierten die römischen Besatzer, dass der jüdische Gott zusammen mit seinem Tempel besiegt und untergegangen, dass das Zentrum des jüdischen Selbstverständnisses und seiner Besonderheit für immer verloren war. Der römische Kaiser Hadrian, der den Bar-Kokhba-Aufstand niederschlug, fügte dieser Demütigung eine weitere hinzu, indem er mit dem Verbot der Beschneidung dem Judentum noch ein anderes, ebenfalls fundamentales Identitätsmerkmal zu entziehen suchte (dies allerdings nicht mit durchschlagendem Erfolg).

Für das entstehende Christentum war dieser Triumph Roms das entscheidende Argument gegen das alte Israel. Dieses Christentum brauchte den Tempel nicht mehr, hatte sich vom blutigen Tieropfer im Tempel befreit und war damit «fortschrittlicher» nicht nur als das Judentum, sondern auch als der pagane Kult der Griechen und Römer. Diese neue Sicht des Christentums als eines Judentums ohne Tempel und ohne Opfer wird schon vom unbekannten Verfasser des Hebräerbriefes theologisch entfaltet (noch vor dem Ende des 1. Jahrhunderts). Danach war der Tempel des ersten Bundes mit seinen täglichen Tieropfern und seinem Allerheiligsten, das der Hohepriester einmal im Jahr am Versöhnungstag mit dem Blut der Tiere besprengte, um das Volk Israel zu entsühnen, nur ein vorläufiges Instrument des göttlichen Heilsplanes. Mit Jesus Christus als dem Hohepriester des Neuen Bundes wurde dieser Tempel obsolet. Während die täglichen Opfer und das jährliche Sprengen des Blutes im Allerheiligsten immer wieder von neuem vollzogen werden mussten, um Gott mit seinem Volk zu versöhnen, ist die Erlösungstat Jesu ein einmaliger Akt, der für alle Ewigkeit gültig ist:

> Nicht mit dem Blut von Böcken und jungen Stieren, sondern mit seinem eigenen Blut ist er ein für allemal in das Heiligtum hineingegangen und hat so eine ewige Erlösung bewirkt. Denn wenn schon das Blut von Böcken und Stieren und die Asche einer jungen Kuh die Unreinen, die damit besprengt werden, so heiligt, dass sie leiblich rein werden, um wie viel mehr wird das Blut Christi, der sich selbst als makelloses Opfer kraft

des ewigen Geistes Gottes dargebracht hat, unser Gewissen von toten Werken reinigen, damit wir dem lebendigen Gott dienen. (Hebräer 9,12–14)

Indem Jesus Christus den Opfertod freiwillig auf sich nahm, hat er mit seinem Blut das blutige Opfer der Tiere im Tempel überflüssig gemacht und dadurch den alten Bund abgelöst. Dies war ein genialer theologischer Schachzug, der nach der physischen Zerstörung des Tempels durch die Römer auch seine religiöse Bedeutung für das Judentum radikal in Frage stellte und damit die Existenzberechtigung dieses «alten» Judentums, das neben dem Christentum seinen Daseinszweck verloren hatte.

Aber sowohl die Römer als auch die neuen Christen sollten sich täuschen. Das Judentum überlebte, indem es sich auf seine zweite Säule neben dem Tempelkult besann: die Hebräische Bibel bzw. im engeren Sinne die Torah. Das Judentum war zwar schon seit langem eine Religion des Buches mit der Torah als weiterem Identitätsmerkmal neben dem Tempel und mit dem Synagogengottesdienst, in dessen Mittelpunkt die Torah stand, aber jetzt rückte die Torah allein in das Zentrum, und zwar umso mehr, je weiter der erhoffte Wiederaufbau des Tempels sich in eine immer fernere Zukunft verschob. Die rabbinischen Lehrer des Judentums nach der Zerstörung des Tempels gaben die Hoffnung auf die Errichtung eines letzten (dritten) Tempels keineswegs auf, ganz im Gegenteil. Sie beteten für diesen neuen Tempel, den sie aber erst für die messianische Zeit erwarteten – und damit hatten sie es nicht besonders eilig. Nach den beiden Kriegen gegen Rom, die die Existenz des Judentums aufs Äußerste gefährdet hatten, war es am allerwenigsten das messianische Fieber, das sie schüren wollten. Sie hatten ihre politischen Ambitionen aufgegeben und wollten nur noch, wie sie es einem ihrer Vertreter gegenüber Vespasian noch vor der Eroberung Jerusalems in den Mund legten, unbehelligt die Torah lernen und lehren, beten und die Gebote der Torah erfüllen. Die kultischen Vorschriften der Torah, die an den Tempel gebunden sind, wurden zwar keineswegs ignoriert oder gar aufgehoben, aber die Rabbinen stellten sicher, dass *sie* diejenigen waren, die sie verbindlich interpretierten, und dass diese ihre Auslegung – solange der Tempel zerstört blieb – den praktischen Vollzug durch die Priester im Tempel ersetzte.

Die Fokussierung der Juden auf die Torah, die ihr Überleben sicherte, eröffnete ein neues Schlachtfeld zwischen Christen und Juden, nämlich den Kampf um die Deutungshoheit über das «Alte Testament». Denn jetzt standen sich immer klarer voneinander abgegrenzte Gruppen gegenüber: die Christen, die die Heiligen Schriften der Juden bewahren wollten, aber als «Altes Testament» von der neuen Botschaft Jesu unterschieden, und die Juden, die nur noch dieses «Alte Testament» hatten. Um das «Alte Testament» im Kanon der christlichen Literatur halten zu können, mussten die Christen Strategien entwickeln, die ihnen erlaubten, den Text der Hebräischen Bibel zu bewahren und gleichzeitig so zu deuten, dass er mit ihrer neuen Lehre vereinbar war. Aufbauend auf Paulus Dichotomie von Fleisch und Geist, Gesetz und Glaube, stellten sie dem wörtlichen Sinn des Textes seinen geistigen Sinn gegenüber, der allein für sie der wahre und von Gott ursprünglich beabsichtigte Schriftsinn ist. Dieses Verfahren (das nicht von ihnen erfunden, sondern schon lange in Bezug auf die griechische Mythologie angewandt wurde) nennt man «Allegorese». Durch das Offenlegen der allegorischen Bedeutung (von griechisch *allos agorein* – «anders sprechen») der Hebräischen Bibel im Unterschied zu ihrem schlichten wörtlichen Verständnis wurde ein anderer und neuer Sinn aufgedeckt. Die allegorische Deutung war das ideale Instrument, um die Juden als diejenigen abzustempeln, die dem Wortsinn der Bibel verhaftet blieben, während die Christen ihren wahren geistigen Sinn erschlossen.

«Adversus Judaeos»: Die christliche Umdeutung der Hebräischen Bibel

Mit dem Verfahren der Allegorese boten sich den frühen Christen unendliche Möglichkeiten, die Hebräische Bibel auszulegen und gegen die Juden zu polemisieren. Die Bibel der Juden lag seit langem in einer griechischen Übersetzung, der Septuaginta, vor, wurde von Christen im Römischen Reich aber bald auch in ihrer lateinischen Übersetzung, der Vulgata, gelesen. Es entstand sehr früh eine eigene literarische Gattung, die man *Adversus-Judaeos*-Literatur («Gegen die Juden») nennt. Vieles davon ist verloren gegangen, doch erlauben die erhaltenen Schriften einen guten Einblick. Die vielleicht älteste antijüdische Polemik ist der Barnabasbrief, der wohl noch vor dem Bar-Kokhba-Aufstand von einem unbekannten Autor in Ägypten verfasst wurde. Er liest sich wie eine Summe des neuen christlichen Verständnisses des «Alten Testaments». So ist die wahre Beschneidung, wie schon bei Paulus (Römer 2,28–29), nicht die Beschneidung des Fleisches, sondern der Herzen. Wenn die Bibel von der Beschneidung rede, meine sie in Wirklichkeit nicht die fleischliche, sondern die spirituelle Beschneidung: «Aber auch die Beschneidung, auf die sie [die Juden] vertraut haben, ist abgeschafft. Er [Gott] sagt nämlich, die Beschneidung solle nicht am Fleische geschehen; sie aber handelten dagegen, weil ein böser Engel sie beschwatzte.»[1] Sogar die Beschneidung, die Abraham an sich selbst, seinem Sohn Ismael und an allen Männern seines Hauses vollzog (Genesis 17,23–27), wird in einer kunstvollen exegetischen Prozedur nicht als fleischliche Beschneidung, sondern als Ausblick auf Jesus gedeutet, der durch seinen Kreuzestod alle Menschen erlösen wird.[2]

Dasselbe gilt auch für die Speisegebote, die aus christlicher Sicht alle im allegorischen, das heißt übertragenen Sinne zu verstehen sind. Wenn Moses in der Torah (Levitikus 11; Deuteronomium 14) alle die unreinen Tiere auflistet, die man nicht essen darf, so sei auch dies nicht wörtlich zu verstehen: «Es ist also nicht ein (wirkliches) Gebot Gottes, [diese Tiere] nicht zu essen, Moses hat vielmehr im geistigen Sinn gesprochen.»[3] So bedeute etwa das Verbot, Schweinefleisch zu essen, in Wirklichkeit:[4]

> Der Mensch soll nicht verkehren mit Leuten, die den Schweinen ähnlich sind; denn wenn sie in Fülle haben, vergessen sie den Herrn, wenn sie aber Mangel haben, anerkennen sie den Herrn, genau wie das Schwein; solange es zu fressen hat, kennt es seinen Herrn nicht; wenn es aber Hunger leidet, dann raunzt es, und sobald es (Futter) bekommen hat, schweigt es wieder.

Mit einem Federstrich löscht der Verfasser des Barnabasbriefes hier eines der ältesten und wichtigsten Identitätsmerkmale des Judentums aus, mit einer Begründung, die in ihrer schlichten Naivität kaum zu überbieten ist, die aber immerhin (noch) wenig polemisch daherkommt.

Justin: Dialog mit dem Juden Trypho

Sehr viel anspruchsvoller als der Barnabasbrief ist die große antijüdische Apologie des Christentums, die in der Mitte des 2. Jahrhunderts von Justin verfasst wurde, einem heidnischen Philosophen, der sich zum Christentum bekehrt hatte; er starb um 165 den Märtyrertod und erhielt deswegen den Beinamen «der Märtyrer». Das Werk trägt den Titel «Dialog des heiligen Justinus, des Philosophen und Märtyrers, mit dem Juden Tryphon». Obwohl als Dialog – und als solcher ungemein ausführlich und repetitiv – konzipiert, sollte man darin weniger die Niederschrift eines echten Streitgespräches Justins mit einem echten Juden sehen als vielmehr die theologische Summe dessen, wie die frühe christliche Kirche ihr Verhältnis zu den Juden definierte.

Justin, der Christ, und Trypho, der Jude, begegnen sich als zwei verwandte Seelen. Beide sind nämlich Liebhaber der Philosophie. So beginnt der Dialog denn auch damit, dass Justin seinen Weg von der Philosophie zum Christentum schildert: Nachdem er alle wichtigen Philosophien studiert hatte, entdeckte er die biblischen Propheten und wurde von diesen zum Christentum geführt. Trypho solle es ihm nachtun und den Weg von seinem Judentum zum Christentum finden – auf der Grundlage ihrer gemeinsamen philosophischen Interessen. Und damit beginnt das eigentliche Gespräch zwischen dem Christen und dem Juden. Von grundlegender Bedeutung dafür ist der durchgängige Rückgriff auf die Hebräische Bibel in Gestalt des Alten Testaments der Christen, wobei sich beide Diskutanten des Unterschieds wohl bewusst sind: Justin reflektiert häufig die Textvarianten zwischen der griechischen Übersetzung der Hebräischen Bibel, der Septuaginta, und dem hebräischen Text, der Trypho geläufig ist. Dabei setzt Justin ebenfalls als selbstverständlich voraus, dass nur die allegorische Deutung der Bibel die allein sachgemäße Methode ist, um ihren eigentlichen Sinn zu verstehen, und dass der Jude Trypho der wörtlichen Auslegung verhaftet bleibt.

Neben dem vertrauten Schema von Fleisch versus Geist, altes Gesetz und alter Bund versus neues Gesetz und neuer Bund, das an den bekannten Beispielen durchexerziert wird (Beschneidung, Sabbat, Feste, Speisegebote), tritt nun ein Argument in den Vordergrund, das zwar auch schon vorher eine Rolle spielte, das jetzt aber von entscheidender Bedeutung wird: Alle biblischen Väter und Mütter vor Abraham hielten noch keines der in der Torah festgelegten Gebote (die Torah wurde erst viel später offenbart), aber sie waren doch Kinder Gottes und Gott wohlgefällig, wie es manchmal auch ausdrücklich heißt, etwa über Henoch oder Noah (Genesis 5,24 und 6,9); ebenso segnet Gott Abraham, verspricht ihm, ihn zu einem großen Volk zu machen (12,2; 15,5), und schließt seinen Bund mit ihm (15,18–21), *bevor* dieser sich und seine männlichen Hausgenossen beschnitten hat.[5] Der neue Bund, der mit Jesu Wirken auf der Erde, mit seinem Tod und seiner Auferstehung endgültig in Kraft tritt, ist also schon lange vorher im Heilsplan Gottes angelegt und gilt grundsätzlich allen Menschen und eben nicht nur den Juden. Und nicht nur dies, er kann auch von allen Menschen, die die Bibel richtig lesen, erkannt werden. Damit wendet Justin sich an den Philosophen in Trypho und beantwortet auch die philosophische Kritik am Christentum: Das richtig verstandene Christentum ist in Wirklichkeit älter als das Judentum, das die Bibel für sich allein beansprucht. Jesus kommt zwar erst zu einer bestimmten Zeit auf die Erde, aber er war schon immer als Logos und zweiter Gott präexistent beim Schöpfergott im Himmel.[6] Er erschien als einer der drei Männer vor Abraham im Mamre (Genesis 18), er erschien dem Moses im Feuer der Flamme aus dem Dornbusch (Exodus 3,2),[7] ja er erhielt den Namen Jesus schon von Moses.[8] Jesus ist der Menschensohn, der im Buch Daniel auf den Wolken des Himmels kommt und dem von Gott die Herrschaft über alle Völker und Nationen gegeben wird (Daniel 7), das heißt, er war schon vor seiner Inkarnation auf der Erde bei Gott im Himmel.[9]

Damit ist das entscheidende Thema angesprochen, das Juden wie auch heidnische Philosophen nicht nachvollziehen können, das Skandalon der christlichen Botschaft: Wie kann der Sohn Gottes, der zweite Gott neben dem Vater- und Schöpfergott, sich so weit erniedrigen, dass er Mensch wird, dazu angeblich auch noch von einer Jungfrau durch die Mitwirkung des Heiligen Geistes geboren, und dass er am Ende den Kreuzestod sterben muss – den schändlichsten aller Tode, der nur Sklaven und gemeinen Verbrechern vorbehalten ist –, um sein Erlösungswerk zu vollenden? Um dieses Skandalon geht es in weiten Teilen des Dialogs, in immer wieder neuen Anläufen und mit endlosen exegetischen Belehrungen. Der hauptsächliche Stein des Anstoßes ist der Vers Jesaja 7,14: «Siehe, die Jungfrau hat empfangen, sie gebiert einen Sohn und wird ihm den Namen Immanuel geben.» Dieser Vers wird von Juden wie Christen einmütig auf den erwarteten Messias aus dem Hause Davids gedeutet; strittig ist nur die Behauptung, dass dieser Messias von einer Jungfrau geboren wird, also von einer Frau, die noch keinen Geschlechtsverkehr hatte und deren Kind also nicht auf natürlichem Wege gezeugt wurde (Matthäus 1,18–23).

Das zugrunde liegende exegetische Problem ist die Bedeutung des Wortes, das gewöhnlich mit «Jungfrau» übersetzt wird. In der Hebräischen Bibel steht dafür 'almah, was eigentlich «junge Frau» heißt. Damit ist eine Frau gemeint, die noch keine Kinder geboren hat, die aber deswegen keineswegs eine Jungfrau sein muss. Die Septuaginta, die griechische Übersetzung der Hebräischen Bibel, auf die sich die Christen berufen, übersetzt aber 'almah mit parthenos, was ebenso eindeutig «Jungfrau» bedeutet. Hier stehen sich also die Autorität der «jüdischen» Hebräischen Bibel und der «christlichen» griechischen Übersetzung gegenüber, ein Punkt, der beiden Diskutanten sehr wohl bewusst ist. Die Ironie dieses Streites besteht nun darin, dass die Septuaginta keineswegs eine christliche Übersetzung der Hebräischen Bibel ist, sondern eine Übersetzung der ägyptischen Juden, vornehmlich in Alexandria. Nach der von beiden akzeptierten Legende wurde sie im 3. Jahrhundert v. Chr. vom ägyptischen König Ptolemaios II. Philadelphos bei 70 (daher der Name Septuaginta), eigentlich 72 jüdischen Gelehrten in Auftrag gegeben, die am Ende wunderbarerweise eine komplett identische Übersetzung ablieferten. Sie hatte auch bei den Juden, die oft kein Hebräisch mehr konnten, die Hebräische Bibel in ihrer Originalsprache weitgehend abgelöst. Und es ist genau dieser Punkt, den Justin seinem jüdischen Kontrahenten mit Erfolg vorhält:[10]

> Ihr aber wagt es, auch in diesen Punkten die von euren Ältesten beim Ägypterkönig Ptolemäus angefertigte Übersetzung abzuändern, und behauptet, die Schrift laute nicht so, wie jene es übersetzt haben [Jungfrau], sondern: «Siehe», spricht er, «das junge Weib wird empfangen», gerade als ob es eine besondere Erscheinung wäre, wenn ein Weib infolge geschlechtlichen Verkehres gebären sollte. Dies tun ja alle jungen Frauen mit Ausnahme der Unfruchtbaren; diese kann Gott aber auch, wenn er will, gebären lassen.

Wenn ihr Juden, so Justins Argument, nicht die Übersetzung eurer jüdischen Gelehrten anerkennt, so tut ihr dies nur, um die daraus folgenden Konsequenzen abzuwehren. Und im Übrigen, so sein weiteres Argument, worin sollte denn die Besonderheit der Weissagung Jesajas bestehen, wenn er nur darauf verweisen würde, dass eine junge Frau ein Kind bekommen wird? Nein, die Besonderheit besteht gerade darin, dass es nicht um irgendeine junge Frau geht, sondern um eine Jungfrau im eigentlichen Sinne des Wortes: «Ja, das ist wirklich ein (wunderbares) Zeichen, und das Menschengeschlecht sollte ihm Glauben schenken, dass nämlich von jungfräulichem Schoße der Erstgeborene aller Geschöpfe Fleisch annimmt und in der Tat ein Kind wird.»[11]

Trypho hat diesen Argumenten wenig entgegenzusetzen, und je länger der Dialog dauert, desto kleinlauter wird er. Am Ende trennen sich beide freundschaftlich, aber es ist klar, dass Justin den Schauplatz als der eigentliche Sieger verlässt. Nur an ganz wenigen Stellen des Dialogs scheint durch, dass die Juden in diesem ungleichen Streit nicht ganz so wehrlos sind, wie Justin sie darstellt. So wirft er Trypho vor, dass seine jüdischen Volksgenossen sich nicht damit begnügen, Jesus zu kreuzigen, sondern dass sie auch danach noch aktiv gegen das junge Christentum agitieren: Ihr habt nicht nur eure Freveltaten nicht bereut, «sondern ihr habt jetzt auserlesene Männer aus Jerusalem ausgesucht und sie in alle Welt ausgeschickt, um zu verkünden, im Christen-

76   3 Die christliche Spätantike

tum sei eine gottlose Sekte entstanden, und um die Anklagen gegen uns zu erheben, welche gegen uns alle diejenigen vorbringen, die uns nicht kennen».[12]

Dies ist eine der ganz wenigen Stellen in der frühchristlichen Literatur, aus denen erkennbar wird, dass Juden versucht haben, sich gegen die immer erfolgreichere propagandistische Übermacht der Christen zu wehren. Die beiläufige Erwähnung der «gottlosen Sekte» der Christen könnte darauf hinweisen, dass sie es konkret darauf anlegten, den Vorwurf der Gottlosigkeit, der sie seit ihrem Auftreten auf der politischen Bühne verfolgte, auf die Christen zu übertragen – und damit den staatlichen römischen Stellen in die Hände spielten, die ja genau dies den Christen vorwarfen.

Die Göttlichkeit Jesu und seine Menschwerdung

Mit ihrer Ablehnung der Göttlichkeit Jesu und der Menschwerdung dieses zweiten Gottes waren und blieben die Juden der Stachel im Fleische des unter den Heiden immer erfolgreicheren Christentums. Und dieser Stachel sollte umso schmerzhafter und gefährlicher werden, je stärker die dogmatische Klärung dieser Göttlichkeit und Menschlichkeit in den Vordergrund des innerchristlichen Diskurses rückte. Im Neuen Testament wird das Thema der Göttlichkeit Jesu, wie wir gesehen haben, noch relativ verhalten thematisiert. In den synoptischen Evangelien steht Jesus, ganz im Sinne der frühjüdischen Tradition, als der Messias im Vordergrund, der sein Volk erlösen wird; er ist dabei eine in jedem Sinne herausgehobene Gestalt (oft der höchste Engel oder ein noch nicht genauer bestimmter «Sohn Gottes»), aber seine Göttlichkeit im strengen dogmatischen Sinne ist dabei noch zweitrangig. Dies gilt auch für Paulus, der allenfalls mit der formelhaften Bezeichnung Jesu als «Jesus der Herr» seinen besonderen göttlichen Rang ausdrücken wollte; am deutlichsten wird Paulus vielleicht in dem Zitat eines urchristlichen Hymnus im Philipperbrief (2,6–7).[13] Ganz eindeutig und zentral ist die Göttlichkeit Jesu nur im Johannesevangelium, und es ist genau diese von Johannes vorgegebene Linie, die im 2. und 3. Jahrhundert in den Vordergrund der frühchristlichen Theologie rückte – mit allen bei Johannes ebenfalls vorgegebenen antijüdischen Konsequenzen.

Der Konflikt um das Verhältnis von Göttlichkeit und Menschlichkeit Jesu, der die kirchliche Diskussion für lange Zeit beherrschen sollte, spitzte sich mit der Person und der Lehre Markions (gest. um 160) zu, des Begründers der Markioniten, mit dem sich schon Justin in seinem Dialog unterschwellig auseinandersetzte. Markion war ein extremer Dualist mit starken gnostischen Anklängen; seine Werke sind verloren gegangen, seine Lehren können nur aus Zitaten und polemischen Attacken seiner zahlreichen Gegner ansatzweise rekonstruiert werden. Grundlegend für seine Lehre war die kompromisslose Ablehnung des Judentums und der Hebräischen Bibel als des Inbegriffs dieses Judentums. Der Gott der Hebräischen Bibel (und damit der Gott des von der Kirche übernommenen Alten Testaments) war für ihn der Demiurg, der Schöpfer der materiellen Welt, ein letztlich böser Gott, dessen Gesetz mit seinen Strafandrohungen die Menschen ins Verderben stürzte. Ihm gegenüber oder besser entgegen stand der Erlösergott Jesus, der gute Gott, der Gott der Barmherzigkeit und Liebe. Mit diesem unversöhnlichen dualistischen Gegensatz zwischen dem Gott des Alten und des Neuen Testaments löste Markion die Dichotomie von Fleisch und Geist, die Paulus vergeblich in der Balance zu halten versucht hatte, einseitig zugunsten eines extrem spirituellen Verständnisses auf.

Markion will daher die Hebräische Bibel als Manifestation des bösen Gottes des Judentums aus dem Kanon der von den Christen akzeptierten Schriften ausscheiden. Er las und verstand das Alte Testament extrem wörtlich und lehnte die im Christentum übliche allegorische Auslegung – mit der es ja gerade im Christentum gehalten werden sollte – kategorisch ab: Das Alte Testament, als das legalistische und inhumane Gesetz des alten Bundes verstanden, war für ihn der absolute Gegensatz zur «guten Botschaft» des neuen Bundes. Für die Frage der Göttlichkeit und Menschlichkeit Jesu bedeutet Markions Vorstoß ein extrem überspitztes Verständnis von Jesu Göttlichkeit: Jesus war nicht

3 Die christliche Spätantike

wirklich Mensch geworden; seine körperliche Gestalt auf Erden war nur eine «Erscheinung», ein Scheinkörper (in der christlichen Dogmatik nennt man dies «Doketismus»), der es ihm ermöglichte, sein Werk auf Erden zu tun. So enthielt das von Markion propagierte Neue Testament – wie auch schon das kanonische Markus- und das Johannesevangelium – keinen Bericht von Jesu Geburt und seiner Kindheit. Mit ihrem Beharren auf der Körperlichkeit Jesu blieben die christlichen Gegner Markions aus seiner Sicht dem fleischlichen Verständnis der Juden verhaftet, blieben also in Wirklichkeit Juden.

Damit nimmt die Lehre Markions eine geradezu paradoxe Wendung. Der frühchristliche Theologe, der das Judentum am radikalsten aus dem entstehenden Christentum ausschließen wollte, indem er das Alte Testament aus dem christlichen Kanon entfernte und Jesu Körperlichkeit leugnete, ausgerechnet dieser Theologe machte damit seine christlichen Gegner selbst zu den verhassten Juden, dem Inbegriff der überwunden geglaubten Fleischlichkeit. Und diesen angeblichen Juden blieb nichts anderes übrig, als mit derselben Waffe zurückzuschlagen: Sie bestanden auf der Einheit von «Gesetz» und «Evangelium» und erklärten Markion zum Häretiker, indem sie ihn genau der Erzsünde bezichtigten, die er ihnen vorwarf – eines extrem wörtlichen Verständnisses des Alten Testaments. Hier zeigt sich die Ambivalenz des Vorwurfs der «Jüdischkeit», der in beide Richtungen wirkt. Die angeblichen Häretiker konnten ihrem angeblich orthodoxen Widerpart unterstellen, in seinem Wesen jüdisch zu sein; und die angeblich orthodoxen Christen konnten ihrem angeblich häretischen Gegner mit gleicher Münze heimzahlen. Die Grenzen zwischen Häresie und Orthodoxie waren zu dieser Zeit noch fließend, sicher aber war und blieb für alle Seiten, dass die Quelle allen Übels, das die Christen entzweite, die Juden waren, der ewige Stachel im Fleische des Christentums.

Im 3. und 4. Jahrhundert spitzte sich der innerkirchliche Streit um die Göttlichkeit Jesu vor allem im Blick auf das genaue Verhältnis von altem und jungem Gott, Vater und Sohn, immer weiter zu. Verschiedene Möglichkeiten und Spielarten dieses Verhältnisses wurden ausprobiert, diskutiert und am Ende als häretisch verworfen. Am längsten hielt sich die Lehre, die als Subordinationismus (Lehre von der Unterordnung) bezeichnet wird. Sie geht davon aus, dass der Sohn (Jesus) zwar göttlichen Ursprungs ist, aber dabei immer seinem Vater untergeordnet bleibt. Im Kern waren alle später als «orthodox» befundenen Lehrer der Kirche bis zum Arianischen Streit zu Beginn des 4. Jahrhunderts Subordinatianer. Dies gilt auch für den größten und einflussreichsten der frühen Kirchenlehrer, Origenes von Caesarea (184–253): Jesus war Gott, aber gleichzeitig auch Mensch und stand damit in seiner Göttlichkeit unter dem Vater (wie auch der Heilige Geist in seiner Göttlichkeit unter dem Sohn stand). Damit stellte Origenes sich, wie alle seiner Vorgänger, gegen die Juden – und das «Jüdische» innerhalb des Christentums –, die die Göttlichkeit Jesu ablehnten. Entsprechend favorisierte er die «spirituelle» (allegorische) Auslegung des Alten Testaments und hielt diejenigen für die besten Christen, die am weitesten in Vergeistigung und Askese fortgeschritten waren. (Angeblich hat er sich sogar selbst kastriert, um die höchste Stufe der Geistigkeit zu erreichen.) Origenes lebte lange in dem am Mittelmeer gelegenen Caesarea in Palästina und hatte dort intensiven Kontakt zu Juden. Diese Juden, die ihm bei der philologisch fundierten Auslegung der Bibel behilflich waren, nannte er «Hebräer» *(Hebraioi)*, während er seine theologischen Gegner inner- und außerhalb des Christentums als «Juden» *(Ioudaioi)* bezeichnete. Letztere, der Inbegriff von «Fleisch» und «Buchstabe», sind es auch, die nach Origenes mit ihrem extrem wörtlichen Verständnis der Hebräischen Bibel deren eigentlichen Sinn verstellten und sich selbst den Zugang zur Erlösung versperrten.

Zu den in ihrem Kern angeblich «jüdischen» Häresien, die das Christentum bedrängten, gehört nicht zuletzt auch die pagane Philosophie. Wir sahen dies schon bei Justin, und es blieb Origenes vorbehalten, die umfassendste und einflussreichste Streitschrift gegen die Philosophie zu verfassen, den Traktat *Contra Celsum* («Gegen Celsum»). Über Celsus' Leben und Werk ist wenig bekannt; sein Werk «Die wahre Lehre» *(Alēthēs Logos)* ist nur durch Zitate in Origenes' Erwiderung zugänglich. Wie Justin legt Celsus seine Angriffe auf das Christentum in den Mund eines Juden und benutzt damit taktisch geschickt den fortwährenden Stachel im Fleische der Christen. Obwohl ihm der Unterschied zwischen Judentum und Christentum durchaus bewusst ist, insistiert er wieder und wieder auf dem jüdischen Ursprung des Christentums und sieht das Jüdische im Christentum als die Wurzel allen Übels: Das Christentum ist nach Celsus für einen ernsthaften Philosophen kein reiner Monotheismus, sondern durch den jüdischen Engelglauben verdorben (indem es einen höchsten Engel zum Gott erhoben hat); die unsinnige Messiaserwartung wurde ebenso von den Juden übernommen wie die gleichermaßen absurde Erwartung der Auferstehung von den Toten; das von Juden wie auch weiterhin von Christen praktizierte wörtliche Verständnis der Schrift erreicht seinen irrationalen Höhepunkt im Bilde eines Gottes mit menschlichen Eigenschaften wie Zorn, Eifersucht oder Liebe. So wie die Juden mit ihren grotesken und erbärmlichen Lehren die Sicherheit und Existenz des römischen Staates bedrohten, tun dies jetzt in den Augen des Philosophen Celsus mit noch viel gefährlicherem Erfolg die Christen.

Jüdische Polemik gegen das Christentum

Für unser Thema sind nicht so sehr die Antworten des Origenes auf die Angriffe des Celsus von Interesse als vielmehr die Tatsache, dass Origenes uns durch Zitate von Celsus auch Einblick in *jüdische* Reaktionen auf die Lehren des Christentums gibt (einen knappen Hinweis darauf sahen wir schon bei Justin). Was der Celsus, der uns durch Origenes überliefert ist, dazu berichtet, ist absolut singulär und in dieser Ausführlichkeit durch keine andere pagane Quelle bezeugt. Celsus präsentiert seinen Juden nach Origenes als jemanden, der ein direktes Gespräch mit Jesus führte und diesen angeblich erfolgreich widerlegte. Jesus habe, so der Jude, die Erzählung von seiner Geburt von einer Jungfrau frei erfunden. In Wirklichkeit[14]

> stamme er [Jesus] aus einem jüdischen Dorf von einer armen Landfrau, die ihren Lebensunterhalt als Spinnerin verdiente. Er [der Jude] sagt dann, dass sie zudem von ihrem Manne, der seines Zeichens ein Zimmermann gewesen, verstoßen worden sei, als des Ehebruchs schuldig. Weiter

bringt er vor, von ihrem Ehemann verstoßen und unstet und ehrlos im Lande umherirrend, habe sie den Jesus heimlich geboren. Dieser habe aus Armut sich nach Ägypten als Tagelöhner verdungen und dort sich an gewissen Zauberkräften versucht, auf die die Ägypter stolz seien; er sei dann zurückgekehrt und habe sich viel auf diese Kräfte eingebildet und sich ihretwegen öffentlich als Gott erklärt.

Noch genauere Auskünfte erhalten wir in einem weiteren Zitat bei Origenes:[15]

Doch wir wollen uns nun wieder zu den Worten zurückwenden, die Celsus den Juden sagen lässt, zu der Behauptung nämlich, die Mutter Jesu sei von dem Zimmermann, mit dem sie verlobt war, verstoßen worden, weil sie des Ehebruchs überführt worden sei und von einem Soldaten namens Panthera (ein Kind) geboren habe.

Diese Erzählung von Jesu Geburt und Herkunft lässt sich unschwer als polemisierende jüdische Gegenerzählung zur Geburtsgeschichte im Neuen Testament entziffern. Sie ist ohne Zweifel tatsächlich so verbreitet worden und sehr wahrscheinlich älter als die bei Celsus überlieferte Fassung. Ihre Botschaft lautet: Jesus war der Sohn einer Ehebrecherin und damit ein Bastard; seine angebliche Herkunft aus dem Hause David und sein Anspruch, der lange erwartete Messias zu sein, dienten nur dem Zweck, das jüdische Volk zu betrügen. Dies gilt insbesondere für die absurde Behauptung, vom Heiligen Geist gezeugt, von einer Jungfrau geboren und damit der Sohn Gottes zu sein. Die boshafteste Zuspitzung dieser jüdischen Umkehrung der Geburtsgeschichte verbirgt sich hinter dem Namen des römischen Soldaten, des Liebhabers seiner Mutter und wirklichen Vaters Jesu. Bis heute wird darüber gerätselt, was dieser merkwürdige Name «Panthera» bedeutet, aber die wahrscheinlichste Erklärung ist nach wie vor die, dass es sich dabei um einen Namen handelt, der von dem griechischen Wort für Panther – *panthēr*/*panthēros* – abgeleitet ist: Aus *parthenos* («Jungfrau») wird, in absichtlicher Umstellung der Buchstaben «r» und «n», *panthēros* («Panther»), aus der Jungfrauengeburt die Herkunft von einem römischen Söldner, dem verhassten Feind des jüdischen Volkes.

Die polemische Umdeutung des Grundpfeilers der christlichen Botschaft, die Celsus polemisch einem Juden in den Mund legt, ist ein klares Indiz dafür, dass die Juden den virulenten christlichen Antijudaismus nicht kampflos hinnahmen, sondern sich mit allen Mitteln dagegen zur Wehr setzten und dabei auch in der Wahl ihrer Waffen nicht zimperlich waren. Der Bericht bei Origenes ist der ausführlichste, der erhalten geblieben ist, aber Spuren davon sind bei anderen paganen Autoren und sogar auch im Talmud bezeugt.[16] Gerade der Hinweis im Talmud zeigt, dass die jüdische Gegenerzählung gegen das Neue Testament verbreiteter war, als die erhaltenen Reste erkennen lassen. Allerdings wird der immer stärker werdende Einfluss der christlichen Kirche eine Verbreitung der jüdischen Polemik nicht gerade begünstigt haben.

Arius und das Nizänische Glaubensbekenntnis

Der dogmatische Streit über das Verhältnis von Gott-Vater und Gott-Sohn – bald auch unter Einbeziehung der dritten göttlichen Gestalt des Heiligen Geistes – erreichte zu Beginn des 4. Jahrhunderts seinen Höhepunkt mit einer Kontroverse, die von Arius (ca. 256–336) ausgelöst wurde. Verschärft wurde dieser Streit durch die radikal veränderte politische Situation unter dem weströmischen Kaiser Konstantin I. (gest. 337), der 324 Alleinherrscher auch über die östlichen Reichsgebiete wurde. Konstantin leitete eine Entwicklung ein, mit der sich das Christentum auf den Weg zu einer staatlich gestützten «Reichskirche» machte, die unter Theodosius I. (gest. 395) ihren Abschluss fand. Von grundlegender Bedeutung für eine umfassende Reichskirche war die dogmatische Einheit dieser Kirche, die alles andere als gesichert war, und hier spielte die Lehre des Arius und seiner Anhänger, der Arianer, eine entscheidende Rolle.

Arius vertrat eine extreme subordinatianische Theologie, indem er die absolute und ungeschmälerte Einzigartigkeit des göttlichen Vaters gegenüber seinem Sohn betonte, der damit dem Vater für immer untergeordnet sei. Der Sohn sei ein Geschöpf seines Vaters, das zwar vor der Erschaffung der Welt existierte, gleichwohl aber nicht in demselben Sinne ewig sei wie der Vater. Jesus sei zwar in jeder Hinsicht Gott gleich, nur nicht darin, dass er vom Vater gezeugt war und somit einen Anfang hatte (wenn auch vor der irdischen Zeit). Daraus folgt für Arius insbesondere, dass Jesus nicht gleichen Wesens mit dem Vater sein könne, wie dies von zahlreichen Theologen behauptet wurde, vor allem von Arius' Hauptgegner Athanasius, dem Bischof von Alexandria.

Um die Einheit der Kirche und des Reiches zu wahren, versammelte Kaiser Konstantin im Jahre 325 das erste Konzil von Nizäa, auf dem die Lehre des Arius als Häresie verurteilt wurde. Zugleich wurde verbindlich festgelegt, dass Jesus, anders als Arius und seine (einflussreichen) Anhänger behaupteten, eines Wesens *(homoousios)* mit dem Vater ist. Entsprechend formuliert das sogenannte Nizänische Glaubensbekenntnis, das als Nicaeno-Konstantinopolitanum bis heute gilt:

> Ich glaube an den einen Gott,
> den allmächtigen Vater,
> den Schöpfer alles Sichtbaren und Unsichtbaren.
> Und an den einen Herrn Jesus Christus,
> den Sohn Gottes,
> der als Einziggeborener aus dem Vater gezeugt ist,
> *das heißt: aus dem Wesen des Vaters* (griech. *ek tēs ousias tou Patros,*
>   lat. *de substantia Patris*),
> Gott aus Gott, Licht aus Licht,
> wahrer Gott aus wahrem Gott,
> *gezeugt, nicht geschaffen,*
> eines Wesens mit dem Vater (griech. *homoousion tō Patri,*
>   lat. *de substantia Patris*).

Anschließend folgen die Menschwerdung, der Tod und die Auferstehung Jesu. Der Heilige Geist, die dritte Person der göttlichen Trinität, kommt eher beiläufig ganz am Schluss vor; das Hauptaugenmerk galt eindeutig dem Verhältnis von Vater und Sohn. Die kursiv gesetzten Teile wurden vom Konzil ausdrücklich hinzugefügt, um eine arianische Auslegung ein für alle Mal auszuschließen.

Damit war das Konzil jedoch wenig erfolgreich. Nach dem Tod des

Arius (336) und Kaiser Konstantins (337) gewannen die arianischen Kräfte im Oströmischen Reich wieder die Oberhand und versuchten, das Nizänische Glaubensbekenntnis rückgängig zu machen. Erst unter Theodosius I. setzten sich die Anti-Arianer erneut durch: Auf dem von Theodosius einberufenen ersten Konzil von Konstantinopel (381) wurde das Nizänische Glaubenbekenntnis bestätigt und durch einen Passus über den Heiligen Geist als die dritte göttliche Person erweitert; es entstand das sogenannte Nizäno-Konstantinopolitanische Glaubensbekenntnis. Der Arianismus – der auch nur ein Sammelbegriff für unterschiedliche, aber verwandte theologische Strömungen ist – war damit zwar keineswegs endgültig besiegt, konnte sich aber politisch nicht behaupten. Die Ironie der Geschichte will es, dass die offizielle Kirche mit der am Ende erfolgreichen Verurteilung des Arianismus eine theologische Richtung als Häresie ausschied, die für sich in Anspruch nehmen konnte, den noch unausgereiften und undifferenzierten christologischen Vorstellungen der synoptischen Evangelien näher zu stehen als die subtilen und in ihrer theologischen Raffinesse schwer zu begreifenden Feinheiten der sich formierenden Orthodoxie, die ohnehin nur mit staatlicher Gewalt durchgesetzt werden konnten. Wenn man so will, setzte sich mit den Konzilien das Johannesevangelium endgültig durch, das ja in der Frage der Göttlichkeit Jesu sehr viel weiter ging als die synoptischen Evangelien.

Da die synoptischen Evangelien mit der Vorstellung von einem zweiten jüngeren Gott neben dem alten Vatergott eine Entwicklung aufgriffen, die bereits im vorchristlichen Judentum des Zweiten Tempels begonnen hatte, kappten die Konzilien mit ihrer Weiterführung der johanneischen Theologie eine vitale und, wie der Arianismus zeigt, zukunftsfähige Verbindung zum Judentum. Anders und pointierter formuliert: Der Sieg der Konzilstheologie über den Arianismus brach in der entscheidenden Frage der Göttlichkeit Jesu Brücken zum Judentum ab, die, wenn sie denn bestehen geblieben wären, möglicherweise zu einer ganz anderen Bestimmung des Verhältnisses von Christentum und Judentum in der weiteren Geschichte geführt hätten. Es ist gewiss kein Zufall, dass das arabische Christentum, das der bald entstehende Islam vorfand, eher subordinatianisch und arianisch geprägt war.

Der erste christliche Historiker, der mit seiner Kirchengeschichte für die theoretische Untermauerung der engen Verbindung von Politik und Theologie, Staat und Kirche, sorgte, war Eusebius von Caesarea (ca. 263–339). Eusebius war theologisch ein gemäßigter Arianer, akzeptierte aber die Beschlüsse des Konzils von Nizäa. Die Juden waren in seinem Geschichtsbild das Volk, das mit dem Triumph des christlichen Staates theologisch wie auch politisch ein für alle Mal besiegt war – und dieser Sieg konnte durch nichts sinnfälliger dokumentiert werden als durch die prächtigen Kirchenbauten, mit denen Kaiser Konstantin und seine Mutter Helena das jetzt endgültig christliche Heilige Land schmückten. Das damit verbundene christliche Pilgerwesen und der wirtschaftliche Aufschwung des Heiligen Landes drängten die Juden immer mehr an den Rand und besiegelten in den Augen des Eusebius für alle sichtbar ihre demütigende Niederlage.

Chrysostomus: Hasspredigten gegen die Juden

Der schärfste Gegner der verschiedenen Spielarten des Arianismus zur Zeit des Konzils von Konstantinopel und danach war Johannes von Antiochia (344/49–407), einer der herausragenden Kirchenlehrer des spätantiken Christenums, dem später wegen seiner erfolgreichen Predigten der Beiname Chrysostomus – «Goldmund» – verliehen wurde. Antiochia am Orontes im heutigen Syrien war ein Zentrum der jüdischen Diaspora und gleichzeitig eine Hochburg des Arianismus. Chrysostomus lebte dort als Kleriker und wurde schnell durch seine Schriften und vor allem seine populären Predigten berühmt. Wenige Jahre nach dem Tod von Kaiser Theodosius I. wurde er im Jahr 397 zum Erzbischof und Patriarchen von Konstantinopel ernannt, dem wichtigsten Bischofssitz des (Ost)Römischen Reiches. Noch in Antiochia hielt er in den Jahren 386/87 eine Reihe von Predigten, die als die «Acht Predigten gegen die Juden» in die Geschichte eingegangen sind. Chrysostomus hatte ursprünglich die Absicht, gegen die sogenannten Anhomöer (von griech. *an-homoios* – «ungleich, verschieden») zu predigen, eine extreme arianische Gruppe, die die nizänische Formel der Wesensgleichheit des Sohnes mit dem Vater ablehnte. Er entschied sich dann aber zunächst für eine Generalabrechnung mit den Juden, weil für ihn das eine das andere bedingte. In ihrer Schärfe und der Schlagkraft ihrer antijüdischen Formulierungen sind die Predigten der Gipfel dessen, was Kirchenlehrer der Spätantike gegen das Judentum vorgebracht haben.

Gleich zu Beginn der ersten Rede betont Chrysostomus die geistige Verwandtschaft von Anhomöern und Juden:[17]

> Da nämlich die Symptome der Gottlosigkeit der Anhomöer denen der Juden verwandt sind, sind für uns auch die Kampfmittel verwandt …; denn, was die Juden kritisieren, das kritisieren auch die Anhomöer. Was denn kritisieren jene [die Juden]? Dass er [Jesus] Gott seinen eigenen Vater nannte, sich selbst Gott gleichmachte (Johannes 5,18). Das kritisieren auch diese [die Anhomöer], ja mehr noch, sie kritisieren es nicht, sondern sie wischen das Gesagte mit ihrer Gesinnung aus, wenn nicht mit der Hand, so doch mit ihrem Denken.

Was nach dem Johannesevangelium die Juden Jesus vorwerfen, das machen sich Chrysostomus zufolge auch die Anhomöer zu eigen: Sie kritisieren seine angemaßte Göttlichkeit. Damit unterstellt auch Chrysostomus, dass sich mit den gefährlichen Irrlehren der Arianer in all ihren Spielarten in Wirklichkeit die Juden im Christentum artikulieren und die Grundlagen ebendieses Christentums erschüttern. Als wie gefährlich dieser Angriff noch am Ende des 4. Jahrhunderts empfunden wurde, zeigen eindringlich die von Chrysostomus plastisch geschilderten Lebensverhältnisse von Christen und Juden in Antiochia. Die Juden waren dort keineswegs eine verachtete, längst vergangene Sekte, sondern ihre Gemeinschaft war sehr lebendig und sogar für Christen attraktiv. Zwar war der größte Teil der Stadt christlich, «aber noch kranken einige [Christen] am Judaismus».[18] Dies wird, so fürchtet Chrysostomus, wieder bei den bevorstehenden Feiertagen «der unseligen, unglücklichen Juden» offenbar werden, mit ihren Schofarhörnern, Laubhütten und Fastentagen: «Von den vielen aus unseren Reihen, die behaupten, unsere Gesinnungsgenossen zu sein, gehen die einen hin, bei den Festfeiern zuzuschauen, die anderen feiern sogar mit und nehmen an den Festen teil …, diejenigen, die sich durch ihre Sympathien für das Judentum als krank erweisen.»[19] In Wirklichkeit sei die Synagoge aber kein Haus Gottes, sondern ein Theater und ein Hurenhaus, ja noch schlimmer, eine Räuberhöhle und ein Unterschlupf für wilde und unreine Tiere.[20]

Dies liege daran, dass die Juden eigentlich gar keine Menschen seien, sondern Tiere, in ihrer Hurerei und Völlerei «nicht besser als Schweine und Böcke»;[21] ihre religiösen Bräuche «triefen von Schändlichkeit und Lächerlichkeit, sind (Bräuche) von Quälern, von Verächtern, von Verdammten».[22] Hier klingt noch der alte Vorwurf der paganen antiken Autoren durch, dass die Juden mit ihren inhumanen und absurden Sitten und Gebräuchen außerhalb des akzeptierten Konsens der zivilisierten Menschheit stehen. Wer ihre Synagogen aufsuche, weil dort ihr altehrwürdiges Gesetz und die Schriften ihrer Propheten deponiert sind, der vergesse, dass ihre Bibel nur noch eine leere Hülle sei:[23]

> Ich jedenfalls hasse deswegen die Synagoge am meisten und wende mich von ihr ab, weil sie [die Juden], obgleich im Besitz der Propheten, den Propheten nicht glauben, weil sie, obgleich die Schriften lesend, deren Zeugnisse nicht annehmen, was doch die Art von gewaltigen Frevlern ist.

Der Hass des Chrysostomus auf die Juden ist genuin, gespeist aus einer genuinen Angst vor der Attraktivität eines längst überwunden geglaubten Judentums, das er in den Arianern wiederauferstanden sieht. Wie groß diese Angst und der daraus resultierende Hass sind, demonstriert der verzweifelt-aufrichtige Satz, mit dem er seine Argumentation zusammenfasst: «Wenn nämlich Leben und Lehre der Juden verehrungswürdig und groß sind, dann sind unsere falsch; wenn diese [unsere] aber wahrhaftig sind – wie sie es auch sind –, dann sind jene übervoll von Trug.»[24] Kein Zweifel, an der genaueren Definition der Göttlichkeit des menschgewordenen Gottessohnes scheiden sich die Geister. Bis zu einem gewissen Grade können Juden die besondere Stellung Jesu noch mittragen, aber ganz sicher nicht in der dogmatisch verfestigten Form der Wesensgleichheit mit dem Vater.

Ambrosius: Die Kirche im Kampf gegen die Juden

Im Westen des Römischen Reiches war es Ambrosius (339–397), der Bischof von Mailand, der sich im Kampf gegen den Arianismus und gegen die Juden hervortat. Gegen den Willen des weströmischen (Mit-) Kaisers Valentinian II., der ebenfalls in Mailand residierte, vereitelte er die Umwidmung einer vor den Toren Mailands gelegenen Basilika in eine arianische Kirche (385/86), und bald darauf (388) ließ er es auf einen öffentlichen Kampf mit Theodosius I., dem Kaiser des Ostens,[25] ankommen. Beide Ereignisse liefen letztlich auf eine grundsätzliche Auseinandersetzung zwischen kirchlicher und staatlicher Autorität hinaus. Denn kaum als Kirche im Zentrum eines christlichen Staates angekommen, machte diese Kirche sich daran, das Verhältnis von kirchlicher und staatlicher Souveränität zu klären – eine Frage, die nicht nur die weitere Kirchengeschichte, sondern auch das Verhältnis der Kirche zu den Juden maßgebend bestimmen sollte. Es ist wenig verwunderlich, dass im Mittelpunkt dieser Frage die Arianer und die Juden standen, die schlimmsten Gegner einer von den offiziellen Konzilien geprägten Reichskirche.

Hintergrund des Streits zwischen Bischof Ambrosius und Kaiser Theodosius waren Ereignisse an der Ostgrenze des Römischen Reiches zu Persien. Im Jahr 388 kam es in Callinicum zu heftigen Unruhen, nachdem der Ortsbischof den christlichen Mob dazu angestachelt hatte, die dortige Synagoge in Brand zu stecken und jüdische Häuser zu plündern. Theodosius betrachtete dies als einen Angriff auf das Gewaltmonopol des Staates und verlangte die Bestrafung der Brandstifter sowie den Wiederaufbau der Synagoge auf Kosten der christlichen Gemeinde. Gegen diese kaiserliche Verfügung wandte sich Ambrosius in einem scharfen Brief an Theodosius:[26]

> Der Militärkommandeur des Ostens berichtet vom Brand einer Synagoge auf die Anstiftung des Ortsbischofs hin. Du [Theodosius] hast angeordnet, dass die anderen [die Brandstifter] bestraft werden sollten und der Bischof persönlich für die Wiederherstellung der Synagoge Sorge zu tragen habe. Ich bestehe nicht darauf, dass der Bericht des betroffenen

Bischofs hätte abgewartet werden sollen. Sind es doch die Priester, die Aufruhr beruhigen und um den Frieden besorgt sind, es sei denn, sie würden selbst gereizt durch eine Gotteslästerung oder einen Affront gegen die Kirche.

Dieser letzte Satz ist eine kaum verhüllte Drohung, die Ambrosius dann weiter ausführt, denn genau darum geht es: Jedes Nachgeben gegenüber den Juden ist in seinen Augen Gotteslästerung und eine Beleidigung der Kirche. Ist doch die Synagoge in seinen Augen nichts anderes als «ein Haus des Unglaubens, ein Haus der Gottlosigkeit, ein Gefäß der Torheit, das Gott selbst verdammt hat».[27] Soll etwa mit der wiedererbauten Synagoge «dem Unglauben der Juden ein Platz geschaffen werden auf Kosten der Kirche», soll das rechtmäßig auf die Christen übergegangene Erbe den gottlosen Juden zurückgegeben werden, sollen die Juden allen Ernstes an ihrer neuen Synagoge die Inschrift anbringen: «Der Tempel der Gottlosigkeit, errichtet aus der den Christen abgenommenen Beute»? Will der Kaiser «diesen Triumph über die Kirche Gottes» wirklich den Juden gönnen, ebenjenen Juden, die Christen verleumden und «mit ihrem falschen Zeugnis Christus verleumdet haben»? Ambrosius verweist auf angeblich zahlreiche Fälle, in denen Juden christliche Kirchen zerstört hätten und niemand sie je zur Rechenschaft gezogen habe. Sollen ausgerechnet die Juden, die sich nie dem römischen Recht unterworfen haben, jetzt von diesem Recht durch den Wiederaufbau ihrer Synagoge profitieren?[28]

Der schärfste Pfeil im Köcher des Ambrosius ist schließlich der Hinweis auf zwei «Kollegen» des Theodosius, seinen gescheiterten Vorgänger Kaiser Julian und seinen unglücklichen Mitkaiser Maximus. Julian, Alleinherrscher von 360–363, versuchte vergeblich, die Christianisierung des Römischen Reiches aufzuhalten, indem er die nichtchristlichen Kulte – und damit auch das Judentum – stärkte. Er erlaubte im Zuge einer «Repaganisierung» des Reiches den Wiederaufbau des Jerusalemer Tempels, doch wurde dieses Vorhaben obsolet, als er bei einem Feldzug gegen die Perser den Tod fand. Jüdische Quellen dazu gibt es so gut wie keine; christliche Quellen berichten vom begonnenen Bau des Tempels, der dann aber durch göttliches Eingreifen (ein Erdbeben mit einer Feuersbrunst) sein schmähliches Ende fand.

Diesen Julian wolle sich Theodosius doch wohl nicht zum Vorbild nehmen:[29]

> Hast du, mein Kaiser, nicht gehört, wie, als Julian den Wiederaufbau des Jerusalemer Tempels befahl, diejenigen, die den Baugrund vorbereiteten, vom Feuer verbrannt wurden? Willst du nicht aufpassen, dass dies jetzt nicht wieder passiert? Denn du hättest nicht das befehlen sollen, was Julian befahl!

Diese Drohung ist schon nicht mehr verhüllt, denn Ambrosius sagt im Klartext: Mit deinem Befehl, die Synagoge in Callinicum wiederaufzubauen, begehst du denselben verhängnisvollen Fehler, den Julian mit dem Tempel in Jerusalem begangen hat – sieh zu, dass dir nicht dasselbe passiert wie Julian, der nicht nur mit dem Versuch des Wiederaufbaus des jüdischen Tempels scheiterte, sondern der diesen Versuch kurz darauf mit seinem eigenen Leben auf dem persischen Schlachtfeld bezahlen musste; Gott lässt niemanden ungestraft, der sich für die Sache der Juden einsetzt!

Noch weniger verhüllt ist der Vergleich mit dem Mitkaiser Maximus. Als Christen eine Synagoge in Rom in Brand gesteckt hatten, fühlte sich Maximus ebenfalls bemüßigt, die öffentliche Ordnung aufrechtzuerhalten und die Brandstifter zu bestrafen. Da sollen die römischen Christen über Maximus gesagt haben: «Den erwartet nichts Gutes. Dieser König ist ein Jude geworden! ... Christus, der für die Sünder starb, wird ihn bald prüfen.»[30] Die Prüfung, auf die hier nicht allzu dezent angespielt wird, bestand darin, dass Maximus wichtige Schlachten gegen die Franken und die Sachsen verlor und zuletzt zwei Schlachten in Siscia/Sisak in Kroatien und Poetovio in Slowenien. Die beiden letzten Schlachten sind die, die er gegen keinen Geringeren als Theodosius selbst verlor und die sein Schicksal als Mitkaiser besiegelten. Kurz darauf wurde er hingerichtet.

Die Botschaft des Briefes an Theodosius ist also ganz eindeutig und unverhohlen: Der Kampf der rechtgläubigen Christen gegen die Juden (und implizit immer auch gegen die Arianer) ist ein Kampf gegen die Erzfeinde im inneren Kern der Kirche. Wenn du dich zum Anwalt der

Juden machst, verrätst du Jesus und die Kirche und damit auch deinen Auftrag als christlicher Kaiser. Du kehrst zurück in den längst überholten Status des Judentums, und du wirst mit Fug und Recht dasselbe Schicksal erleiden wie Julian, der nicht von ungefähr «Apostata», Abtrünniger, genannt wird, und Maximus, der Jude.

Als Theodosius nicht sogleich nachgab, drohte Ambrosius damit, in Anwesenheit des Kaisers kein Messopfer mehr zu feiern, das heißt, ihn zu exkommunizieren, und zwang ihn damit schließlich zum Einlenken. Die Brandstifter blieben ungestraft, und die Synagoge in Callinicum wurde nicht wiederaufgebaut. Damit war ein verhängnisvoller Präzedenzfall geschaffen, der auch in an sich eindeutigen Rechtsfragen die Autorität der Kirche über die des Staates stellte.

Augustinus: Die Juden als «Rest Israels»

Der herausragende Kirchenlehrer des Weströmischen Reiches war Augustinus von Hippo (354–430). In der Kirche des Oströmischen Reiches weitgehend unbekannt, reichte sein Einfluss im Westen bis weit in das Mittelalter und in die Neuzeit. In seiner Jugend Anhänger der streng dualistischen Sekte der Manichäer, ließ er sich unter dem Einfluss des Ambrosius taufen und verbrachte den größten Teil seines Lebens als Bischof von Hippo in Nordafrika. Dort wurde er Zeuge des langsamen Unterganges des Weströmischen Reiches und starb während der Belagerung seines Bischofssitzes durch die Vandalen.

In seinen Invektiven gegen die Juden stand er seinen Vorgängern und Zeitgenossen in keiner Weise nach. Er schrieb einen eigenen Traktat *Adversus Iudaeos*, aber die schlimmsten Ausfälle gegen die Juden finden sich – nicht von ungefähr – in seinen Vorträgen zum Evangelium des Johannes.[31] Die Juden sind für ihn der Inbegriff des Fleisches und der wörtlichen Auslegung der Schrift. So wurde dem fleischlichen Volke der Juden und dem geistigen Volke der Christen von Gott zum Beispiel die Befolgung der Sabbatruhe befohlen, aber nur die Christen hielten sich im gebotenen geistigen Sinne daran. Die Juden beobachten «den Tag des Sabbat knechtisch, zur Schwelgerei, zur Trunkenheit. Um wieviel besser würden ihre Frauen Wollarbeit verrichten, als auf den Söllern tanzen» (3:19). Deswegen haben sie auch die Synagoge in ein Wirtshaus verwandelt (10:4). Die Christen sind «Schafe», die Juden aber «Wölfe» (45:10), die «Mörder Christi» (92:2). Die «aufgeregte Volksschar» der Juden, die Jesus entgegentrat und seine messianische Sendung zu hintertreiben suchte, sei «aufgerührter Schmutz», eine «triefäugige Schar, verwirrt durch die Klarheit des Lichtes», das von Jesus ausging (30:2). Dementsprechend sei der Unterschied zwischen den Juden und den Aposteln derselbe wie der «zwischen der Finsternis und dem Lichte, zwischen Glauben und Unglauben, zwischen Gottesfurcht und Gottlosigkeit, zwischen Hoffnung und Verzweiflung, zwischen Liebe und Eigennutz» (38:5). Ihre größte Bosheit bestehe darin, die Verantwortung für die Hinrichtung Jesu dem römischen Statthalter zuzuschieben, obwohl sie es doch gewesen seien, die ihm nachgestellt, seine Auslieferung erkauft, ihn gefangen genommen, ihn Pilatus übergeben und seine Tötung «mit Geschrei» gefordert hätten (114:4). Der Essig, der dem sterbenden Jesus am Kreuz angeboten wurde, veranlasst Augustinus zu der sarkastischen Bemerkung:[32]

> Die Juden waren nämlich selbst Essig, ausgearteter Wein der Patriarchen und Propheten, und sie waren, wie von einem vollen Gefäße, von der Ungerechtigkeit dieser Welt angefüllt, mit einem Herzen wie Schwamm, trügerisch sozusagen durch löcherige und krumme Schlupfwinkel.

Alle Versuche, die Brisanz dieser antijüdischen Ausfälle des Augustinus wegzuinterpretieren, sind ebenso unangebracht wie das Bestreben, ihn zum Vordenker des christlichen Antisemitismus zu stilisieren. Denn seine Invektiven gegen die Juden sind nur ein Teil der Wahrheit; der andere Teil hat mit seiner Theologie und insbesondere seinem Verständnis der Bibel zu tun. Hier war er sehr viel moderater und flexibler als etwa Chrysostomus und Ambrosius und versuchte weder das «Fleisch» (die Juden und ihre wörtliche Schriftauslegung) auf Kosten des «Geistes» noch den «Geist» (die Christen und ihre spirituelle Schriftauslegung) auf Kosten des «Fleisches» einseitig zu betonen, son-

Augustinus: Die Juden als «Rest Israels»

dern eine Balance zwischen beiden zu bewahren. Augustinus wollte darum das Judentum keineswegs vollständig vom Christentum abtrennen, und noch viel weniger propagierte er seine physische Vernichtung. Ganz im Gegenteil, den Psalmvers 59,12: «Töte sie nicht, damit mein Volk nicht vergisst. In deiner Macht zerstreue sie», versteht er ganz wörtlich: Tötet die Juden nicht, sondern zerstreut sie über die ganze Erde – damit mein Volk, das neue Volk der Christen, nicht vergisst, wo es herkommt. Die unmittelbare Fortsetzung des Psalmverses «und zerstöre sie» (so in der lateinischen Übersetzung der Vulgata: *et destrue eos*) übergeht er.[33]

Die prägnanteste Formulierung für diese Deutung des Judentums als eines fortdauernden und notwendigen Faktors der Heilsgeschichte findet Augustinus in seiner Auslegung der Erzählung von Kain und Abel. Kain, der Mörder Abels, steht für das fleischliche und irdische Judentum, das starrköpfig am Wortlaut der Gebote festhält, in Wirklichkeit aber nur noch ein Zombie seiner selbst ist, eine fleischliche Hülle ohne Leben. Nach der Ermordung Abels sagt Kain zu Gott: «Rastlos und ruhelos werde ich auf der Erde sein, und jeder, der mich findet, wird mich töten» (Genesis 4,14), doch Gott antwortet: «Jeder, der Kain tötet, soll siebenfacher Rache verfallen» (4,15). Augustinus erklärt dies so:[34]

> Dies ist keineswegs so (wie du sagst). Der gottlose Stamm der fleischlichen Juden *(genus impium carnalium Judaeorum)* wird nicht durch körperlichen Tod zugrunde gehen. Denn wer immer sie [die Juden] auf diese Weise zerstört, wird siebenfacher Rache verfallen. ... Am Ende der sieben Tage der Weltzeit wird die fortgesetzte Bewahrung der Juden für die gläubigen Christen ein Beweis für die Unterwerfung derer, die ... den Herrn [Jesus] hingerichtet haben.

Mit anderen Worten: Die Juden sind das lebendige Zeugnis für die Wahrheit des Christentums und dürfen deswegen nicht getötet, sondern müssen bis zum Ende der Welt am Leben gehalten werden. Erst dann werden sie sich, wie schon von Paulus vorhergesagt, als der übrig gebliebene «Rest Israels» dem Christentum unterwerfen. Diese Sicht des Judentums sollte bis weit in das Mittelalter hinein weiterwirken und nicht nur theologische Exegese bleiben, sondern auch vielen Juden das Leben retten.

Die antijüdische Gesetzgebung der Spätantike

Der Antijudaismus der Alten Kirche fand seinen Ausdruck nicht nur in theologischen Streitigkeiten und gelehrten Traktaten, sondern manifestierte sich auch in der kirchlichen und zunehmend in der staatlichen Judengesetzgebung. Diese entstand zwar immer aus konkreten lokalen Anlässen und war deswegen keineswegs Ergebnis einer gezielten und reichseinheitlichen Judenpolitik, aber aus der Summe der zahlreichen Einzelgesetze (die vor allem dem Westteil des Reiches galten) lässt sich die klare Tendenz erkennen, die Rechte der Juden immer mehr zu beschneiden und das jüdische Leben immer stärker einzuengen. Wir sind über diese Gesetze durch die großen Gesetzessammlungen der Kaiser Theodosius (Codex Theodosianus) und Justinian (Codex Justinianus) informiert. Ihre wichtigsten Themen und Stationen im chronologischen Überblick:

Ein kritisches Thema war seit den Nachwehen des Bar-Kokhba-Aufstandes das Verbot der Beschneidung von Nichtjuden und damit die Einschränkung des Übertritts zum Judentum. Wie wir auch bei den Predigten des Chrysostomus in Antiochia sahen, war die ungebrochene Attraktivität des Judentums ein Ärgernis für die offizielle Kirche. Schon Konstantin der Große verschärfte die Gesetzgebung gegen Juden. Das früheste Gesetz stammt vom 18. Oktober 329. Es verbot die Belästigung von Christen, die zuvor Juden gewesen waren, und den Übertritt von Christen zum Judentum:[35]

Den Juden und ihren Ältesten und Patriarchen wollen wir einschärfen, dass, wenn einer (von ihnen) nach dem Erlass dieses Gesetzes es wagen sollte, jemanden, der ihrer verderblichen Sekte *(feralem sectam)* entflohen ist und sich dem Kult Gottes zugewandt hat, mit Steinen oder irgendeiner anderen Art wütend anzugreifen …, dass dieser alsbald den Flammen zu übergeben und mit allen, die sich daran beteiligen, zu verbrennen ist. Wenn sich jemand aus dem wahren Volke ihrer verruchten Sekte *(nefariam sectam)* anschließt und an ihren Versammlungen teilnimmt, wird er mit jenen die verdienten Strafen erhalten.

Besonders problematisch erschien den Obrigkeiten der Übertritt von Sklaven zum Judentum, denn Sklaven waren ein unverzichtbarer Bestandteil der antiken Wirtschaftsordnung. Hier werden erstmals ökonomische Motive für judenfeindliche Maßnahmen erkennbar, die in der Antike bisher so gut wie keine Rolle gespielt haben. Ein Gesetz vom 21. Oktober 335 verbot die Beschneidung christlicher Sklaven und erklärte einen trotzdem beschnittenen Sklaven für frei:[36]

> Wenn ein Jude nicht davor zurückschreckt, einen christlichen Sklaven oder einen aus irgendeiner anderen Religionsgemeinschaft gekauften Sklaven zu beschneiden, wird der Beschnittene nach der Bestimmung dieses Gesetzes der Freiheit teilhaftig und erlange deren Privilegien …

Ein anderer neuralgischer Punkt war die Beteiligung von Juden an den Stadträten (Kurien) und öffentlichen Ämtern. Öffentliche Ämter bedeuteten nicht nur eine Ehre, sondern waren auch eine gefährliche Last, da die Mitglieder der Kurie mit ihrem Vermögen für das Steueraufkommen hafteten. Da Juden von heidnischen Kulthandlungen und auch vom Kaiserkult befreit waren und da die Ausübung öffentlicher Ämter eng mit Kulthandlungen verbunden war, galt diese Befreiung auch für öffentliche Ämter. Als mit dem Vormarsch des Christentums unter Konstantin die obligatorische Teilnahme am heidnischen Opferkult gegenstandslos wurde, erübrigte sich auch die Befreiung der Juden von öffentlichen Ämtern. So verfügte Konstantin in einem an die Ratsherren von Köln gerichteten Gesetz vom 11. Dezember 321:[37]

> Allen Ständen gestehen wir durch ein allgemeines Gesetz zu, die Juden in den Stadtrat *(ad curiam)* zu berufen. Damit ihnen aber etwas zur Entschädigung für ihr früheres Privileg erhalten bleibe, erlauben wir, dass zwei oder drei (Juden) weiterhin das Privileg genießen, nicht für ein öffentliches Amt nominiert zu werden.

Lediglich die jüdischen Kultusbeamten nahm Konstantin schrittweise von der Teilnahme an den Kurien aus. In zwei für den Osten des Reiches erlassenen Gesetzen vom 29. November und 1. Dezember 330, die im folgenden Jahr auf das ganze Reich ausgedehnt wurden, stellte er jüdische Kultusbeamte den christlichen und heidnischen Priestern gleich und befreite sie vom Dienst in den Kurien: «Wir verordnen, dass die Priester, Synagogenvorsteher und Synagogenältesten und alle anderen, die in den Synagogen dienen, von jedem öffentlichen Amt befreit seien.»[38]

Kaiser Konstantius II. (337–361), der Nachfolger Konstantins, verschärfte die Gesetzgebung seines Vaters. Das Verbot des Übertritts zum Judentum spitzte er aus wirtschaftlichen Gründen ausdrücklich auf Frauen zu:[39]

> Was Frauen betrifft, welche Juden in die Gemeinschaft ihrer Schande *(turpitudo)* entführten (das heißt heirateten) und die sich vorher in unserem Frauenhaus *(gynaeceum)* befunden haben, gilt, dass sie in das Frauenhaus zurückzubringen sind und dass in Zukunft zu beachten ist, dass Juden christliche Frauen ihrem Schimpf *(flagitium)* nicht verbinden bzw., wenn sie dies tun, der Todesstrafe unterliegen.

Das Gesetz stammt vom 13. August 339. Mit dem kaiserlichen «Frauenhaus» sind staatliche Textilmanufakturen gemeint, die in Konkurrenz zu jüdischen Betrieben standen. Nichtjüdische Frauen, die Juden heirateten und damit in die jüdischen Manufakturen abwanderten, wurden mit dem Gesetz zur Auflösung der Ehe und Rückkehr in den staatlichen Betrieb gezwungen.

Der zweite Teil des Gesetzes gilt den Sklaven, dem anderen von Konstantin vorgegebenen Thema. Hier wird das Gesetz durch ein generelles Kaufverbot und die Verhängung der Todesstrafe im Falle der Beschneidung verschärft:[40]

> Wenn ein Jude einen Sklaven aus einer anderen Religions- *(secta)* oder Volksgemeinschaft *(natio)* glaubt, käuflich erwerben zu dürfen, fällt der Sklave unverzüglich der Staatskasse zu. Wenn (der Jude) aber gar den gekauften (Sklaven) beschneidet, wird er nicht allein mit dem Verlust des Sklaven bestraft, sondern erleidet auch die Todesstrafe.

Die antijüdische Gesetzgebung der Spätantike

Die Gesetzgebung gegen Juden wurde unter den oströmischen Kaisern Theodosius I. (379–395)[41] und Theodosius II. (408–450) weiter verschärft. Theodosius I. verbot den Juden, christliche Sklaven zu kaufen und mit ihren «jüdischen Sakramenten» *(Iudaicis sacramentis)*, das heißt der Beschneidung, zu «schänden» (CT III, 1:5 von 384). In einem Erlass vom 14. März 388 wiederholte er das Verbot der Mischehe und verschärfte es, indem er die Mischehe dem Ehebruch *(adulterium)* gleichstellte, auf den die Todesstrafe stand (CT III, 7:2). In seinem Streit mit Ambrosius um die Zerstörung der Synagoge in Callinicum hatte er zwar der kirchlichen Autorität nachgeben müssen, versuchte aber weiterhin, die staatliche Autorität zu stärken. Christliche Eiferer, die aus der jüdischen Gemeinde ausgeschlossene Juden mit staatlicher Gewalt wieder in das Judentum eingliedern wollten, wies er in die Schranken und stärkte damit die innerjüdische Gerichtsbarkeit: Die «in ihrem Aberglauben so eifrige Sekte» dürfe keinesfalls zur «unverdienten Versöhnung» gezwungen werden, und keine staatliche Instanz habe das Recht, die Beschlüsse der jüdischen Vorsteher zu sabotieren (CT XVI, 8:8 vom 17. April 392).

Unter Theodosius II. häuften sich die christlichen Angriffe gegen Synagogen derart, dass sich die meisten seiner Edikte auf dieses Problem beziehen. In mehreren Erlassen verfügte er, dass Synagogen und auch Privathäuser der Juden nicht beschädigt oder gar verbrannt werden durften (CT XVI, 8:21 vom 6. August 420). Für Synagogen, die zerstört waren, müsse den Juden ein Ersatzgrundstück angeboten werden. Wenn aber die Synagoge in eine christliche Kirche umgewandelt war, musste der entsprechende Geldwert bezahlt werden. Da im selben Gesetz aber verboten wurde, neue Synagogen zu bauen oder bereits bestehende zu erweitern, bedeuteten Synagogenzerstörungen trotz dieses Gesetzes einen Verlust für die jüdische Gemeinschaft, der auch noch juristisch festgeschrieben wurde (CT XVI, 8:25 vom 15. Februar 423).[42] Diese Gesetzgebung wurde in der 3. Novelle Theodosius' II. vom 31. Januar 438 abschließend zusammengefasst: Der Neubau von Synagogen blieb verboten; trotz des Verbots neu erbaute Synagogen gingen in den Besitz der Kirche über. Erweiterungen und Verschönerungen von bestehenden Synagogen wurden mit einer drastischen

Geldstrafe geahndet; allenfalls konservierende Maßnahmen blieben erlaubt (Novella 3; CJ I, 9:18).

Auch die Verdrängung von Juden aus dem öffentlichen und gesellschaftlichen Leben wurde schrittweise verschärft. In einem von Theodosius zusammen mit seinem Mitkaiser Honorius erlassenen Gesetz vom 10. März 418 werden die Juden aus dem polizeilichen Geheimdienst und dem Militär entfernt, aber ihre Tätigkeit als Rechtsanwälte und in der Stadtverwaltung blieb weiterhin erlaubt (CT XVI, 8:24). Die 3. Novelle von 438 bestimmte dann aber abschließend, dass Juden nicht mehr in der kaiserlichen Verwaltung oder in städtischen Ehrenämtern tätig sein durften.

Die Zeit nach dem Tode Theodosius' II. im Jahr 450 war für die Juden eine Zeit relativer Ruhe. Das Weströmische Reich endete 476 mit der Absetzung des Kaisers Romulus Augustulus durch germanische Rebellen, während es den oströmischen Kaisern gelang, die Einheit des Staates zu bewahren und alle Angriffe germanischer Verbände abzuwehren. Mit dem Regierungsantritt Justinians I. (527–565) änderte sich die Lage grundlegend. Justinian setzte alles daran, die Reichseinheit wiederherzustellen (die von den oströmischen Kaisern nie aufgegeben worden war), und gliederte schrittweise große Gebiete des ehemals Weströmischen Reiches in sein Imperium ein. Gleichzeitig verstand er sich auch wieder als Hüter der christlichen Orthodoxie, deren Theologen weiterhin über das Verhältnis der Göttlichkeit und Menschlichkeit Jesu stritten. Er intensivierte die Gesetzgebung gegen alle, die nicht den Beschlüssen der Synoden folgten, und damit gerieten auch die Juden erneut in den Mittelpunkt des Interesses.

Im zivilrechtlichen Bereich erneuerte Justinian die Sklavengesetzgebung seiner Vorgänger. Nachdem er zunächst verfügt hatte, dass Heiden, Juden, Samaritaner und Häretiker ihre christlichen Sklaven freilassen mussten, verschärfte er das Gesetz dadurch, dass auch nichtchristliche Sklaven freizulassen waren, die sich taufen lassen wollten. Sollte der Besitzer die Freilassung dadurch zu verhindern suchen, dass er sich selbst taufen ließ, würde ihm dies nichts nützen: Nur die Taufe des Besitzers *vor* der Taufe seines Sklaven erlaubte es ihm, diesen zu behalten (CJ I, 10:2 vom Jahre 527; CJ I, 3:54:8 vom Jahre 533). Was

Die antijüdische Gesetzgebung der Spätantike

die Teilhabe der Juden an der Stadtverwaltung betrifft, so verfügte Justinian 537 in einer Gesetzesnovelle, dass Juden zwar weiterhin öffentliche Ämter übernehmen durften bzw. mussten, dass sie aber die damit verbundenen beträchtlichen Privilegien nicht in Anspruch nehmen konnten (Novella XLV, Proömium).

Als Hüter der Orthodoxie fühlte Justinian sich auch berechtigt, sich in die inneren Angelegenheiten der jüdischen Religion einzumischen. In einer Gesetzesnovelle, die die Synagogengemeinde von Konstantinopel betraf, verfügte er 553, dass die Heilige Schrift im jüdischen Gottesdienst nicht nur auf Hebräisch gelesen und ausgelegt werden dürfe, sondern in allen Sprachen, vorzugsweise aber der (von den Christen benutzten) griechischen Übersetzung der Septuaginta. Gleichzeitig untersagte er den Gebrauch der *deuterōsis* (wörtlich «Wiederholung»), das heißt wohl der gesamten traditionellen jüdischen Auslegungsliteratur, wie sie in den rabbinischen Schriften niedergelegt ist. Und schließlich definierte er bestimmte Glaubensinhalte und erklärte – in Übereinstimmung mit der christlichen Lehre, aber gegen die Überzeugung mancher jüdischer Gruppen – die Auferstehung von den Toten, das Jüngste Gericht und die Existenz der Engel zu Glaubensnormen, die auch für Juden verbindlich waren (Novella CXLVI).

Die Judengesetzgebung Justinians verschärfte insgesamt die antijüdische Tendenz. Bezeichnenderweise wurde in den Codex Justinianus – dessen letzte Fassung vom Jahre 534 weitgehend erhalten geblieben ist – keines der vorherigen Gesetze zum Schutz von Synagogen übernommen; noch schwerer wiegt, dass auch der trotz aller Einschränkungen weiterbestehende Grundsatz vom Judentum als einer erlaubten Religion *(religio licita)* nicht bekräftigt wurde. Die Nachwirkungen des Codex Justinianus waren beträchtlich: Die in ihm kodifizierte Judengesetzgebung wurde die Basis für die gesamte nachfolgende Rechtsprechung in Europa und blieb bis über das Mittelalter hinaus maßgebend.

4

DER ISLAM

Juden und Christen als Schutzbefohlene

Während man früher der Ansicht war, dass mit dem Islam eine völlig neue Epoche begann, hat sich inzwischen die Erkenntnis durchgesetzt, dass er kulturell, religiös und politisch fest in der Spätantike verankert ist, ja dass die ersten Jahrhunderte des Islam die Spätantike nahezu bruchlos fortsetzen. Die nach dem Judentum und dem Christentum dritte und letzte der sogenannten monotheistischen oder abrahamitischen Religionen entstand Anfang des 7. Jahrhunderts im westlichen Teil der Arabischen Halbinsel (heute Saudi-Arabien). Anders als im Judentum und sehr viel konkreter als im Christentum lässt sich im Islam historisch und biographisch ein Religionsgründer ausmachen, auch wenn in der historisch-kritischen Forschung weiter umstritten ist, was an der von der islamischen Tradition überlieferten Lebensgeschichte des Propheten Muhammad historisch gesichert ist.

Muhammad wurde nach der Tradition um das Jahr 570 in Mekka geboren und starb 632 in Medina. Das politische Umfeld, in dem er aufwuchs, war das einer Stammesgesellschaft mit zahlreichen miteinander konkurrierenden (und einander oft befehdenden) Stämmen. Das Mekka, in dem Muhammad den größten Teil seines Lebens bis zu seiner Flucht nach Medina (622) zubrachte, wurde von dem heidnischen (polytheistischen) Stamm der Quraisch dominiert, zu dem auch Muhammads Familie gehörte. Es lag geographisch an der großen Handelsroute, die den südlichen Teil der Arabischen Halbinsel (das heutige Jemen) mit dem nördlichen Teil verband, der bei Aqaba in das heutige Jordanien übergeht. Ausgeführt wurden vermutlich Leder und

Textilien, vielleicht auch Wein, eingeführt aus Südarabien wurden vor allem Gewürze, Aloe, Balsam, Weihrauch und aus Syrien Getreide. Gleichzeitig war Mekka eine wichtige und überregionale Pilgerstadt. Zentrales Heiligtum in Mekka war die Kaʿba («Kubus, Würfel»), eine Pilgerstätte, in der verschiedene Götter und Göttinnen verehrt wurden, darunter auch Allah und seine Gefährtin Allāt. Nördlich von Mekka lag die Oase Yathrib (später in Medina umbenannt), die möglicherweise schon nach dem ersten Jüdischen Krieg 70 n. Chr. von jüdischen Siedlern gegründet wurde.

Die Arabische Halbinsel war von potenten Großmächten umgeben, die miteinander rivalisierten und sich ihren politischen und wirtschaftlichen Einfluss sichern wollten: das christliche Byzanz im Norden und das zoroastrische Persien im Osten. In Afrika, auf der westlichen Seite des Roten Meeres, hatte sich das äthiopische Reich von Aksum etabliert, dessen König Ezana in der Mitte des 4. Jahrhunderts zum Christentum konvertierte und damit das größte und dauerhafteste christliche Reich in Afrika begründete. Im Süden konkurrierten mehrere kleinere Reiche (Himyar, Saba, Hadramaut, Qataban) um die Vorherrschaft und die Kontrolle der Handelswege. Eine Schlüsselrolle kam dabei Himyar im Südwesten der Halbinsel zu, dessen arabische Stämme nach einer wechselvollen heidnischen und kurzzeitigen christlichen Periode im späten 4. Jahrhundert zum Judentum konvertierten und das jüdische Königreich Himyar begründeten. Ihre Herrscher betrachteten sich als Schutzmacht der jüdischen Stämme in ihrem Reich und versuchten, ihren Einfluss bis weit nach Norden auszudehnen (ihr nördlichster Stützpunkt war Yathrib/ Medina). Als sie den Bogen überspannten und begannen, die Christen zu verfolgen (523 Massaker von Nadschrān), griffen die christlichen Äthiopier ein: Sie besetzten Himyar (525) und machten dem jüdischen Königreich ein Ende.

Himyar wurde wieder christlich und von dem äthiopischen General Abraha regiert, der sich bald als selbständiger Herrscher vom äthiopischen Mutterland emanzipierte. Abraha brachte mehrere kleinere Königreiche in der Umgebung Himyars unter seine Kontrolle und verstand sich nun als Schutzmacht der christlich besiedelten Gebiete auf der Arabischen Halbinsel. Er unternahm mehrere Feldzüge in den Norden, darunter auch einen (fehlgeschlagenen) Feldzug gegen Mekka und sein heidnisches Zentralheiligtum (um 550), der möglicherweise im Koran (Sure 105) erwähnt wird. Nicht viel später (nach 552) gelang es Abraha, sein Territorium so weit nach Nordwesten zu erweitern, dass auch Yathrib/Medina mit seinen jüdischen Stämmen dazugehörte. Doch die Tage dieses nicht unbedeutenden christlichen Staates zwischen dem christlichen Byzanz im Norden, dem christlichen Äthiopien im Westen und dem zoroastrischen Persien im Osten waren gezählt: Abrahas Nachfolger konnten sich nicht lange halten, und um 570 wurde Himyar ein Protektorat der persischen Sassaniden. Die Perser konnten sich auf die noch verbliebenen jüdischen Stämme sowie auf die polytheistischen Heiden stützen und machten offenbar keinen Versuch, ihre zoroastrische Religion in die Arabische Halbinsel zu importieren.

Muhammad und die Juden: Allianzen und Kriege

Dies ist die komplexe politische und religiöse Gemengelage, in die Muhammad genau zu der Zeit hineingeboren wurde, in der die Perser der christlichen Vorherrschaft auf der Arabischen Halbinsel ein Ende bereiteten und die Juden stärkten. Muhammads Sendung entstand also nicht in einem luftleeren Raum, sondern ganz im Gegenteil in einem sehr konkreten politischen und religiösen Spannungsverhältnis zwischen Christentum, Judentum und Zoroastrismus mit ihren jeweiligen staatlichen Schutzmächten sowie dem noch verbliebenen Heidentum. Muhammad war auch keineswegs der einzige Prophet, der aus diesem widerstreitenden religiösen Konfliktpotential die Konsequenz zog, dass nur die Rückkehr zu einem strikten Monotheismus diese Spannung auflösen konnte. Warum es letztlich seine Lehre war, die sich durchsetzte, bleibt bis heute ein Rätsel. Entscheidend ist jedenfalls, dass er sie nicht als eine neue Religion verstand, sondern als die Wiederherstellung der eigentlichen alten Religion Abrahams *nach* den polytheistischen

Irrungen von Abrahams Vorfahren und *vor* den nachfolgenden Entstellungen durch Juden und Christen.

Unmittelbar nach Muhammads Tod entstanden Erzählungen über sein Leben und Wirken, die sich bald zur Tradition verfestigten. Demnach empfing Muhammad ab seinem vierzigsten Lebensjahr bis zu seinem Tod Offenbarungen durch den Engel Gabriel. Sie wurden von Muhammad, der weder lesen noch schreiben konnte, auf Geheiß des Engels Gabriel mündlich vorgetragen und sind auf der Basis von Mitschriften im Koran (arab. *Qur'ān*, «Lesung, Rezitation»), dem heiligen Buch des Islam, schriftlich niedergelegt. Die Anordnung der 114 Suren («Kapitel») des Korans orientiert sich im Wesentlichen an ihrer Länge und folgt keinem systematischen oder chronologischen Schema. Da der Koran so gut wie keine direkten Hinweise auf seine historischen Bedingungen gibt, ist es kaum möglich, den Inhalt mit der Biographie seines Übermittlers (Propheten, Gesandten) Muhammad in Beziehung zu setzen. Es kann aber kein Zweifel daran bestehen, dass die Suren des Koran ihren längeren Entstehungsprozess auch inhaltlich widerspiegeln, dass also einzelne Themen und Aussagen durch die unterschiedlichen Begleitumstände in der Biographie Muhammads beeinflusst sind. Islamische Gelehrte haben schon früh einzelne Suren Offenbarungsanlässen zugeordnet und daraus eine Chronologie der Suren entwickelt. Auf dieser Grundlage hat der deutsche Orientalist Theodor Nöldecke die Suren im 19. Jahrhundert in eine Chronologie gebracht und zwischen früheren mekkanischen und späteren medinensischen Suren unterschieden. Bevor wir uns das Verhältnis des Koran zu den Juden genauer ansehen, müssen wir uns kurz die wichtigsten Stationen im Leben Muhammads vergegenwärtigen.

Muhammads prophetische Auftritte in Mekka richteten sich zunehmend gegen seinen eigenen Stamm, die polytheistischen Quraisch. Seine Verkündigung eines entschiedenen Monotheismus stieß auf immer stärkeren Widerstand und brachte offenbar auch sein Leben in Gefahr. Eine größere Gruppe seiner ersten Anhänger floh nach Aksum, der Hauptstadt des christlichen Äthiopien, wahrscheinlich unter Mitwirkung oder vielleicht sogar auf Veranlassung Muhammads. Die Auswanderer wurden in Äthiopien freundlich aufgenommen, und diese positive Einstellung könnte auch der Grund dafür sein, dass der Koran den Christen gegenüber relativ zurückhaltend ist. Man vermutet sogar, dass die Koranverse, in denen die Jungfrauengeburt behandelt wird (Sure 19,16–21),[1] von dieser äthiopischen Episode beeinflusst sind. Auch der durch das jüdische Königreich von Himyar geförderte Antagonismus zwischen Juden und Christen, der in dem Massaker von Nadschrān im Jahr 523 kulminierte, mag zur muslimischen Sympathie für die Christen beigetragen haben.

Die politische, wirtschaftliche und nicht zuletzt auch religiöse Situation veränderte sich grundlegend, als eine Delegation von Einwohnern der Oase Yathrib, die Muhammads Botschaft wohlgesinnt waren, diesen im Juni 622 aufsuchte und ihm vorschlug, mit seinen Gläubigen Mekka zu verlassen und zu ihnen nach Yathrib auszuwandern. Die Oase Yathrib, ca. 320 Kilometer nördlich von Mekka, war in ihrer Bevölkerungsstruktur ganz anders zusammengesetzt als Mekka. Die wohlhabendste und einflussreichste Schicht waren die in der fruchtbaren Oberstadt wohnenden Juden, während in der ärmeren Unterstadt verschiedene heidnische Stämme ansässig waren. Muhammad folgte der Einladung und ließ sich mit seinen Anhängern in Yathrib nieder; die Stadt heißt in der muslimischen Geschichtsschreibung daher *madīnat an-nabī*, «Stadt des Propheten», meist verkürzt zu al-Madīna, «die Stadt». Es gelang Muhammad kurz nach seiner Ankunft in Medina, einen Vertrag der aus Mekka eingewanderten Gläubigen mit den heidnischen Stämmen und den Juden in Medina auszuhandeln, die sogenannte Gemeindeordnung von Medina, die als erste islamische Verfassung in die Geschichte eingegangen ist.

Die Authentizität dieses Vertrages ist heute in der Forschung weitgehend anerkannt. Er legt die Rechte und Pflichten der Vertragspartner in zwei getrennten Vereinbarungen (zunächst mit den heidnischen Stämmen, dann mit den Juden) fest. Allerdings waren keineswegs alle jüdischen Stämme in und um Medina daran beteiligt, vor allem nicht die drei großen Stämme der Qainuqa, Nadīr und Quraiza, gegen die Muhammad bald vorgehen sollte. Die Rechte der teilnehmenden Juden sind eindeutig festgelegt, zunächst als Vertragspartner und Bündnisgenossen: «Die Juden, die sich uns als Klienten anschließen, werden

Muhammad und die Juden: Allianzen und Kriege   **105**

Hilfe und gleiche Rechte erhalten; ihnen wird kein Unrecht zugefügt, noch werden ihre Feinde gegen sie unterstützt werden» (§ 18).[2] Im Folgenden wird ausdrücklich auch die religiöse Selbständigkeit gegenüber den Muslimen betont: «Die Juden haben ihre Religion und die Muslime *(muslimūn)* haben die ihre» (§ 28).[3] Damit ist zum ersten Mal in der islamischen Geschichte eine religiöse Gleichberechtigung der jüdischen mit der islamischen Religion Muhammads festgehalten, die (noch) keinerlei Einschränkungen kennt. Mit Blick auf die geopolitische Lage ist sogar vermutet worden, dass der Vertrag mit den Juden von Medina nicht zufällig in genau dem Jahr geschlossen wurde, in dem der byzantinische Kaiser Heraklius seine groß angelegte Offensive gegen das sassanidische Perserreich begann (622): Die Perser waren von jeher als Unterstützer und Schutzmacht der Juden bekannt, und Heraklius fürchtete nichts mehr als eine Allianz zwischen Persern und Juden. Die Einbindung der Juden von Medina, dem wichtigsten jüdischen Zentrum auf der Arabischen Halbinsel, in einen umfassenden Friedensvertrag konnte Heraklius vor einer solchen gefährlichen Allianz schützen.

Ob diese Vermutung zutrifft oder doch ins Reich der Phantasie gehört, ist unerheblich; Tatsache ist, dass Muhammad auf solche geopolitischen Überlegungen keine Rücksicht nahm. Die Spannungen zwischen den muslimischen Auswanderern in Medina und den Polytheisten in Mekka waren nicht ausgeräumt und entluden sich in immer neuen kriegerischen Auseinandersetzungen. Nach einem Sieg über die mekkanische Begleitung einer Karawane in Badr (624) fühlte Muhammad sich in Medina so stark, dass er es wagte, den jüdischen Qainuqa-Clan aus Medina zu vertreiben. Bald danach (625) vertrieb er den Clan der jüdischen Nadīr, der sich angeblich mit den Mekkanern gegen ihn verbündet hatte, zunächst in die Oase Khaibar und dann (628) nach Syrien.[4] Die folgenreichste Aktion richtete sich gegen den jüdischen Stamm der Quraiza, die ebenfalls angeblich mit Mekka paktierten: Nach einer erfolglosen Belagerung Medinas durch die Mekkaner ließ Muhammad alle Männer dieses Stammes hinrichten und ihre Frauen und Kinder samt ihrem Besitz als Beute unter seinen Anhängern verteilen (627).[5] Schließlich gelang es ihm, seinen Heimatstamm der Quraisch in Mekka endgültig zu besiegen (630) und die Ka'ba von allen polytheistischen Spuren zu reinigen. Nach weiteren militärischen Expeditionen bis an die Südgrenze des byzantinischen Reiches starb Muhammad überraschend im Juni 632.

Der Koran: Die Religion Abrahams und ihre Entstellungen

Eine Durchsicht des Korans im Blick auf sein Verhältnis zu den Juden ergibt zunächst zwei Grunderkenntnisse. Zum einen wird sofort deutlich, dass viele, wenn nicht die meisten der relevanten Aussagen des Korans nicht alleine den Juden gelten, sondern sehr häufig den Juden zusammen mit den Christen (und manchmal auch mit den Zoroastriern). Wenn man die Zuordnung der Suren zu den Offenbarungen in Mekka oder in Medina berücksichtigt, fällt zum anderen auf, dass die Juden in den mekkanischen Suren nur eine ganz untergeordnete Rolle spielen und dass diese Suren in Ton und Inhalt durchweg unpolemisch sind. Es geht zum Beispiel um die Speisegebote der Juden (Sure 6,146) oder um die Armensteuer und den Glauben an göttliche Zeichen als Kriterium der Rechtgläubigkeit (Sure 7,156; 16,104 ff.), den die Juden – wie auch andere – nicht teilen. Relativ vage und unpolemisch ist auch die Aussage, dass es unter den Juden, Christen und Zoroastriern zwar durchaus Gläubige gibt, dass diese aber gleichwohl Gott andere Götter «zu-» oder «beigesellen» (der arabische Terminus für dieses zentrale Konzept des Islam ist *schirk*), das heißt in Wirklichkeit Polytheisten sind: Gott wird am Tage der Auferstehung über sie richten (Sure 22,17). Die grundsätzliche Frontstellung des Islam gegenüber Juden, Christen und anderen «Beigesellern» ist aber auch in den mekkanischen Suren unverrückbar: Der erste wahre Gläubige und kein «Beigeseller» (wie noch sein Vater Terach) war Abraham (Sure 16,120). Daher ist die wahre Religion die Abrahams, allenfalls mit wenigen Vorläufern wie Adam oder Noah, später gefolgt von den Propheten Moses und auch Jesus – wenn diese richtig verstanden werden (Sure 42,13 f.).

Inhalt und Ton verändern sich beträchtlich in den medinensischen Suren; jetzt sind es die Juden, die als Hauptgegner der alt-neuen Religion des Islam hervortreten, nicht die Christen. Im direkten Vergleich zwischen Juden und Christen ziehen die Juden, die mit den christlichen «Beigesellern» auf eine Stufe gestellt werden, den Kürzeren:

> Wahrlich, du wirst finden, dass die Menschen, die den Gläubigen am feindlichsten gesinnt sind, die Juden sind und die, die beigesellen. Und du wirst wahrlich finden, dass die Menschen, die den Gläubigen in Liebe am nächsten stehen, die sind, die sagen: «Wir sind Christen.» (Sure 5,82)

Jesus war der Gesandte Gottes, aber eben nicht Gottes Sohn; erst seine Anhänger haben ihn dazu gemacht und sogar die Irrlehre von der «Dreiheit» Gottes entwickelt. Jesus folgte dem Gesetz, so wie es gemeint war; deswegen wurde ihm das Evangelium gegeben, in dem «Rechtleitung und Licht» ist (Sure 5,46). Wenn die «Buchbesitzer», das heißt die Juden und die Christen, sich an das Gesetz und das Evangelium halten würden, so wie es ihnen offenbart war, würden sie Gottes Willen tun – aber leider halten sie sich nicht daran (Sure 5,65–68). Der Höhepunkt der christlichen Verirrung ist die Behauptung der Göttlichkeit Jesu:

> Ungläubig sind, die sagen: «Siehe, Gott ist Christus, Marias Sohn». ... Siehe, wer Gott etwas beigesellt, dem wird Gott den Paradiesesgarten verwehren, und sein Zufluchtsort wird das Höllenfeuer sein. ... Ungläubig sind, die sagen: «Siehe, Gott ist der Dritte von dreien». Kein Gott ist außer *einem* Gott! ... Christus, Marias Sohn, ist nichts als ein Gesandter, vor dem andere Gesandte dahingegangen sind. Seine Mutter ist eine Gerechte. (Sure 5,72–75)

Auffallend ist hier die positive Behandlung Jesu und seiner Mutter Maria. Dieses Thema wird mehrfach variiert, so etwa in der 4. Sure (Vers 171):

> Siehe, Christus Jesus, Marias Sohn, ist der Gesandte Gottes und sein Wort, das er an Maria richtete, und ist Geist von ihm. So glaubt an Gott und seine Gesandten und sagt nicht: «Drei!» Hört auf damit, es wäre für euch besser. Denn siehe, Gott ist *ein* Gott; fern sei es, dass er einen Sohn habe. ... Gott genügt als Anwalt. Christus wird es nie verschmähen, ein Knecht Gottes zu sein ...

Ähnlich steht es auch in der 9. Sure, doch werden dort sogar die Juden überraschenderweise in die Irrlehre vom Sohn Gottes einbezogen: «Die Juden sagen: ‹Uzair ist Gottes Sohn.› Die Christen sagen: ‹Christus ist Gottes Sohn». ... Gott verfluche sie!» (Sure 9,30) Wer dieser Uzair ist, bleibt rätselhaft; meist wird er mit dem biblischen Esra gleichgesetzt, der während des babylonischen Exils am persischen Hof lebte und später (Anfang des 4. Jahrhunderts v. Chr.?) als Statthalter der persischen Provinz Jehud nach Jerusalem zurückkehrte. Das Judentum kennt allerdings keine Gottessohnschaft Esras; nicht auszuschließen ist aber, dass der Koran diese aus seiner Verbindung mit Persien und den polytheistischen Elementen des Zoroastrismus ableitete.

Auch die medinensischen Suren betonen die besondere Stellung Abrahams: Abraham war ein «wahrer Gläubiger» und gehörte nicht zu den «Beigesellern». Von ihm führt eine direkte Linie zu Ismael, Isaak und Jakob, Moses, Jesus und «allen anderen Propheten» (Sure 2,136); alle diese Propheten waren weder Juden noch Christen (2,140). Besonders konzis wird diese Grundaussage des Koran in der 3. Sure (67 f.) zusammengefasst:

> Abraham war weder Jude noch Christ, sondern er war ein wahrer Gläubiger, ein Gottergebener. Und er war keiner von den Beigesellern. Siehe, die Menschen, die Abraham am nächsten stehen, das sind diejenigen, die ihm nachfolgten, und dieser Prophet hier und diejenigen, die gläubig sind. Gott ist der Vertraute der Gläubigen.

Abraham ist der Stammvater des Islam, und «dieser Prophet hier» (Muhammad) und «diejenigen, die gläubig sind» (die Muslime), sind die Angehörigen der wahren Religion, bevor die Juden und Christen sie entstellten.

Die angeblichen jüdischen Entstellungen der ursprünglichen Religion Abrahams konzentrieren sich auf einige zentrale Themen, die wir schon aus den christlichen Quellen (Neues Testament und Kirchenlehrer) kennen, wobei auch im Koran die Übergänge zwischen Juden und Christen oft fließend sind. Wenn die Gesandten Gottes (das heißt die Propheten) etwas überbrachten, das den Juden missfiel, «nanntet ihr die einen Lügner, die anderen aber habt ihr umgebracht» (Sure

2,87). Jedes Mal, wenn Gott einen Bund mit den Juden geschlossen hatte, wurde wenigstens ein Teil von ihnen bundesbrüchig (2,100). Der fortwährende Bundesbruch der Juden, die Ermordung der Propheten, die Weigerung, die göttlichen Zeichen anzuerkennen, und die Verhärtung ihrer Herzen sind die ständigen Vorwürfe, die sich durch viele Suren ziehen (Sure 3,21; 4,155 u. a.). Höhepunkt ihres Bundesbruchs und ihrer langen Reihe von Prophetenmorden ist aus koranischer Sicht die Verleumdung Marias, das heißt die Behauptung, dass Jesus nicht vom Heiligen Geist stamme, sondern Frucht ihrer Unzucht sei, und die angemaßte Tötung Jesu:

> … und weil sie [die Juden] ungläubig waren und Maria ungeheuerlich verleumdeten und weil sie sprachen: «Wir haben Christus Jesus, den Sohn Marias, den Gesandten Gottes, getötet!» Aber sie haben ihn nicht getötet und haben ihn auch nicht gekreuzigt. Sondern es kam ihnen nur so vor. … Sie haben ihn nicht getötet, mit Gewissheit nicht, vielmehr hat Gott ihn hin zu sich erhoben. (Sure 4,156–158)

Damit wird ausgerechnet der schlimmste Prophetenmord der Juden relativiert und damit auch der Hauptvorwurf der Christen, die Juden hätten Jesus getötet. Jesus wurde in Wirklichkeit gar nicht von ihnen getötet, es schien ihnen nur so, sondern von Gott in den Himmel aufgenommen. Möglicherweise liegt hier ein Echo der christlichen Lehre des Doketismus (griech. *dokein*, «scheinen») vor, die auf dem Konzil von Nizäa als Irrlehre verworfen wurde, wonach Jesus nur scheinbar Mensch wurde und einen Scheinleib hatte.

Die Juden sind zwar im Besitze des «Buches», das heißt der Torah, aber sie missverstehen dieses Buch nicht nur, sondern verfälschen es ganz bewusst: «Einige von denen, welche Juden sind, die rücken Wörter weg von ihrem Platz und sprechen: ‹Wir hören und sind widerspenstig!› …, indem sie ihre Zungen verdrehen und den Glauben schmähen. Doch hätten sie gesagt: ‹Wir hören und gehorchen!›, so wäre das für sie wahrlich gut und angemessen. Doch Gott verfluchte sie ihres Unglaubens wegen!» (Sure 4,46; vgl. auch Sure 2,93). Mit der Gegenüberstellung von «Wir hören und sind widerspenstig!» und «Wir hören und gehorchen!» bezieht sich der Koran ganz eindeutig auf den Bibelvers Deuteronomium 5,24. Dort geht es um die Offenbarung auf dem Berg Sinai, wo das Volk zu Gott sagt: «Wir werden *hören* und *tun* (hebräisch *we-schama'nu we-'asinu*).» Auf diesen Vers spielt die Sure an und behauptet, die Israeliten hätten statt «Wir werden hören und tun/gehorchen» gesagt «Wir hören und sind *widerspenstig* (arabisch *sami'na wa-'asayna*)», das heißt die Juden hätten das ursprüngliche «tun, gehorchen» in «ungehorsam, widerspenstig sein» verdreht. Diese Exegese ist nur möglich, indem der Koran damit spielt, dass das hebräische Wort *'asinu* ähnlich lautet wie das Arabische *'asayna*, und damit den Sinn des hebräischen Textes verfälscht. Die unfreundliche Pointe dieses Wortspiels besteht darin, dass in Exodus 24,17, der Parallele zu Deuteronomium 5,24, Moses dem Volk Israel das Bundesbuch der Torah vorliest und die Israeliten mit dem viel zitierten Bekenntnis antworten: «Alles, was der Herr gesagt hat, wollen wir *tun* (hebr. *na'aseh*), und wir wollen es *hören* (hebr. *we-nischma'*).» Die jüdische Exegese schließt aus dieser Reihenfolge (erst tun – dann hören), dass die Israeliten zur Befolgung der Torah schon bereit waren, bevor sie ihren Inhalt gehört hatten – also das genaue Gegenteil von dem, was der Koran aus Deuteronomium 5,24 herausliest.

Auch in Sure 2 wird den Juden vorgeworfen, das offenbarte Wort Gottes zu verfälschen. Hintergrund ist die Situation in Medina. Es heißt dort: «Seid ihr [die Muslime] denn darauf aus, dass sie [die Juden] euch glauben, wo einige von ihnen Gottes Wort schon hörten, dann aber, nachdem sie es verstanden hatten, es verfälschten, wo sie es doch (besser) wissen?» (Sure 2,75) Hier geht es nicht nur generell um das Schriftverständnis der Juden, das sich von dem der Muslime unterscheidet, sondern ganz konkret auch darum, dass die oder zumindest manche Juden in Medina ihre Sympathie für die muslimische Schriftauslegung und Lehre nur vorspiegelten, sich insgeheim aber davon distanzierten. Dafür spricht die Fortsetzung: «Wenn sie [die Juden] jene treffen, welche glauben [die Muslime], sagen sie [die Juden]: ‹Wir glauben!›, doch wenn sie dann alleine unter sich sind ... (tun sie das Gegenteil).[6] Wissen sie denn nicht, dass Gott weiß, was sie verbergen und was sie offenlegen?» (2,75–77). Die wahren Gläubigen und diejenigen,

Der Koran   **111** die ihren Glauben nur vorspiegeln, erkennt man am besten im Kampfe: «Was euch an jenem Tage traf, als die zwei Lager aufeinandertrafen, geschah mit Erlaubnis Gottes und auch, dass er die Gläubigen erkenne und die erkenne, welche Heuchler sind» (Sure 3,166–167). Am deutlichsten wird der Gegensatz zwischen wahren und falschen Gläubigen in Sure 63 ausgeführt:[7]

> Wenn zu dir die Heuchler kommen, so sprechen sie: «Wir bezeugen, dass du [Muhammad] wahrlich der Gesandte Gottes bist.» Gott weiß, dass du wahrlich sein Gesandter bist, und Gott bezeugt, dass die Heuchler wahrlich Lügner sind. Sie haben ihre Eide zu einem Schutzschild genommen, um so (die Menschen) vom Wege Gottes abzuhalten. ... Dies, weil sie glaubten, dann aber ungläubig wurden. Da wurden ihre Herzen versiegelt, so dass sie nicht verstehen. ... Wenn sie reden, hörst du ihrer Rede zu, sie sind aber (nur) wie Balken, die (als unbrauchbar) an der Wand abgestellt wurden. ... *Sie* sind der Feind, so hüte dich vor ihnen! Gott verfluche sie! Wie können sie nur so verblendet sein! (Sure 63,1–4; s. auch Sure 4,41–43)

Die Heuchler sind hier ohne Zweifel die Juden, die nach außen hin vorgeben, Muhammad als Gesandten Gottes und damit auch seine Religion anzuerkennen, die aber in Wirklichkeit ein falsches Spiel spielen und nicht die Absicht haben, ihr Judentum aufzugeben. Vielleicht sind sogar noch konkreter auch einzelne jüdische Gruppen gemeint, die zunächst wirklich an die Botschaft Muhammads glaubten, dann aber wieder zu ihrem traditionellen jüdischen Glauben zurückkehrten. Hier klingt ganz eindeutig die Enttäuschung Muhammads über die Juden Medinas durch, die sich, anders als erhofft, nicht zu seiner Botschaft bekehren wollten.

Manches in Sure 63 und in verwandten Suren erinnert an polemische Reaktionen des neutestamentlichen Jesus gegenüber seinen jüdischen Glaubensgenossen, doch sind die Voraussetzungen hier ganz andere. Zunächst einmal sind die Juden, mit denen es Muhammad zu tun hat, nicht seine Glaubensgenossen. Anders als im Neuen Testament sind die Juden nicht ein wesentlicher Teil der alt-neuen Religion und somit ihre *inneren* Feinde, sondern die alt-neue Religion des Islam beruft sich auf eine Zeit *vor* dem Judentum und dem Christentum. Damit stehen die Juden grundsätzlich mit den Christen auf einer Stufe, wenn Letztere auch insgesamt positiver gesehen werden. Zum anderen sind die Juden, mehr als die Christen, die politischen Gegner Muhammads und des entstehenden Islam, und dies in einem sehr konkreten Machtkampf um die politische und religiöse Hegemonie auf der Arabischen Halbinsel (sowie bald darüber hinaus). Dies ist mit der politischen Situation des entstehenden Christentums im ersten Jahrhundert in keiner Weise zu vergleichen.

Die Ablehnung und Verunglimpfung des Judentums gehört nicht grundsätzlich zur Botschaft des Korans, sondern erklärt sich, wo sie zutage tritt, aus der politischen Gemengelage. An diesem Befund ändern auch die wenigen Koranverse nichts, in denen Juden (und Christen) mit harschen Worten angegriffen werden und die oft als Belege für eine grundsätzliche Judenfeindlichkeit des Koran herhalten müssen. So bietet die mekkanische Sure 7 einen Abriss der Geschichte des Volkes Israel, in der es neben den «Rechtgeleiteten» immer auch Abtrünnige gegeben habe, die an einer Stelle als «ausgestoßene Affen» bezeichnet werden (Sure 7,166). Hier kann keine Rede davon sein, dass der Koran «die» Juden insgesamt als Affen beschimpft. Dasselbe gilt für die medinensische Sure 5, wo es um die «Buchbesitzer» geht, also Juden und Christen: Hier wird den Irregeleiteten unter ihnen – also keineswegs allen Juden und Christen – angedroht, dass Gott sie verfluchen und einige von ihnen «zu Affen und Schweinen machen» werde (Sure 5,6). In der verdrehten öffentlichen Diskussion heute und in halbwissenschaftlichen Artikeln, wie man sie oft im Internet findet, wird daraus zu Unrecht die bösartige und absichtliche Verunglimpfung des Judentums durch den Koran.

Der Koran

Die Ausbreitung des Islam: Jerusalem

Als Muhammad 632 starb, hatte sich der Islam unter den Stämmen der Arabischen Halbinsel weitgehend etabliert. Danach sollte er sich in rasanter Geschwindigkeit über die riesigen Herrschaftsgebiete der christlichen Oströmer (Byzantiner) und der zoroastrischen Perser ausbreiten, die beide, von langen Kriegen erschöpft, der militärischen Übermacht der Araber wenig entgegenzusetzen hatten. Das persische Sassanidenreich wurde vollständig erobert; Ostrom blieb nur noch ein Restreich in Kleinasien und auf dem Balkan. Von besonderer Bedeutung für die weitere Geschichte ist das Schicksal Jerusalems.

614 gelang es den Sassaniden, das christliche Palästina einschließlich Jerusalem den Byzantinern zu entreißen und in ihr Herrschaftsgebiet einzugliedern. Die Juden Palästinas, die seit jeher den Persern sehr viel mehr verbunden waren als den Byzantinern, begrüßten diese als Befreier von der christlichen Vormundschaft und unterstützten die persischen Eroberer logistisch und vielleicht auch militärisch. Zum Dank übergaben die Perser Jerusalem an die Juden, die sofort darangingen, eine jüdische Selbstverwaltung aufzubauen. Die wenigen erhaltenen (vor allem christlichen) Quellen sprechen von einer radikal-messianischen Herrschaft der Juden, die sich angeblich auch in massiven Christenverfolgungen entlud. Was auch immer genau in Jerusalem geschah, sicher ist, dass die jüdische Vorherrschaft nur von kurzer Dauer war. Schon 617 entzogen die Perser den Juden die Macht über Jerusalem wieder und gaben die Stadt den Christen zurück.

Aber auch die Tage der christlichen Vorherrschaft über Palästina und Jerusalem waren gezählt. 638 wurde Jerusalem von 'Umar (ibn al-Khattāb), dem zweiten der vier «rechtgeleiteten Kalifen» nach dem Tode Muhammads, erobert oder besser: in das neue islamische Reich eingegliedert. Die ersten muslimischen Eroberungen waren relativ gewaltlos; aktiven Widerstand gegen die Invasoren gab es selten. In der Regel wurden die bestehenden administrativen und auch religiösen Strukturen übernommen; Kirchen und Synagogen blieben unangetastet, eigene Münzen wurden (noch) nicht geprägt, und auch die Amtssprachen (vor allem Griechisch) blieben erhalten. Die einzige durchgreifende Neuerung waren die Steuern. Die Muslime führten eine «Kopfsteuer» ein, die *dschizya,* die nur Nichtmuslime zu zahlen hatten, sowie eine allgemeine Abgabe für den Besitz von Grund und Boden, den *charādsch.* Das gilt auch für Jerusalem, dessen gewaltfreie Übergabe der christliche Patriarch Sophronius mit 'Umar aushandelte. Erst der Umayyaden-Kalif 'Abd al-Malik (685–705) änderte die Verwaltungsstrukturen des Reiches grundlegend, indem er Arabisch als offizielle Amtssprache etablierte und ein einheitliches Münzwesen schuf.

Es war auch 'Abd al-Malik, der 691/92 mit dem Felsendom in Jerusalem den ältesten monumentalen Sakralbau des Islam errichtete – nicht als Moschee, sondern als Gedenkstätte. Das Bauwerk ist bis heute das markanteste Wahrzeichen der Stadt. Der Felsendom entstand auf dem Tempelberg, dem «edlen Heiligtum» *(al-harām asch-scharīf)* an der Stelle des von den Römern zerstörten jüdischen Tempels. Nach islamischer Tradition ist der Fels, auf dem der jüdische Tempel stand und der Felsendom erbaut wurde, der Ort, an dem Muhammad mit seinem geflügelten Pferd Burāq in den Himmel aufstieg, als er seine legendäre Nachtreise «von der heiligen Anbetungsstätte [Mekka] zur fernsten Kultstätte *(masdschid al-aqsā)* [in Jerusalem]» unternahm (Sure 17,1). Er wurde durch alle sieben Himmel geleitet, von den Propheten als letzter in ihrer erlesenen Reihe begrüßt, sah die Hölle und das Paradies und schließlich auch Gott im siebten Himmel. Es ist nicht auszuschließen, dass diese Himmelsreise von den Himmelsreisen der spätantiken mystischen Literatur des Judentums beeinflusst ist, die ebenfalls in der himmlischen Liturgie um Gott auf seinem Thron im siebten Himmel kulminiert. Ohne Zweifel dienten die Erzählung von Muhammads Himmelsreise und der Bau des Felsendoms dem strategischen Zweck, Jerusalem als zweites und dauerhaftes Zentrum des Islam neben Mekka zu etablieren.

Von besonderer Bedeutung sind die monumentalen kalligraphischen Inschriften, die 'Abd al-Malik im Inneren des Felsendoms anbringen ließ. Es handelt sich dabei im Wesentlichen um Koranverse, die allerdings nicht immer mit dem kanonischen Text identisch sind, sondern möglicherweise ein früheres Stadium des Korantextes repräsentieren. Auffallend ist hier ein langes Zitat aus der vierten Sure (das

Die Ausbreitung des Islam: Jerusalem

oben zitiert wurde) und ein kürzeres Zitat aus der neunten Sure, wonach Jesus, der Sohn Marias, der Gesandte Gottes ist, aber nicht sein Sohn und schon gar nicht Teil der göttlichen Trinität. Die Erwähnung Jesu an so prominenter Stelle ist mit Recht so interpretiert worden, dass der Kalif hier ein eindeutiges und weithin sichtbares Zeichen setzen wollte. Auf der einen Seite erkennt er, im Zentrum des christlichen Jerusalem, das Christentum als eine legitime monotheistische Religion neben dem Islam an, deren Anhänger er weder verfolgen noch zum Übertritt zwingen will. Auf der anderen Seite stellt er aber auch ganz unmissverständlich klar, wie weit die Akzeptanz geht: Mit ihrer Behauptung der Gottessohnschaft Jesu und dann auch noch der Trinität sind die Christen entschieden zu weit gegangen und haben den strikten Monotheismus aufgegeben; deswegen kann ihre Religion auch niemals gleichberechtigt neben der wahren Lehre des Islam stehen.

Noch bemerkenswerter ist, dass der Kalif sich in keiner Weise genötigt sieht, das Judentum zu erwähnen. Immerhin steht sein Prachtbau an der Stelle des zerstörten jüdischen Tempels und ist das Judentum nicht nur die älteste monotheistische Religion, sondern gewiss auch monotheistischer als das Christentum. Die Nähe des Judentums zu den sassanidischen Persern kann schwerlich der Grund gewesen sein, denn das Persische Reich gab es nicht mehr. Gleichwohl wird der Kalif von dem radikal-messianischen Regime der Juden in Jerusalem zu Beginn des 7. Jahrhunderts gewusst und es nicht für nötig befunden haben, ausgerechnet in Jerusalem die Juden zu stärken. Vielleicht wollte er auch mit der kompletten Nichtbeachtung der Juden in den zitierten Koranversen ganz bewusst die aus der Erfahrung des Propheten in Medina gespeiste überwiegend negative Einstellung des Koran gegenüber den Juden fortführen, zumal es ihm auch kaum leichtgefallen wäre, passende judenfreundliche Koranverse zu finden. Vielleicht ist es aber auch ganz anders und der Kalif wollte nicht das Judentum ignorieren, sondern im Gegenteil mit dem an der Stelle des zerstörten jüdischen Tempels errichteten muslimischen Heiligtum, an der die Juden die Errichtung ihres dritten und letzten Tempels erwarteten, den Islam als den wahren Erben des Judentums präsentieren.

Die rechtliche Stellung der Juden

Der rechtliche Status der Juden im Islam ist unter dem Rechtsinstitut der *dhimma* («Schutz, Schutzvertrag») geregelt. Danach standen die Angehörigen der monotheistischen Religionen, das heißt Juden und Christen, als «Schutzbefohlene» *(ahl adh-dhimma* oder *dhimmī)* unter dem besonderen Schutz des islamischen Rechts; der Koran nennt sie «Leute des Buches, der Schrift, Buchbesitzer» *(ahl al-kitāb)*. Die Anfänge dieses Schutzvertrages werden auf den Kalifen 'Umar zurückgeführt, doch ist diese frühe Datierung umstritten und wird heute weitgehend abgelehnt. Der Vertrag ist vielmehr das Ergebnis eines langen historischen Prozesses, der mit Muhammad begann und im Laufe der Geschichte zu ständigen, aus konkreten Situationen gewonnenen Präzisierungen und Ergänzungen führte. Nach der islamischen Eroberung großer Teile des ehemals Römischen und Byzantinischen Reiches wurden genau die Themen und Bereiche in die islamische Gesetzgebung einbezogen, die auch die christlichen Gesetze bestimmt hatten. Folgende Themen stehen im Vordergrund der Regeln für die «Schutzbefohlenen»:

1. Zahlreiche Regulierungen betreffen den Neubau von Kirchen und Synagogen sowie die Renovierung bestehender sakraler Gebäude. Dies war ein zentraler Gegenstand der antijüdischen christlichen Gesetzgebung, aber jetzt galten die Vorschriften für Juden und Christen in gleicher Weise. Grundsätzlich wurde nun festgelegt, dass Nichtmuslime weder neue Gotteshäuser errichten noch verfallene Gebäude instand setzen durften. Diese Regulierungen wurden im Laufe der Zeit sehr unterschiedlich gehandhabt, nahmen auch an Schärfe zu. Wie wir gesehen haben, treffen sie auf die frühen Eroberungen in keiner Weise zu, und auch später wird immer wieder von Fällen berichtet, in denen sie erfolgreich umgangen wurden. Ein beliebtes Mittel war der Hinweis auf das Alter eines Gebäudes: Wenn es besonders alt war oder sogar schon zum Zeitpunkt der islamischen Eroberung bestand, blieb es unangetastet.

2. Besonderes Augenmerk wurde auf die öffentliche Sichtbarkeit der geduldeten Religion gelegt. Die Zurschaustellung von Kreuzen

oder anderen sakralen Gegenständen bei Prozessionen wurde ebenso eingeschränkt wie das Glockenläuten oder zu lautes Beten während des Gottesdienstes oder bei Begräbnissen. Solche Vorschriften galten Christen sehr viel mehr als Juden, denn Letztere waren – gerade auch durch die altbekannten christlichen Repressionen – daran gewöhnt, ihren Glauben innerhalb der Synagoge zu praktizieren und nicht öffentlich auszuleben.

3. Juden und Christen war es verboten, andere zu ihrer Religion zu bekehren oder ihre eigenen Glaubensgenossen am Übertritt zum Islam zu hindern. Auch diese Regelung spielte schon in der antijüdischen Gesetzgebung des römisch-byzantinischen Reiches eine wichtige Rolle.

4. Zahlreiche Vorschriften beziehen sich auf äußere Zeichen der Unterscheidung von Muslimen. So war es Christen und Juden verboten, muslimische Ehrentitel zu benutzen, auf Pferden zu reiten und überhaupt beim Reiten einen Sattel zu verwenden, Waffen zu tragen, Siegel mit arabischen Inschriften zu führen oder sogar in Gegenwart von Muslimen zu sitzen. Viel diskutiert werden in der Forschung die besonderen Kleidervorschriften, etwa Turbane in besonderen Farben (blau für Christen und gelb für Juden) und vor allem das obligatorische Tragen eines Gürtels *(zunnār)*. Wie wir heute wissen, war der *zunnār* bei Christen und vielleicht auch Juden lange vor der islamischen Eroberung üblich und ursprünglich ein Statussymbol. Die Vorschrift, ihn weiterhin zu tragen, war daher nicht unbedingt als Zeichen der Demütigung gedacht, sondern als Mittel, Nichtmuslime, die in der Frühzeit des Islam in den meisten islamisch beherrschten Gebieten noch in der Mehrheit waren, an der Kleidung erkennen zu können. Später wurden die Kleidervorschriften erneuert und verschärft, ganz offensichtlich auch deswegen, weil sie oft nur lax gehandhabt wurden.

5. Regelungen für Sklaven, eines der dominierenden Themen der antijüdischen römisch-christlichen Gesetzgebung, spielen in den Rechtsnormen der *dhimma* eine auffallend geringe Rolle. Es wird zwar schon früh festgelegt, dass Sklaven, die zum Islam übertreten wollten, an einen Muslim verkauft werden mussten. Doch ist diese Vorschrift nur ein sehr schwaches Echo der viel rigoroseren christlichen Gesetze und wurde ebenfalls häufig missachtet.

6. Auch in der Frage der Beschäftigung von Christen und Juden in öffentlichen Ämtern (hinsichtlich der Juden ebenfalls ein wichtiges Thema in der christlichen Gesetzgebung) ist die Rechtslage keinesfalls einhellig. In der islamischen Frühzeit war es üblich, *dhimmīs* in administrativen Positionen zu belassen, da sie die lokalen Gegebenheiten besser kannten als die Eroberer. Dieser praktische Aspekt kollidierte allerdings mit dem hierarchischen Grundsatz der islamischen Vorrangstellung und der Furcht vor Illoyalität und Parteinahme für fremde Mächte (dies galt naturgemäß vorzugsweise für Christen). Versuche, Nichtmuslime von öffentlichen Ämtern auszuschließen, blieben aber wenig erfolgreich. Berühmte Beispiele für einflussreiche jüdische Höflinge bieten das muslimische Spanien (Chasdai ibn Schaprut im 10. oder Schmuel ha-Nagid im 11. Jahrhundert); Maimonides, der große jüdische Philosoph des 12. Jahrhunderts, wurde nach seiner Emigration aus Spanien Hofarzt zunächst des Großwesirs und dann des Sultans Saladin, des Begründers der ayyubidischen Dynastie in Ägypten. Vergleichbare Fälle sind im christlichen Mittelalter unvorstellbar. Nach dem 12. Jahrhundert nahm die Kritik an der herausgehobenen Stellung von *dhimmīs*, vor allem Juden, rapide zu.

7. Die «Kopfsteuer» *(dschizya)* ist die einzige Christen und Juden betreffende Maßnahme, die schon im Koran erwähnt wird. Sie ist das Schutzgeld, das die «Schutzbefohlenen» zahlen müssen, um vor unberechtigten Übergriffen sicher zu sein. Die spätere Rechtsprechung befasst sich mit Details wie der Höhe der Steuer (feste Rate oder gestaffelt entsprechend dem Vermögen des Steuerpflichtigen), der Befreiung von der Steuer (da sie auch als Ersatz für den Militärdienst galt, waren alle befreit, die aus verschiedenen Gründen ohnehin vom Militärdienst ausgenommen waren) oder auch die Umstände ihrer Bezahlung (zahlreiche Quellen beschreiben demütigende öffentliche Zeremonien, unter denen die Kopfsteuer zu zahlen war, andere versuchen, diese abzuschwächen). Entscheidend blieb immer die festgelegte und nicht willkürliche Höhe der Steuer und die damit garantierte Rechtssicherheit. Auch in diesem Punkt unterschied sich die muslimische Gesetzgebung ganz fundamental von der Rechtslage der Juden im christlichen Europa.

Die rechtliche Stellung der Juden

Die rechtliche Stellung der Juden unter islamischer Herrschaft unterschied sich deutlich von ihrer Lage in der römisch-christlichen Spätantike und im christlichen Mittelalter. Grundlegend ist zunächst, dass die islamische Gesetzgebung immer Juden und Christen in gleicher Weise betraf, nie die Juden alleine, und dass ihr Hauptzweck die Rechtssicherheit und der Schutz der als monotheistisch anerkannten Minderheit im sich rapide ausbreitenden islamischen Herrschaftsgebiet war. Das schloss Demütigungen und Ungerechtigkeiten in einzelnen Fällen nicht aus, die aber oft sofort geahndet wurden. Dem Islam ging es zwar ebenfalls um Abgrenzung vom Judentum (und Christentum), aber eben nicht im theologischen, sondern im sozialen Sinne. Die Trennlinie wurde jedoch nie ganz scharf gezogen; Ehen zwischen Christen und muslimischen Frauen etwa blieben möglich. Die Anhänger des Islam waren immer davon überzeugt, dass der Islam den beiden anderen monotheistischen Religionen theologisch überlegen war. Ganz anders als die Christen hatten sie keine Angst vor judaisierenden Tendenzen oder gar einem Rückfall ins Judentum, weil das Judentum nicht der ewige Stachel im Fleische des Islam war wie im Christentum. Deswegen hatten sie auch keine Angst vor der Attraktivität des Judentums (und des Christentums) und brauchten Übertritte von Muslimen zum Judentum oder zum Christentum nicht zu fürchten. Anders als in der römisch-christlichen Spätantike und vor allem auch im christlichen Mittelalter wurden Juden nicht *als Juden* ausgegrenzt, dämonisiert und zum rechtlosen Freiwild erklärt. Zwangsbekehrungen, wie sie sich im christlichen Mittelalter häuften, waren ebenso unüblich wie gezielte Verfolgungen.

5

DAS CHRISTLICHE MITTELALTER

Schutz, Ausbeutung und Verfolgung

Das christliche Mittelalter ist in vielerlei Hinsicht extrem heterogen. Dies liegt vor allem an den großen regionalen Unterschieden, die in den einzelnen Ländern zu ganz verschiedenen Ausformungen der Judenfeindschaft geführt haben (etwa in Staaten mit einer ausgeprägt zentralistischen Struktur wie vor allem England im Vergleich zu einem territorial zersplitterten und dezentralisiert organisierten Staat wie insbesondere Deutschland). Dennoch gelten zwei Grundvoraussetzungen für alle Länder des christlichen Europa: Erstens sind die Aussagen für oder gegen die Juden immer von der christlichen Theologie gespeist, wie sie sich aus dem Neuen Testament und der Lehre der Kirchenväter ergibt und dann Eingang in die Gesetzgebung der christlichen Kaiser der Spätantike gefunden hat. Alles, was die Theologen und Gesetzgeber (kirchliche wie staatliche) des Mittelalters vorbringen, ist in Theologie und Gesetzgebung der frühen Kirche angelegt. Zweitens stehen der Status und das Schicksal der europäischen Juden überall und immer unter dem Vorzeichen einer nicht auflösbaren Ambivalenz von Schutz und Verfolgung. Das ständige Pendeln zwischen diesen beiden Polen entwickelte sich allerdings zunehmend und unaufhaltsam in Richtung auf die rigorose Vertreibung.

Kirchliche Judengesetzgebung:
Vom Schutz zur Unterdrückung

Die kirchliche Gesetzgebung zu den Juden im kanonischen Recht manifestiert sich in zahlreichen päpstlichen Stellungnahmen und Edikten der Konzilien. Sie ist durchgehend repressiv, doch gibt es auch positive Stimmen, die sich an den toleranteren Aspekten der vorausgehenden kirchlichen und staatlichen Gesetzgebung orientieren. Ein frühes und einflussreiches Beispiel für eine moderatere Einstellung gegenüber den Juden findet sich in einem Brief von Papst Gregor dem Großen von 598:[1]

> So wie die Juden *(sicut Judaeis)* sich nicht die Freiheit nehmen dürfen, in ihren Synagogen irgendetwas anderes zu tun als das, was ihnen durch das Gesetz erlaubt ist, so müssen sie auch keinerlei vorgefasstes Urteil erdulden in den Angelegenheiten, in denen ihnen Zugeständnisse gemacht wurden.

Diese relativ vage Formulierung gesteht den Juden zu, die Rechte in Anspruch zu nehmen, die ihnen (in der Vergangenheit) gewährt wurden, und schützt sie vor Übergriffen in diesem vorgegebenen Rahmen; gleichzeitig wird ihnen eingeschärft, diesen Rahmen nicht ihrerseits zu ihrem Vorteil auszuweiten. In zahlreichen anderen Briefen bezieht sich Gregor auf Zugeständnisse, die den Juden gemacht wurden und einzuhalten seien, und auf Restriktionen, die ebenfalls weiter gelten, in der Regel gemäß den Bestimmungen der kaiserlichen Codices (Codex Theodosianus und Codex Justinianus). Besonders deutlich wendet sich Gregor gegen Zwangstaufen von Juden:[2]

> Sehr viele Männer, allerdings jüdischen Glaubens, die sich hier zu Lande aufhalten, aber auch in verschiedenen Geschäften in die Gegend von Marseille reisen, haben zu Unsrer Kunde gebracht, dass viele in jener Gegend befindliche Juden mehr durch Gewalt als durch die Predigt zur Taufquelle geführt worden seien. Gerne glaube ich, dass die Absicht hierbei lobenswürdig sei und von der Liebe zu unserm Herrn herkomme. Aber wenn diese Absicht nicht von dem entsprechenden, in der hl. Schrift an-

gegebenen Erfolg begleitet ist, so fürchte ich, dass damit entweder kein verdienstliches Werk geschehe, oder dass gerade für die Seelen, die wir retten wollen, ein Schaden daraus entstehe, was Gott verhüten wolle!

Die Formulierung in Gregors Brief von 598 wurde die Grundlage für die spätere Bulle *Sicut Judaeis*, die, wahrscheinlich unter dem Eindruck der Massaker des Ersten Kreuzzugs 1096, wohl zuerst von Papst Calixt II. (1119–1124) erlassen und mehrfach von späteren Päpsten erneuert wurde. Gregor IX. nahm sie in die *Decretales* auf, eine Rechtssammlung, die 1234 von ihm veröffentlicht wurde, und machte sie damit zum allgemein verbindlichen kanonischen Recht, das in West- und Mitteleuropa in die regionalen Gesetzgebungen einging. König Rudolf von Habsburg schließlich übernahm das päpstliche Gesetz 1275 in die staatliche Gesetzgebung des Heiligen Römischen Reiches.

In ihrer ausführlichen Fassung von Papst Innozenz III. (1199) lautet die Bulle:[3]

> Wenn es auch den Juden *(sicut Judaeis)* nicht erlaubt ist, sich in ihren Synagogen mehr herauszunehmen, als das Gesetz es gestattet, so dürfen sie doch in dem, was ihnen zugestanden ist, keine Beeinträchtigung erfahren. Obwohl sie eher auf ihrer Hartnäckigkeit bestehen wollen ..., so wollen wir doch, weil sie unsere Verteidigung und Hilfe wegen der Milde christlicher Frömmigkeit begehren, ... ihre Bitten anhören und ihnen den Schild unseres Schutzes gewähren. Wir bestimmen aber, dass kein Christ sie wider ihren Willen oder, wenn sie nicht wollen, mit Gewalt zwingt, zur Taufe zu kommen ... Kein Christ wage es ohne das Urteil der Obrigkeit seines Landes, sie zu verletzen oder zu töten und ihnen ihr Geld zu nehmen oder gutes Gewohnheitsrecht zu ändern, das sie in dem Gebiet, in dem sie bis jetzt wohnen, besitzen. Außerdem soll kein Christ sie bei der Feier ihrer Feste mit Knütteln oder Steinen stören, und es soll niemand sie zu Knechtsdiensten nötigen außer denen, welche sie in früheren Zeiten zu tun pflegten. ... Es soll niemand wagen, der Juden Friedhöfe zu verletzen oder zu verkleinern oder, um Geld zu bekommen, die begrabenen Leichname wieder auszugraben.

Hier wird der von Augustinus in seiner Auslegung von Psalm 59,12 formulierte Grundsatz, dass die Juden das lebendige Zeugnis für die

Kirchliche Judengesetzgebung

Wahrheit des Christentums sind und deswegen nicht willkürlich behandelt oder gar getötet werden dürfen, in konkretes kirchliches und dann auch weltliches Recht gefasst. Wie verbreitet dieser Grundsatz im Mittelalter war, werden wir noch sehen.

Die durch die Theologie vorgegebene Schutzfunktion der Kirche (wie auch des Staates) gegenüber den Juden stand immer in einer inhärenten Spannung zu ihrer Unterdrückung und Verfolgung (wenn auch nicht ihrer Auslöschung); die Janusköpfigkeit von Schutz und Unterdrückung/Verfolgung ist das herausragende Merkmal des Verhältnisses von Christen und Juden im Mittelalter. Die zahlreichen rechtlichen Regelungen schaffen hier keine Klarheit, sondern verschärfen im Gegenteil die unauflösbare Spannung. Erschwerend kommt hinzu, dass die wachsende Konkurrenz der kirchlichen und staatlichen Gewalt um die Vorherrschaft auch die Gewalt über die Juden betrifft, im positiven Sinne (Schutz) wie im negativen Sinne (Unterdrückung). So ist, trotz oder gerade wegen der (oft auch widersprechenden) Gesetzgebung, immer ein Element der Willkür eingebaut, das den Juden letztlich nie eine allgemein verbindliche Rechtssicherheit gewährt, und dieses Element der Willkür ist und bleibt in den Vorgaben der christlichen Theologie begründet. Darin unterscheidet sich das christliche Mittelalter grundsätzlich vom klassischen Islam.

Ein entscheidender Schritt in der kirchlichen Judengesetzgebung von der Schutzfunktion zur Unterdrückung vollzog sich mit dem von Papst Innozenz III. einberufenen Vierten Laterankonzil von 1215. Hier steht nicht der Schutz der Juden vor unberechtigten christlichen Übergriffen im Vordergrund, sondern der Schutz der Christen vor einer befürchteten Unterordnung unter die Juden. Vier Artikel der Konzilsbeschlüsse befassen sich ausdrücklich mit den Juden. Der erste dieser Artikel (Konstitution 67) betrifft die Begrenzung von Zinsdarlehen:[4]

Je mehr sich die christliche Religion in der Eintreibung der Wucherzinsen Einschränkungen auferlegt, desto übermütiger wird darin der Unglaube der Juden, so dass in kurzer Zeit das Vermögen der Christen erschöpft sein wird. Da wir in dieser Hinsicht Vorsorge treffen wollen, dass die Christen nicht unmäßig beschwert werden, so setzen wir durch Konzilsbeschluss fest, dass den Juden, falls sie weiterhin überhöhte Wucherzinsen erpressen, die Gemeinschaft mit den Christen entzogen werden soll. ... Die Christen aber sollen ... angehalten werden, sich vom Handelsverkehr mit ihnen fernzuhalten.

Das Problem des Geldverleihs gegen Zinsen und die damit verbundene Frage der angemessenen Zinsen ist eines der zentralen Themen des christlich-jüdischen Verhältnisses im Mittelalter und einer der Hauptanlässe des christlichen Antijudaismus; der Beschluss des Laterankonzils setzt hier einen vorläufigen Endpunkt. Verschiedene Faktoren kommen dabei zusammen. Ursprünglich waren die Juden in der Spätantike und im frühen Mittelalter durch ihre weitgespannten und länderübergreifenden Kontakte für den Ausbau internationaler Handelswege prädestiniert; so besonders augenfällig unter Karl dem Großen und den Karolingern. Dies änderte sich im Zuge der rasanten wirtschaftlichen Entwicklung und führte allmählich zu einer Verdrängung der lange bevorzugten Juden aus diesem einträglichen Geschäft. Verschärft wurde die Verdrängung von Juden aus der kommerziellen Wirtschaft dann weiter durch die Organisation ständischer Körperschaften von Handwerkern in den sogenannten Zünften (seit dem 10. Jahrhundert): Juden waren aus verschiedenen Gründen von diesen Zünften und damit vom Beruf des Handwerkers ausgeschlossen (auch weil sie den obligatorischen christlichen Aufnahmeeid nicht ablegen konnten).

So vollzog sich nahezu zwangsläufig eine Verlagerung und immer stärkere Einengung der wirtschaftlichen Tätigkeit von Juden auf das Geldgeschäft, das heißt die Vergabe von Darlehen gegen Zinsen, da das kanonische Recht den Christen den Geldverleih gegen Zinsen verbot. Paradoxerweise beriefen sich beide, Christen wie Juden, auf denselben Text der Hebräischen Bibel bzw. des Alten Testaments: «Du darfst von deinem Bruder keine Zinsen nehmen ..., von einem Fremden (aber) darfst du Zinsen nehmen» (Deuteronomium 23,20 f.): Der Jude nimmt keine Zinsen von seinem Glaubensgenossen (Bruder), aber vom Christen (Fremden); und der Christ als Mitglied des Neuen Bundes, der den Alten Bund abgelöst hat, nimmt keine Zinsen von *seinem* Glaubensgenossen (Bruder). Zwar war im antiken und spät-

Kirchliche Judengesetzgebung

antiken Judentum das Zinsgeschäft verpönt, aber die rabbinischen Autoritäten im Mittelalter fügten sich notgedrungen den wirtschaftlichen Gegebenheiten. Da es nicht gelang, ein System des Geldverleihs ohne Zinsen zu etablieren, waren alle Schichten der christlichen Gesellschaft auf die Juden angewiesen. Diese Entwicklung verstärkte das negative Bild von den Juden als nur auf ihren Vorteil bedachte habgierige Wucherer.

Der nächste Artikel der Konstitutionen des Konzils befasst sich mit der Kennzeichnung der Juden zur Unterscheidung von den Christen (Konstitution 68):[5]

> In einigen Provinzen unterscheidet die Kleidung Juden oder Sarazenen von den Christen. Aber in gewissen anderen ist eine solche Regellosigkeit entstanden, dass sie durch keine Unterscheidung kenntlich sind. Es kommt zuweilen vor, dass sich irrtümlicherweise Christen mit jüdischen oder sarazenischen und Juden oder Sarazenen sich mit christlichen Frauen vermischen. Damit also den Ausschweifungen einer so abscheulichen Vermischung in Zukunft die Ausflucht des Irrtums abgeschnitten werde, bestimmen wir, dass Juden und Sarazenen beiderlei Geschlechts in jeder christlichen Provinz und zu jeder Zeit sich durch die Art ihres Gewandes öffentlich von der übrigen Bevölkerung unterscheiden sollen ... In den Kartagen und am Passionssonntag sollen sie keinesfalls in die Öffentlichkeit ausgehen, weil einige von ihnen ... sich nicht schämten, geschmückt einherzugehen, und sich nicht scheuten, die Christen zu verspotten, die, des heiligsten Leidens eingedenk, Zeichen der Trauer trugen. Das aber wollen wir aufs strengste verhindern, dass sie sich nicht unterstehen, zur Verspottung des Erlösers auszugehen.

Mit den Sarazenen sind Muslime gemeint, konkret vor allem in Spanien und im normannischen Königreich Sizilien. Damit liegt im christlichen Kontext eine ähnliche Vorschrift vor wie die Kennzeichnung der Christen und Juden im Islam. Es geht sicher um die Unterbindung sozialer Kontakte zwischen Christen und Juden (die Sarazenen spielten bald keine Rolle mehr), aber nicht nur, wie im Islam, um die Hierarchie zu wahren, sondern vor allem auch, wie die Begründung zu Anfang deutlich macht, um sexuelle Beziehungen zu unterbinden und christliche Frauen vor dem Verkehr mit den «unreinen» Juden bzw. Sarazenen zu schützen. Damit gewinnt der religiöse Unterschied zwischen Christen und Juden/Sarazenen eine neue körperliche Qualität, die in der Neuzeit rassistisch begründet werden sollte.

Die Kleidervorschriften, die hier noch nicht spezifiziert werden, konzentrierten sich bald auf den gelben Ring und den sogenannten Judenhut. Durch die Aufnahme in die *Decretales* von Papst Gregor IX. wurde die Kennzeichnung der Juden zu allgemeingültigem kanonischen Recht. Das Verbot, sich in der Osterzeit öffentlich zu zeigen, ist eindeutig nur auf die Juden gemünzt und dürfte sich auf Vorfälle beziehen, in denen Juden sich über die Auferstehung Jesu lustig machten, ein altes Streitthema zwischen Juden und Christen.

Es folgt ein Artikel über die Ausübung öffentlicher Ämter durch Juden (Konstitution 69):[6]

> Da es allzu sinnlos wäre, dass ein Lästerer Christi über Christen Gewalt habe, so erneuern wir das, was hierüber das Konzil von Toledo weise verfügt hat … Wir verbieten, dass Juden zu öffentlichen Ämtern zugelassen werden, da sie unter dem Vorwand des Amtes den Christen (gegenüber) am meisten aufsässig sind. … Dem (jüdischen) Inhaber eines solchen Amtes aber soll so lange die Gemeinschaft mit den Christen im Handel und in anderem versagt werden, bis er zum Nutzen der Armen der Christen (dasjenige) übergeben hat, was er von den Christen gelegentlich seines so übernommenen Amtes erlangt hat. Das Amt selber aber … soll er mit Schaden wieder aufgeben.

Auch dies ist seit der Spätantike ein wohlbekanntes Streitthema, das immer wieder zu Auseinandersetzungen führte und offenbar immer wieder neu eingeschärft werden musste. Das Verbot öffentlicher Ämter betraf im Mittelalter vor allem Juden im sephardischen Spanien und Südfrankreich, wo diese (wie auch im muslimischen Spanien) in hohe Ämter aufstiegen. Damit waren alle europäischen Juden, auch die Juden in «Aschkenas» – das heißt in Nordfrankreich und Mitteleuropa –, fast ausschließlich auf ihre autonomen Gemeindeämter beschränkt. Besonders folgenreich war der weitgehende Ausschluss aus dem öffentlichen Leben der Städte.

Kirchliche Judengesetzgebung

Der letzte die Juden betreffende Artikel gilt zum Christentum
übergetretenen Juden (Konstitution 70):[7]

> Gewisse Leute, die, wie wir erfahren, zum Wasser der heiligen Taufe frei-
> willig hinzugetreten sind, haben den alten Menschen nicht gänzlich aus-
> gezogen, um den neuen ganz vollkommen anzuziehen, da sie die Reste
> ihres früheren Ritus bewahren und die Zierde der christlichen Religion
> mit solcher Mischung zusammenschütten. Da aber geschrieben steht:
> «Verflucht sei der Mensch, der das Land auf zwei Wegen betritt» (Sirach
> 2,14) ..., ordnen wir an, dass solche (Leute) von den Prälaten der Kirche
> genötigt werden, sich gänzlich von der Beobachtung der alten Riten zu
> enthalten.

Im Einklang mit der theologischen Lehre vom sakramentalen Charakter der Taufe und ihrer Unumkehrbarkeit – die Taufe erfasst und ver-
ändert den Menschen in seinem ganzen Wesen – wird hier festgehalten,
dass der neugeborene Christ weder sein Christentum wieder ablegen
noch auch sein Judentum neben dem Christentum beibehalten kann.
Anders als die erzwungene Taufe gegen den Willen des Juden (die verboten bleibt) darf in diesem Fall auch Zwang angewandt werden. Dieses Thema sollte bei den Marranen, iberischen Juden, die unter Zwang
getauft wurden, eine besondere Rolle spielen.

Weltliches Recht: Die Juden als Besitz des Herrschers

Die theologisch begründete Unterordnung der Juden unter die Christen im Kirchenrecht hat ihr Pendant in der staatlichen (kaiserlichen)
Gesetzgebung. Dort werden die Juden als *servi* – «Sklaven», «Diener»,
«Knechte», «Leibeigene» – des Landesherrn bezeichnet. Die Juden werden damit über die reguläre Stellung des Untertans hinaus zum *Eigentum* des Herrschers im rechtlichen Sinne. Positiv bedeutet dieser besondere Status, der sich durch die gesamte Gesetzgebung in fast allen
Ländern Europas zieht, zunächst, dass die Juden als der persönliche
Besitz des Souveräns auch seinem persönlichen Schutz unterstehen;

aber er begründet auch eine Abhängigkeit der Juden von ihrem Herrscher (Kaiser, König, Fürsten), die jederzeit in negative Konsequenzen umschlagen kann. Das vielleicht früheste Beispiel ist ein Schutzbrief König Heinrichs I. von England (1100–1135), der in die Gesetzessammlung der *Leges Edwardi Confessoris* («Gesetze Eduards des Bekenners») eingegangen ist. Dort heißt es:[8]

> Es sei (hiermit) kundgetan, dass alle Juden, wo auch immer sie sind, unter der Obhut und dem Schutz des Herrn Königs stehen, ... denn die Juden selbst und alle ihre Besitztümer gehören dem König. Wenn jemand sie oder ihr Geld zurückhält, wird der König sie [die Juden] verlangen wie seinen eigenen Besitz, wenn er es wünscht und kann.

König Johann Ohneland, der 1215 in der Magna Carta dem englischen Adel grundlegende Freiheiten verbriefen musste, spricht von den Juden «wie von unserem ausschließlichen Eigentum» oder betrachtet sie «wie unser eigenes bewegliches Gut».[9] Auch hier wird deutlich, dass die Juden im Gegensatz zu allen anderen Untertanen des Königs keine Subjekte eigenen Rechts sind, sondern, wie das bewegliche Hab und Gut des Königs, sein persönlicher Besitz und damit abhängig von seinem Gutdünken und Wohlwollen.

In Frankreich kollidierte die Zentralgewalt des Königs oft mit der Jurisdiktion der lokalen Fürsten und Bischöfe. Hier setzte Ludwig IX. der Heilige 1230 im Statut von Melun fest, dass Juden, die sich durch Ortswechsel dem steuerlichen Zugriff ihres Feudalherrn entziehen wollten, in das Territorium ihres ursprünglichen Herrn zurückgeführt werden mussten: Dieser requirierte sie «wie seinen eigenen Sklaven».[10] Wenn die Zugehörigkeit eines Juden samt seinem Vermögen umstritten war, behielt sich der König das Recht vor, darüber (zu seinem Vorteil) zu entscheiden.

Der Sonderstatus der Juden brachte den weltlichen Herrschern enorme finanzielle Vorteile und den Juden entsprechende Nachteile, denn der so sehr ersehnte Schutz war nicht umsonst zu haben. Die Könige ließen sich ihn durch besondere Abgaben und Beschlagnahmungen (*captiones* – «Ergreifungen») teuer bezahlen, da sie kraft ihres

Weltliches Recht

Verfügungsrechts über den jüdischen Besitz, der ja auch der ihre war, nach Belieben in diesen eingreifen konnten. Sie konnten sich Geld zu besonderen Bedingungen leihen, und sie konnten vor allem auch vom Zinsgeschäft der Juden profitieren, denn Zinsgewinne generierten ebenfalls Steuern. Dadurch entstand eine verhängnisvolle Allianz zwischen Herrschern und Juden, die einerseits die Macht der Monarchie stärkte, aber andererseits die Juden in den Augen der Bevölkerung zu Parteigängern der oftmals verhassten königlichen Zentralgewalt machte. Paradoxerweise wurde so der staatliche Schutz der Juden und die dadurch bedingte enge Verbindung von Staatsgewalt und Juden eine der Ursachen für Angriffe gegen die Juden, in denen sich die Opposition der Bevölkerung (oder auch lokaler Fürsten) gegen den König entlud. Schutz, Ausbeutung und Verfolgung griffen immer wieder eng ineinander und bedingten sich gegenseitig.

In Deutschland fand der theologisch wie menschlich minderwertige Status der Juden, der ihren besonderen Schutz erforderte und sie gleichzeitig zum Objekt der Ausbeutung machte, seinen Ausdruck im Institut der Kammerknechtschaft. Der Begriff ist erstmals in einem den Juden von Worms gewährten Privileg Kaiser Heinrichs IV. aus dem Jahr 1090 belegt, wo die Juden als «zu unserer Kammer gehörig» *(ad cameram nostram attineant)* bezeichnet werden.[11] Das Privileg stellt gleich im ersten Satz klar, dass die Juden als Subjekte der kaiserlichen Kammer, das heißt der Staatskasse, in allen Rechtsangelegenheiten allein vom Kaiser abhängig sind. Keine andere kirchliche oder staatliche Autorität darf sie gegen den Willen des Kaisers zur Rechenschaft ziehen. Wer sie angreift oder ihnen etwas von ihrem beweglichen oder unbeweglichen Eigentum wegnimmt, muss dem kaiserlichen Fiskus (oder gegebenenfalls auch dem Bischof) eine beträchtliche Strafe zahlen. Die Juden dürfen sich im ganzen Reich frei bewegen und Handel treiben. Niemand darf sie zwangsweise taufen; wer dagegen verstößt, muss dem König oder dem Bischof eine Strafe zahlen. Sie dürfen keine christlichen Sklaven kaufen, aber christliche Arbeiter mieten. Dies gilt ausdrücklich auch für christliche Mägde und Ammen. Bei Streitigkeiten zwischen Juden und Christen soll jeder nach seinem eigenen Gesetz behandelt werden. Streitigkeiten unter Juden werden von ihnen selbst entschieden. Schwierigere Prozesse sowohl gegen sie als auch untereinander werden an den Bischof weitergeleitet; Juden haben aber immer das Recht, sich direkt an den Kaiser zu wenden. Wer einen Juden verwundet, ohne ihn zu töten, zahlt ein Pfund Gold Strafe; wer zu seinem Tode rät oder ihn tötet, zahlt zwölf Pfund Gold in die königliche Schatzkammer.[12] Die Quintessenz all dieser für sich genommen erstaunlich positiv klingenden, aber lokal begrenzten Bestimmungen ist eindeutig: Wer gegen die den Juden gewährten Privilegien verstößt, zahlt seine Strafe nicht etwa an die geschädigten Juden, sondern an die Kasse des Kaisers – oder, in Einzelfällen, des lokalen Bischofs –, da die Juden keine selbstbestimmten Rechtssubjekte, sondern Eigentum des Kaisers sind.

Kaiser Friedrich I. Barbarossa bestätigte 1157 das Wormser Privileg Heinrichs IV.,[13] und Friedrich II. führte das Institut der Kammerknechtschaft schließlich zu seinem Höhepunkt, indem er es 1236 auf das ganze Reich ausdehnte; unmittelbarer Anlass dazu war eine Ritualmordbeschuldigung in Fulda.[14] Erstmals in der deutschen staatlichen Rechtsprechung wird hier ausdrücklich auch der theologisch fundierte Begriff der «Sklaven» oder «Knechte» (servi) auf die Juden angewandt: Sämtliche Juden Deutschlands werden als «Sklaven unserer Kammer» (universi Alemannie servi camere nostre) bezeichnet, denen die Wormser Privilegien von nun an zustehen. Diesen Anspruch machte Friedrich II. noch im selben Jahr Papst Gregor IX. gegenüber geltend, den er kühl darauf hinwies, dass die Juden im Deutschen Reich und im Königreich Sizilien «nach gemeinem Recht uns unmittelbar unterstehen», dass er damit aber keineswegs in die vorrangigen (theologischen) Rechte der Kirche eingreifen wolle.[15] Dass der Kaiser sich der theologischen Grundlage seiner Ansprüche sehr wohl bewusst ist, zeigt ein 1237 an die Stadt Wien gerichtetes Privileg, in dem er den Ausschluss der Juden aus öffentlichen Ämtern bekräftigt, weil die Juden schon seit undenklichen Zeiten zur Strafe für ihr Verbrechen «zu ewiger Knechtschaft» verurteilt seien.[16] Es versteht sich von selbst, dass mit dem «Verbrechen» der Juden die Tötung des Gottessohnes gemeint ist. Ein Jahr später bestätigte er noch einmal das Wormser Privileg Heinrichs IV. und nahm die Juden Wiens als «unsere Kammerknechte» unter seinen persönlichen und kaiserlichen Schutz und seine Gunst.[17]

Weltliches Recht

Die in staatliches Recht übertragene theologische Sonderstellung der Juden hatte in Deutschland dieselben Folgen wie früher schon in England und Frankreich: Sondersteuern, direkte Eingriffe des Kaisers in Hab und Gut der Juden, Konkurrenz des Kaisers mit anderen staatlichen und kirchlichen Autoritäten (Fürsten, Bischöfe) in Fragen der Rechtsprechung und der finanziellen Ausbeutung. Der Status der Juden als Objekt ohne jede individuelle Rechtssicherheit verfestigte sich und wurde immer weniger von unterschiedlichen regionalen Gegebenheiten bestimmt, sondern galt schließlich für das ganze Heilige Römische Reich Deutscher Nation.

Angst vor selbstbewussten Juden

Das komplexe Geflecht von Schutz, Ausbeutung und Unterdrückung in der kirchlichen und staatlichen Gesetzgebung ist ohne die Berücksichtigung einer weiteren Komponente nicht zu verstehen, die schon in den Bestimmungen des Laterankonzils anklang: die Angst der Christen vor den Juden als dem ewigen Stachel im Fleische des Christentums, die Angst vor einem Rückfall ins Judentum, vor judaisierenden Tendenzen im Christentum und vor dem letztendlichen Sieg des Judentums. Diese elementar theologische Komponente, die das Verhältnis von Christentum und Judentum von Anfang an begleitet hat, wurde durch die Konkurrenz zwischen kirchlicher und staatlicher Gewalt im christlichen Mittelalter nicht entschärft, sondern im Gegenteil verstärkt.

Ein frühes und herausragendes Beispiel dafür ist der Konflikt zwischen Agobard, seit 816 Bischof von Lyon im karolingischen Reich, und den Juden. Der Gelehrte und Politiker Agobard war einer der Hauptvertreter der karolingischen Renaissance unter Ludwig dem Frommen (778–840), seit 814 Nachfolger Karls des Großen. Er verfasste mehrere Schriften, teilweise in Form von Briefen, über und gegen die Juden, die von den altbekannten Invektiven der Kirchenväter geprägt sind. Sie enthalten aber auch zahlreiche Details über das Alltagsleben der Christen und Juden im Reich und am königlichen Hof, die weit über die üblichen theologischen Stereotype hinausgehen und nicht einfach als Phantasie abgetan werden können. Agobard zeichnet das Bild einer selbstbewussten jüdischen Gemeinde, die sich des Wohlwollens und der Privilegien ihres Königs erfreut und offensiv ihren religiösen Standpunkt vertritt. Als der König Gesandte nach Lyon schickte, um seine judenfreundlichen Edikte gegen den Willen des Bischofs durchzusetzen, erkühnten die Juden sich, so Agobard, den Christen vorzuschreiben, «was sie zu glauben hätten und für wahr halten sollten», ja sie «lästern vor ihnen [den Christen] unseren Herrn Gott und Erlöser Jesus Christus».[18] Dass die Juden Jesus täglich und offen schmähen, weiß Agobard angeblich nicht nur von den Kirchenvätern, sondern auch aus eigener Anschauung.[19]

Immer wieder warnt Agobard seine christlichen Mitbürger vor direktem Kontakt mit Juden, der «Synagoge des Satans».[20] Konkret versucht er, sie davon abzuhalten, zusammen mit Juden zu essen[21] und Fleisch oder Wein von ihnen zu kaufen, denn die Juden verkauften ihnen nur unkoscheres und damit minderwertiges Fleisch und schmutzigen Wein.[22] An die Ängste der Christen in Antiochia, die Chrysostomus so plastisch schildert, erinnert der Vorwurf Agobards gegen seine Lyoner Juden, dass sie sich rühmten, die Nachfahren der biblischen Patriarchen zu sein, und dass ihre christlichen Beschützer doch tatsächlich «glauben, dass sie [die Juden] wegen der Patriarchen geehrt werden müssten und weil sie sich erkühnen zu behaupten, dass sie besser als die Christen seien».[23] Die gebildeten Christen schätzten die Predigten der Juden und wünschten, sie hätten einen Gesetzgeber vom Range des Moses; ihre schlichteren Glaubensgenossen fänden, dass die Juden besser predigen als ihre eigenen Priester,[24] ja sie gingen sogar so weit zu behaupten, dass nur die Juden das Volk Gottes seien.[25] Die Juden seien sich des Wohlwollens ihres Königs so sicher, dass ihre Frauen stolz die Kleider vorführten, die ihnen die Frauen am königlichen Hof als Geschenk gegeben hätten.[26]

Das hier von Agobard aufgelistete «Sündenregister», das der König mit seiner aus kirchlicher Sicht verfehlten Judenpolitik angehäuft hat, gibt einen unschätzbaren Einblick in die konkreten sozialen Bedingun-

Angst vor selbstbewussten Juden

gen im karolingischen Reich unter Ludwig dem Frommen. Natürlich ist dieser Einblick lokal und zeitlich begrenzt, aber die vielen angeführten Details lassen keinen Zweifel daran, dass Agobard von direkten eigenen Anschauungen ausgeht. Inhaltlich vermittelt er zweierlei. Zum einen zeigt er, in welchem Maße die Juden zum Gegenstand der Politik geworden waren und zum Spielball der konkurrierenden Interessen von Staat und Kirche. Denn dem Bischof ging es nicht nur um den theologischen Standort der Juden, sondern auch um ihre Rolle im Machtkampf zwischen Kirche und Reich. Agobard war nämlich ein sehr aktiver Mitspieler in der politischen Auseinandersetzung um kirchlichen und staatlichen Besitz und schließlich sogar im Streit um die Nachfolge Ludwigs, der zwischen dem Sohn seiner zweiten Frau Judith, der als Karl der Kahle sein Nachfolger werden sollte, und den drei Söhnen aus erster Ehe ausgetragen wurde. Zum anderen aber machen die Invektiven Agobards deutlich, wie sehr das selbstbewusste Auftreten der Juden unter Ludwig dem Frommen an die Substanz des theologischen Verhältnisses von Christen und Juden rührte. Wenn Christen sich einen Gesetzgeber vom Range des Moses wünschen, bedeutet das im Klartext, dass sie nicht nur die Torah als gleichberechtigten Teil auch des christlichen Kanons anerkennen, sondern auch, dass sie die jüdische Auslegung der Torah der ihrer christlichen Prediger vorziehen. Dies führt dann fast zwangsläufig zu der Erkenntnis, dass die Juden das eigentliche Volk Gottes sind, und stellt die Grundbedingung des christlichen Glaubens in Frage. Wie groß die Anziehungskraft des Judentums war, zeigt auch der Fall des königlichen Kaplans Bodo, der 839 zum Judentum konvertierte, nach Saragossa floh, sich selbst beschnitt und eine jüdische Frau heiratete. Wir haben keine Reaktion Agobards und des Königs auf dieses spektakuläre Ereignis, denn beide starben kurz danach (840), aber wir wissen, dass es weite Wellen schlug.[27]

Es ist sicher kein Zufall, dass ausgerechnet in den Schriften Agobards und seines Nachfolgers im Bischofsamt Amulo die ersten ausführlichen Zitate aus einer umfangreichen polemischen jüdischen Streitschrift gegen Jesus von Nazareth und das Christentum belegt sind. Diese Schrift, die später unter dem Namen *Toledot Jeschu* («Lebensgeschichte Jesu») bekannt wurde, entstand im spätantiken Judentum und wurde in zahlreichen, immer ausführlicheren Versionen bis weit in die Neuzeit hinein verbreitet. Sie bildete sich um einen Kern von negativen Aussagen über Jesus in einigen wenigen christlichen und jüdischen Quellen, aber wir wissen bis heute nicht, wann genau sie zu einer selbständigen Erzählung wurde.

Was die Zitate bei Agobard und Amulo so bedeutsam macht, ist die Tatsache, dass sie sich weitgehend mit den ältesten bekannten aramäischen Fragmenten aus dieser Schrift decken, deren genaue Entstehungszeit unbekannt ist. Jesus wird dort, wie auch schon bei Celsus,[28] als Magier geschildert, der sein Volk in die Irre führte. Als Beleg für seine magischen Fähigkeiten dient eine Erzählung – die wir aus keiner anderen Quelle kennen –, wonach er dem römischen Kaiser Tiberius (!) versprach, seiner jungfräulichen Tochter zu einem Kind ohne Mitwirkung eines Mannes zu verhelfen. Der Versuch schlug fehl, denn es fand sich schließlich nach langen Monaten der Schwangerschaft im Leib der armen Tochter statt eines Kindes ein Stein. Dies ist ganz offenkundig eine Parodie auf die christliche Jungfrauengeburt, die schon in der Antike eine der Zielscheiben jüdischer Kritik und Polemik war. Der erboste Kaiser ließ Jesus an einem gabelförmigen Pfahl aufhängen und mit einem Stein erschlagen – unverkennbar eine Parodie der Kreuzigung. Anschließend wurde Jesus in einem Aquädukt begraben, das in der folgenden Nacht geflutet wurde. Sein Körper wurde daher nie gefunden, woraus die Christen schließen, dass er auferstanden sei – eine Parodie der Auferstehung, ebenfalls eines der Hauptthemen der antiken jüdischen Kritik am Neuen Testament. Amulo bietet noch weitere Details aus den *Toledot Jeschu* über das Begräbnis Jesu: Um sicherzustellen, dass er wirklich tot und nicht etwa auferstanden war, wurde seine Leiche an Stricken durch die ganze Stadt geschleift. Seitdem wiederholten die Juden täglich in ihren Gebeten, dass Jesus «gottlos ist und der Sohn eines Gottlosen».[29] Diesen «Gottlosen» identifiziert Amulo ausdrücklich mit Pandera, dem Liebhaber von Jesu ehebrecherischer Mutter, den wir bei Celsus als den römischen Soldaten Panthera kennengelernt haben.

Wahrscheinlich kannten Agobard und Amulo die *Toledot Jeschu*

Angst vor selbstbewussten Juden

nicht aus schriftlichen Quellen, sondern hörten sie von den Juden Lyons. Unter Ludwig dem Frommen fühlten sie sich frei, ihr Judentum offen zu leben und sogar ein so polemisches antichristliches Werk wie die *Toledot Jeschu* zu verbreiten, ohne Furcht vor staatlichen Repressionen – und es ist genau dieses Klima, gegen das die beiden Bischöfe ankämpfen. Es war sehr bald ihre angstbesessene Politik, die sich durchsetzen sollte. Ein selbstbewusstes Judentum, das es wagen konnte, sich frei mit der christlichen Gesellschaft auszutauschen und sogar die direkte Auseinandersetzung zu suchen, war für die kirchlichen Autoritäten gefährlich und für die staatlichen Autoritäten unerwünscht.

Die *Toledot Jeschu* verschwanden von der Bildfläche und zirkulierten nur noch in gebildeten jüdischen Kreisen in Handschriften – bis sie viel später als Mittel der christlichen Polemik gegen die Juden wieder auftauchten: erstmals 1264 in lateinischer Übersetzung in der Kampfschrift *Pugio Fidei* («Dolch des Glaubens») des Dominikanermönchs Raimundus Martinus, dann 1420, ebenfalls in lateinischer Übersetzung, in den *Falsitates Judeorum* («Lügen der Juden») des Wiener Theologieprofessors Thomas Ebendorfer. Immerhin war das Werk in christlichen Kreisen so bekannt, dass Papst Benedikt XIII. sich genötigt sah, es 1415 in einer Bulle gegen antichristliche Literatur zu bannen. Die erste deutsche Übersetzung wurde 1543 von keinem Geringeren als Martin Luther in seinem Pamphlet *Vom Schem Hamphoras und vom Geschlecht Christi* veröffentlicht.[30] Danach erweckten die *Toledot* das gelehrte Interesse der christlichen Hebraisten, so vor allem von Johannes Christoph Wagenseil, Professor der orientalischen Sprachen in Altdorf, der sie 1681 in seinem Buch *Tela Ignea Satanae* («Satans feurige Geschosse, d. i.: die geheimen und schrecklichen Bücher der Juden gegen den Herrn Christus und die christliche Religion») in Hebräisch mit lateinischer Übersetzung herausgab, sowie 1705 von Johannes Jacob Huldreich mit seiner hebräischen Edition und lateinischen Übersetzung unter dem Titel *Sefer Toledot Jeschua ha-Notzri/Historia Jeschuae Nazareni* («Geschichte des Jesus von Nazareth»).

Für den säkularen Aufklärer Voltaire kamen die *Toledot Jeschu* gerade recht für seine These, dass die Evangelien Lügengeschichten sind und die eigentliche Wahrheit in den älteren und glaubwürdigeren *Tole-*

dot Jeschu erhalten blieb. Der jüdische Aufklärerer Moses Mendelssohn zog es dagegen vor, sie, eher peinlich berührt, als eine legendäre Fehlgeburt abzutun. Offizielle jüdische Kreise bemühten sich lange, die Schrift nicht öffentlich zu verbreiten. Wahrscheinlich erst 1824 erschien eine von einem unbekannten jüdischen Drucker besorgte Edition unter dem Titel *Tam u-Mu'ad* («Zahm und bezeugt»).[31]

Kreuzzüge und Judenverfolgungen

Der Hass auf die Juden, gespeist durch die religiös grundierte Angst vor ihnen und durch ihre rechtliche Sonderstellung als Subjekte der kirchlichen und vor allem staatlichen Gewalt, entlud sich im christlichen Mittelalter in einer endlosen Reihe von (lokalen wie überregionalen) Verfolgungen und Massakern. Diese hatten unterschiedliche Gründe und bedienten sich verschiedener Klischees, die sich teilweise auch überschneiden, aber sie waren alle tief in den christlich-theologischen Vorurteilen ihrer Zeit verwurzelt. Die Juden wurden immer mehr zu dem absoluten und unversöhnlichen Gegenpol des Christentums und dadurch in einer Weise dämonisiert, die zwar in der christlichen Tradition von Anfang an angelegt war (so vor allem im Johannesevangelium), in dieser Schärfe und Konsequenz aber vorher noch nicht belegt ist. In ihrer Kombination und Zuspitzung führten die vorgegebenen theologischen Prämissen, verfestigt in der kirchlichen und staatlichen Gesetzgebung, im Hochmittelalter zu Gewaltexzessen, wie sie bis dahin unbekannt und undenkbar waren. Die schiere Menge und Komplexität des Materials verbietet jeden Versuch einer lückenlosen Darstellung; ich werde die Ereignisse und Themen herausgreifen, die für unseren Zusammenhang besonders aussagekräftig sind, und beginne mit den Kreuzzügen.

Eine erste große Welle von Massakern in den mitteleuropäischen Judengemeinden begann mit dem Ersten Kreuzzug in den Jahren 1096–1099. Im November 1095 rief Papst Urban II. in Clermont zum Kampf gegen die muslimische Dynastie der Seldschuken auf, die im

11. und 12. Jahrhundert ein großseldschukisches Reich gründete und im Zuge ihrer Expansion von der asiatischen Steppe über Iran, Irak, Syrien-Palästina bis nach Anatolien zunehmend auch die Christen des Vorderen Orients bedrängte. Als Lohn versprach er den Teilnehmern an diesem Kreuzzug den Nachlass aller kirchlichen Bußen. Das Echo war gewaltig und führte sehr schnell zu einer antijüdischen Pogromstimmung in dem sich sammelnden Kreuzzugsheer und der lokalen Bevölkerung. Wie explizit der Papst selbst schon gegen die Juden predigte, ist umstritten, aber die kreuzzugsbegeisterte Bevölkerung verstand seinen Aufruf zum Kampf gegen die muslimischen Feinde der Christen im Heiligen Land von Anfang an auch als einen Aufruf gegen die Juden im eigenen Land nach der Maxime: Bevor wir darangehen, die Muslime im Vorderen Orient zu töten und zu vertreiben, sollten wir auf dem Weg dahin erst einmal für Ruhe und Ordnung in unserem Land sorgen und die Juden, unsere noch schlimmeren Feinde, töten und vertreiben. Der Zug des Kreuzfahrerheeres von Frankreich durch Mitteleuropa nach Osten wurde so zu einer Blutspur, die große Teile der dort ansässigen jüdischen Gemeinden vernichtete.

Die Namen der ermordeten Familien sind oft in den Memorbüchern («Gedenkbüchern») der Gemeinden überliefert; Gesamtzahlen lassen sich schwer erheben, aber man berichtet von 1014 Opfern alleine in Mainz und 800 in Worms. Kirchliche und staatliche Autoritäten waren gegen die Kreuzfahrerbanden im Verein mit der aufgehetzten Bevölkerung machtlos; wenigen Juden gelang es, sich in den Schutz der Bischöfe und Fürsten zu begeben, so etwa in Speyer. Vor die Wahl gestellt, sich taufen zu lassen oder getötet zu werden, entschieden sich die meisten für den Tod, ja zogen es sogar vor, sich selbst und ihre Familien zu töten, um nicht in die Hände der Mörderbanden zu fallen. Dies wird in den Quellen als *Qiddusch ha-Schem*, die «Heiligung des (göttlichen) Namens», bezeichnet, das heißt die freiwillige Selbstopferung, damit der Name Gottes nicht entweiht wird. Zu den Ereignissen in Worms schreibt der jüdische Chronist Schlomo bar Schimschon (Salomo Bar Simson):[32]

> Am 23. Ijar [18. Mai 1096] erhoben sie sich wider die Gemeinde Worms, und die Gemeinde hatte sich in zwei Gruppen geteilt, die einen waren in

ihren Häusern geblieben, die anderen zum Bischof geflüchtet. Da erhoben sich die Steppenwölfe (Jeremia 5,6) wider die Daheimgebliebenen und plünderten sie aus, Männer, Frauen und Kinder, jung und alt. Sie brachten die Wohntürme zum Einsturz und zerstörten die Häuser, raubten und plünderten (Jesaja 10,6; Ezechiel 38,12). Sie nahmen die Torah (-Rolle) und traten sie in den Schmutz (Jesaja 10,6; Micha 7,10), zerrissen und verbrannten sie und fraßen die Israeliten mit allen Mäulern (Jesaja 9,11). Es geschah nach Ablauf von sieben Tagen …, da wurden die in Schrecken versetzt, die noch im Gemach des Bischofs verblieben waren; die Feinde misshandelten sie schimpflich wie die vorigen und übergaben sie dem Schwerte. Sie aber wurden bestärkt durch das Beispiel ihrer Brüder, ließen sich töten und heiligten den göttlichen Namen *(qiddeschu et ha-schem)* vor aller Augen, sie streckten den Hals aus und ließen sich den Kopf abschlagen um ihres Erschaffers Namen willen. Einige von ihnen legten (selbst) Hand an sich. … Sie schlachteten ein jeder seinen Bruder und seinen Angehörigen, seine Frau und seine Kinder, auch Bräutigame ihre Verlobten und barmherzige Frauen ihre einzigen Kinder. Alle nahmen einmütig das himmlische Urteil über sich an; bei der Hingabe ihrer Seele an ihren Schöpfer riefen sie aus: «Höre Israel, der Herr ist unser Gott, der Herr ist einer» (Deuteronomium 6,4). Und die Feinde zogen sie aus, schleppten sie hin und warfen sie weg (Jeremia 22,19) und ließen von ihnen keinen übrig außer ganz wenigen, denen sie Gewalt antaten, indem sie sie gegen ihren Willen mit dem Stinkwasser tauften.

Dieser Bericht über den *Qiddusch ha-Schem* der Wormser Juden ist keineswegs singulär. Ähnliche Berichte finden sich nicht nur beim Ersten Kreuzzug, sondern auch bei weiteren Kreuzzügen. So desaströs die Folgen der Massaker im Einzelnen auch waren, bedeuteten sie nicht den endgültigen Untergang der betroffenen jüdischen Gemeinden. Gerade die besonders heimgesuchten Gemeinden im Rheinland konnten sich relativ schnell wieder erholen und ihre kulturelle, wirtschaftliche und religiöse Blüte für einige Zeit fortsetzen.

Der Zweite Kreuzzug (1147–1149) wurde von Papst Eugen III. initiiert, um den Kreuzfahrerstaaten zu Hilfe zu kommen, die nach dem Erfolg des Ersten Kreuzzugs entstanden waren. Er lief nach einem ähnlichen Muster ab, war aber in seinen Folgen für die mitteleuropäischen Judengemeinden weniger gravierend. Als antijüdische Hetzer taten sich

Kreuzzüge und Judenverfolgungen

wieder die Angehörigen des Klerus hervor, darunter, wie wir sowohl aus christlichen wie auch jüdischen Quellen wissen, ein Zisterziensermönch mit Namen Raoul/Rudolf/Radulf. Der jüdische Chronist Ephraim ben Ja'aqov (Jakob) von Bonn schreibt über ihn:[33]

> Der nichtswürdige Rudolf, ein Mönch, verfolgte schmählich Israel; er stand gegen Gottes Volk auf, um, wie der Bösewicht Haman, sie zu vertilgen, zu erwürgen und zu vernichten. Aus dem Lande Frankreich kommend zog er durch ganz Deutschland ..., um Christen anzuwerben und mit einem Kreuze zu bezeichnen, ... denn er zog umher und predigte, man sollte nach Jerusalem ziehen und gegen die Ismaeliten [Muslime] kämpfen. Wohin er kam, redete er Übles gegen alle Juden in allen Ländern und reizte so die Schlangen und Hunde gegen uns, indem er sprach: «Rächet den Gekreuzigten zuerst an seinen Feinden, die sich bei euch befinden, und dann zieht zum Kriege gegen die Ismaeliten!»

Es war vor allem wieder die popularisierende Hetze des einfachen Klerus, die die Bevölkerung aufwiegelte. Der gebildete Klerus sowie die Fürsten und Bischöfe hielten sich eher zurück und versuchten sogar, «ihre» Juden zu schützen. Ein besonders markantes Beispiel hierfür ist der Zisterzienserabt, Kirchenlehrer und Kreuzzugsprediger Bernhard von Clairvaux, der seinen Mönchsbruder und Schüler Rudolf in seinen Predigten zurechtwies. Seine erfolgreiche vermittelnde Tätigkeit ist ebenfalls durch jüdische und christliche Chronisten sowie auch unmittelbar in seinen veröffentlichten Predigten bezeugt.[34] Ephraim von Bonn zitiert ihn so:[35]

> Es ist schön von euch, dass ihr gegen die Ismaeliten ziehen wollt; jedoch, wer einen Juden anrührt, um sich an dessen Leben zu vergreifen, das ist so sündlich, als rühre er Jesus selbst an. Mein Schüler Rudolf, der gegen sie gesprochen hat, um sie zu vertilgen, hat nur Unrichtiges gepredigt; denn es steht über sie im Psalmenbuche geschrieben: «Tötet sie nicht, damit mein Volk nicht vergisst. [In deiner Macht zerstreue sie.] (Psalm 59,12)!» ... Nachdem sie solches gehört hatten, unterließen viele die Mordanschläge gegen uns. Auch gaben wir unser Vermögen als Sühne für unser Leben hin, da der Ewige uns verschont und erhalten und uns ein Bleiben im Lande geschenkt hat; was man von uns verlangte, Silber oder Gold, das versagten wir ihnen (den Völkern) nicht.

Dies ist genau die Auslegung, die erstmals von Augustinus explizit vorgetragen wurde und die darauf abzielt, dass die Juden – wie Kain – nicht getötet werden dürfen, sondern zum Beweis der Herkunft und Wahrheit des Christentums bis zum Ende der Zeiten und ihrer endgültigen Bekehrung am Leben bleiben sollen. Hier wird sie ganz gezielt zur Rettung der Juden vor dem Mob der aufgehetzten christlichen Bevölkerung verwendet. Der Hinweis am Schluss auf die (sicher nicht ganz freiwillige) Vermögensabgabe spielt wohl darauf an, dass die Juden auch zur Finanzierung der Kreuzzüge herangezogen wurden. Dazu gehört auch die von Papst Eugen III. angeordnete Befreiung der Kreuzfahrer von allen Schuldzahlungen an Juden. Überhaupt wurde die Situation dadurch weiter verschärft, dass im Gefolge der Kreuzzüge christliche Kaufleute immer stärker in Konkurrenz zu den Juden traten und diese zunehmend erfolgreich aus dem internationalen Handel verdrängten. Dieser wirtschaftliche Faktor spielt eine nicht zu unterschätzende Rolle in der Gesamtschau der explosiven Gemengelage, die die Kreuzzüge schufen.

Ein ganz ähnliches Muster wie bei den ersten beiden Kreuzzügen zeigt sich schließlich auch beim Dritten Kreuzzug (1189–1192), an dem sich unter Führung Kaiser Friedrichs I. Barbarossa auch die Könige Frankreichs (Philipp II.) und Englands (Richard Löwenherz) beteiligten. Unmittelbare Ursache war der Sieg Sultan Saladins über das Kreuzfahrerheer des Königreichs Jerusalem und die Eroberung Jerusalems. Nachdem es schon bei der Krönungsfeier Richards im September 1189 in London zu einem Pogrom gegen die Juden gekommen war, leitete die Abreise des Königs eine Verfolgungswelle bisher nicht bekannten Ausmaßes ein, in der viele jüdische Gemeinden Englands vernichtet wurden. Über die Ereignisse in York sind wir durch die *Historia Rerum Anglicarum* des englischen Geschichtsschreiber William of Newbury/ Newburgh informiert, der eine Ansprache des Rabbiners Jomtov von Joigny zitiert:[36]

> Der Tod steht uns unmittelbar bevor. … Da wir einen überaus herrlichen Tod einem ganz ehrlosen Leben vorziehen sollten, sollten wir die leichteste und ehrenvollste Form des Todes wählen. Denn wenn wir in die

Kreuzzüge und Judenverfolgungen

Hände des Feindes fallen, werden wir nach ihrem Willen und unter ihrem Spott sterben. Da der Schöpfer das Leben, das er uns gegeben hat, jetzt von uns zurückfordert, lasst es uns bereitwillig und gläubig mit unseren eigenen Händen ihm zurückgeben … Denn von vielen in unserem Volk wissen wir, dass sie in verschiedenen Zeiten der Drangsal dasselbe getan haben, indem sie eine Art der Wahl vorzogen, die überaus ehrenvoll für uns ist.

Schon der Herausgeber der *Historia* weist darauf hin, dass der Rabbi hier möglicherweise von dem von Josephus geschilderten Selbstmord der Verteidiger der Festung von Masada im Ersten Jüdischen Krieg gegen Rom beeinflusst und die Historizität demnach zweifelhaft ist. Fast alle modernen Historiker sind ihm darin gefolgt. Andererseits ist der Topos des jüdischen Selbstmords in Verfolgungssituationen so verbreitet, vor allem während der Kreuzzüge, dass man ihn schwerlich allein auf eine literarische Vorlage reduzieren kann, die zudem unter ganz anderen historischen Bedingungen entstand.

Die Legende vom jüdischen Ritualmord

Ein weiterer Themenkomplex, der sich durch das ganze Mittelalter hindurch bis in die Neuzeit zieht, ist der Vorwurf, Juden beginngen Ritualmorde, der in der Forschung auch als «Blutbeschuldigung» *(blood libel)* bezeichnet wird. Er hat seinen Ursprung in der antiken Ritualmordlegende, wonach die Juden alljährlich einen Fremden in ihrem Tempel mästeten, um ihn dann zu opfern und seine Eingeweide zu verzehren.[37] Manche erwägen sogar, dass die Legende vom jüdischen Ritualmord auch durch die zeitgenössischen Erzählungen von dem ritualisierten Selbstopfer der Juden bei Massakern beeinflusst sein könnte. Sie ist ein Musterbeispiel für die Irrationalität solcher Anschuldigungen, denn dass gerade den Juden jede Form von Blutgenuss verboten war, kann auch ihren christlichen Mitbürgern im Mittelalter kaum verborgen geblieben sein.

Die erste bekannte Beschuldigung datiert von 1144. Ihr zufolge kauften Juden in der Karwoche das Kind William von Norwich, um es «in ihrem Hass auf unseren Herrn» zu martern und zu kreuzigen. Danach begruben sie es in der Hoffnung, ihre Untat zu verheimlichen, aber «unser Herr zeigte, dass er ein heiliger Märtyrer war. Die Mönche nahmen ihn und begruben ihn ehrenvoll im Kloster, und durch unseren Herrn wirkt er herrliche und vielfältige Wunder, und er ist der Hochheilige William.»[38]

Die Ritualmordlegende verstand die Marter und Kreuzigung eines christlichen Kindes als die ritualisierte Wiederholung der Marter und Kreuzigung Jesu durch die Juden: Die Kreuzigung Jesu wird in einem alljährlichen Ritual imitiert und «nachgespielt». Zweck dieser pervertierten *imitatio Christi* war die Bekräftigung seiner Kreuzigung: Jesus, so wurde den Juden im Sinne des Matthäusevangeliums unterstellt, wurde völlig zu Recht von uns Juden zum Tode verurteilt und hingerichtet, und wir bestätigen dies mit der alljährlichen Tötung eines christlichen Kindes. Von einer Verwendung des Blutes für die Mazzot des Pessachfestes ist in der Legende zunächst noch nicht die Rede. Der Zeitpunkt des Ritualmordes (die Karwoche mit Ostern und die Nähe zum jüdischen Pessachfest) sollte aber in Zukunft ebenso zum Inventar der Legenden gehören wie das unschuldige Kind, das Wunder und die Heiligsprechung.

Der nächste bekannte Bericht über einen Ritualmord bezieht sich auf einen Mord, der sich angeblich 1171 in Blois an der Loire in Frankreich ereignete. Der Chronist ist wieder Ephraim ben Jaʿaqov von Bonn. Danach stieß ein Knappe, der an den Fluss geritten war, um das Pferd seines Herrn zu tränken, auf einen Juden, der ebenfalls sein Pferd tränkte. Als das Pferd des Knappen in der Dunkelheit ein weißes Fell oder einen hellen Hautstreifen an der Brust des Juden sah, scheute es und war nicht ans Wasser zu bringen. Der Knappe kehrte zu seinem Herrn zurück und berichtete Folgendes:[39]

Höre doch, mein Herr, was der Jude N. getan hat. Als ich hinter ihm nach dem Flusse ritt, um deine Pferde zu tränken, sah ich, wie er einen kleinen Christenknaben, den die Juden umgebracht hatten, in den Fluss warf. Ich entsetzte mich und kehrte schnell wieder um, damit er nicht auch mich

Die Legende vom jüdischen Ritualmord   **143**

umbringe; sogar das Pferd unter mir erschrak von dem Tosen das Wassers beim Hineinfallen des Knaben und wollte nicht saufen.

Der Fall kam vor Gericht, und ein Mönch riet dem Richter, ein Gottesurteil durch eine Wasserprobe zu erwirken – mit dem vorhersehbaren Ergebnis, dass die Aussage des Knappen bestätigt wurde. Daraufhin wurde ein großer Teil der jüdischen Gemeinde von Blois auf dem Scheiterhaufen verbrannt:[40]

> Auf Befehl des Herrschers wurden sie in ein Holzhaus gebracht, das man noch ringsum mit Dornen und Reisigbündeln umgab. Als man sie hinausführte, sagte man zu ihnen: «Ihr könnt noch euer Leben retten; verlasst eure Religion und wendet euch zu uns!» Man peinigte, schlug und züchtigte sie ... Aber sie weigerten sich, und einer ermutigte den anderen, und jeder sprach zum Bruder: «Sei standhaft in der Ehrfurcht vor dem Allmächtigen!»

Auch hier geht es primär um die Bestrafung (Martyrium und Tod) der Juden; das Blut wird (noch) nicht eigens hervorgehoben. Ephraim beschließt seinen Bericht damit, dass der 20. Siwan des jüdischen Jahres 931 (der 26. Mai 1171) seitdem von den Juden Frankreichs und des Rheinlands als ein Tag der Trauer und des Fastens begangen wird – ein deutlicher Hinweis darauf, welche Bedeutung dieses Massaker für das Selbstverständnis des aschkenasischen Judentums hatte. Dies ist auch deswegen bemerkenswert, weil die Juden Nordfrankreichs und des Rheinlandes (vor allem in den bedeutenden Kaiserstädten Speyer, Worms und Mainz) in dieser Zeit eigentlich eine kulturelle, religiöse und wirtschaftliche Blütezeit erlebten.

Am Anfang des 13. Jahrhunderts breitete sich die Ritualmordlegende weiter im Deutschen Reich aus. Die bekannteste Geschichte, die kolportiert wurde, ereignete sich 1235 in Fulda: Am Heiligen Abend wurde von unbekannten Tätern das Haus eines Müllers niedergebrannt, wobei seine fünf Kinder zu Tode kamen. Die Suche nach den Schuldigen endete sehr schnell bei den Juden von Fulda, die die Kinder des Müllers ermordet haben sollten, weil sie christliches Blut zu Heilzwecken benötigten. Um ihre Tat zu verwischen, hätten sie das Haus in

Brand gesteckt und das Blut in Lederschläuchen abtransportiert. Die Leichen der Kinder wurden als Beweismittel der angeblichen Untat der Juden nach Hagenau zu Kaiser Friedrich II. gebracht, der angesichts der Leichen gesagt haben soll: «Wenn sie tot sind, so gehet und begrabet sie, da sie doch zu etwas anderem nicht taugen.»[41] Eine Untersuchung wurde eingeleitet, doch wartete der von Kreuzfahrerbanden aufgehetzte Mob das Ergebnis nicht ab, sondern ermordete 32 Mitglieder der jüdischen Gemeinde in Fulda. In einem Erlass von 1236 sprach der Kaiser die Fuldaer Juden von jeglicher Schuld frei und verurteilte den Vorwurf des Ritualmordes in aller Deutlichkeit, wobei er sich ausdrücklich auf den Status der Juden als seine Kammerknechte berief:[42]

Gewissenhafterweise haben wir daher geglaubt, wegen dieses gegen die Juden erhobenen geheimnisvollen Vorwurfs nicht zweckmäßiger verfahren zu können als mit Hilfe der zum Christentum bekehrten Juden, von denen anzunehmen war, dass sie ... belastende Tatsachen gegen die Juden oder die mosaischen Bücher oder das ganze Alte Testament nicht verschweigen würden. ... Diesen haben wir ... ausgiebig Zeit gegeben und ihnen auferlegt, die Sache gründlich zu untersuchen und unser Gewissen zu belehren, ob sie etwas über das angebliche jüdische Bedürfnis nach Menschenblut wüssten, welches besagte Juden [von Fulda] zur Begehung des vorgenannten Verbrechens hätte antreiben können. Ihre Aussagen darüber haben wir veröffentlicht, und es ergibt sich daraus Folgendes:

Weder im Alten noch im Neuen Testament ist zu finden, dass die Juden nach Menschenblut begierig wären. Im Gegenteil, sie hüten sich vor der Befleckung durch jegliches Blut. ... Es spricht auch eine nicht geringe Wahrscheinlichkeit dafür, dass diejenigen, denen sogar das Blut erlaubter Tiere verboten ist, keinen Durst nach Menschenblut haben können. ... Wir haben daher die Juden zu Fulda des ihnen auferlegten Verbrechens und die übrigen deutschen Juden eines so schändlichen Verdachtes nach dem Spruch der Fürsten für völlig unschuldig erklärt. Deshalb verbieten wir durch gegenwärtige Urkunde, dass irgendeine Person ... besagten Juden samt und sonders ... den vorgenannten schmählichen Verdacht auflege. ... Jedermann soll wissen, dass ... alle diejenigen, die sich den Juden, unseren Knechten, günstig und wohlwollend beweisen, nicht zögern, uns Ehre zu erweisen, dass aber diejenigen, welche gegen den Wortlaut gegenwärtiger Urkunde zu verstoßen wagen sollten, sich der Beleidigung unserer Majestät schuldig machen werden.

Die Legende vom jüdischen Ritualmord

Papst Innozenz IV., der seine kirchliche Autorität gegenüber dem Kaiser zu behaupten suchte und Friedrich II. 1245 auf dem Konzil von Lyon abgesetzt hatte, nahm den Ritualmordvorwurf zum Anlass, sein Primat der Schutzpflicht gegenüber den Juden zu betonen:[43]

> Da die göttliche Schrift unter anderen Befehlen des Gesetzes sagt: «Du sollst nicht töten» und jenen [den Juden] verbietet, am Osterfest etwas Gestorbenes zu berühren, so beschuldigt man sie fälschlich, dass sie an demselben Feste sich das Herz eines getöteten Knaben gegenseitig mitteilen, in dem Glauben, dass das Gesetz ihnen dieses vorschreibe, während dies offenbar ihrem Gesetz zuwider ist. Übel ist es, dass man ihnen die Leichname gestorbener Menschen, die man irgendwo gefunden hat, aufbürdet.

Der Papst bezieht sich in seiner Version der Ritualmordlegende in seltener Deutlichkeit auf die antike Legende vom angeblich alljährlichen Kannibalismus der Juden. Er verweist im Folgenden auf die widerrechtlichen Verfolgungen, Vertreibungen, Folterungen und Ermordungen von Juden und stellt sie unter seinen kirchlichen Schutz – mit dem ausdrücklichen Hinweis auf die augustinische Überlebensgarantie bis zum Ende der Zeiten: «denn der mitleidige Herr erwartet doch ihre Bekehrung, da nach dem Propheten ihre Überreste auch gerettet werden sollen».[44]

Diese rationalen Argumente und Strafandrohungen der staatlichen wie der kirchlichen Autoritäten nutzten wenig. Die Ritualmordlegende breitete sich wie ein Flächenbrand in ganz Europa aus und führte immer wieder zu lokalen Massakern. Die angebliche Ermordung des Knaben Werner von Oberwesel am Gründonnerstag 1287 löste blutige Verfolgungen im Rheinland aus. Werner ist wahrscheinlich der Erste in Deutschland, um den ein Märtyrerkult entstand. Der Versuch der Heiligsprechung schlug zwar fehl, aber der Kult lebte immer wieder auf und wurde erst 1963 vom Bistum Trier unterbunden. Durch die fragmentarisch gebliebene Erzählung *Der Rabbi von Bacharach* von Heinrich Heine fand diese Legende Eingang in die deutsche Literatur.

Die Ritualmordlegenden wurden ein fester Topos im gesamten Mittelalter bis hinein in die Neuzeit. Besonders gut bekannt und weit verbreitet wurde die angebliche Ermordung des Simon von Trient im Jahr 1453, zu der zahlreiche Prozessakten erhalten sind. Nach einer Serie von Hetzpredigten der Franziskaner gegen die Juden von Trient wurde der wahrscheinlich in einem Bach ertrunkene Knabe Simon zum Opfer der Juden erklärt, die sein Blut unter großen Qualen abgezapft hätten, um es in ihre Mazzot für das Pessachfest einzubacken. Hier verbindet sich die Ritualmordlegende mit dem Vorwurf des Hostienfrevels, denn das in die Mazzot eingebackene Blut ist offensichtlich eine Pervertierung des Blutes Jesu in der Hostie. Noch während des zweijährigen Gerichtsverfahrens, in dem die Geständnisse der Angeklagten durch Folter erpresst wurden, wurde das Martyrium Simons in drastischen Holzschnitten illustriert und in Flugblättern (Einblattdrucken) überaus erfolgreich verbreitet. Trotz vielfältiger Bemühungen wurde auch Simon nicht offiziell heiliggesprochen; Papst Sixtus V. sprach ihn 1588 aber selig und sanktionierte damit den schon lange bestehenden Kult. Die Seligsprechung wurde erst 1965 aufgehoben und der Kult verboten.

Die Pariser Talmudverbrennung von 1242

Ein Ereignis von einschneidender Wirkung für die Geschichte des aschkenasischen Judentums war die Pariser Talmudverbrennung im Jahre 1242. Es ist kaum ein Zufall, dass die Ritualmordbeschuldigungen und die Anklage des Hostienfrevels sich danach häuften, zunächst in Frankreich und dann auch in Deutschland. Der Talmud war für die Christen ein geheimnisvolles Buch, zu dem sie keinen direkten Zugang hatten – allenfalls durch Juden, die zum Christentum konvertiert waren. Haupthindernis waren nicht nur die Sprachen, in denen er verfasst war (Hebräisch und Aramäisch), sondern auch seine komplizierten und hochtechnisierten Diskussionen. So schwankten Christen zwischen Bewunderung und Angst vor einer ihnen nicht zugänglichen jüdischen Weisheit. Hinzu kam der Verdacht, dass der Talmud in seinem Kern darin bestehe, das Christentum anzugreifen, zu widerlegen und vor allem auch zu schmähen und zu verfluchen.

Auch diese Mischung war hochexplosiv und sollte sich in verschiedenen lokalen Angriffen auf den Talmud entladen, bis zu dem bitteren Höhepunkt der Talmudverbrennung von 1242 in Paris.

Hauptakteur war der Bettelorden-Mönch Nicolaus Donin, ein jüdischer Konvertit, der wahrscheinlich auch in die zweite Kontroverse um die Rechtgläubigkeit des jüdischen Philosophen und Theologen Maimonides verwickelt war, die 1232 mit der Verbrennung seiner Bücher durch die Inquisition endete. Er war einer der Teilnehmer der Versammlung von Experten, die Kaiser Friedrich II. anlässlich des angeblichen Ritualmordes von Fulda 1236 in Augsburg einberufen hatte, und er versuchte, den Kaiser davon zu überzeugen, dass die Juden in der Pessachnacht kleine (christliche) Kinder schlachteten, um ihr Fleisch zu essen und ihr Blut zu trinken. Als er sich bei Friedrich damit nicht durchsetzte, wandte er sich mit demselben Argument an Papst Gregor IX. und erreichte, dass dieser 1240 die Konfiszierung aller jüdischen Bücher verfügte. Im Juni desselben Jahres wurde vom französischen König Ludwig IX. ein öffentlicher Prozess anberaumt, in dem Nicolaus Donin die christliche Seite vertrat. Einer der von ihm zusammengestellten Hauptanklagepunkte war das angeblich talmudische Diktum, dass es Pflicht der Juden sei, den Besten unter den Christen zu töten *(optimum Christianorum occide)*. Es findet sich in Wirklichkeit nicht im Talmud, sondern in einem Midrasch als ein Diktum von Rabbi Schimon ben Jochanan: «Den Besten unter den Heidenvölkern töte, der Besten unter den Schlangen zerschmettere ihr Hirn.»[45] Dies hat nichts mit einem grundsätzlichen Tötungsgebot gegenüber Christen zu tun, sondern bezieht sich im Kontext auf den Auszug der Israeliten aus Ägypten: Die Juden können sich in Verfolgungssituationen auf niemanden verlassen und tun daher gut daran, sich zu wehren und gerade die Besten ihrer Feinde zu töten.

Der Prozess endete im Sommer 1242 damit, dass alle bis dahin eingesammelten hebräischen Bücher verbrannt wurden; Schätzungen sprechen von 20 bis 24 Wagenladungen. Wie viele es auch immer waren, die Menge der Bücher muss immens gewesen sein und ist umso bedeutender, als der Buchdruck noch nicht erfunden war und es sich also um Handschriften gehandelt haben muss. Tatsache ist, dass seitdem nur noch wenige Handschriften des Babylonischen Talmuds erhalten sind; ein in der Bayerischen Staatsbibliothek in München aufbewahrtes Exemplar ist die einzige nahezu vollständige Talmudhandschrift überhaupt.

Rabbi Meir von Rothenburg, der die Pariser Talmudverbrennung als junger Mann erlebte, verfasste ein Klagelied darüber, das bis heute in den Synagogen am 9. Av, dem Gedenktag der Zerstörung des Jerusalemer Tempels, gesungen wird:[46]

> Hast, Torah, du der Jünger Schmerz erkundet,
> Die, ach, so gern in deinem Schatten weilten?
> Jetzt keuchen trauernd sie einher, verwundet,
> Verwundert, dass die Flammen dich ereilten.
>
> …
>
> Wie? Du ein himmlisch Feuer, Gott entsprossen,
> An dir konnt' irdisch Feuer zehren, lecken?
> Und ist von deiner Glut sie nicht zerflossen,
> die sich an dich gewagt, die Hand des Kecken?
>
> …
>
> Hat drum dich unter Feuer Gott geboren,
> Weil wissend, dass du einst der Flammen Raub?
> Hat drum den kleinen Sinai erkoren,
> Weil einst hinab du steigen wirst zum Staub?
>
> …
>
> Wirf, Sinai, hinweg dein Prachtgewand,
> Verhülle dich, gleich Witwen, schwarz und nächtig,
> Und meine Träne schwemme weg das Land
> Und wachse an zum Strome groß und mächtig.
> …Und ströme fort und fort zu Moses Grabe
> Und poche fragend an den Grabes Pforten:
> Ob eine neue Lehre er denn habe,
> Dass deine Rollen drum verbrannt sind worden!
>
> …

Die Pariser Talmudverbrennung war der Auftakt und das Vorbild immer wieder neuer Aktionen gegen den Talmud bis weit in die Neuzeit. Nicht lange danach schrieb Raimundus Martinus 1264 im Vorwort seines Werkes *Pugio Fidei* («Glaubensdolch»), in dem er sich mit den Werken der Juden auseinandersetzt:[47]

> Nach einem Wort Senecas ist keine Pest schädlicher als Feindschaft unter Hausgenossen. Daher ist kein Feind dem christlichen Glauben so gefährlich wie die Juden; denn niemand ist uns verwandter, niemandem können wir weniger ausweichen als den Juden. Es ist mir aufgetragen, dieses Werk *[Pugio Fidei]* aus den Büchern des Alten Testaments ... und auch des Talmuds und der übrigen bei ihnen anerkannten Schriften zu schreiben. Wie ein Dolch *(pugio)* sollte es den Predigern und Priestern des christlichen Glaubens zur Verfügung stehen, um einerseits den Juden das Brot des göttlichen Wortes in ihren Reden zuzuschneiden, um andererseits ihre Gottlosigkeit und ihren Unglauben zu vernichten und ihren Widerstand gegen Christus und ihre unverschämte Torheit zu brechen.

Der Vorwurf des Hostienfrevels

Nachdem die Lehre von der Transsubstantiation, der «Wesensverwandlung» von Brot und Wein in das Fleisch und Blut Jesu Christi, auf dem 4. Laterankonzil von 1215 festgeschrieben worden war, wurde der Vorwurf des Ritualmords häufig mit der Anklage des Hostienfrevels verbunden. Danach seien die Juden darauf aus, geweihte Hostien zu rauben, um diese zu durchbohren, damit zum Bluten zu bringen und so den Leib Christi immer wieder neu zu martern. Es ist jetzt also nicht nur ein unschuldiger christlicher Knabe, sondern der Erlöser selbst, an dem die Juden sich vergehen. Diese Legende ist in Wirklichkeit die Umkehrung einer viel älteren Legende – erstmals überliefert von Gregor von Tours (gest. 594) –, wonach das Opfer nicht ein christlicher, sondern ein jüdischer Knabe ist; sie wird in zahlreichen Versionen das ganze Mittelalter hindurch immer wieder neu erzählt:

Ein jüdischer Junge geht mit seinen christlichen Spielkameraden in die Kirche der Heiligen Gottesmutter Maria und nimmt mit diesen zusammen an der Eucharistie, dem «glorreichen Leib und Blut des Herrn», teil. Nach Hause zurückgekehrt, erzählt er seinen Eltern begeistert von diesem Erlebnis, worauf sein Vater, «ein Feind des Herrn Christus und seiner Gebote», wütend seinen Sohn ergreift und in einen brennenden Feuerofen wirft. Als seine Mutter dies entdeckt, schreit und klagt sie so laut, dass die christlichen Nachbarn herbeieilen und versuchen, den Knaben aus dem Feuerofen zu holen. Zu ihrem großen Erstaunen ist er nicht verbrannt, sondern ruht auf den glühenden Kohlen in der Mitte des Feuers wie auf weichen Federn. Sie fragen ihn, was ihn vor den Flammen geschützt habe, und erhalten die Antwort: «Die Frau, die in jener Kirche auf dem Thron saß, in der ich das Brot vom Tisch empfing, und die einen kleinen Jungen in ihrem Schoß wiegte, die bedeckte mich mit ihrem Mantel, so dass das Feuer mich nicht verschlingen konnte.» Darauf wird der Vater in den Feuerofen geworfen, und Sohn und Mutter werden zusammen getauft.[48]

Die Eucharistie, die in der christlichen Legende dank des Eingreifens der Gottesmutter einen kleinen jüdischen Jungen nicht nur vor der Hand seines mörderischen Vaters bewahrt, sondern auch zur wahren Religion bekehrt, diese Eucharistie macht eine neu aufgekommene christliche Legende im Hochmittelalter zum Hassobjekt der vermeintlich störrischen Juden, die kleinen Christenkindern Blut abzapfen und die Hostie für ihre perversen Rituale missbrauchen. Vorwürfe von angeblichen Hostienschändungen kamen sporadisch schon vorher auf, aber weitere Verbreitung fand der Fall von einem Hostienfrevel, der sich 1290 in Paris ereignet haben sollte. Danach soll ein Jude eine geweihte Hostie von einer christlichen Magd gekauft haben, um sie zu zerstören. Zusammen mit seinen Glaubensgenossen habe er sie mit Messern und allen möglichen spitzen Instrumenten traktiert, bis sie sich schließlich dreiteilte und Blut herausfloss.[49] In Deutschland wurde diese Beschuldigung erstmals 1298 in dem kleinen Städtchen Röttingen an der Tauber erhoben und verbreitete sich dann schnell von Franken und Bayern bis nach Österreich. Ein Metzger oder Scharfrichter (*carnifex*; in manchen Quellen auch *nobilis* – «Edler» oder sogar *rex* – «König») namens Rintfleisch machte sich zum Anführer eines mörderischen Mobs, der durch die Lande zog, um den Hostienfrevel von Röttingen zu rächen. Begünstigt wurde dieser sogenannte Rintfleisch-Aufstand durch die geschwächte Zentralgewalt während der Thronstreitigkeiten

Der Vorwurf des Hostienfrevels

zwischen dem abgesetzten König Adolf von Nassau und dem neu gewählten Albrecht I. von Österreich. Erstmals wurde so ein lokales Ereignis zum Anlass flächendeckender Pogrome, denen vom April bis Oktober 1298 mehr als 140 jüdische Gemeinden zum Opfer fielen. Die Zahl der Ermordeten schwankt in den Quellen beträchtlich, doch dürfte die aus den Memorbüchern errechnete Zahl von etwa 5000 Opfern realistisch sein.

Der virulente Judenhass war gerade in Deutschland so übermächtig geworden, dass jeder Anlass zu neuen Gewaltausbrüchen führen konnte. In den Jahren 1336 bis 1338 machte sich der verarmte Edelmann Arnold von Uissigheim, der sich König Armleder nannte (nach seinem ledernen Armschutz), zum Sprecher und Anführer unzufriedener Bauern. Die «Judenschläger», wie sich der marodierende Bauernmob bezeichnete, wüteten wieder in Franken, Schwaben und Österreich bis in die Steiermark und ermordeten zahlreiche Juden. Ein anderer Bauernhaufen unter der Führung des Gastwirts Johann Zimberli zog plündernd und mordend durch das Elsass und den Rheingau. Im bayerischen Deggendorf beteiligte sich 1337 der Stadtrat an der Vernichtung seiner jüdischen Gemeinde. Der Vorwurf des Hostienfrevels war nur noch der äußere Anlass für das Pogrom; in Wirklichkeit ging es um die Beseitigung der jüdischen Schuldforderungen, wie Herzog Heinrich von Landshut in einer Urkunde anlässlich der Ausschreitungen in aller Deutlichkeit offenbart:[50]

> Wir, Heinrich, von Gottes Gnaden, Pfalzgraf zu Rhein und Herzog in Bayern, bekennen offen in diesem Brief und tun kund, … dass wir … dem Rat und der Gemeinde, Armen und Reichen unserer Stadt Deggendorf unsere und unseres Landes Huld gar und gänzlich gegeben haben darum, dass sie unsere Juden zu Deggendorf verbrannt und verderbt haben. Dazu wollen wir, dass alles, was sie denselben Juden genommen haben oder was von ihnen in ihre Gewalt gekommen ist, heimlich oder öffentlich, also bleiben soll. Das Geld, das sie den Juden schulden sollten und weswegen die Juden Pfand, Brief oder andere Urkunden von jeher besaßen oder das sie sonst jemals schulden sollten, sei ganz erledigt; sie sollen darum völlig ledig sein von uns und von allen Leuten.

Der Herzog stellt also klar, dass die Juden Deggendorfs eigentlich ihm als dem Landesherrn gehören und daher auch letztlich alle von diesen ausgestellten Schuldverschreibungen. Der Stadtrat von Deggendorf ist also in seiner Vernichtungsaktion gegen die Juden eigentlich widerrechtlich vorgegangen – aber der Herzog sanktioniert mit diesem Erlass nachträglich das Massaker und die dadurch erledigten finanziellen Forderungen und verzichtet seinerseits auf eigentlich ihm zustehenden Schadenersatz. Himmlischen Segen erhielt der Mord an den Deggendorfer Juden durch Wunder, die zum Bau der Grabkirche in Deggendorf führten und zur Begründung einer antijüdischen Hostienwallfahrt, der «Deggendorfer Gnad». Diese alljährliche Wallfahrt, die dem Ort beträchtliche Einnahmen sicherte, wurde erst 1992 von dem damaligen Regensburger Bischof eingestellt.

Ritualmordlegende und Hostienfrevel sind, in wechselnden Kombinationen und Akzentuierungen, das wirksamste und langlebigste antisemitische Stereotyp. Es verbindet tief verwurzelte vorchristliche Ängste vor dem Anderen und Fremden mit der Anschuldigung, dogmatische Kernaussagen des Christentums würden angegriffen, und mit irrationalem Aberglauben zu einem überaus gefährlichen Gemisch, das in unterschiedlichen historischen Konstellationen jederzeit wieder explodieren konnte. Zu seinem Wesenskern gehört, dass ihm mit rationalen Argumenten nicht beizukommen ist. Mit der sogenannten Damaskusaffäre von 1840 gelangte dieses Gemisch in den Vorderen Orient, wo es vorher unbekannt war, und wurde Teil eines modernen muslimischen Antisemitismus (siehe unten, S. 284).

Das Motiv der Judensau

Eine besondere Variante der antisemitischen Verunglimpfung im christlichen Mittelalter ist das Motiv der «Judensau», das sich in Form einer Skulptur in zahlreichen Kirchen (an der Außenwand oder an Säulen innen) findet. Es ist ganz überwiegend in Deutschland bezeugt; bis heute sind noch mehr als dreißig Beispiele erhalten. Zeitlich reichen sie vom Anfang des 13. Jahrhunderts bis zum Anfang des 16. Jahrhunderts. Das älteste bekannte Beispiel ist ein Säulenkapitell im Kreuzgang des Doms zu Brandenburg von ca. 1230 mit dem klassischen Motiv der Juden, die wie Ferkel an den Zitzen der Sau saugen. In anderen Varianten reiten die Juden (erkennbar am Judenhut oder am gelben Ring) rückwärts auf einer Sau (selten auch auf einem Ziegenbock), heben ihren Schwanz hoch und schauen in ihren After oder lecken daran; manchmal fangen sie auch ihre Exkremente auf oder stechen mit einem Messer in ihre Schnauze. Die bekannteste Darstellung außerhalb einer Kirche ist die «Frankfurter Judensau» von 1475. Sie zeigt einen rückwärts auf einer Sau reitenden Rabbiner, einen anderen hinter der Sau knieend und an ihrem After oder ihrer Vulva saugend, dahinter stehend einen gehörnten Teufel, einen jungen Juden, der unter ihr liegt und an ihren Zitzen saugt, und im Hintergrund eine Frau mit einem Ziegenbock. Über dieser Szene ist der Knabe Simon von Trient abgebildet, der angekettet auf dem Boden liegt und dem aus vielen Wunden das Blut fließt.

Es vermischen sich hier mehrere Motive unterschiedlichen Ursprungs. Grundlegend ist sicher für alle die bewusste Verdrehung des jüdischen Verbots, Schweinefleisch zu verzehren, zu einer Vorliebe der Juden ausgerechnet für dieses angeblich unreine und schmutzige Tier. Genau deswegen brachte der Seleukidenkönig Antiochus IV. schon in der Antike «eine große Sau» im jüdischen Tempel als Opfer dar und versprengte ihr Blut über dem Altar oder behauptete der römische Satiriker Petronius, dass die Juden eine Schweinegottheit anbeten. Dass die jüdischen Kinder an den Zitzen der Sau hängen, ist eine Verhöhnung der jüdischen Erziehung: Die angeblich tiefgründige Weisheit, die die Juden aus der Torah saugen, ist in Wirklichkeit die Milch einer schmutzigen Sau. Ein weiteres Element ist die Sexualisierung: Schon beim Kirchenvater Johannes Chrysostomus stehen die Juden mit ihrer Hurerei und Völlerei den Schweinen in nichts nach; jetzt wird dieser obszöne Aspekt dadurch verstärkt, dass zumindest unterschwellig sexueller Verkehr mit Schweinen insinuiert wird. Nicht von ungefähr ist die Sau, das weibliche Schwein, als Objekt der jüdischen Begierde dargestellt. Der Teufel, der manchmal hinzutritt, betont die Dämonisierung der

154   5 Das christliche Mittelalter

Juden, deren perverses Verhalten nur dadurch erklärt werden kann, dass sie mit dem Teufel in Verbindung stehen.

Auch bei dem Motiv der Exkremente der Sau, die die Juden sammeln, geht es vordergründig um den Aspekt des Schmutzes, denn das Schwein gilt schon seit der Antike als Inbegriff des Schmutzes; mit ihrer Vorliebe für Schweine seien auch die Juden nichts anderes als schmutzige Säue, die ihren Kot essen und ihren Urin trinken. Möglicherweise spielt aber auch noch ein anderer Aspekt eine Rolle: Nach einer wohl auch unter Christen bekannten Erzählung im Talmud gehört Jesus zu dem kleinen Kreis der allerschlimmsten Feinde des Judentums, denen niemals vergeben wird. Jesu Strafe besteht darin, dass er dazu verdammt ist, auf ewig in kochenden Exkrementen in der Hölle zu sitzen.[51]

Das Motiv der Judensau mit all seinen Implikationen ist eines der wirksamsten antisemitischen Klischees, die die Geschichte der Juden bis in die Gegenwart begleitet haben. Es wurde nach der Erfindung des Buchdrucks in der Reformationszeit in Einblattdrucken mit großem propagandistischen Erfolg verbreitet, es war ein beliebtes Motiv in antisemitischen Karikaturen der Neuzeit, es wurde von den Nationalsozialisten zusammen mit der Ritualmordlegende reaktiviert, und es ging als «Judensau», «Judenschwein» oder «Saujude» in das Arsenal alltäglicher Beschimpfungen ein, die auch heute wieder hoffähig sind.

Pest und Pogrome

Nicht lange nach dem Deggendorfer Massaker erreichten die antisemitischen Ausschreitungen des christlichen Mittelalters einen neuen, bisher nicht gekannten irrationalen Höhepunkt. Der vorgeschobene Anlass waren diesmal nicht vermeintliche Handlungen der Juden gegen die christliche Religion, sondern ein angeblich allgemeiner Hass der Juden auf die Christen schlechthin. Auslöser war die Pestwelle der Jahre 1348–1353, der mehr als ein Drittel der Bevölkerung Europas zum Opfer fiel. Da man sich die Ursache dieser mysteriösen Krankheit nicht erklären konnte, suchte man die Schuldigen in den Juden, die in einer groß angelegten Aktion die Brunnen vergiftet und damit die Seuche ausgelöst hätten. Der Vorwurf der Brunnenvergiftung war erstmals schon 1321 in Frankreich aufgetaucht, wonach die Juden sich mit den Aussätzigen zusammengetan und diese dazu angestiftet hätten, alle Brunnen und Quellen zu vergiften. Jetzt wurde dieser Vorwurf zu einer Waffe, die sich, ausgehend von Frankreich und der Schweiz, in rasender Geschwindigkeit in ganz Deutschland ausbreitete – zuerst in den süddeutschen Reichsstädten, dann im Rheinland, dann in den nord- und ostdeutschen Gemeinden und schließlich auch in Nürnberg; Österreich war weniger betroffen. Das Nürnberger Memorbuch, das von 1296 bis zu den Pestpogromen reicht, listet in der Regel nur die betroffenen Gemeinden auf. Zur Wormser Gemeinde gibt es aber nach der Überschrift «Dieses sind die Namen der heiligen Söhne Israels, welche am 10. Adar II 5109 (1. März 1349) in der Gemeinde Worms getötet wurden» eine lange Liste sämtlicher Ermordeter. Sie wird mit der liturgischen Formel beendet: «welche erschlagen und verbrannt wurden, weil sie den Namen des einzigen Gottes heiligten. Dieses Verdienstes wegen möge ihre Seele eingebunden sein im Bündel des (ewigen) Lebens, vereint mit allen übrigen männlichen und weiblichen Gerechten im Paradiese. Darauf wollen wir sprechen: Amen.»[52] Der zeitgenössische Straßburger Chronist Fritsche Closener berichtet über Straßburg und das Rheinland:[53]

> Da man zählte 1349 Jahr, da wurden die Juden zu Straßburg verbrannt in ihrem Kirchhof auf einem hölzernen Gerüste an Sankt Veltens Tage … Sie wurden auch desselben Jahres verbrannt in allen Städten an dem Rheine, gleichviel ob es freie Städte oder Reichsstädte oder anderer Herren Städte waren. Das geschah darum: man zieh sie, sie hätten Brunnen und andere Wasser verunreinigt mit Gift. In etlichen Städten verbrannte man sie nach (ordentlichem) Urteil, in etlichen steckten sie selbst mit Feuer die Häuser an, da sie innen waren, und verbrannten sich selbsten. Da kam man zu Straßburg überein, dass in hundert Jahren kein Jude da wohnen sollte.

Closener weist auch ausdrücklich auf die wirtschaftlichen Hintergründe hin, die wie bei allen Verfolgungen auch hier eine nicht zu unterschätzende Rolle spielen:[54]

Am Freitag fing man die Juden, am Samstag verbrannte man die Juden, deren waren schätzungsweise wohl gegen zweitausend. Die sich aber wollten taufen lassen, die ließ man leben. Es wurden auch gegen ihrer Mütter und ihrer Väter Willen viel junger Kinder aus dem Feuer genommen, die getauft wurden. Was man den Juden schuldig war, das war alles wett [erledigt], und wurden alle Schuldpfänder und Schuldbriefe, die sie hatten, zurückgegeben. Das bare Geld, das sie hatten, das nahm der Rat und teilte es unter die Handwerke [Zünfte] nach Markzahl. Das war auch das Gift, das die Juden tötete.

Die Zahl der jüdischen Gemeinden, die bis Ende 1350 zerstört wurden, beläuft sich auf mindestens 100; nach dem Nürnberger Memorbuch sollen es sogar mehr als 300 gewesen sein. Wie auch immer man die absoluten Zahlen ansetzt, mit dem Ende der Pestpogrome waren alle bedeutenden jüdischen Gemeinden in Deutschland ausgelöscht. Zusammen mit den Rintfleisch- und Armleder-Massakern bedeuteten die Pestpogrome einen Einschnitt im Leben der mittelalterlichen Juden, von dessen Folgen sie sich nie wieder erholen sollten. Zwar konnten sich manche Gemeinden wieder neu etablieren, doch die Blütezeit der deutschen Juden im Mittelalter war vorbei. Der Schwerpunkt des aschkenasischen Judentums verlagerte sich zunehmend in den Osten Europas, vor allem nach Polen und Litauen.

Vertreibungen aus West- und Mitteleuropa

Neben finanzieller Ausbeutung, Enteignung, Plünderung, Mord und Totschlag waren Vertreibungen ein probates Mittel im gesamten christlichen Mittelalter, um sich der Juden zu entledigen. Dabei waren die Vertreibungen aber niemals isolierte Ereignisse, sondern immer Teil des komplexen Geflechtes von wirtschaftlicher Ausbeutung, Plünderung und Mord. Die Vertreibungen bildeten den (oft vorläufigen) Endpunkt des Mechanismus von Schutz (zum Zwecke der Ausbeutung) und Verfolgung (wegen der diversen Anschuldigungen). Wenn die Balance dieses Mechanismus nicht mehr gewährleistet war – und das heißt konkret: wenn aufgrund der sozialen und wirtschaftlichen Verhältnisse die Möglichkeiten der Ausbeutung erschöpft waren –, blieb als letzte Konsequenz die Ausweisung aus den königlichen Ländern oder aus den Territorien der abhängigen Feudalherren. Mit der Vertreibung war generell der Einzug des verbliebenen Vermögens der Juden verbunden sowie die Annullierung der Schuldscheine von Christen beziehungsweise, lukrativer für die Krone, die Übertragung der Schuld auf die königliche Schatzkammer. Dieser wirtschaftliche Zusammenhang darf bei der Beurteilung der mittelalterlichen Judenfeindschaft mit ihren antisemitischen Stereotypen niemals aus dem Blick geraten.

Die Anzahl und der Erfolg der Vertreibungen der Juden West- und Mitteleuropas hing davon ab, wie zentral oder dezentral die einzelnen Staaten organisiert waren. Am einfachsten liegen die Verhältnisse im extrem zentralistisch regierten England. Das von König Eduard I. 1275 erlassene *Statutum de Iudeismo* («Statute of the Jewry»), das den Juden die Verleihung von Geld gegen Zinsen verbot und ihnen neue Handelsmöglichkeiten eröffnen sollte, erwies sich als Misserfolg. Die Übermacht der Zünfte verhinderte eine schnelle Umstellung, so dass trotz der neu eingeführten jährlichen Kopfsteuer, die den Verlust an Steuereinnahmen ausgleichen sollte, die jüdischen Steuerleistungen massiv zurückgingen. Daraufhin verfügte der König am 18. Juli 1290 die allgemeine Ausweisung der Juden aus seinem Staatsgebiet. Diese Ausweisung war radikal und umfassend. Bis zur Erlaubnis der Rückkehr unter Oliver Cromwell 1655 gab es keine nennenswerte Anzahl von Juden mehr in England; bis 1690 hatten sich erst wieder rund 400 Juden in England niedergelassen.

Ganz anders war die Lage im dezentral organisierten Frankreich, in dem sich erst langsam ein zusammenhängendes Königreich entwickelte. Kurz nach seiner Thronbesteigung 1180 erließ König Philipp II. im März 1182 (zehn Jahre nach der Ritualmordaffäre von Blois) ein Edikt, das die Ausweisung aller Juden aus Frankreich verfügte. Vorher schon hatte er die Juden von Paris an einem Sabbat gefangen gesetzt und von ihnen ein hohes Lösegeld erpresst sowie alle christlichen Schuldner von ihren Verpflichtungen gegenüber jüdischen Gläubigern befreit – allerdings nicht komplett, denn ein Fünftel dieser Schulden war zur Belohnung an die königliche Staatskasse zu zahlen. Mit der Ausweisung der Juden sicherte er sich schließlich auch den Zugriff auf ihren immobilen Besitz, das heißt ihre Häuser und Weinberge. Die Synagogen wurden in Kirchen umgewandelt. Hier ist der Zusammenhang von Vertreibung und finanzieller Ausbeutung mit den Händen zu greifen. Da die Macht des Königs beschränkt war – sein unmittelbares Herrschaftsgebiet erstreckte sich nur auf die Krondomäne mit Paris als Zentrum (deren signifikante Erweiterung durch Philipp II. aber bald nach 1182 einsetzte) – und der größte Teil des Landes mächtigen Vasallen des Königs von Frankreich unterstand, darunter der König von England, waren die Auswirkungen dieser Vertreibung begrenzt: Viele aus den königlichen Städten vertriebene Juden fanden bereitwillige Aufnahme als neue Steuerquelle bei benachbarten Fürsten. Philipp II. erkannte seinen fiskalpolitischen Irrtum und gestattete den Juden 1198 die Rückkehr in das Kronland. Er sanktionierte ihr Geschäft als Pfandleiher, indem er die Zinsen gesetzlich festlegte und sich einen festen Anteil an den Darlehensgeschäften sicherte, die *produits des juifs* («Erträge der Juden»).

Nach verschiedenen lokalen Vertreibungen kam es 1306 zur zweiten Ausweisung der Juden aus der Krondomäne sowie aus den Territorien der vom König abhängigen Feudalherren, diesmal verfügt von Philipp IV. Auch jetzt war der primäre Grund steuerpolitisch: Die reguläre Steuerkraft der Juden war geschwächt, und der König erhoffte sich durch den direkten Zugriff auf ihr Vermögen höhere Gewinne. Auch diese Vertreibung war nicht von langer Dauer und wurde 1315 von Ludwig X. wieder aufgehoben. Schließlich verfügte König Karl VI. mit der Ordonnanz vom 17. September 1394 die dritte und wirksamste Ausweisung der Juden aus Frankreich, wieder unter Einziehung ihres gesamten Vermögens und aller Schuldverschreibungen. Damit war das Schicksal der Juden im inzwischen beträchtlich erweiterten französischen Kronland für längere Zeit besiegelt.

In dem noch dezentraleren Deutschland mit seinem extrem zersplitterten Territorium kam es nie zu einer umfassenden Vertreibung; stattdessen waren die Juden einem ständigen Auf und Ab von lokalen Vertreibungen, Erlaubnissen zur Rückkehr und erneuten Vertreibungen

Vertreibungen aus West- und Mitteleuropa

ausgesetzt. Die Pestpogrome in der Mitte des 14. Jahrhunderts hatten zwar fast alle jüdischen Gemeinden zerstört, aber den überlebenden Juden gelang der Aufbau neuer Existenzen und Gemeinden. Zu einer kurzzeitigen Blüte jüdischen Lebens kam es noch einmal am Ende des Jahrhunderts, als die Juden für die Finanzierung des wachsenden wirtschaftlichen Wohlstandes nützlich waren. Doch auch diese Blüte war nicht von langer Dauer. Erneute Verfolgungswellen führten dazu, dass im 15. und frühen 16. Jahrhundert die Juden aus fast allen bedeutenden Reichsstädten vertrieben wurden (Basel 1397, Trier 1419, Köln und Freiburg 1424/25, Konstanz 1431, Würzburg 1434, Speyer 1435, Augsburg 1439, München 1442, Breslau 1455, Mainz 1473, Bamberg 1478, Nürnberg und Ulm 1499). Mit der Vertreibung aus Regensburg 1519 war der Höhepunkt dieser Wellen in den Städten erreicht. Die weltlichen und kirchlichen Territorien schlossen sich schnell den Städten an, beginnend 1442 mit dem Herzogtum Bayern, gefolgt von zahlreichen Bistümern, bis mit dem Ende des 15. Jahrhunderts die Juden aus dem größten Teil des Deutschen Reiches vertrieben waren. Doch waren diese Vertreibungen sehr viel weniger rigoros und flächendeckend als in England mit seiner einmaligen und endgültigen Vertreibung oder auch in Frankreich mit seinen drei Vertreibungen. Aus den Städten vertriebene Juden konnten sich häufig im Umland wieder ansiedeln, und Juden, die aus den Territorien vertrieben waren, fanden oft Zuflucht bei kleineren Feudalherren. Damit begann ein Prozess, in dem sich der Schwerpunkt des jüdischen Lebens in Deutschland von den Städten in das ländliche Umfeld verlagerte, die Entstehung eines «Landjudentums». Gleichzeitig wurde aber auch die Wanderbewegung in den Osten, die schon nach den Pestpogromen eingesetzt hatte, deutlich verstärkt.

Die Königreiche Kastilien und Aragon, die sich in Spanien im Zuge der Reconquista herausgebildet hatten, waren sehr viel zentralistischer organisiert als Deutschland. Daher waren die Juden hier stärker als in Deutschland von der weltlichen und kirchlichen Herrschaft abhängig. Das relativ friedliche Zusammenleben von Christen und Juden auch im christlichen Spanien änderte sich im 14. und vor allem im 15. Jahrhundert, insbesondere unter dem verhängnisvollen Einfluss der mächtigen katholischen Kirche in Spanien. Ab 1370 wurden verstärkt diskriminierende Entscheidungen durchgesetzt, etwa die Pflicht zur Kennzeichnung. Staatlich verordnete Schuldentilgungen führten zur Verarmung der jüdischen Bevölkerung. Anders als ihre Glaubensgenossen in Mitteleuropa reagierten die spanischen Juden auf die sich verschlechternden sozialen und wirtschaftlichen Bedingungen auch mit der Bereitschaft zur Taufe. Hetzpredigten der Kleriker zeigten aber zunehmend Wirkung unter der christlichen Bevölkerung. 1391 kam es zu einem Massaker in Sevilla, dem die meisten Juden der Stadt zum Opfer fielen und das zahlreiche weitere Massaker in ganz Kastilien und Aragon auslöste. Nur wenige Juden wählten das Martyrium und die Selbsttötung; die große Mehrzahl akzeptierte die aufgezwungene Taufe. Damit entstand in Spanien die große Gruppe der *Conversos*, der zum Christentum konvertierten Juden, die auch «Neuchristen» oder «Marranen» genannt wurden (möglicherweise abgeleitet von spanisch *marrano* – «Wildschwein»).

Der nächste einschneidende Schritt zur Verschlechterung war die von Papst Benedikt XIII. 1412 einberufene öffentliche Disputation zu Tortosa. Christliche und jüdische Gelehrten disputierten hier mit dem vorbestimmten Ziel, die Minderwertigkeit der jüdischen Lehre zu beweisen. Federführend auf christlicher Seite war der fanatische Konvertit Joschua ben Josef Lorki, der sich nach seiner Konversion Jerónimo de Santa Fe (Hieronymus de Sancta Fide) nannte. Auf jüdischer Seite nahm unter anderem der angesehene Religionsphilosoph Josef Albo teil. Am Ende der Disputation, die sich bis 1414 hinzog, stand der «glorreiche Sieg» des Christentums mit über 50 000 jüdischen Konversionen. Es war offensichtlich, dass diese erzwungenen Konversionen unglaubwürdig waren.

Im Zusammenspiel von Staat und Kirche wurde eine staatliche Inquisition in Spanien eingeführt, um verborgene judaisierende Tendenzen aufzuspüren. Nachdem Papst Sixtus IV. in einer Bulle den katholischen Königen von Kastilien und Aragon die Erlaubnis gegeben hatte, neben den kirchlichen auch staatliche Inquisitoren zu benennen, wurde 1488 ein Rat für die Inquisition *(Consejo de la Suprema y General Inquisición)* ins Leben gerufen. Generalinquisitor wurde der Domini-

Vertreibungen aus West- und Mitteleuropa

kaner und königliche Beichtvater Tomás de Torquemada. Im Faden-
kreuz der Inquisition standen nicht nur die heimlich ihrem jüdischen
Glauben treuen Neuchristen, sondern auch die *iudaizantes*, die heimlich dem Judentum anhängenden Christen – die altbekannte Furcht
des Christentums. Mit der Forderung nach der *limpieza de sangre*
(«Reinheit des Blutes») für beide Gruppen wurde im 15. Jahrhundert in
Spanien erstmals ein protorassistischer Grundsatz verfolgt, der in Spanien und darüber hinaus weitreichende Folgen haben sollte.

Die königliche Zentralgewalt in Spanien wurde durch die Vereinigung der Königreiche Kastilien und Aragon nach der Vermählung
Königin Isabellas von Kastilien mit König Ferdinand von Aragon 1469
gestärkt. Als gut zwei Jahrzehnte später, im Jahr 1492, die Reconquista
mit der Eroberung Granadas vollendet wurde, war das Schicksal der
Juden Spaniens besiegelt. Am 31. März 1492 verfügten die katholischen
Majestäten die Vertreibung aller Juden aus dem spanischen Königreich.
Die ausführliche Begründung lässt deutlich erkennen, dass ein entscheidender Beweggrund die Furcht vor der trotz aller Angriffe virulenten Attraktivität des Judentums war:[55]

> Wie wir durch die Inquisitoren … in Erfahrung gebracht haben, scheint
> der Schaden, der aus dem Verkehr und dem Umgang mit den Juden für
> die Christen entstanden ist, sehr groß zu sein. Sie [die Juden] sind stolz
> darauf und legen es darauf an, durch viele Mittel und Wege unseren heili-
> gen katholischen Glauben bei den Gläubigen zu zerstören, sie von ihm zu
> trennen und sie zu ihrem verfluchten Glauben und Denken hinüberzu-
> ziehen. Sie unterweisen die Christen in der Kunde und den Zeremonien
> ihres Gesetzes; … sie überreden sie, dass sie möglichst das Gesetz Moses
> halten und beobachten; sie suchen sie zu überzeugen, dass es kein anderes
> Gesetz noch eine andere Wahrheit gebe als jene.

Ein Teil der spanischen Juden konnte nach Portugal fliehen; viele von
ihnen fielen der Pest zum Opfer oder wurden zwangsgetauft. Am
24. Dezember 1496 folgte das Königreich Portugal dem spanischen
Vorbild und vertrieb ebenfalls alle seine jüdischen Bewohner. Spanien
und Portugal waren damit als einzige europäische Länder vollständig
«judenfrei» – und hatten sich paradoxerweise durch die zwangsbekehr-

ten *Conversos* und die dadurch ausgelöste Forderung nach der «Reinheit des Blutes» in einen Teufelskreis aus Verdächtigungen, Beschuldigungen, Verfolgungen und «Säuberungen» begeben, der vor allem Spanien für lange Zeit lähmen sollte. Für die Juden war ihre Vertreibung aus Spanien und Portugal bis zur Schoah im 20. Jahrhundert die größte und einschneidendste Zäsur in ihrer Geschichte. Ihre Ausweisung ausgerechnet aus dem Land, in dem sie (in muslimischer wie in christlicher Zeit) am stärksten akkulturiert und am wenigsten in ihren beruflichen und wirtschaftlichen Aktivitäten eingeschränkt waren, erschütterte das Judentum in seinen Grundfesten und führte zu gewaltigen sozialen und politischen Umwälzungen. Viele spanische Juden flüchteten nach Nordafrika und in die Levante; der Hauptstrom der Flüchtlinge gelangte in das Osmanische Reich und wurde dort gerne aufgenommen. Andere wandten sich nach Norden und gründeten in den Hafenstädten Antwerpen, Amsterdam und Hamburg sephardische Gemeinden. Erst zu Beginn des 20. Jahrhunderts kehrten Juden langsam wieder nach Spanien zurück.

Der Antisemitismus des christlichen Mittelalters ist in erster Linie durch die Abhängigkeit der Juden von den staatlichen und kirchlichen Autoritäten charakterisiert, die um die Besitzansprüche an den Juden konkurrierten. Als Eigentum des Königs galten sie nicht als selbständige Individuen mit verbürgten Rechten und Pflichten, sondern waren von den vor allem fiskalischen Interessen der Machthaber abhängig. Damit kamen viel mehr als vorher wirtschaftliche Gesichtspunkte ins Spiel, die durch die Verdrängung der Juden aus dem Handel und die Konzentration auf das Geldgeschäft (Schuldverschreibungen, Zinsen) zunehmend negativ besetzt waren. Indem der Staat von diesem Geldgeschäft durch prozentuale Beteiligung und Sondersteuern profitierte, wurde ein verhängnisvoller Kreislauf von Schutz und Ausbeutung/Verfolgung in Gang gesetzt, der zunehmend in rigorose Vertreibungen mündete. Verschärft wurde dieser prekäre Zustand durch die Popularisierung und Radikalisierung der religiösen Grundlagen des Antisemitismus, die diesen zu einer Massenbewegung bisher ungeahnten Ausmaßes werden ließ. Alte Stereotype und Vorurteile wie der Ritual-

Vertreibungen aus West- und Mitteleuropa

mord, die Obsession mit Blut, die blasphemische Verunglimpfung und Bekämpfung der christlichen Botschaft steigerten sich zu irrationalen Hassausbrüchen und blutigen Massakern. Juden wurden für all das verantwortlich gemacht, was man sich nicht erklären konnte (Missernten, wirtschaftlicher Niedergang, Krankheiten). In letzter Konsequenz wurden die Juden entmenschlicht und als Inbegriff des Bösen im Pakt mit dem Teufel dämonisiert.

6

FRÜHE NEUZEIT

Zwischen Hebraismus und Antisemitismus

Mit dem Renaissance-Humanismus des 15. und 16. Jahrhunderts bildeten sich langsam neue Facetten im Verhältnis von Christen und Juden heraus. Die alten Stereotype und Vorurteile wurden nicht aufgegeben, ganz im Gegenteil, aber die Neuentdeckung der klassischen lateinischen und griechischen Literatur und der damit verbundene Aufbruch gegen den kirchlichen Scholastizismus und Dogmatismus brachte auch ein ganz neues, wissenschaftliches Interesse am Judentum und seinen hebräischen Originalquellen mit sich. Christliche Gelehrte wollten jetzt den direkten, nicht nur durch jüdische Konvertiten vermittelten Zugang zu diesen Quellen: Sie ließen sich diese übersetzen, lernten aber auch selbst Hebräisch, verfassten die ersten lateinischen Grammatiken des Hebräischen und schrieben umfangreiche Abhandlungen über die hebräische Literatur. Dieser ganz neue Zugang zur jüdischen Tradition konnte sich in zwei Richtungen auswirken: Er konnte die alten Vorurteile bestärken und aufgrund eigener Quellenkenntnis zu begründen suchen, er konnte aber auch zu sachlicheren und weniger emotionsgeladenen Einschätzungen führen.

Johannes Reuchlin: Die neue Wissenschaft und das Recht der Juden

Der Begründer und Vorreiter dieses neuen wissenschaftlich orientierten Ansatzes war der Jurist, Diplomat und erste bedeutende christliche Hebraist Johannes Reuchlin (1455–1522), der nicht von ungefähr kein Kleriker war. In kaiserlichem Recht promoviert und im Dienst des Grafen Eberhard von Württemberg mit verschiedenen diplomatischen und juristischen Missionen betraut, war er von 1502 bis 1513 einer der drei Richter des Schwäbischen Bundes. In seinen letzten Lebensjahren konnte er sich zunächst als Privatgelehrter und dann als Professor seinen klassischen Studien widmen, 1520 für Hebräisch in Ingolstadt, 1521 für Hebräisch und Griechisch in Tübingen. Sein Hauptinteresse galt der jüdischen Kabbalah und machte ihn zum ersten großen Vertreter einer christlichen Kabbalah, die glaubte, in den verborgenen mystischen Traditionen des Judentums die geheime Urquelle aller Religionen entdeckt zu haben, nicht zuletzt auch des Judentums und des Christentums. Die erste Frucht seiner kabbalistischen Studien ist die 1494 veröffentlichte Schrift *De Verbo Mirifico* («Über das wundertätige Wort»), in der Reuchlin noch ganz im Sinne der christlichen Tradition den Nachweis versucht, dass nach dem Weltalter des jüdischen Gesetzes erst mit Jesus das Weltalter der Gnade und damit der Zielpunkt aller Religionen begonnen hat. 1506 folgte mit *De Rudimentis Hebraicis* die erste hebräische Grammatik aus der Feder eines Christen, und 1517 legte Reuchlin mit seinem Alterswerk *De Arte Cabalistica* («Über die kabbalistische Wissenschaft») eine Disputation zwischen einem jüdischen Kabbalisten, einem Muslim und einem pythagoreischen Philosophen vor. Aus dieser Disputation – an der bemerkenswerterweise kein Christ teilnimmt – geht der Kabbalist Simon als Sieger hervor, mit dem sich Reuchlin, mehr oder weniger verhüllt, identifiziert.

Bei aller Sympathie und allem Verständnis Reuchlins für die Kabbalah, deren Texte er vielfach im hebräischen bzw. aramäischen Original las, konnte auch er diese nur im christlichen Geist deuten. Die Überlegenheit des Christentums über das Judentum stand für ihn immer außer Zweifel. Dennoch wird bei Reuchlin erstmals eine Aus-

166   6 Frühe Neuzeit

einandersetzung mit dem Judentum sichtbar, die sich nicht nur unter den Vorzeichen einer Verfolgungs- und Leidensgeschichte lesen lässt. Reuchlin und die ihm nachfolgenden christlichen Hebraisten und Kabbalisten eröffneten einen Dialog mit dem Judentum, der wenigstens im Ansatz von gegenseitiger Neugier und gegenseitigem Respekt getragen war. Ein weiteres Beispiel ist der italienische Humanist Giovanni Pico della Mirandola (1463–1494), mit dem Reuchlin in engem Austausch stand und der 1486 in Rom seine 900 Thesen veröffentlichte, von denen sich viele mit der Kabbalah befassen und die Wahrheit der christlichen Religion aus den Quellen der Kabbalah zu beweisen suchen.

In einem berühmt gewordenen Streit mit dem jüdischen Apostaten Johannes (eigentlich Joseph) Pfefferkorn (1469–1521/23) hatte Reuchlin Gelegenheit, seine wissenschaftlichen Erkenntnisse über das Judentum praktisch anzuwenden. Pfefferkorn war 1504 zum Christentum konvertiert und verfasste – mit Rückendeckung der Kölner Dominikaner – in den Jahren 1507 bis 1509 mehrere Hetzschriften gegen die Juden, darunter den *Judenspiegel*, die *Judenbeicht* und den *Judenfeind*. Im August 1509 verschaffte er sich das Mandat Kaiser Maximilians I., dass alle jüdischen Schriften zur Prüfung ihres Inhalts an ihn auszuliefern seien. Zweck der Überprüfung war,

> alle eure Bücher und Schriften überall zu visitiren, zu erforschen, zu besehen, und was darunter erfunden, die wider die Bücher und Gesetz Moses, auch der Propheten, wären, und ... ungegrünt [unbegründet] unserem heiligen christlichen Glauben zu Nachtheil, Schmach und Uebel reichen, dieselben doch in ihrem Ort ... von euch zu nehmen, die abweg zu thun und zu unterdrücken.[1]

Die Hebräische Bibel als Altes Testament der Christen wurde damit zum Maßstab dessen gemacht, was akzeptabel war. Die jüdische Auslegung der Hebräischen Bibel in Gestalt des Talmuds und anderer rabbinischer Schriften – und damit das Judentum in seinem eigenen Selbstverständnis – wurde verworfen. Kam Pfefferkorn zu dem Ergebnis, dass jüdische Schriften häretisch, blasphemisch und dem Christentum abträglich waren, mussten sie konfisziert werden. Im Klartext heißt dies nichts anderes, als dass das Judentum auf die Form reduziert wurde, die das Christentum ohnehin in Gestalt des Alten Testaments und seiner christlichen Auslegung absorbiert hatte.

Als der Mainzer Kurfürst und Erzbischof Uriel von Gemmingen gegen dieses Vorgehen Pfefferkorns protestierte, weil er darin eine Verletzung seiner kurfürstlichen Rechte sah, beauftragte Kaiser Maximilian ihn damit, Gutachten zur Frage der jüdischen Bücher von verschiedenen Universitäten sowie von besonders ausgewiesenen Gelehrten einzuholen. Unter diesen Gelehrten befand sich neben dem Kölner Inquisitor Jakob van Hoogstraten auch Reuchlin. In seinem in deutscher Sprache verfassten Gutachten, das den Hauptteil des 1511 veröffentlichten Buches *Augenspiegel* ausmacht, spricht sich Reuchlin als einziges Mitglied der Kommission gegen die Konfiskation und Verbrennung der talmudischen Schriften aus. Zum einen belehrt er Pfefferkorn und seine Parteigänger über die Vielfältigkeit und Unterschiedlichkeit der jüdischen Schriften, die nicht *in toto* beurteilt werden können, und verweist auf die zum Verständnis nötigen Sprachkenntnisse, die er seinen Gegnern nicht ganz unbegründet abspricht. Zum anderen argumentiert er juristisch und weist darauf hin, dass die Juden als Untertanen des Heiligen Römischen Reiches dem römischen Bürgerrecht unterstehen, von dem erst sich das kaiserliche Recht ableitet. Dieses römische Recht begründet ihr uneingeschränktes Recht auf Eigentum, unabhängig davon, was in ihren Büchern geschrieben steht und wie dies moralisch zu beurteilen ist.[2]

Das Gutachten Reuchlins und die Veröffentlichung in deutscher Sprache im *Augenspiegel* lösten eine breite öffentliche Diskussion aus, die durch das neue Medium des Buchdrucks beflügelt wurde, und entwickelte sich zu einem Kampf zwischen der alten, kirchlich gestützten Universitätstheologie, vertreten durch die Kölner Dominikaner, und der neuen, philologisch kompetenten Wissenschaft der Humanisten. Die 1515 (und 1516 in erweiterter zweiter Auflage) publizierten *Dunkelmännerbriefe (Epistolae obscurorum virorum)* fachten den Streit weiter an. Es handelt sich bei diesem Werk um eine Satire: angeblich von den Dominikanern verfasste Briefe, in denen diese in Wirklichkeit als Ignoranten entlarvt und lächerlich gemacht werden. Als der Inquisitor Jakob van Hochstraten versuchte, Reuchlin vor ein kirchliches Gericht in Deutschland zu zitieren, appellierte dieser an Papst Leo X. Der daran anschließende Prozess zog sich ohne eindeutiges Ergebnis bis 1520 hin, als der Papst endgültig gegen Reuchlin entschied und seinen *Augenspiegel* verbot.

Der Reuchlin-Pfefferkorn-Streit beleuchtet in einer Momentaufnahme den Beginn einer neuen Epoche im Verhältnis von Juden und Christen. Reuchlin und seine humanistischen Freunde begannen auf der Grundlage eigener Sprach- und Quellenstudien, sich von den institutionell-theologischen Prämissen zu lösen und das Recht des Individuums auf eigene wissenschaftlich fundierte Meinungsbildung und öffentliche Diskussion einzufordern. Dabei wurden sie weniger von dem Wunsch motiviert, den Juden zu ihrem Recht zu verhelfen (dies sicher auch, aber ihre Urteile bleiben oft alten theologischen und moralischen Vorurteilen verhaftet), als von dem Bestreben, ihr neues Verständnis von Wissenschaft gegenüber der kirchlich gebundenen Theologie durchzusetzen.

In beidem sind sie letztlich gescheitert. Papst Paul III. wandte sich in einer Bulle von 1540 zwar gegen die Ritualmordbeschuldigung, verfügte aber in einer weiteren Bulle von 1548 die Unterdrückung hebräischer Schriften. Sein Nachfolger Julius III. ließ die beschlagnahmten hebräischen Bücher 1553 öffentlich verbrennen. Paul IV. errichtete 1555 das römische Ghetto am Tiber (nachdem die Republik Venedig 1516 das erste jüdische Ghetto in Venedig eingerichtet hatte) und setzte 1559 den Talmud prominent auf seinen *Index der verbotenen Bücher*. Pius V. vertrieb die Juden 1569 aus dem Kirchenstaat (Sixtus X. ließ sie aus wirtschaftlichen Überlegungen wieder zu), während andere Päpste sich auf die Judenmission konzentrierten. Insgesamt bewegte sich das Auf und Ab der päpstlichen Politik in Richtung auf eine zunehmende Verfestigung der prekären Lage der Juden.

Eine ähnliche Entwicklung vollzog sich auf staatlicher Seite. Kaiser Karl V. räumte in seinem Speyerer Privileg von 1544 – bestätigt auf dem Augsburger Reichstag von 1548 – den Juden des Reiches als seinen Kammerknechten zwar noch einmal umfassende Rechte ein (Verbot der Zerstörung von Synagogen, der Vertreibung der Juden, Sicherheit des Geleits und des Handels, Verbot der Ritualmordbeschuldigung),

Johannes Reuchlin: Die neue Wissenschaft　　　　**169**

aber mit dem bald beginnenden Siegeszug der Reformation und der Territorialisierung der unterschiedlichen Glaubensstandpunkte nach dem Grundsatz *cuius regio eius religio* («wessen Land, dessen Religion») gewannen die dezentralen Kräfte wieder die Oberhand. Gleichzeitig wurde die enge Verbindung von Staat und Religion nicht gemindert, sondern im Gegenteil verstärkt. Die Juden als wichtiger Fokus der religiösen und politischen Auseinandersetzung wurden zum Spielball dieser gegenläufigen Kräfte – mit unmittelbaren Folgen für ihre Rechtsstellung und Sicherheit.

Martin Luther: Das wahre christliche und das teuflische Judentum

Die alles überstrahlende Gestalt des Reformators Martin Luther (1483–1546), der eine neue Epoche nicht nur des kirchlichen, sondern auch des staatlichen Lebens in Deutschland und weit darüber hinaus einleitete, bedeutete auch für die Juden eine einschneidende Zäsur und sollte ihr Schicksal bis weit in die Zukunft hinein bestimmen. Luther hat sich in zahlreichen Schriften zu den Juden geäußert; die wichtigsten sind *Dass Jesus Christus ein geborener Jude sei* von 1523, *Wider die Sabbather an einen guten Freund* von 1538, *Von den Juden und ihren Lügen* von 1543 sowie *Vom Schem Hamphoras: Und vom Geschlecht Christi*, ebenfalls aus dem Jahr 1543. Es ist sicher zugespitzt, aber wohl nicht übertrieben, vorweg und zusammenfassend zu sagen, dass der Reformator mit dem einen Bein, seiner neuen theologischen Lehre und ihren politischen und sozialen Auswirkungen, eine völlig neue Zeit betrat, während er mit dem anderen Bein, seinem Verhältnis zum Judentum, noch im tiefsten Mittelalter der antisemitischen Vorurteile, Stereotype und unsäglichen Schmähungen stand. Die bittere Tragik für das Judentum will es, dass in der Person Luthers beides untrennbar zusammengehört und sich gegenseitig bedingt und vertieft. Dem neuen wissenschaftlichen Aufbruch der Humanisten und Hebraisten stand Luther fern.

Schon ein kursorischer Überblick über diese Schriften lässt eine Linie von einer zunächst ausgeprägt judenfreundlichen zu einer sich immer mehr verhärtenden und zum Schluss unüberbietbar negativen und entschieden antisemitischen Einstellung erkennen. Man wollte dies lange mit der sich allmählich steigernden Enttäuschung des Reformators angesichts der «Verstocktheit» und des Bekehrungsunwillens der Juden erklären, bis zu der endgültigen Abrechnung mit ihnen in *Von den Juden und ihren Lügen.* Zunächst von der Hoffnung getrieben, dass die lange und traumatische Geschichte des christlich-jüdischen Verhältnisses in der Bekehrung der Juden zu seiner erneuerten christlichen Religion ihr glückliches Ende finden würde, musste Luther im Laufe der Zeit erkennen, dass dies eine Illusion war, und vollzog eine ebenso radikale wie brutale Kehrtwende. Zwar mag die enttäuschte Erwartung der Bekehrung eine Rolle gespielt haben, doch reicht sie keineswegs aus, die dramatische Wende in Luthers Einstellung zu den Juden befriedigend zu erklären. Neuere Forschungen zeigen, dass die in seiner Theologie begründete Kritik an den Juden sich in Wirklichkeit wie ein roter Faden durch *alle* Schriften Luthers zieht, gerade auch schon vor seiner noch am ehesten judenfreundlichen Schrift *Dass Jesus Christus ein geborener Jude sei.*

Schon in seiner ersten Vorlesung, die er in Wittenberg hielt, eine Auslegung der Psalmen (*Dictata super Psalterium*, 1513–1515), ist Luther geradezu besessen von einer ständigen Bezugnahme auf die Juden. Grundlegend für sein Psalmenverständnis ist eine christologische Sicht der Psalmen, und diese christologische Deutung ist für ihn nicht etwa allegorisch, sondern im eigentlichen Sinne literarisch. Die Juden mit ihrem Missverständnis des literarischen Wortsinns können und wollen Luther zufolge nicht begreifen, dass auch in ihrer Hebräischen Bibel Jesus im Mittelpunkt steht, dass die gesamte Heilige Schrift auf Jesus Christus und die von ihm vermittelte Gnade ausgerichtet ist. Ihr irregeleitetes literarisches Schriftverständnis bringt Verderben und Tod, das wahre christliche literarische Verständnis bringt Erlösung und Leben. Damit weicht Luther von dem in der Kirche bisher üblichen allegorischen Verständnis ab, okkupiert die jüdische Schriftdeutung, die nach dem eigentlichen Wortsinn fragt, und kommt damit zu einem Ergebnis, das der jüdischen Deutung entgegengesetzt ist.

Charakteristisch für Luthers Psalmenauslegung ist schon seine Erklärung des allerersten Verses von Psalm 1, der in der Übersetzung aus dem Hebräischen lautet: «Glücklich/selig ist der Mann, der nicht im Rat der Frevler/Gottlosen wandelte noch auf dem Weg der Sünder stand noch auf dem Sitz der Spötter Platz nahm.» Luther folgt mit seiner Auslegung der griechischen Übersetzung der Septuaginta und versteht den «Sitz der Spötter» als «Sitz der Pest» *(cathedra pestilentiae)* – obwohl er nachgewiesenermaßen die korrekte lateinische Übersetzung von «Sitz der Spötter» *(cathedra derisorum)* kannte. Für Luther ist der selige Mann niemand anderes als Jesus (dem die Christen nachfolgen), und seine Antithese und Gegner sind die Juden: Im «Rat der Gottlosen» beschlossen sie Jesu Kreuzigung, der «Weg der Sünder» bestimmt ihr ganzes Leben und Tun und wird noch dadurch verschärft, dass sie weiterhin die Kreuzigung rechtfertigen und mit ihren Taten immer wieder neu vollziehen. Und der «Sitz der Pest» ist die von den Juden auf ihrem «Lehrstuhl» *(cathedra)* verkündete Lehre: Die auf dem «Stuhl des Moses» (Matthäus 23,2) sitzenden Schriftgelehrten und Pharisäer sitzen in Wirklichkeit auf dem «Stuhl der Pest» und verbreiten ihre «todbringende Lehre», mit der sie «sich selbst und die Ihren in ihrem Verhältnis zu Christus korrumpiert, infiziert und getötet haben».[3]

Dies ist der Grundton des gesamten Psalmenkommentars, der sich oft zu wüsten Beschuldigungen steigert. Mit ihrer Lehre setzen die Juden Luther zufolge das fort, was ihre Väter taten: Töteten diese die Propheten und Schriftgelehrten, so töten sie die Heilige Schrift.[4] Sie sind «ein Königreich des Blutes und eine Synagoge des Satans bis auf den heutigen Tag».[5] Sie sind «Staub in den Straßen»,[6] «zum Zertreten gegeben allen Völkern der Welt wie der Kot in den Gassen, der ausgeleert wurde und zu nichts anderem taugt als zum Beschmutzen der Füße».[7] Wie wenig sich der Ton von den frühen zu den späten Schriften geändert hat, zeigt Luthers Genesisvorlesung von 1538/42: «Man muss sich hüten vor den Exkrementen der Rabbinen, die aus der Heiligen Schrift so etwas wie eine Latrine gemacht haben, in die sie ihre Gemeinheiten und überaus törichten Meinungen hineinkippen.»[8] Die Ursache all dieses Übels sei, dass die Juden nicht auf die Gnade Gottes vertrauten, sondern auf ihre eigene angemaßte Gerechtigkeit.[9] Indem sie Jesus nicht als den Erlöser aller Menschen anerkennen würden, stellten sie sich letztlich außerhalb des christlich sanktionierten Menschenbildes. Während sie in der Bibel noch als Menschen galten und sich damit von den wilden Tieren der anderen Völker unterschieden,[10] würden sie nun selbst zu wilden Tieren,[11] die die Christen am liebsten mit ihren Zähnen in Stücke reißen würden.[12] Dies bedeute im Klartext, dass nur der christliche Mensch ein wirklicher Mensch sei; wenn die Juden nicht bereit seien, dies anzuerkennen, hätten sie ihr Menschsein verwirkt. Hier klingt im christlichen Gewande der alte Vorwurf der griechisch-römischen Antike durch, die Juden seien zutiefst menschenfeindlich.

Die erste selbständige Schrift Luthers *Dass Jesus Christus ein geborener Jude sei* von 1523 ist eine Verteidigungsschrift mit gleichzeitig missionarischer Absicht. Luther war vorgeworfen worden, er habe mit seiner neuen Lehre die Geburt Jesu von einer Jungfrau und damit die Göttlichkeit Jesu geleugnet, das heißt, seine Lehre sei eine Ketzerei und predige die Rückkehr zum Judentum. Die Ablehnung der Jungfrauengeburt ist in der Tat die traditionelle Position der Juden – jeder Christ, der nicht an die Jungfrauengeburt glaubt, machte sich daher judaisierender Tendenzen verdächtig und beschwor die alten Ängste der wahren Christen vor den Juden herauf. Luther bekräftigte seine christliche Position in Abgrenzung von den «papistischen Irrtümern» und hoffte gleichzeitig, mit dieser Klarstellung die Juden für dieses, *sein* wahres Christentum zu gewinnen – anders als die Papstkirche, die in seinen Augen gescheitert war. Ganz zu Anfang der Schrift fasst Luther diese Grundaussage seines Traktats zusammen:[13]

> Ich will daher aus der Schrift die Ursachen nennen, die mich bewegen zu glauben, dass Christus ein von einer Jungfrau geborener Jude sei; vielleicht kann ich damit auch einige Juden für den Christenglauben gewinnen. Denn unsere Narren, die Päpste, Bischöfe, Sophisten und Mönche, die groben Eselsköpfe, haben die Juden bisher so behandelt, dass diejenigen, die gute Christen waren, wohl hätten Juden werden können. Und wenn ich ein Jude gewesen wäre und hätte solche Tölpel und Grobiane

gesehen, wie sie den Christenglauben regieren und lehren, wäre ich lieber eine Sau geworden als ein Christ.

Denn sie sind mit den Juden umgegangen, als wären sie Hunde und keine Menschen. ... Ich habe es selbst von frommen, getauften Juden gehört: Wenn sie nicht zu unserer Zeit das Evangelium gehört hätten, wären sie ihr Leben lang unter dem Christenmantel Juden geblieben. Denn sie bekennen es, dass sie bei denen, die sie getauft und unterrichtet haben, noch nie etwas von Christus gehört haben.

Ich hoffe, dass viele Juden rechte Christen werden und wieder zum Glauben ihrer Väter, dem Glauben der Propheten und Patriarchen, zurückkehren, wenn man sie freundlich behandelt und sie sorgfältig aus der Heiligen Schrift unterweist. Wenn man ihre Sache verwirft und sie so gar nichts sein lassen will und sie nur hochmütig und mit Verachtung behandelt, werden sie davor nur weiter zurückschrecken. Wenn die Apostel, die ebenfalls Juden waren, uns Heiden so behandelt hätten wie wir Heiden die Juden, wäre kein Heide Christ geworden.

Luther gibt hier den Vorwurf, er «judaisiere», an die Papstkirche zurück: Ihr Christentum sei in Wirklichkeit ein verkapptes und missverstandenes Judentum – wenn er ein Jude wäre, dann wäre er lieber eine Sau geworden (eine Anspielung auf die Judensau) als ein Christ! Mit anderen Worten, das Christentum, das die Papstkirche den Juden anbiete, sei die Karikatur eines Judentums, von dem sich jeder echte Jude nur mit Grausen abwenden könne. Sein Christentum dagegen sei das eigentliche und wahre Judentum. Luther beruft sich auf zum Christentum übergetretene Juden, die nur aufgrund seines neuen Christentums diesen Schritt getan haben. Denn wenn man die Juden richtig, nämlich in seinem Sinne, in der Schrift unterwiese, würden sie erkennen, dass *diese* christliche Lehre nichts anderes ist als der Glaube ihrer Propheten und Patriarchen, das wahre Judentum, das sie selbst vergessen hätten und das die Papstkirche entstellt habe. Dieses wahre alt-neue Judenchristentum sei das Christentum der Urkirche, das die Papstkirche schmählich verraten habe.

Vor diesem Hintergrund seines erneuerten Christentums fallen am Ende der Schrift Luthers verständnisvolle und judenfreundlichste Äußerungen. Man solle geduldig sein bei ihrer Bekehrung und in Schritten vorgehen: Jesus sofort als Mensch und Gott anzuerkennen, sei zu viel verlangt. Es reiche, dass sie zunächst bereit sind, Jesus als Messias zu akzeptieren; erst in einem zweiten Schritt würden sie begreifen, dass er auch «wahrhaftiger Gott sei».[14] Nur dieses vorsichtig-kluge Vorgehen werde zum Erfolg führen:[15]

> Darum wäre meine Bitte und mein Rat, dass man vorsichtig mit ihnen umgeht und sie aus der Schrift unterrichtet. Dann könnten einige von ihnen zum [christlichen Glauben] kommen. Aber wenn wir nur gewaltsam gegen sie vorgehen und Lügen verbreiten, wenn wir ihnen vorwerfen, sie müssten Christenblut haben [und verwenden], um nicht zu stinken, und ich weiß nicht, was des Narrenwerks mehr ist, sodass man sie wie Hunde behandelt – wie sollten wir [auf diese Weise etwas] Gutes an ihnen ausrichten? Auch dass man ihnen verbietet, unter uns zu arbeiten, ihr Handwerk auszuüben und andere menschliche Gemeinschaft [mit uns] zu haben, wodurch man sie zum Wuchern antreibt – wie sollten [diese unsere Maßnahmen] sie bessern?

Hier distanziert Luther sich in seltener Deutlichkeit von den christlichen Anschuldigungen gegen die Juden, die er klar als Lügen und Narreteien qualifiziert. Er erwähnt als einziges Beispiel dafür die Blutbeschuldigung, und dies mit der merkwürdigen Begründung, dass die Juden christliches Blut trinken würden, um ihren jüdischen Gestank zu kaschieren; es ist denkbar, aber keineswegs sicher, dass er damit gleichzeitig auch das ganze Arsenal der christlichen antisemitischen Stereotype im Blick hat. Dasselbe gilt für sein Plädoyer für eine wirtschaftliche und soziale Eingliederung der Juden in die christliche Gesellschaft (handwerkliche Arbeit statt Beschränkung auf den Geldverleih): Hier denkt Luther überraschend weitsichtig, aber dabei geht es ihm weniger um die wirtschaftliche Besserstellung der Juden und damit die prophetische Vorschau auf eine neue Zeit als vielmehr um die Gewinnung der Juden als seine Anhänger und Gegner der päpstlichen Kirche:[16]

> Will man ihnen helfen, so darf man nicht das Gesetz des Papstes, sondern muss das Gesetz christlicher Liebe an ihnen üben und sie freundlich annehmen. [Man muss sie] mit [uns ihr Brot] erwerben und sie arbeiten

Martin Luther

lassen, damit sie Gelegenheit und Möglichkeit haben, bei und um uns zu sein, um unsere christliche Lehre und (christliches) Leben zu hören und zu sehen. Wenn auch einige [von ihnen] halsstarrig sind, was liegt daran? Wir sind doch auch nicht alle gute Christen. Hiermit will ich es dieses Mal bewenden lassen, bis ich sehe, was ich gewirkt habe. Gott gebe uns allen seine Gnade. Amen.

Luther musste bald einsehen, dass sein Aufruf nicht viel bewirkt hatte. Auch seiner neuen Lehre sollte es nicht gelingen, eine nennenswerte Anzahl von Juden zur Bekehrung zu bewegen – ganz im Gegenteil: Luther kam zu Ohren, dass in Böhmen und Mähren Christen zum Judentum übertraten, weil sie glaubten, der Messias sei noch nicht gekommen, sich beschneiden ließen und den Sabbat hielten. Er antwortete darauf 1538 in einem langen Brief an seinen «guten Freund», den Grafen Wolf Schlinck zu Falkenau, *Wider die Sabbather an einen guten Freund*. Hier wird der Ton sehr viel kritischer. Nicht nur *ist* für Luther der Messias mit Jesus gekommen, sondern das jüdische Gesetz, das heißt die ganze Torah, ist mit dem Kommen des Messias und dem Beginn des Exils erledigt: «Wenn Ihr schreibt, dass die Juden [sich] rühmen, ihr Gesetz müsse ewig bleiben und wir Heiden müssten Juden werden, so sollt Ihr darauf antworten: … Wenn das wahr ist, dass der Messias gekommen ist, so wissen sie selbst, dass ihr Gesetz aus [und vorbei] ist.»[17] Wenn die Juden dies weiter bestritten, so wären sie Lügner und stünden mit ihrer Behauptung gegen Gott selbst: «Hier muss nun gefragt werden: Wer lügt hier? Lügt Gott oder lügt der Jude, denn sie widersprechen sich. Der Jude sagt ‹Ja›, Gott sagt ‹Nein›. Aber es bedarf gar keiner Frage, sondern [es] ist erwiesen, das die Juden lügen.»[18] In diesem ungleichen Kampf zwischen Gott und den Juden können die Juden nicht gewinnen.

In der Beurteilung der Schrift *Wider die Sabbather* ist es völlig unerheblich, ob die Gerüchte von den angeblichen Bekehrungen der Christen zum Judentum historisch plausibel sind oder nicht. Entscheidend ist allein die Tatsache, dass Luther von der Angst vor judaisierenden Tendenzen im Christentum getrieben ist, einer Angst, die von Anfang an im Christentum virulent war und immer wieder an die Oberfläche kommen sollte, einer Angst zumal, die als eine der gefährlichsten Triebfedern antisemitischer Exzesse gesehen werden muss. Bei Luther dürfte sie konkret auch durch das neue wissenschaftliche Interesse am Hebräischen und an der rabbinischen Schriftauslegung sowie der kabbalistischen «Urweisheit» beflügelt worden sein. Diese Angst sollte ihren Höhepunkt in den letzten antijüdischen Schriften Luthers finden.

Der späte Luther: Hass und Aufruf zur Vernichtung

Luthers Schrift *Von den Juden und ihren Lügen* von 1543 ist in ihrem Kern ein hemmungsloser, wütender und geradezu rauschhafter Angriff auf das Judentum und alles Jüdische. Gleichzeitig klingt durch, dass er damit auch die christliche Hebraistik treffen will, die die jüdischen Schriften verteidigt und aus seiner Sicht zu viel Verständnis für die jüdische Auslegung der Schrift zeigt. Diese widerspricht diametral seinem christologischen Bibelverständnis als der Grundlage seiner Theologie. Der umfangreiche Traktat ist aus historischer wie aus heutiger Sicht von atemberaubenden Invektiven und Hasstiraden gegen die Juden durchzogen, die in ganz konkrete Handlungsanweisungen münden: Verbrennung ihrer Synagogen, Zerstörung ihrer Häuser, Wegnahme ihrer Bücher, Verbot des Geldverleihs, Konfiskation ihres Vermögens, Vertreibung.

Wie ein roter Faden zieht sich durch den Text die Verteufelung der Juden. Sie seien von Gott verlassen, besessen vom Teufel und der Lüge verfallen. Jeder gute Christ müsse ein apotropäisches Kreuz über sie schlagen:[19]

> Darum hüte dich, lieber Christ, vor den Juden, von denen du hieraus siehst, wie sie durch Gottes Zorn dem Teufel übergeben sind. Der hat sie nicht allein des rechten Verstandes in der Schrift, sondern auch gewöhnlicher menschlicher Vernunft, Scham und Sinne beraubt und treibt durch sie nur Unfug und Spott mit der Heiligen Schrift, so dass man ihnen weiterhin in keinem anderen Stück mehr trauen oder glauben kann, auch wenn ihnen zuweilen ein wahres Wort entfiele. ... Wo du darum einen

rechten Juden siehst, magst du mit gutem Gewissen [wie zum Schutz gegen böse Geister] ein Kreuz vor dich schlagen und bestimmt sprechen: Da geht ein leibhaftiger Teufel.

Mit der Verteufelung der Juden führt Luther das Johannesevangelium fort, das die Juden nicht als Söhne Abrahams, sondern des Teufels verunglimpft, und treibt es auf eine kaum überbietbare Spitze: Die Juden seien mit Leib und Leben in der Gewalt des Teufels, jeder menschlichen Vernunft beraubt, keine wirklichen Menschen mehr. Wenn Luther ihnen hier das Menschsein abspricht, ist auch dies ein fernes Echo der griechisch-römischen Judenfeindschaft.

Der Traktat gliedert sich in zwei große Hauptteile, von denen der erste die Lügen der Juden gegen die christliche Lehre behandelt und der zweite ihre Lügen gegen Personen: gegen Jesus, seine Mutter Maria und alle Christen, die sie schmähen und lästern:[20]

> Und hier entlädt sich ein Donnerwetter über uns mit Fluchen, Lästern, Speien, dass es nicht zu sagen ist. [Sie] wünschen uns, dass Schwert und Kriege, Angst und alles Unglück über uns verfluchte Gojim komme. Solch ein Fluchen treiben sie alle Sonnabend öffentlich in ihren Schulen[21] und täglich in ihren Häusern. [Sie] lehren, treiben und gewöhnen ihre Kinder von Jugend auf daran, dass sie ja bittere, giftige und böse Feinde der Christen bleiben sollen.

Deswegen habe Gott sie «mit Wahnsinn, Blindheit und rasendem Herzen geschlagen». Aber letztlich seien die Christen selbst an diesem üblen Treiben der Juden schuld:[22]

> So ist es auch unsere [eigene] Schuld, dass wir das große unschuldige Blut, das sie an unserm Herrn und etwa dreihundert Jahre lang nach der Zerstörung Jerusalems an den Christen und seither an Kindern vergossen haben (was noch aus ihren Augen und ihrer Haut scheint), nicht rächen [und] sie nicht totschlagen. Stattdessen lassen wir sie trotz all ihres Mordens, Fluchens, Lästerns, Lügens, Schändens frei bei uns sitzen. [Wir] schützen und beschirmen ihre Schule [Synagoge], ihre Häuser, ihr Leib und Gut, um sie faul und sicher zu machen und [ihnen zu] helfen, dass

sie getrost unser Geld und Gut aussaugen, uns dazu verspotten, uns anspucken, [um herauszufinden], ob sie uns zuletzt überwältigen und uns für diese große Sünde alle totschlagen [und uns] alles Gut nehmen könnten, wie sie täglich bitten und hoffen.

Hier gilt für Luther als ausgemacht, was er noch in *Dass Jesus Christus ein geborener Jude sei* zurückgewiesen hatte, dass die Juden christliche Kinder töten,[23] und auch die anderen Beschuldigungen wie Brunnenvergiftung und Hostienschändung werden immer wieder über den ganzen Traktat verstreut als Fakten verkündet. Der Reformator Luther kennt alle diese Anschuldigungen nicht nur aus der Geschichte, sondern hat solche Geschichten selbst gehört und nimmt sie jetzt für bare Münze:[24]

Ich habe viele Geschichten von den Juden gelesen und gehört, die mit diesem Urteil Christi übereinstimmen. Wie sie nämlich die Brunnen vergiftet, heimlich gemordet [und] Kinder gestohlen haben, wie oben dargelegt. Ebenso, dass ein Jude dem andern einen Topf voller Blut, auch durch einen Christen, über Feld geschickt hat oder ein Fass Wein, in dem, nachdem der Wein ausgetrunken war, ein toter Jude gefunden wurde und viel mehr solcher [Geschichten]. Und das Kinderstehlen hat sie oft (wie oben gesagt) zur Verbrennung und Vertreibung geführt. Ich weiß wohl, dass sie dies und alles [andere] ableugnen. Es stimmt aber alles mit dem Urteil Christi überein, dass sie giftige, bittere, rachgierige, hämische Schlangen, Meuchelmörder und Teufelskinder sind, die heimlich stechen und Schaden tun, weil sie es öffentlich nicht vermögen. Darum wollte ich gerne, sie wären [dort], wo keine Christen sind.

Der Traktat gipfelt in ganz konkreten Handlungsanweisungen, wie mit den Juden in Zukunft zu verfahren sei. Ein heutiger protestantischer Theologe und Lutherforscher nennt sie Luthers «Endlösung der Judenfrage».[25] Die Empfehlungen sind Luther so wichtig, dass er sie zweimal mit leichten Abwandlungen wiederholt: Die Synagogen der Juden sollen verbrannt und ihre Überreste mit Erde und Steinen zugeschüttet werden, «damit kein Mensch mehr davon in Ewigkeit einen Stein oder Schlacke sehen kann».[26] Desgleichen sind ihre Wohnhäuser niederzubrennen,[27] und stattdessen soll man sie in einen Stall tun wie die Zigeuner, «damit sie wissen, sie seien nicht Herren in unserem Lande».[28] Alle ihre religiösen Schriften sind zu konfiszieren, «in denen solche Abgötterei, Lügen, Fluchen und Lästerung gelehrt wird».[29] Ihren Rabbinern muss verboten werden zu lehren;[30] ebenso sind ihre Gottesdienste «bei [Strafe des] Verlustes von Leib und Leben» zu verbieten, denn «ihr Lob, ihr Dank, ihr Gebet und ihr Lehren ist ganz und gar Gotteslästerung, Fluchen, Abgötterei».[31] Alle Maßnahmen zum Schutz und Geleit der Juden sind aufzuheben, «[d]enn sie haben auf dem Lande nichts zu schaffen, weil sie weder Herren noch Amtsleute noch Händler oder dergleichen sind. Sie sollen daheim bleiben.»[32] Als einschneidende wirtschaftliche Maßnahme müsse der Wucher verboten und «alle Barschaft und Kleinodien an Silber und Gold» konfisziert werden, denn «[a]lles, was sie haben …, haben sie uns gestohlen und durch ihren Wucher geraubt, weil sie sonst keinen anderen Lebensunterhalt haben».[33] Stattdessen – und hier wird die Parallele zur Moderne geradezu gespenstisch – empfiehlt er als Heilmittel die körperliche Arbeit der Juden:[34]

> [D]ass man den jungen, starken Juden und Jüdinnen Dreschflegel, Axt, Hacke, Spaten, Spinnrocken, Spindel in die Hand gebe und lasse sie im Schweiße ihres Angesichts ihr Brot verdienen, wie Adams Kindern aufgelegt ist (Genesis 3,19). Denn es taugt nicht, dass sie uns verfluchte Gojim im Schweiße unsers Angesichts arbeiten lassen wollen, und sie, die heiligen Leute, wollen es hinter dem Ofen mit faulen Tagen, Festen und Furzen verzehren, und dazu lästerlich rühmen, sie wären von unserm Schweiß Herren der Christen.

Wenn alle diese Maßnahmen nicht helfen, bleibt für Luther nur noch als letztes Mittel, die Juden für immer aus dem Land zu vertreiben, wie das andere Völker bereits getan haben: «[S]o lasst uns bei der gemeinen Klugheit der anderen Nationen wie Frankreich, Spanien, Böhmen usw. bleiben und mit ihnen abrechnen, was sie uns abgewuchert [haben], und danach gütlich teilen, sie aber für immer zum Lande hinaustreiben. … Darum für immer[35] weg mit ihnen!»[36] Und wo sollen die Juden hin? Luthers Antwort darauf ist eindeutig und unheimlich prophetisch: «Darum wollte ich gerne, sie wären [dort], wo keine Christen sind. Der

Türke und andere Heiden leiden dies nicht von ihnen, was wir Christen von den giftigen Schlangen und jungen Teufeln leiden. Sie tun es auch niemandem als uns Christen.»[37]

Noch im selben Jahr 1543 veröffentlichte Luther seinen berüchtigten Traktat *Vom Schem Hamphoras: Und vom Geschlecht Christi*, «die wüsteste und sprachlich schmutzigste Schrift, die Luther je geschrieben» hat.[38] Der Titel bezieht sich im ersten Teil auf das Tetragramm, den nach jüdischer Tradition unaussprechlichen Gottesnamen. «Der besondere, ausgelegte Name», der *schem ha-meforasch,* wurde vom Hohepriester nur einmal jährlich am Versöhnungstag im Allerheiligsten ausgesprochen. Er ist Gegenstand mystischer Spekulationen in der Kabbalah und magischer Traditionen. Der zweite Teil des Titels spielt auf die antichristliche jüdische Polemik *Toledot Jeschu* an, die von der Herkunft und dem Stammbaum (Geschlecht) Jesu handeln und die im Mittelpunkt der jüdischen Auseinandersetzung mit dem Christentum stehen.[39] Luther beginnt die Schrift mit seiner (der ersten deutschen) Übersetzung der *Toledot* aus dem Lateinischen, die er ausführlich und sarkastisch kommentiert. Eine besondere Stoßrichtung hat sein Kommentar auch wieder gegen die Papstkirche, die ja für ihn genau das von ihm bekämpfte Judentum verkörpert, also in Wirklichkeit jüdischer ist als die Juden: So wie die Juden mit dem Gottesnamen ihren magischen Unfug trieben und den wörtlichen Textsinn der Heiligen Schrift pervertierten, so benutze der Papst ebendiesen Gottesnamen für seinen magischen Hokuspokus in Form von Weihwasser und geweihten Kerzen, den er dann auch noch für viel Geld an die dummen Gläubigen verkaufe:[40]

> Daher verwerfen wir auch den Papst mit seiner ganzen Kirche, der die ganze Welt mit gleicher Gaukelei, Zauberei [und] Abgötterei erfüllt hat. Denn er hat auch seinen besonderen Schem Hamephorasch. Da geht er hin, bezaubert das Wasser mit losen, bloßen, inhaltslosen Buchstaben [und] gibt vor, es sei Weihwasser, das die Sünde abwasche, den Teufel verjage und viele andere positive Wirkungen habe. Er will es Gott nachtun wie ein Affe. Ebenso bezaubert er das liebe Wachs mit nichtigen leeren Buchstaben, verkauft es Kaisern und Königen für das heilige *Agnus*

Dei, das viele positive Wirkungen haben soll. Davon ernährt er sich, ja, er wurde reich in der Welt wie ein erzlästerlicher Gaukler, Zauberer und [die] Abgötter.

Danach kommt Luther ausführlich auf das Relief der Judensau aus dem frühen 14. Jahrhundert an der Wittenberger Pfarrkirche zu sprechen, das bis heute erhalten ist und das auch durch zahlreiche Einblattdrucke mit dem «Schemhamphoras» von Luthers Traktat als Überschrift weite Verbreitung gefunden hat:[41]

> Es ist hier in Wittenberg an unserer Pfarrkirche eine Sau in Stein gehauen. Darunter liegen junge Ferkel und Juden, die saugen. Hinter der Sau steht ein Rabbiner, der hebt der Sau das rechte Bein empor, und mit seiner linken Hand zieht er den Pirtzel über sich, bückt und schaut mit großem Fleiß der Sau unter dem Pirtzel in den Talmud hinein, als wollte er etwas Scharfes und Besonderes lesen und ersehen. Von dort her haben sie gewiss ihren Schem Hamephorasch.

Was der Jude im After der Sau sieht, ist danach der Inhalt des Talmuds, und dieser Inhalt ist schlicht «Dreck», Kot, wie er anschließend erklärt. «Schemhamphorasch» beziehe sich nämlich nicht auf den besonderen Gottesnamen, sondern bedeute in Wirklichkeit «Scham Haperes», «das heißt: ‹Hier [ist] Dreck›! Nicht der [Dreck, der] auf der Gasse liegt, sondern der aus dem Bauch kommt.»[42] Dies ist eine mögliche, aber in ihrer Bösartigkeit kaum zu überbietende philologische Ableitung: Statt *schem* («Name») liest er *scham* («hier, dort») und statt *ha-meforasch* («ausgelegt, erklärt») liest er *ha-peresch* («Innereien», insbesondere «Mageninhalt») und verweist dafür auf Levitikus (4,11 und 8,17), wo von den Innereien der Opfertiere im Tempel die Rede ist, die nicht auf dem Altar, sondern als Abfall verbrannt werden müssen. Der Talmud sei also nichts anderes als der verdaute und in die Därme ausgeschiedene Mageninhalt der Schweine, ihr Kot, die höchstmögliche Steigerung von Dreck.

Mit seiner Mystifizierung, Dämonisierung, Verteufelung und schließlich Entmenschlichung der Juden vereint Luther in unvergleichlicher Weise alles, was vor ihm an religiösen, sozialen und protorassistischen Vorurteilen über und gegen die Juden vorgebracht wurde – und überführt es als wesentlichen Bestandteil seiner Theologie vom Mittelalter in die Neuzeit. Die Juden gehörten, ebenso wie der papistische Katholizismus, einer heilsgeschichtlich überholten Stufe der Religion an und müssten deswegen – wenn sie sich denn nicht bekehren ließen – ein für alle Mal vertrieben werden. Dies ist Antisemitismus in Reinkultur, und es ist genau dieser Antisemitismus, der von Luther mit seiner neuen Interpretation des Christentums verknüpft wird, der in die Zukunft hinein weitergewirkt hat, bis hin in die Moderne. Ausschlaggebend dafür waren vor allem zwei Faktoren: einmal die rasante Verbreitung seiner Schriften und Flugblätter, die erst durch den Buchdruck möglich wurde; und zum anderen seine Rolle als Advokat und Vermittler der deutschen Sprache und damit auch einer noch zu schaffenden deutschen Nation. Für seine spätere Vereinnahmung als Wegbereiter eines deutschen Nationalismus ist gewiss nicht Luther haftbar zu machen, aber diese beiden Faktoren waren es, die den Erfolg seines neuen Christentums und die Persistenz seines Judenhasses garantierten.

Christlicher Hebraismus und Philosemitismus

Die frühen Reformatoren folgten Luther keineswegs alle in seiner rigorosen Bekämpfung des Judentums. So etwa Andreas Osiander (gest. 1552), der sich als Kenner des Hebräischen und der Kabbalah für die Juden einsetzte und eine Schrift gegen den Vorwurf des Ritualmordes verfasste; oder Sebastian Münster (gest. 1552), der als Professor für Hebräisch in Heidelberg und Basel lehrte und für eine Judenmission ohne Zwang eintrat. Diese Ansätze wurden in der protestantischen Orthodoxie nach 1550 weiterverfolgt und vertieft. Christliche Schriften wurden zum Zwecke der Judenmission ins Hebräische und Jiddische übersetzt, allerdings mit wenig Erfolg. Stattdessen verstärkten die Bemühungen der christlichen Hebraisten und Kabbalisten, Katholiken wie Protestanten, um die jüdischen Schriften das unvoreingenommene christliche Interesse am Judentum.

Schon im 13. Jahrhundert waren Teile des Talmuds ins Lateinische übersetzt worden. Der Konvertit und christliche Kabbalist Paulus Ricius (gest. nach 1541) übertrug 1516 das Hauptwerk des spanischen Kabbalisten Joseph Gikatilla (gest. 1325) mit dem hebräischen Titel *Scha'are Orah* als *Portae Lucis*, «Pforten des Lichts», ins Lateinische. Der Humanist und Universalgelehrte Guillaume Postel (gest. 1581) übersetzte das vorkabbalistische «Buch der Schöpfung» *(Sefer Yetzirah)* und grundlegende Werke der Kabbalah wie das Buch *Bahir* und den *Sohar* ebenfalls ins Lateinische und brachte sie lange vor ihren hebräischen Erstdrucken gedruckt in Umlauf. Johannes Buxtorf (gest. 1629), Professor für Hebräisch an der Universität Basel, verfasste das erste große Lexikon des Hebräischen und Aramäischen aus den rabbinischen Quellen, das *Lexicon chaldaicum talmudicum et rabbinicum*, das – von seinem Sohn vollendet – 1639/40 veröffentlicht wurde. Ebenfalls von seinem Sohn vollendet wurde das lateinische Lexikon abgekürzter hebräischer Begriffe, dem die früheste Bibliographie rabbinischer Werke beigegeben ist: *De Abbreviaturis Hebraicis Liber Novus Et Copiosus ...: Item Bibliotheca Rabbinica* (1640). Seine sachlich fundierte *Judenschul* von 1603 über jüdisches Leben und Brauchtum hatte großen Einfluss in christlichen Kreisen. In England kompilierte der Kleriker und Hebraist John Lightfoot (gest. 1675) mit seinen *Horae Hebraicae et Talmudicae* (1658–1674) zum ersten Mal rabbinische Parallelen zu den Texten des Neuen Testaments und setzte damit Maßstäbe, die bis weit in die moderne Forschung reichen.

Im 17. Jahrhundert verstärkte sich die projüdische Strömung, die man häufig, aber irreführend als «Philosemitismus» bezeichnet hat. Nur wenige von diesen «Philosemiten» hatten Kontakt zu Juden. Zwar argumentierten sie alle gegen eine pauschale Verurteilung der Juden, aber keineswegs deswegen, weil sie die Juden als Menschen (mit ihren Stärken und Schwächen) und ihre Religion als gleichberechtigte Religion neben dem Christentum akzeptierten – ganz im Gegenteil, sie waren sich, bei aller «Liebe» zum Judentum, grundsätzlich einig, dass das Judentum als Religion vom Christentum abgelöst worden sei und daher keine Berechtigung mehr habe. So befürworteten Hugo Grotius (gest. 1645) in den Niederlanden oder Oliver Cromwell in England, die beide eine utilitaristische Spielart des Philosemitismus vertraten, die

Niederlassung der Juden nicht zuletzt auch deswegen, weil sie sich wirtschaftliche Vorteile davon erhofften. Oliver Cromwell erlaubte den Juden 1655 die Einwanderung nach England.

Der messianisch-missionarische Typ des Philosemiten stellte die endgültige Bekehrung der Juden in den Vordergrund. Isaac de La Peyrère (gest. 1676), ein französischer millenaristischer Theologe, forderte König Ludwig XIV. auf, den Juden die Rückkehr in sein Land zu erlauben, weil das Kommen des Messias unmittelbar bevorstehe und deswegen alle Juden bekehrt werden müssten. Ähnlich argumentierten der Millenarist Paul Felgenhauer (gest. um 1680), der den Juden eine besondere heilsgeschichtliche Rolle zusprach, weil der von ihnen erwartete Messias der wiederkehrende Christus sei. Der Schwede Anders/ Andreas Peders(s)on Kempe (gest. 1689), ein mystischer Spiritualist, kündigte nicht nur den unmittelbar bevorstehenden Beginn des messianischen Reiches an, sondern hielt auch Schwedisch für die göttliche Ursprache. Der protestantische Polyhistor Christian Knorr von Rosenroth (gest. 1689) entdeckte erneut die gemeinsame Wurzel von Judentum und Christentum in der jüdischen Mystik, folgerte daraus aber nicht etwa den Vorrang des Judentums, sondern die notwendige Bekehrung der Juden zum Christentum. Dasselbe gilt für den Orientalisten Johann Christoph Wagenseil (gest. 1705): Seine Erkenntnis, dass die jüdische Literatur wichtige Einsichten enthielt und es verdiente, ernst genommen zu werden, hielt ihn nicht davon ab, die Judenmission nachdrücklich zu befördern. Genau dies war auch ein zentrales Anliegen der protestantischen Reformbewegung des Pietismus, der sich ab etwa 1660 ausbreitete und bis in die Gegenwart hinein weiterwirkt.

Christlicher Hebraismus und Philosemitismus

7

DAS ZEITALTER VON AUFKLÄRUNG, EMANZIPATION UND NATIONALISMUS

Gesellschaftlich akzeptierter Antisemitismus

Mit der Aufklärung und der sich daraus entwickelnden Emanzipation der Juden begann ein neues Zeitalter für die Juden, aber auch ein neues Zeitalter der Judenfeindschaft und des Antisemitismus. Dabei ist es keineswegs so, dass die alten Vorurteile obsolet waren und durch neue ersetzt wurden, ganz im Gegenteil: Alte Vorurteile wurden in die neue Zeit übertragen, lebten unter neuen Bedingungen und im neuen Gewande weiter und wurden durch neue Elemente angereichert. Grundlegend blieb dabei, wie schon in den vorherigen Epochen, die zentrale Stellung der Religion.

Aufklärung: Das Judentum als Inbegriff der Intoleranz

Die Philosophen der Aufklärung, allen voran französische Philosophen wie Montesquieu, Voltaire, Rousseau und Diderot, die dem 18. Jahrhundert ihren Stempel als dem *siècle des lumières*, dem «Jahrhundert der Lichter», aufdrückten, waren sich in ihrer Einstellung zu den Juden durchweg einig: Das Licht der Vernunft konnte nur scheinen, wenn Unwissenheit, Irrtum und Aberglaube ein für alle Mal ausgerottet wurden, und der Inbegriff dieses Aberglaubens war für sie die Religion in ihrem vorherrschend christlichen Gewande. Da diese christliche Religion aber im Judentum wurzelte und in nicht unbeträchtlichem Maße davon beeinflusst war und blieb, schon allein durch das Alte Testament, war die Folgerung unausweichlich, dass sich jeder Versuch der Befreiung von den Fesseln der religiösen Irrungen auch gegen die Juden richten musste. Auch wenn die «erleuchteten» Philosophen den Aberwitz der mittelalterlichen Beschuldigungen wie Blutlust, Hostienfrevel und Brunnenvergiftung erkannten und ablehnten, blieb die alte Vorstellung, im Judentum herrschten Aberglauben und fanatische Irrationalität, lebendig. Mit anderen Worten, der alte Antijudaismus feierte im neuen säkularen Gewande seine Auferstehung und wurde zu dem gemeinsamen Nenner, auf den sich die verschiedenen Vertreter der Aufklärer ebenso einigen konnten wie ihre Gegner.

Das Beharrungsvermögen dieses uralten Stereotyps wird noch deutlicher, wenn man die Präsenz der Juden im Frankreich des 18. Jahrhunderts berücksichtigt. Neue statistische Untersuchungen haben gezeigt, dass das intellektuelle Interesse am Judentum zunahm, obwohl es kaum persönlichen Kontakt zu Juden gab. Vor der Französischen Revolution gab es höchstens 40 000 Juden in Frankreich, und mehr als drei Viertel von ihnen lebten in Gebieten ganz im Osten des Reiches, die im 17. Jahrhundert dem Heiligen Römischen Reich abgenommen wurden. Andere lebten in den ehemals päpstlichen Territorien, und wieder andere waren Nachkommen der spanischen *Conversos*. In Paris selbst lebten nur wenige privilegierte Juden mit begrenzter Aufenthaltserlaubnis. Aber auch dieser Befund gehört zu dem altbekannten Muster, dass Antijudaismus und Antisemitismus oft unabhängig von der direkten Begegnung mit Juden sind und dort besonders gut gedeihen, wo es keine oder nur wenige Juden gibt (ein Muster, das man allerdings nicht zu sehr verallgemeinern sollte). Tatsache ist jedenfalls, dass die Juden zwar alles andere als das zentrale Thema der Aufklärung sind, dass die Beschäftigung mit ihnen aber gleichwohl eine herausragende Rolle spielte.

Dies gilt ganz sicher für Voltaire (François-Marie Arouet), den wohl produktivsten und meistgelesenen Denker der Aufklärung (1694–1778). In seiner riesigen literarischen Produktion stehen die Juden gewiss nicht im Mittelpunkt – und seine Urteile sind keineswegs immer voreingenommen und einseitig –, und doch kann er seine tiefsitzende Abneigung gegen dieses Volk nicht verhehlen. In dem langen Artikel «Juifs» in seinem *Dictionnaire philosophique* beschließt er den ersten Abschnitt mit dem vielsagenden zusammenfassenden Satz:[1]

> Schließlich wird man in ihnen nur ein unwissendes und barbarisches Volk finden, das schon seit langer Zeit die schmutzigste Habsucht mit dem verabscheuungswürdigsten Aberglauben und dem unüberwindlichsten Hass gegenüber allen Völkern verbindet, die sie dulden und an denen sie sich bereichern. *Jedoch, man soll sie nicht verbrennen.*[2]

Besser könnte der neue und gleichzeitig alte aufklärerische Standpunkt nicht auf den Punkt gebracht werden: Die Juden sind zwar unwissend, barbarisch und habgierig und hegen einen tief verwurzelten Hass gegenüber allen anderen Völkern – aber umbringen soll man sie deswegen nicht! Genau dies forderte er auch in seinem *Sermon du Rabbin Akib* von 1761: «Er (Jesus) lebte als Jude, starb als Jude – und ihr verbrennt uns, weil wir Juden sind.»[3] Dies wäre finsterstes Mittelalter, eine Reaktion, die zu überwinden die Aufklärung ja angetreten war. Voltaire sagt hier nicht, was denn mit diesen Juden geschehen solle, aber es ist doch unmissverständlich klar, dass sie keinen legitimen Platz in der neuen von Vernunft geprägten Gesellschaft haben können. Und die Wortwahl seiner Negativliste verrät nur zu deutlich, woher er sie hat. In der Vorstellung von ungezügelter Habgier und Bereicherung der Juden ausgerechnet denen gegenüber, die sie nur widerwillig unter sich dulden, leben offenkundig die mittelalterlichen ökonomischen Bedingungen von Geldverleih und der daraus resultierende Vorwurf der Wucherzinsen weiter.

Die anderen Punkte der Negativliste verweisen aber auf einen ganz anderen und älteren Ursprung, nämlich auf die Zusammenfassung in Tacitus' Exkurs über die Juden:[4] ihr Aberglaube, ihre verkehrten und scheußlichen Sitten und Gebräuche, ihr feindseliger Hass auf alle anderen Menschen und ihre absurde und verächtliche/schmutzige Lebensart. Tacitus und Voltaire verwenden hier sogar dasselbe Wort:

Aufklärung

189

sordidus bzw. *sordide*. Tacitus' Werke gehören zu den Klassikern der griechisch-römischen Antike, die vergessen waren und erst im Humanismus wiederentdeckt und dann auch gedruckt wurden. Der flämische Philosoph und Philologe Justus Lipsius veröffentlichte 1574 die erste Gesamtausgabe von Tacitus. Es ist also sehr gut möglich und sogar wahrscheinlich, dass Voltaire Tacitus und damit auch seinen Judenexkurs kannte. Jedenfalls greift der Religionskritiker Voltaire hier ganz offensichtlich auf die vorchristliche und auch vorreligiöse antike Judenfeindschaft zurück, die den Juden in ihrem Kern und Wesen einen unstillbaren Hass (*hostile odium* bei Tacitus und *plus invincible haine* bei Voltaire) auf alle anderen Menschen anlastet.

In seinem berühmten *Traité sur la tolérance* von 1763 bemüht sich Voltaire um ein ausgewogenes Bild vom alttestamentlichen Judentum, und dennoch, auch dort sind es gerade die Juden, die als die eindringlichsten Beispiele für Intoleranz und Fanatismus herhalten müssen. Im 18. Kapitel des Traktats mit der Überschrift «Die einzigen Fälle, in denen die Intoleranz Menschenrecht ist», schreibt er:[5]

> Die Juden schienen mehr als jeder andere das Recht zu haben, uns zu bestehlen und uns zu töten. Denn obwohl es hunderte von Beispielen der Toleranz im Alten Testament gibt, gibt es auch einige Beispiele und einige Gesetze von Härte. Gott hat ihnen gelegentlich befohlen, Götzendiener zu töten und nur die heiratsfähigen Töchter zu verschonen: sie [die Juden] betrachten uns als Götzendiener; und obwohl wir sie heute tolerieren, könnten sie, wenn sie die Herren wären, allein unsere Töchter auf der Welt übrig lassen.

Es gibt somit berechtigte Fälle von Intoleranz im Alten Testament – die Tötung von Götzendienern –, aber unglücklicherweise übertragen die Juden dieses Recht auf Intoleranz auf unsere heutige Gegenwart und begründen damit ihr Recht, uns zu bestehlen und zu töten, weil sie uns als Götzendiener betrachten. Folglich würden sie, wenn sie denn könnten, uns alle umbringen und nur unsere heiratsfähigen Töchter verschonen. Nach derselben Logik des alttestamentlichen Rechts, so treibt er im Folgenden den Gedanken ironisch auf die Spitze, müssten die Juden auch alle Türken töten, denn diese besetzten das Land, das einst ihnen gehörte: «Wenn die Juden heute so argumentieren würden, dann ist klar, dass es keine andere Antwort geben könnte, als sie (alle) zu exekutieren.»

Anfänge der Emanzipation

Die Philosophie der Aufklärung mit ihrer Stärkung der Rechte des Individuums gegen die Vorherrschaft der Religion leitete, bei allen Vorbehalten auch der Aufklärer gegen das Judentum als Wurzel und Grund des Christentums, auch die bürgerliche Emanzipation der Juden ein – mit deutlichen Unterschieden in den einzelnen Ländern Europas und in langsamen Schritten. Am frühesten begann dieser Prozess ausgerechnet in England, wo es bis 1656 für mehrere Jahrhunderte keine Juden mehr gegeben hatte. Der Vordenker in England war der Philosoph John Toland (1670–1722), der für eine Religion der Vernunft unter Einschluss der Juden eintrat und sich in dem ihm zugeschriebenen Pamphlet *Reasons for Naturalizing the Jews in Great Britain und Ireland* (London 1714) für eine systematische Einwanderung der Juden nach England aussprach und die Juden gegen «alle vulgären Vorurteile in allen Ländern» verteidigte (so der Untertitel). Vordenker in Deutschland war, viel später als Toland in England, der Geheime preußische Kriegsrat Christian Wilhelm von Dohm (1751–1820), der 1781 und 1783 in zwei Teilen eine Schrift *Über die bürgerliche Verbesserung der Juden* vorlegte, die weites Aufsehen erregte.

Dohm, ein herausragender Vertreter des staatsökonomisch-utilitaristisch eingestellten preußischen Beamtentums, forderte erstmals in Deutschland die volle bürgerliche und wirtschaftliche Gleichberechtigung der Juden, einschließlich der freien Religionsausübung. Auch die Christen sollten dazu angehalten werden, «die Juden wie ihre Brüder und Mitmenschen zu betrachten, die auf einem anderen Wege das Wohlgefallen Gottes zu erhalten suchten».[6] Die wirtschaftliche Gleichberechtigung reichte auch bei Dohm allerdings nicht so weit, dass sie alle Berufe in gleicher Weise umfasste: Vom Handel sollten die Juden eher ferngehalten werden; stattdessen solle man sie vorzugsweise der Landwirtschaft zuführen. Dies ist offensichtlich ein neuralgischer Punkt, bei dem alte Vorurteile wieder die Oberhand gewinnen. Die eigene rabbinische Gerichtsbarkeit, die Dohm den Juden in religiösen Streitigkeiten zuerkennen wollte, stieß sogar auf den Widerspruch des jüdischen Aufklärers Moses Mendelssohn (1729–1786), der die Autorität des Staates über alle Formen des religiösen Rechtes stellte. Im zweiten Band von 1783 relativierte Dohm zentrale Aussagen des ersten Bandes zugunsten einer stärkeren Assimilation und verlangte insbesondere die Aufgabe der Praktiken, die eine nationale Eigenständigkeit der Juden beförderten.

Die Vorschläge Dohms blieben, trotz ihrer Einschränkungen und der Diskussionen, die sie auslösten, weitgehend Illusion. Dies zeigen sehr deutlich die fast gleichzeitigen Toleranzpatente, die Kaiser Joseph II. 1781 bis 1789 für die Juden Österreichs verkündete. Trotz verschiedener Verbesserungen ihrer sozialen Lage, die den Juden gewährt werden, ist der durchweg negativ-einschränkende Grundzug der Patente unmissverständlich. Die für Wien geltenden Edikte (2. Januar 1782)[7] beginnen mit dem langen Satz:

> Zwar geht Unser höchster Wille *keineswegs*[8] dahin, der in Wien wohnenden Judenschaft in Beziehung auf die äußere Duldung eine Erweiterung zu gewähren, sondern es bleibt auch in Zukunft dabei, dass dieselbe *keine* eigentliche Gemeinde unter einem besonderen Vorsteher *ihrer Nation* ausmachen, sondern wie bisher jede einzelne Familie für sich des Schutzes der Landesgesetze nach der ihr von Unserer Niederösterreichischen Regierung erteilten Duldung ruhig genießen soll, dass ihr *kein* öffentlicher Gottesdienst, *keine* öffentliche Synagoge gestattet werde, dass ihr hier, eine eigene Buchdruckerei zu ihren Gebet- und anderen hebräischen Büchern zu errichten, *nicht* erlaubt sei ...

Zweck der Edikte war es, wie es anschließend heißt, die Juden «dem Staate nützlicher und brauchbarer zu machen». Dafür wurden ihnen eigene Schulen erlaubt und dort, wo es keine gab, der Besuch christlicher Grundschulen gestattet. Diskriminierende Abzeichen und Kleidung durften sie ablegen. Die freie Berufswahl wurde gestattet – aber

7 Aufklärung, Emanzipation und Nationalismus

mit der gravierenden Einschränkung, dass die Zünfte jüdische Handwerker ausschließen konnten. Der Gebrauch des Hebräischen und Jiddischen wurde für den öffentlichen Bereich verboten. Entscheidend ist die klare Absage an jegliche korporative Organisation der jüdischen Gemeinde und der wiederholte Rekurs auf die «jüdische Nation»: Die Juden als Gemeinschaft in jeder Form werden abgelehnt; nur als Individuen stehen sie unter dem besonderen Schutz der staatlichen Gewalt. Damit blieben sie wie im Mittelalter, trotz aller Erleichterungen, im rechtlichen Status der «Kammerknechtschaft» und vom Wohlwollen des Kaisers abhängig.

Es ist genau dieser Status der Juden als einer eigenständigen Sozialgruppe mit autonomen Gemeinderechten, der eng mit ihrem Selbstverständnis als einem durch Abstammung und Religion definierten Ethnos zusammenhängt, der in der Folge der Französischen Revolution auch die Abgeordneten der französischen Nationalversammlung umtrieb. So erklärte der konstitutionelle Monarchist Stanislas Comte de Clermont-Tonnerre im Dezember 1789 in der Nationalversammlung:[9]

> Den Juden als Nation ist alles zu verweigern, den Juden als Menschen aber ist alles zu gewähren. Sie sollen Bürger werden. Nun behauptet man, sie selbst wollten keine Bürger sein; mögen sie es nur ausdrücklich erklären – dann sollen sie des Landes verwiesen werden, denn es darf keine Nation in der Nation geben. ... In ihrer Petition bringen sie aber gerade die Forderung zum Ausdruck, dass man sie als Bürger betrachte, und dem Gesetze obliegt es, ihnen diese Würde, die allein ein Vorurteil ihnen vorenthalten konnte, endlich zuzugestehen.

Hier wird mit Nachdruck die Forderung nach der vollen Gleichberechtigung der Juden als Bürger des modernen französischen Staates erhoben. Grundlegend ist dabei, dass entgegen der langen Geschichte der Judenfeindschaft von der Antike bis in die Neuzeit die Juden nicht mehr als Inbegriff der Fremden- und Menschenfeindlichkeit und schon gar nicht als die dämonischen Gottes- und Christenmörder verstanden werden, sondern dass ihnen jetzt uneingeschränkt zuerkannt wird, ein Mensch wie jeder andere Mensch zu sein, mit allen sich daraus ergebenden Rechten und Pflichten. Aber ebenso grundlegend ist die Ein-

Anfänge der Emanzipation

schränkung, dass sie nur dann gleichberechtigte Bürger sein können, wenn sie darauf verzichten, eine «Nation in der Nation», das heißt ein Staat im Staate, zu sein. Diese Einschränkung bedeutet letztlich, bei allem bisher nicht gekannten Fortschritt, die Selbstaufgabe eines Judentums, das sich nicht als eine Glaubensgemeinschaft im Sinne des Christentums versteht, sondern als ein durch Religion *und* Herkunft definierter autonomer Stammesverband.

Die Diskussion um die Bürgerrechte der französischen Juden führte schließlich zur Proklamation der Gleichberechtigung der Juden in Frankreich am 28. September 1791, und zwar ohne jegliche Einschränkungen: Die Juden haben, wie jeder Mensch, «der den Bürgereid geleistet und das Gelöbnis abgelegt hat, alle von der Verfassung auferlegten Pflichten zu erfüllen», ein Anrecht auf die von dieser gewährten Freiheiten. Alle früheren in Bezug auf die Juden erlassenen Dekrete werden ausdrücklich außer Kraft gesetzt.[10] Nach der «Declaration of Independence» der dreizehn vereinigten britischen Kolonien in Nordamerika vom 4. Juli 1776, wonach «alle Menschen gleich erschaffen wurden», war Frankreich das erste (und einzige) europäische Land, das die Gleichberechtigung aller Menschen ohne Ansehen ihrer Herkunft und ihrer Religion gesetzlich verankert hat.

Die vollständige bürgerliche Gleichberechtigung der Juden in Frankreich war aber nicht von langer Dauer. Unter Napoleon Bonaparte, seit 1804 Kaiser der Franzosen, erlahmte der emanzipatorische Eifer. Napoleon kam zu der Überzeugung, dass eine volle Integration der Juden in den Staat unter Aufgabe ihrer Gruppenidentität nicht so ohne weiteres durchsetzbar sei, und begann mit der Einführung neuer Sonderregelungen für Juden. Der Höhepunkt dieser Entwicklung waren zwei Dekrete vom März 1808. Das erste Dekret unterstellte die Organisation der jüdischen Gemeinden einem Zentralkonsistorium in Paris, das seinerseits der Kontrolle der französischen Regierung unterlag. Damit war die komplette Abhängigkeit der jüdischen Gemeinden vom staatlichen Souverän wiederhergestellt. Das zweite Dekret, das sogenannte *Décret infâme* («Schanddekret»), schränkte alle jüdischen Kreditgeschäfte radikal ein und stellte sie unter staatliche Aufsicht. Ausdrücklich begünstigt wurde wieder einmal die landwirtschaftliche

194   7 Aufklärung, Emanzipation und Nationalismus

Tätigkeit der Juden. Sonstiger Handel wurde von Genehmigungen abhängig gemacht, die von Fall zu Fall bei den Behörden jährlich einzuholen waren. Diese faktische Aufhebung der Revolutionsgesetzgebung war allerdings nicht von langer Dauer; sie war zunächst nur für zehn Jahre eingeführt worden und wurde von Ludwig XVIII. nicht verlängert.

Die meisten deutschen Staaten führten im Zuge der Napoleonischen Kriege Emanzipationsgesetze ein, die sich an den französischen Gesetzen orientierten. Keines dieser deutschen Gesetze entsprach aber auch nur ansatzweise dem ursprünglichen revolutionär-liberalen Geist der französischen Vorbilder. Ein herausragendes Beispiel ist das von König Friedrich Wilhelm III. im März 1812 verkündete preußische Emanzipationsgesetz.[11] Es erklärt alle zum Zeitpunkt des Gesetzes in Preußen wohnhaften Juden zu «Inländern» und «preußischen Staatsbürgern». Unter der Bedingung, dass sie feste Familiennamen annehmen und alle Verträge nur noch in der «deutschen oder einer anderen lebenden Sprache» abschließen, sollen sie «gleiche bürgerliche Rechte und Freiheiten mit den Christen genießen». Sie dürfen «alle erlaubten Gewerbe», einschließlich des Handels, betreiben; besondere Abgaben dürfen diesen «inländischen Juden» nicht auferlegt werden. Eigene Lehr-, Schul- und Gemeindeämter dürfen sie übernehmen, ob sie allerdings zu Staatsämtern zugelassen werden können, bleibt späterer Gesetzgebung überlassen. Dies ist zumindest auf dem Papier ein erheblicher Fortschritt in der bürgerlichen Gleichstellung der Juden. Praktisch wurde er allerdings in dieser Weise nie vollständig durchgesetzt. Ein entscheidender Hinderungsgrund blieb für lange Zeit der Ausschluss der Juden von öffentlichen Ämtern, der ja schon seit dem christlichen Staat der Spätantike immer wieder im Vordergrund der antijüdischen Gesetzgebung gestanden hatte. Erst mit der Übernahme des Gesetzes des Norddeutschen Bundes von 1869 durch das deutsche Kaiserreich (1871) wurde den Juden auch die Bekleidung öffentlicher Ämter ermöglicht (siehe unten, S. 201 f).

Anfänge der Emanzipation

Emanzipation und Nationalismus

Die Stärkung des deutschen Nationalbewusstseins im Zuge der Napoleonischen Kriege führte in Deutschland, nicht zuletzt auch als Reaktion auf die emanzipatorische Bewegung, zu neuen Wellen der Judenfeindschaft. Der erste Vertreter einer politisch-nationalistisch untermauerten Ideologie, wonach die Juden einen feindseligen Staat im Staat bildeten, war der patriotische Vorkämpfer der deutschen Nation, erklärte Gegner Napoleons und Theoretiker der deutschen Burschenschaften Johann Gottlieb Fichte (1762–1814). Schon 1793 und damit lange vor seinen berühmten *Reden an die deutsche Nation* von 1808 veröffentlichte er das Pamphlet *Beiträge zur Berichtigung der Urtheile des Publicums über die französische Revolution*, in dem der virulente Gedanke des «Staates im Staate» nationalistisch überhöht wird:[12]

> Fast durch alle Länder von Europa verbreitet sich ein mächtiger, feindselig gesinnter Staat, der mit allen übrigen im beständigen Kriege steht, und der in manchen fürchterlich schwer auf die Bürger drückt; es ist das Judenthum. Ich glaube nicht, und ich hoffe es in der Folge darzuthun, dass dasselbe dadurch, dass es einen abgesonderten, und so fest verketteten Staat bildet, sondern dadurch, dass dieser Staat auf den Hass des ganzen menschlichen Geschlechts aufgebauet ist, so fürchterlich werde. Von einem Volk, dessen Geringster seine Ahnen höher hinaufführt, als wir Andern alle unsere Geschichte …; das sich zu dem den Körper erschlaffenden, und den Geist für jedes edle Gefühl tödtenden Kleinhandel verdammt hat, und verdammt wird; das durch das bindendste, was die Menschheit hat, durch seine Religion, von unsern Mahlen, von unserm Freudenbecher … ausgeschlossen ist; das bis in seinen Pflichten und Rechten, und bis in die Seele des Allvaters uns Andere alle von sich absondert, – von so einem Volke sollte sich etwas anders erwarten lassen, als was wir sehen, dass in einem Staate, wo der unumschränkte König mir meine väterliche Hütte nicht nehmen darf, und wo ich gegen den allmächtigen Minister mein Recht erhalte, der erste Jude, dem es gefällt, mich ungestraft ausplündert. … Erinnert ihr euch denn hier nicht des Staates im Staate? Fällt euch denn hier nicht der begreifliche Gedanke ein, dass die Juden, welche ohne euch Bürger eines Staats sind, der fester und gewaltiger ist, als die eurigen alle, wenn ihr ihnen auch noch das Bürgerrecht in euren Staaten gebt, eure übrigen Bürger völlig unter die Füsse treten werden?

Hier finden wir viele der bekannten Vorurteile wie Hass auf das ganze Menschengeschlecht, Kleinhandel, selbstgewählte Absonderung, Ausbeutung der Christen versammelt, «bereichert» durch ein in dieser Form neues Element, den deutschen Nationalismus. Die Juden seien ein Volk mit einer längeren und größeren Geschichte als die Deutschen, ein jüdischer Staat im deutschen Staat. Als solche seien sie ein Fremdkörper in «unserem» Staat und würden das Bürgerrecht nur dazu benutzen, um die Herrschaft über «uns» und alle anderen Nationen anzutreten. Es ist kaum übertrieben, hier einen Vorboten des bald eine wichtige Rolle spielenden Stereotyps von der jüdischen Weltverschwörung zu sehen. In der Forschung ist viel darüber diskutiert worden, ob man diese und ähnliche Äußerungen Fichtes als «antisemitisch» bezeichnen kann oder ob sie nicht mit dem Blick auf sein Gesamtwerk eher als antijüdische «Ausrutscher» zu werten sind. Vieles spricht für Ersteres, ja man kann in diesem ebenso eloquenten wie wütenden Ausbruch Fichtes sogar protorassistische Töne schwerlich überhören. Fichte war ein Vordenker eines deutschen Nationalismus, der seine theoretische Untermauerung und seine Durchschlagskraft zu einem nicht geringen Teil aus seinen explizit antisemitischen Inhalten bezog.

Ein völkisch verstandenes Deutschtum im Verbund mit dem Christentum als der dem deutschen Staat einzig angemessenen Religion wurde zum antisemitischen Grundmotiv der Restaurationszeit nach den Befreiungskriegen und weit darüber hinaus. Es wurde schon früh durch den Historiker Friedrich Rühs und den Philosophen Jakob Friedrich Fries ausformuliert. In seinen Pamphleten *Ueber die Ansprüche der Juden an das deutsche Bürgerrecht* und *Die Rechte des Christenthums und des deutschen Volks* (1816) verknüpfte Rühs die «christlichgermanische» Staatsidee mit dem Zugang zum Bürgerrecht, der den Juden damit automatisch verwehrt sei. Fries unterscheidet in seinem Pamphlet *Ueber die Gefährdung des Wohlstandes und des Charakters der Deutschen durch die Juden* (1816) zwar zwischen «Juden» als Individuen und dem «Judenthum» oder der «Judenschaft» als Kollektiv, aber letztlich sind beide nicht zu trennen: «Die bürgerliche Lage der *Juden* verbessern heißt eben das Judenthum ausrotten, die Gesellschaft prell-

süchtiger Trödler und Händler zerstören. Judenschaft ist eine Völker-
krankheit, welche sich in Menge erzeugt und an Macht gewinnt durch
Geld.»[13] Rühs wie auch Fries wurden damit zu Chefideologen der 1815
gegründeten deutschen Urburschenschaft, die sich bald antisemitisch
ausrichten sollte. Zu den Büchern, die im Oktober 1817 auf dem Wart-
burgfest von den Studenten verbrannt wurden, gehörte auch die 1815
erschienene Schrift *Die Germanomanie* von Saul Ascher, in der dieser
die deutschnationale Ideologie der Bewegung anprangerte. Nicht von
ungefähr waren gerade auch die Burschenschaften maßgeblich an den
«Hep-Hep»-Krawallen[14] beteiligt, den ersten antisemitischen Pogromen
der Neuzeit.

In diesen Krawallen, die 1819 in Würzburg begannen und sich dann
über ganz Deutschland ausbreiteten, verbinden sich die altbekannten
wirtschaftlichen Vorurteile (Juden als Ausbeuter) mit den noch älteren
christlichen Stereotypen (Juden als Gottesmörder), die durch Aufklärung und Emanzipation überwunden schienen. Seine besondere und
neue Sprengkraft entwickelte diese Kombination durch den erwachen-
den deutschen Nationalismus und die erneute Verknüpfung der Staats-
räson mit dem Christentum, jetzt vorwiegend protestantischer Spielart.
Zugleich klingt mit der befürchteten Aufnahme der Juden in diesen
christlichen Staat die uralte Angst der Christen vor dem endgültigen
Sieg des Judentums über das Christentum durch. Diese Angst war zu
allen Zeiten und in all ihren Manifestationen immer mit Hass verknüpft und hat zu Hassausbrüchen geführt. Symptomatisch dafür ist
eine in Preußen verbreitete «Proclamation»:[15]

[E]s ist Zeit das Geschlecht der Christus-Mörder zu unterdrücken, damit
sie nicht Herrscher werden über uns und unsere Nachkommen, denn
stolz erhebt schon die Juden-Rotte ihre Häupter und spotten unserer Ehrfurcht, dass wir unsere Knie beugen für den, den sie gewürgt, darum nieder! nieder mit ihnen, ehe sie unsere Priester kreutzigen, unsere Heilig-
thümer schänden und unsere Tempel zerstöhren, noch haben wir Macht
über ihnen und die Gewalt ist in unseren Händen. ... Diese Juden, die
hier unter uns leben, die sich wie verzehrende Heuschrecken unter uns
verbreiten, und die das ganze preussische Christenthum dem Umsturz
drohen, das sind Kinder derer die da schrieen: kreutzige, kreutzige. Nun

auf zur Rache! Unser Kampfgeschrei sey Hepp! Hepp! Hepp! Aller Juden Tod und Verderben, Ihr müsst fliehen oder sterben.

Die Julirevolution von 1830 in Frankreich mit dem Sturz der Bourbonen stärkte die liberalen und demokratischen Kräfte in ganz Europa und verbesserte, trotz aller bestehenden Beschränkungen, die wirtschaftliche und soziale Stellung der Juden. Man hat die Zeit zwischen 1830 und der Revolution von 1848 eine «Latenzperiode des Liberalismus»[16] genannt, und es ist kein Zufall, dass ein selbstbewussteres und wirtschaftlich erfolgreicheres Judentum nicht unerheblich an den Revolutionen von 1848 beteiligt war. Und doch sind es gerade diese revolutionären Bestrebungen und die dadurch bestärkten emanzipatorischen Impulse, die zu erneuten antisemitischen Ausbrüchen führten und die alten Vorurteile reaktivierten. So sieht etwa der katholische Theologe Konrad Martin in seiner 1848 veröffentlichten Schrift *Blicke in's Talmud'sche Judenthum* im Talmud den Inbegriff allen jüdischen Unglücks: Der Talmud «verletzt auf schreiende Weise dasjenige, was man allgemeine menschliche Liebe nennt», er «predigt auch förmlichen Haß gegen die Person aller Nicht-Juden und das ist Intoleranz im eigentlichen und schlimmsten Sinne des Wortes».[17] Damit stehen die Juden (wieder) gegen alle anderen Menschen, die sie angeblich mit ihrem unmenschlichen Hass verfolgen – in der Sprache des modernen «aufgeklärten» Menschen ist dieses alte Stereotyp der Inbegriff der Intoleranz.

Charakteristisch für den staatsrechtlich begründeten Antisemitismus ist der am preußischen Hof Friedrich Wilhelms IV. als Jurist einflussreiche Konvertit Friedrich Julius Stahl (ursprünglich Joel/Julius Jolson-Uhlfelder). In seinem 1847 veröffentlichten Werk *Der christliche Staat und sein Verhältniß zu Deismus und Judenthum* verkörpert allein der christliche Staat eine sittlich verfasste Lebensordnung. Deswegen kann Juden und anderen Dissidenten kein Zugang zu staatlichen Ämtern und legislativen Versammlungen gewährt werden. Zwar gebe es im «jüdischen Stamme» durchaus den Typus «sehr würdiger Menschen … von tiefer Religiosität», aber «es findet sich ebenso unter ihnen ein über alles Maaß widerlicher Typus an solchen, die gerade dieses ihres

Emanzipation und Nationalismus · **199**

eigensten sittlichen Impulses verlustig, und ohne den Impuls, welchen der Germane an der Ehre und dem ruhigen Selbstgefühl hat, alles Haltes entbehren ...» – kurzum: «Denn der Geist des Mosaismus und deutsche sittliche Lebenswürdigung, Interesse für deutsches öffentliches Leben sind wie Wasser und Feuer, die nicht miteinander hausen können.»[18]

In Frankreich wurde die Emanzipation der Juden schneller und durchgreifender vollzogen als in allen anderen europäischen Ländern. Schon 1830 wurde ein Gesetz in Parlament und Senat verabschiedet, wonach Rabbiner wie ihre christlichen Kollegen staatlich besoldet werden mussten, ein entscheidender Schritt hin zur Entkoppelung von christlicher Religion und Staat. 1846 wurde auf Betreiben des jüdischen Rechtsanwalts und Politikers Adolphe Crémieux der Judeneid abgeschafft, ein Eid, den die Juden in Rechtsstreitigkeiten mit Christen in demütigender und diskriminierender Form leisten mussten. Damit entfiel der letzte Rest antijüdischer Gesetzgebung. Aber auch in Frankreich bedeutete die rechtliche Gleichstellung der Juden nicht zwangsläufig auch ihre soziale Gleichstellung – ganz im Gegenteil. So waren etwa im Elsass (!) vom katholischen Klerus geschürte Ausschreitungen der christlichen Bevölkerung an der Tagesordnung.

In England wurde die rechtliche Gleichstellung in langsameren Schritten vollzogen. Haupthindernis war auch hier, dass alle Träger öffentlicher Ämter (und damit auch Parlamentsabgeordnete) einen Eid auf das Christentum als den allein wahren Glauben ablegen mussten. Mehrere erfolglose Versuche zur Abschaffung des Eides wurden unternommen; erst 1858 wurde die Eidesformel in dem Sinne liberalisiert, dass beide Häuser des Parlaments diese selbständig festlegen und damit auch Juden die Möglichkeit geben konnten, die Eidesformel auszusprechen. Immerhin hatte, was den Zugang zu den Kaufmannsgilden betrifft, die Londoner Gilde schon 1831 beschlossen, beim Eid zur Aufnahme in die Gilde auf das religiöse Bekenntnis zu verzichten. Bald danach wurden Juden auch zu städtischen Ämtern, zum Anwaltsberuf und zum Studium am Londoner University College zugelassen.

In den Staaten des Deutschen Bundes verlief der Prozess sehr viel langwieriger und komplizierter. In dem sogenannten Judengesetz des

Vereinigten Preußischen Landtags von 1847 wurden den Juden zwar gleiche bürgerliche Rechte wie den christlichen Staatsbürgern zugestanden – aber gleichzeitig wieder entscheidend eingeschränkt: Staatsämter mit richterlicher, polizeilicher und exekutiver Gewalt blieben ihnen verwehrt. Ein neuer Vorstoß, maßgeblich getragen von Gabriel Riesser (1806–1863), dem Juristen und späteren ersten jüdischen Richter in Deutschland, führte schließlich zum – vorläufigen – Erfolg. Die Nationalversammlung in der Frankfurter Paulskirche einigte sich auf einen Katalog der «Grundrechte des Deutschen Volkes», der am 27. Dezember 1848 als Reichsgesetz verabschiedet wurde. Dort heißt es in § 16:[19]

> Durch das religiöse Bekenntniß wird der Genuß der bürgerlichen und staatsbürgerlichen Rechte weder bedingt noch beschränkt. Den staatsbürgerlichen Pflichten darf dasselbe keinen Abbruch thun.

Diese «Grundrechte» wurden in die Reichsverfassung vom März 1849 aufgenommen. Damit waren die bürgerlichen Rechte der deutschen Staatsbürger von der allmächtigen Vorherrschaft eines Staatschristentums abgekoppelt und galten somit uneingeschränkt auch für die Juden. Aber im Zuge der unmittelbar nach der Revolution von 1848 einsetzenden konservativen Reaktion gewannen genau die Kräfte die Oberhand, die auf dem elementar christlichen Charakter des deutschen Staates bestanden und deswegen die Emanzipation der Juden nicht akzeptieren konnten. Die Reichsverfassung wurde zwar von 28 deutschen Staaten angenommen, scheiterte aber am Widerstand der Großmächte Preußen und Österreich sowie der Königreiche Bayern, Sachsen und Hannover, die kein Interesse an einem einheitlichen Nationalstaat hatten. Erst mit dem von Wilhelm I. am 3. Juli 1869 verkündeten (und am 22. April 1871 in das Reichsgesetzblatt übernommenen) Gesetz des Norddeutschen Bundes wurde der entscheidende Schritt der Emanzipationsgesetzgebung in Deutschland vollzogen, indem Juden auch die Wahl in die Parlamente und die Bekleidung öffentlicher Ämter ermöglicht wurden:[20]

Alle noch bestehenden, aus der Verschiedenheit des religiösen Bekenntnisses hergeleiteten Beschränkungen der bürgerlichen und staatsbürgerlichen Rechte werden hierdurch aufgehoben. Insbesondere soll die Befähigung zur Theilnahme an der Gemeinde- und Landesvertretung und zur Bekleidung öffentlicher Ämter vom religiösen Bekenntniß unabhängig sein.

Das Kaiserreich als antisemitische Konsensgesellschaft

Das mit der Kaiserproklamation des preußischen Königs Wilhelms I. am 18. Januar 1871 begründete Deutsche Reich leitete eine neue Phase in der Geschichte des Antisemitismus ein, die nach dem Auf und Ab von Emanzipation und Reaktion nun durch und durch antisemitisch geprägt war. Dies bedeutet natürlich nicht, dass alle Bürger des Reiches in gleicher Weise als Antisemiten zu bezeichnen sind; aber es bedeutet sehr wohl, dass eine antisemitische Grundeinstellung sich durch alle Schichten der Gesellschaft zog, von den sogenannten einfachen Bürgern bis hin zum Bildungsbürgertum und zur Oberschicht in Politik und Adel, und zunehmend das alltägliche Leben bestimmte (am wenigsten noch in der organisierten Arbeiterschaft). Ein entscheidender Grund dafür war die durchgehende Politisierung des Antisemitismus, die zu politischen Verbänden und Parteien mit ausgesprochen antisemitischer Zielsetzung führte. Die überkommenen Elemente des antihumanitären, religiösen, politischen und wirtschaftlichen Antisemitismus wurden gebündelt und durch das vorher nur ansatzweise vorhandene Element des Rassismus verstärkt. So konnte der Antisemitismus eine Verbreitung und politische Durchschlagskraft entwickeln, die bis dahin undenkbar war – trotz der rechtlichen Gleichstellung, trotz entschiedener Gegenbewegungen in manchen Milieus und trotz einer sich zaghaft entwickelnden liberalen Stadtkultur. Diese liberale Gegenbewegung gab es auch im 19. Jahrhundert, aber durchgesetzt hat sich eben nicht erst im NS-Staat, sondern gerade schon im Kaiserreich die antiliberale und antisemitisch geprägte Grundstimmung.

Bei den unterschiedlichen Elementen oder Facetten des kaiserzeitlichen Antisemitismus handelt es sich nicht um unterschiedliche und klar unterscheidbare «Typen» oder «Spezies» des Antisemitismus, sondern um verschiedene Sichtweisen auf dieselbe Sache, die eng miteinander verbunden sind und nicht säuberlich voneinander getrennt werden können. Manche Antisemitismusforscher wollen den wirtschaftlichen Aspekt zum dominierenden Element im modernen Antisemitismus machen. Dem ist entgegenzuhalten, dass das religiöse Element bis in die Moderne hinein der Grundton blieb, der das vielstimmige antisemitische Konzert bestimmte – und dies gilt in ganz besonderer Weise auch für die Kaiserzeit.

Es ist kein Zufall, dass der Begriff «Antisemitismus» gerade in den Siebzigerjahren des 19. Jahrhunderts als ein gegen die Juden gerichteter Kampfbegriff rapide Verbreitung fand. Der Begriff «Semitismus» entstand in der Sprachwissenschaft und bezeichnet dort die «semitischen» im Unterschied zu den «indoeuropäischen» oder «arischen» Sprachen. Er wurde von der Völkerkunde/Ethnologie übernommen und fand bald Eingang in die Terminologie der Geisteswissenschaften im weiteren Sinne. Mit der Entwicklung der Rassentheorie seit der Mitte des 19. Jahrhunderts erhielt er seine spezifisch rassistische Färbung, die in der Folgezeit an Gewicht zunehmen sollte: Die ursprünglich linguistischen Charakteristika zur Unterscheidung zweier verschiedener Sprachfamilien verwandelten sich in die rassistische Theorie eines «ewigen Kampfes» zwischen der «arischen» und der «semitischen Rasse», der nur in der endgültigen Vernichtung eines der beiden Kontrahenten enden konnte. Die wörtliche Bedeutung des Begriffs Antisemitismus «(Feindschaft) gegen Semiten» enthüllt seine offenkundige Absurdität, da er sich nicht gegen alle «semitischen» Völker richtet, sondern ausschließlich gegen die Juden, deren Sprache aber Teil der semitischen Sprachfamilie ist. Der Begriff wurde wahrscheinlich nicht, wie oft angenommen wird, von Wilhelm Marr (1818–1904) erfunden, aber durch die von ihm 1879 gegründete «Antisemiten-Liga» politisch etabliert.

Eines der ersten Symptome der modernen Form des Antijudaismus war die erneute Fokussierung auf den Talmud als Inbegriff der menschlichen und religiösen Verderbtheit des Judentums als des ewigen Gegenspielers des Christentums. Der erfolgreichste und wirksamste Propa-

Das Kaiserreich

gandist der alten Talmudkritik im neuen Gewande war der katholische Theologieprofessor August Rohling (1839–1931) mit seinem 1871 erstmals veröffentlichten Pamphlet *Der Talmudjude*.[21] Dass sich hier eine dezidiert katholische Stimme im Chor der modernen Antisemiten erhebt, ist nicht zufällig: Rohlings Pamphlet ist auch Ausdruck der besonderen Situation der deutschen Katholiken in einem dominant protestantischen Staat, die sich im sogenannten Kulturkampf, dem Konflikt zwischen dem Deutschen Kaiserreich und der katholischen Kirche, entlud. Rohling versuchte, sich als Katholik gegenüber beiden Tendenzen des preußischen Protestantismus zu behaupten – gegen einen angeblich jüdisch infizierten protestantischen Liberalismus, der auf die bürgerliche Gleichstellung der Juden drängte, wie auch gegen seinen Antipoden, einen reaktionären preußischen Antijudaismus, der die Juden als ethnischen Fremdkörper im protestantischen Staat bekämpfte.

Rohlings Pamphlet war in wesentlichen Teilen aus der sehr viel umfangreicheren, 1700 veröffentlichten Schrift *Entdecktes Judenthum* des Heidelberger Orientalisten Johann Andreas Eisenmenger geschöpft. Manche nennen es deswegen nicht ganz zu Unrecht ein «unwissenschaftliches Plagiat». Inhaltlich ist es ein Sammelsurium von teils missverstandenen, teils auch verfälschten Talmudzitaten, in denen unter den Überschriften «Die verderbte Glaubenslehre des Talmudjuden» und «Die verderbte Sittenlehre der Talmudjuden» das ganze Arsenal des religiös fundierten Antisemitismus entfaltet wird. Vor allem die «verderbte Sittenlehre» bietet die bekannten Klischees: In den Augen der Juden seien die Nichtjuden Hunde und Esel und dürften getötet werden, insbesondere die Christen, die Gottes Feinde und Feinde der Juden seien; die Juden erstrebten die Weltherrschaft; sie seien die geborenen Betrüger und nähmen Wucherzins; das Verbot des Ehebruchs gelte nur unter Juden, mit nichtjüdischen Frauen sei der Ehebruch Juden erlaubt; Juden schwören einen Eid, indem sie ihn heimlich gleichzeitig für nichtig erklären; etc. Während Eisenmengers Werk in gelehrten Orientalisten- und Theologenkreisen großen Einfluss ausübte, hatte Rohlings kurz gefasstes Pamphlet einen ungeheuren Erfolg auch beim breiten Publikum und wurde ein Bestseller. Es erlebte noch im selben Jahr zwei weitere

Auflagen mit Nachdrucken in schneller Folge bis zur 19. Auflage 1890.[22] Protestantische Theologen wie Franz Delitzsch und Hermann Strack verfassten scharfe Gegenschriften – und trugen damit ungewollt zum Erfolg Rohlings bei. Am Ende scheiterte Rohling zwar, weil er die Behauptung, das talmudische Judentum kenne sogar das Menschenopfer, in einem Meineidprozess nicht aufrechterhalten konnte, doch tat dies dem weiteren Erfolg seines Pamphlets keinen Abbruch.

Und Rohling hatte viele Nachfolger: Wahrscheinlich 1883 veröffentlichte der zum Katholizismus konvertierte Jude A(a)ron (Israel) Briman(n)/August Briemann unter dem Pseudonym Dr. Justus eine ganz ähnliche Hetzschrift mit dem Titel *Der Judenspiegel*, die auf dem im 16. Jahrhundert verfassten Kodex *Schulchan Arukh* («Gedeckter Tisch») basiert, der die wichtigsten religionsgesetzlichen Vorschriften des Talmuds systematisch zusammenfasst.[23] Auch dieses Pamphlet erlebte zahlreiche Auflagen, war eine der Kampfschriften des völkischen Antisemitismus in der Weimarer Republik und ist bis heute erhältlich.[24] Als es wie vorher schon Rohlings *Talmudjude* als dilettantisches Machwerk entlarvt wurde, verfasste der katholische Alttestamentler Jakob Ecker (1851–1912) ein positives Gutachten und sorgte für die weitere Verbreitung auch unter seinem Namen und mit dem Titel *Der Judenspiegel im Lichte der Wahrheit*.[25] Jakob Ecker ist der katholische Theologe, dessen *Katholische Schulbibel* bis 1957 die verbindliche Grundlage des katholischen Religionsunterrichts in Deutschland bildete.[26]

Das österreichische Pendant zu Rohling und Ecker war der Wiener Pfarrer Joseph Deckert (1843–1901), der in mehreren Schriften den Ritualmord an Simon von Trient und andere Ritualmordlegenden wieder aufwärmte und den Zusammenhang zwischen Ritualmord, Hostienschändung und Talmud zu beweisen suchte. Eine Folge dieser aufgeheizten Stimmung war eine erneute Welle von Ritualmordanklagen am Ende des 19. Jahrhunderts in Österreich und in Deutschland: So kam es etwa 1882/83 im ungarischen Tiszaeszlár (einer von vielen ähnlich gelagerten Fällen in Österreich-Ungarn) zu einem Ritualmordprozess, der mit einem Freispruch des jüdischen Angeklagten endete. Ritualmordanklagen in Xanten am Niederrhein 1891 und im west-

Das Kaiserreich   205

preußischen Konitz 1900 führten ebenfalls zu Ausbrüchen von Massenhysterie und pogromartigen Ausschreitungen, die gezielt von der christlich-antisemitischen Presse gesteuert wurden.

Juden in Wirtschaft und Gesellschaft des Kaiserreichs

Die prekäre Lage der Juden im Deutschen Kaiserreich wurde durch die wirtschaftlichen Bedingungen weiter verschärft. Die Entwicklung Deutschlands zu einem modernen Industriestaat mit allen Vor- und Nachteilen vollzog sich in rasantem Tempo, doch machte der Börsenkrach des Jahres 1873 mit der nachfolgenden «Großen Depression» dem erst einmal ein Ende. Die Depression hielt bis weit in die 1890er Jahre an. Ihr Ausgangs- und Schwerpunkt lag in Österreich-Ungarn, aber auch Deutschland war betroffen. In dieser Zeit wurde der wirtschaftliche Faktor eine der tragenden Triebkräfte des Antisemitismus: Mit der rechtlich vollendeten, aber sozial noch keineswegs abgeschlossenen Emanzipation wurden die Juden als gleichberechtigte Teilnehmer am wirtschaftlichen Leben in weiten Kreisen zum eigentlichen Sündenbock der sich verschärfenden wirtschaftlichen Probleme.

Obwohl die Juden nur einen verschwindend kleinen Teil der Gesamtbevölkerung im Deutschen Reich ausmachten (Schätzungen sprechen von etwa 1,25 Prozent), nur die wenigsten von ihnen in den Großstädten wohnten (was sich aber zwischen 1890 und 1914 rapide ändern sollte) und nur sehr wenigen Juden der Aufstieg in Akademikerberufe gelang, waren sie überproportional im Bankenwesen vertreten. Zahlreiche private Bankhäuser in den Siebzigerjahren des 19. Jahrhunderts wurden von Juden geleitet. Dies hatte zur Folge, dass vor allem jüdischen Bankiers die mit der Industrialisierung verbundenen Mängel des deutschen und europäischen Geld- und Kreditwesens angelastet wurden. Der bekannteste unter ihnen war Gerson (von) Bleichröder, unter dem das Bankhaus Bleichröder dank guter Kontakte zum Reichskanzler Otto von Bismarck zu einem der wichtigsten Finanziers des Deutschen Reiches wurde. Als Verkörperung der Profitinteressen des Großkapitals und Inbegriff der jüdischen Geld- und Machtgier wurde er zur bevorzugten Zielscheibe antisemitischer Angriffe. Mittelständische Unternehmer, die in den Strudel der Zusammenbrüche gerieten, sahen in ihm als dem prominentesten Vertreter dieses jüdischen Großkapitals die Ursache ihres Unglücks.

Einer der einflussreichsten Agitatoren des von der Depression ausgelösten modernen Wirtschaftsantisemitismus war der Journalist Otto Glagau (1834–1892). In einer Artikelserie der Jahre 1874/75 in der gemäßigt-liberalen Familienzeitschrift *Die Gartenlaube* verknüpfte er in geschickter Weise die beiden Aspekte des Kulturkampfes und der Wirtschaftskrise und hatte damit ungeheuren Erfolg. Zu ihren besten Zeiten soll die *Gartenlaube* knapp 400 000 Abonnenten gehabt und mindestens zwei Millionen Leser erreicht haben. 1876 veröffentlichte Glagau die Artikel in einer selbständigen Publikation unter dem Titel *Der Börsen- und Gründungs-Schwindel in Berlin.*[27] Während Rohling im Kulturkampf seine antisemitischen Ausfälle benutzte, um gleichzeitig mit den Juden die Protestanten zu attackieren, versuchte Glagau, die Juden als die Erzbösewichte im Kulturkampf bloßzustellen:[28]

> Die Juden sind die wüthendsten «Culturkämpfer» gewesen. Wenn nicht Tact und Anstand, so hätte sie schon Klugheit und Vorsicht ... zurückhalten müssen, sich in den Streit zwischen Staatsregierung und Katholicismus zu mischen. Aber gerade die Juden schürten diesen bedauernswerthen Kampf aus Leibeskräften. Was Wunder, wenn die katholische «Germania» endlich Revanche nahm und den Spieß umdrehte, indem sie die Auswüchse und Sünden des Judenthums entwickelte. Da schrieen die Juden Wehe und Zeter! Sie jammerten und erbosten sich ob der «Judenhetze», ohne zu bedenken, dass sie Jahre lang eine frische fröhliche «Katholikenhetze» betrieben haben.

Vor allem aber seien die Juden dank ihrer überproportionalen Vertretung im Geld- und Kreditgeschäft die eigentlichen Urheber von Gründungskrise und Depression:[29]

> Meine andere ... Behauptung: 90 Procent der Gründer und Börsianer sind Juden – kann wol nicht im Ernst bestritten, braucht nicht noch besonders bewiesen zu werden. Nicht nur in Berlin, Wien, Frankfurt a. M.,

Juden in Wirtschaft und Gesellschaft

nicht nur in Deutschland und Oesterreich-Ungarn sind die Börsianer zu neun Zehntel Juden resp. getaufte Juden: auch an den Börsen von London und Paris dominiren die Juden. ... Ich stehe aber nicht an, auch zu behaupten: von den Gründungen der Schwindelperiode in Deutschland fallen gut 90 Prozent auf die Juden.

Die Konsequenz aus diesem Befund kann nur sein:[30]

Ich will die Juden nicht umbringen oder abschlachten, sie auch nicht aus dem Lande vertreiben; ich will ihnen nichts nehmen von dem, was sie einmal besitzen, aber ich will sie revidiren, und zwar funditus revidiren. Nicht länger dürfen falsche Toleranz und Sentimentalität, leidige Schwäche und Furcht uns Christen abhalten, gegen die Auswüchse, Ausschreitungen und Anmassungen der Judenschaft vorzugehen. Nicht länger dürfen wir's dulden, dass die Juden sich überall in den Vordergrund, an die Spitze drängen, überall die Führung, das große Wort an sich reißen. Sie schieben uns Christen stets bei Seite, sie drücken uns an die Wand, sie benehmen uns die Luft und den Athem. ... Die ganze Weltgeschichte kennt kein zweites Beispiel, dass ein heimatloses Volk, eine physisch wie psychisch entschieden degenerirte Race, blos durch List und Schlauheit, durch Wucher und Schacher, über den Erdkreis gebietet.

Was er konkret mit «funditus [gänzlich] revidiren» meint, sagt Glagau nicht, aber die Drohung ist unmissverständlich und zielt letztlich wohl genau auf das ab, was er hier so weit von sich weist: die Vernichtung und Vertreibung der Juden. Trotz aller sozialen Gleichstellung bleiben die Juden für ihn, was sie schon immer gewesen sind: die Erzfeinde des Christentums und des christlich definierten Staates, die die Christen durch ihren «Wucher und Schacher» dominieren und auf dem besten Wege sind, die Weltherrschaft anzutreten. Dieses Gespenst einer durch die wirtschaftliche Übermacht der Juden bedingten globalen «Weltherrschaft» sollte in der Folgezeit eines der erfolgreichsten Kampfmittel des modernen Antisemitismus werden.

Zweck des angeblich von den Juden geschürten Kulturkampfes war es, ihren «Börsen- und Gründungsschwindel» vergessen zu machen,[31] und deswegen versuchte Glagau, eine von der Presse gesteuerte Einheitsfront von Katholiken und Protestanten gegen den «fremden

208   7 Aufklärung, Emanzipation und Nationalismus

Stamm» der Juden und seinen Wirtschaftsliberalismus zu bilden. Dieser Versuch war erstaunlich erfolgreich und belegt den dramatisch zunehmenden Einfluss der Parteipolitik auf die weitere Entwicklung – und den Erfolg – des kaiserzeitlichen Antisemitismus.

Einer der einflussreichsten Exponenten einer zunehmend antisemitisch ausgerichteten Parteipolitik war der 1874 vom Kaiser als Hof- und Domprediger nach Berlin berufene Adolf Stoecker (1835–1909). Stoecker profilierte sich zunächst als Sachwalter der Arbeiter in einem christlich-konservativen Staat und gründete 1878 seine «Christlich-Soziale Arbeiterpartei». Als er damit wenig Erfolg hatte, wurde seine Arbeiterpartei 1881 zur «Christlich-Sozialen Partei» des Mittelstandes – und immer antisemitischer. Schon 1879 hielt er eine überaus erfolgreiche programmatische Rede unter dem Titel «Unsere Forderungen an das moderne Judenthum», die 1880 zusammen mit einer anderen Rede veröffentlicht wurde.[32] Sie bildet ein Kaleidoskop fast aller antisemitischen Facetten des späten 19. Jahrhunderts. Auf den Talmud «mit seiner Verachtung fremder Völker, mit seinem Haß gegen jedes Menschenrecht» zu rekurrieren, verzichtet er großmütig. Wichtiger ist ihm der Einfluss der zutiefst antichristlichen jüdischen Presse:[33]

Aber in der Judenpresse athmet ein Haß gegen das Christliche, der den tiefsten Abscheu verdient. Da in unseren Zeitungen und Journalen die Artikel nicht unterzeichnet werden, so könnte man uns erwidern, es sei gar nicht zu constatiren, daß die christenthumsfeindlichen Aufsätze von Juden herrühren. Wir wissen sogar, daß genug getaufte Schreiber in den Redactionen sich finden, welche das traurige Amt üben, ihre Kirche zu schmähen. Aber es ist eine Thatsache, daß die schlimmsten Berliner Zeitungen in den Händen von Juden sind und daß in dem Redactionspersonal das jüdische Element eine Alles beherrschende Rolle spielt.

Auch der Vorwurf des «Volkes im Volke» kehrt wieder:[34]

Die Juden sind und bleiben ein Volk im Volke, ein Staat im Staate, ein Stamm für sich unter einer fremden Race. Alle Einwanderer gehen zuletzt in dem Volke auf, unter welchem sie wohnen; die Juden nicht. Dem germanischen Wesen setzten sie ihr ungebrochenes Semitenthum, dem Christenthum ihren starren Gesetzescultus oder ihre Christusfeindschaft

Juden in Wirtschaft und Gesellschaft

entgegen. Wir können sie darum nicht verurtheilen; so lange sie Juden sind, könne[n] sie gar nicht anders. Aber wir müssen uns mit klarer Erkenntniß vor den Gefahren schützen, die in einer solchen Vermischung liegen.

Ohne dass Stoecker den letzten Schritt zum rassistisch-völkischen Antisemitismus vollzieht, wirft dieser mit den Juden als einem «Stamm für sich unter einer fremden Race», als «ungebrochenes Semitenthum» gegenüber dem «germanischen Wesen» doch seinen Schatten voraus. Und wenn Stoecker vom «starren Gesetzeskult» und der «Christusfeindschaft» der Juden spricht, bleibt die antichristliche Grundierung und damit das religiöse Element auch des modernen Antisemitismus offensichtlich. Von daher ist es nicht überraschend, dass die Emanzipation im Hinblick auf die Befreiung vom jüdischen Geldhandel und Wucherunwesen nur misslingen konnte, denn auch in der Wirtschaft sind jüdisches «Gründen und Wuchern» und ehrliche «deutsche Arbeit» für Stoecker unversöhnliche Gegensätze:[35]

> Früher hieß es, die Emancipation werde die Juden mehr in die andern Erwerbszweige treiben. Nun sind sie emancipirt; es ist aber das Gegentheil eingetreten. Noch mehr als früher cultiviren sie die Erwerbszweige, bei denen leicht und viel verdient wird. Seit Kurzem drängen sie sich auch, nicht zum Heil der Rechtsprechung, in die Richtercollegien. An der Arbeit der Handwerker sind sie fast gar nicht, an der Fabrikation wenig betheiligt. Daraus folgt, daß sie an der Arbeit keine Freude, für die deutsche Arbeitsehre keine Sympathie haben. ... Gründen, Wuchern sind Geschäfte, die sie unleugbar mit Vorliebe treiben. Sie ernten gern, wo sie nicht gesäet haben. ... Für mich gipfelt die Judenfrage in der Frage, ob die Juden, welche unter uns leben, lernen werden, sich an der gesammten deutschen Arbeit, auch an der harten sauren Arbeit des Handwerkes, der Fabrik, des Landbaues zu betheiligen. Weiter sollen wir von ihnen nichts verlangen.

Der Schluss klingt dann etwas versöhnlicher, anders als noch bei Glagau. Juden und Christen müssten sich gemeinsam um ein besseres Verhältnis bemühen, doch bleibt für Stoecker die unabdingbare Voraussetzung, dass die Juden ihre Vorherrschaft im Kapital wie in der Presse aufgeben:[36]

> Die Frage ist nur: was soll geschehen? Wir meinen, Juden und Christen müssen daran arbeiten, daß sie in das rechte Verhältniß zu einander kommen. Einen anderen Weg giebt es nicht. Schon beginnt hie und da ein Haß gegen die Juden aufzulodern, der dem Evangelium widerstrebt. Fährt das moderne Judenthum wie bisher fort, die Capitalskraft wie die Macht der Presse zum Ruin der Nation zu verwenden, so ist eine Katastrophe zuletzt unausbleiblich. Israel muß den Anspruch aufgeben, der Herr Deutschlands werden zu wollen.

Mit seiner herausgehobenen Stellung als Hof- und Domprediger war Stoecker alles andere als eine einsame Stimme, sondern repräsentierte die Einstellung des kaiserlichen Hofes in Berlin zu den Juden. Sein Bruder im Geiste war der Journalist, Parlamentarier und Historiker Heinrich von Treitschke (1834–1896), der seit 1873 an der Berliner Universität lehrte, den kaiserzeitlichen Antisemitismus in die Universität hineintrug und damit einen entscheidenden Beitrag dazu leistete, dass er auch in der bürgerlichen Gesellschaft verankert wurde. In einer Reihe von Beiträgen in den von ihm herausgegebenen *Preußischen Jahrbüchern*, die 1880 unter dem Titel *Ein Wort über unser Judenthum* separat veröffentlicht wurden,[37] profilierte er sich als Befürworter eines auch für Akademiker akzeptablen Antisemitismus:[38]

> Wenn Engländer und Franzosen mit einiger Geringschätzung von dem Vorurtheil der Deutschen gegen die Juden reden, so müssen wir antworten: Ihr kennt uns nicht; Ihr lebt in glücklicheren Verhältnissen, welche das Aufkommen solcher «Vorurtheile» unmöglich machen. Die Zahl der Juden in Westeuropa ist so gering, daß sie einen fühlbaren Einfluß auf die nationale Gesittung nicht ausüben können; über unsere Ostgrenze aber dringt Jahr für Jahr aus der unerschöpflichen polnischen Wiege eine Schar strebsamer hosenverkaufender Jünglinge herein, deren Kinder und Kindeskinder dereinst Deutschlands Börsen und Zeitungen beherrschen sollen; ... Was wir von unseren israelitischen Mitbürgern zu fordern haben, ist einfach: sie sollen Deutsche werden, sich schlicht und recht als Deutsche fühlen – unbeschadet ihres Glaubens und ihrer alten heiligen Er-

Juden in Wirtschaft und Gesellschaft

innerungen, die uns allen ehrwürdig sind; denn wir wollen nicht, daß auf die Jahrtausende germanischer Gesittung ein Zeitalter deutsch-jüdischer Mischcultur folge. ... Man lese die Geschichte der Juden von Graetz: welche fanatische Wuth gegen den «Erbfeind», das Christenthum, welcher Todhaß grade wider die reinsten und mächtigsten Vertreter germanischen Wesens, von Luther bis herab auf Goethe und Fichte! Und welche hohle, beleidigende Selbstüberschätzung! ... [U]nbestreitbar hat das Semitenthum an dem Lug und Trug, an der frechen Gier des Gründer-Unwesen einen großen Antheil, eine schwere Mitschuld an jenem schnöden Materialismus unserer Tage, der jede Arbeit nur noch als Geschäft betrachtet und die alte gemüthliche Arbeitsfreudigkeit unseres Volkes zu ersticken droht. In tausenden deutscher Dörfer sitzt der Jude, der seine Nachbarn wuchernd auskauft. ... Am Gefährlichsten aber wirkt das unbillige Uebergewicht des Judenthums in der Tagespresse ... Bis in die Kreise der höchsten Bildung hinauf, unter Männern, die jeden Gedanken kirchlicher Unduldsamkeit oder nationalen Hochmuths mit Abscheu von sich weisen würden, ertönt es heute wie aus einem Munde: «die Juden sind unser Unglück!»

Hier sind in Form einer gelehrten und wohlmeinend-besorgten wissenschaftlichen Abhandlung alle bekannten Elemente präsent: die angebliche Überfremdung der «germanischen Gesittung» und des «germanischen Wesens» durch das «Semitentum», jetzt sehr konkret durch die «hosenverkaufenden Jünglinge» aus Osteuropa; die Vorherrschaft dieser Ostjuden, sobald sie sich assimiliert haben, an der Börse und in der Presse; der Hass der Juden auf das staatstragende Christentum und gleichzeitig die Angst vor ihnen; das «Gründer-Unwesen» der Juden, ihr Wucher und ihre Mitschuld am grassierenden Materialismus unserer Gesellschaft.

In der öffentlichen Diskussion, die als «Berliner Antisemitismusstreit» in die Geschichte eingehen sollte, wurde Treitschkes Diktum «Die Juden sind unser Unglück!» die bis in die NS-Zeit hinein politisch schlagkräftigste Parole der Antisemiten. Noch im Mai 1939 widmete das Hetzblatt *Der Stürmer* der Ritualmordlegende eine Sondernummer mit dem Slogan «Die Juden sind unser Unglück!» auf dem Titelblatt. Zahlreiche Gesinnungsgenossen Treitschkes meldeten sich in der Diskussion zu Wort, darunter auch Wilhelm Marr, aber einige der wichtigsten und angesehensten Wissenschaftler widersprachen ihm vehement, wie etwa der Historiker Heinrich Graetz, der Mediävist Harry Breßlau und der Völkerpsychologe Moritz Lazarus.

Am wirksamsten war der Einspruch von Treitschkes Historikerkollegen Theodor Mommsen (1817–1903), des bedeutendsten Althistorikers seiner Zeit. Mommsen gehörte zu den Unterzeichnern der sogenannten Notabeln-Erklärung vom November 1880, in der 75 Wissenschaftler den Antisemitismus verurteilten, und hat wohl auch an deren Formulierung mitgewirkt. Daraufhin kam es in Leserbriefen Berliner Tageszeitungen zu einer direkten Kontroverse zwischen Treitschke und Mommsen. Als Mommsen in einem Brief an die *Nationalzeitung* bestätigte, dass er zu den Unterzeichnern der Notabeln-Erklärung gehöre und dass er Treitschke beschuldige, an dem Vermächtnis Lessings zu rütteln und «auf dem Katheder das Evangelium der Toleranz» nicht zu predigen,[39] hält Treitschke ihm publizistisch geschickt vor, dass er in seiner *Römischen Geschichte* vom Judentum als einem «wirksame[n] Ferment des Kosmopolitismus und der nationalen Decomposition» gesprochen hat.[40] Mommsen antwortete mit einem sehr differenzierten Nationenbegriff, wonach für alle Nationen, auch die deutsche Nation, ein gewisses Maß an Internationalisierung nur von Vorteil sei:[41]

> Decompositionsprozesse sind oftmals nothwendig, aber nie erfreulich … Ein gewisses Abschleifen der Stämme an einander, die Herstellung einer deutschen Nationalität, welche keiner bestimmten Landsmannschaft entspricht, ist durch die Verhältnisse unbedingt geboten … Dass die Juden in dieser Richtung seit Generationen wirksam eingreifen, halte ich keineswegs für ein Unglück. …

Mit seiner Einstellung zur Nation und zur Rolle der Juden in ihr sollte Mommsen im historischen Rückblick auf ganzer Linie scheitern. Der ansatzweise bereits vorhandene Begriff der jüdisch-semitischen Rasse im Unterschied und Gegensatz zur arischen Rasse sollte mit dem ausgehenden 19. Jahrhundert mit Macht in den Vordergrund treten und die antisemitische Ideologie zu ihrem letzten Höhepunkt treiben.

Juden in Wirtschaft und Gesellschaft

Rassentheorie als Leitdisziplin

Ende des 19. Jahrhunderts häuften und überboten sich – in einer großen Bandbreite von vulgär bis pseudowissenschaftlich – die Proponenten des völkisch-rassistischen Antisemitismus. Zu nennen sind vor allem Eugen Dühring, Paul de Lagarde, Julius Langbehn, Theodor Fritsch und Houston Stewart Chamberlain. Der Philosoph und Nationalökonom Eugen Dühring (1833–1921) stellte 1881 erstmals in Deutschland in seinem Buch *Die Judenfrage als Racen-, Sitten- und Culturfrage* den Rassengedanken in den Vordergrund, allerdings nicht im Sinne einer allgemeinen «wissenschaftlichen» Rassentheorie, sondern um die Ausgrenzung der Juden von allen anderen Völkern zu begründen: Aufgrund ihrer Rassenmerkmale wie Selbstsucht, Unmoral, Unfähigkeit zu kulturell hochstehenden wissenschaftlich-künstlerischen Leistungen und wegen ihres Hasses auf das ganze Menschengeschlecht (!) müsse ihnen jede Assimilation versperrt und müssten sie als Parasiten und Feinde aller Kulturvölker «ausgegliedert» werden. Der Ton verschärfte sich in den weiteren Auflagen des Buches und in den folgenden Schriften Dührings, so vor allem in dem 1883 erschienenen Buch *Der Ersatz der Religion durch Vollkommeneres und die Ausscheidung alles Judenthums durch den modernen Völkergeist*. Schließlich steigerte sich Dühring zum Vorschlag von Sondergesetzen, Ghettoisierung und Deportation. Damit wurde er zu einem der maßgebenden Wegbereiter der Nationalsozialisten.

Der Orientalist Paul de Lagarde (1827–1891, eigentlich Paul Bötticher) verkündete ein sehr eigenwilliges Christentum, das durch die Einheit von Rasse und Religion, von «Blut und Geist», bestimmt ist. Für die Juden war dabei kein Platz mehr. Möge Russland doch bitte, schlägt er zynisch vor, «die Gewogenheit haben, freiwillig einige fünfzig Meilen nach Mittelasien zu hinüberzurücken, wo Platz in Hülle und Fülle ist».[42] In breiteren Kreisen bekannt wurde Lagarde erst durch das 1890 erschienene Buch *Rembrandt als Erzieher* des Kunst- und Kulturkritikers Julius Langbehn (1851–1907). In seiner seltsamen Gleichsetzung von Blut oder Rasse mit Schönheit (der Kunst) und von Schönheit wiederum mit einer idealisierten christlichen Religion spielen

214   7 Aufklärung, Emanzipation und Nationalismus

Juden für Langbehn zunächst noch keine besondere Rolle. Das änderte sich erst in den folgenden, von Lagarde beeinflussten Auflagen (dreißig Auflagen allein innerhalb der ersten zwei Jahre). Jetzt wurden die alten Klischees wieder beschworen, erweitert durch das angeblich mangelnde Kunstverständnis der Juden:[43]

> Deutschland wird sich ihrer [der Juden] also nach Kräften zu erwehren haben; sie sind ein Gift für uns; und müssen als solches behandelt werden. ... Ihre Ausbeutungsgier ist grenzenlos; sie gehen krumme Wege; und ihre Moral ist nicht unsere. Sie würdigen Kunst und Wissenschaft herab. Sie sind demokratisch gesinnt; es zieht sie gern zum Pöbel; sie sympathisiren überall mit der Fäulniß.

Kurzum, die Juden firmieren hier als Gegenentwurf zum «Edlen» und Schönen, für das deutsches Blut und der Geist des Christentums stehen. Ein kommender Herrscher werde dafür sorgen, dass sich das «Edle» endgültig durchsetzt:

> In diese jetzt schwebende Judenfrage wird ein etwa kommender «heimlicher Kaiser» thätig eingreifen müssen; er wird sein Szepter zu neigen und die Schafe von den Böcken zu sondern haben; denn ein Herrscher soll vor Allem gerecht sein. Gerecht aber ist es, für das Edle und gegen das Gemeine einzutreten.

Langbehns eigentümlich ästhetisches Christentum war auch in der Jugendbewegung wirksam, von der Juden weitgehend ausgeschlossen waren, und wurde nach seiner Konversion zum Katholizismus vom Kulturkatholizismus aufgegriffen, einer Bewegung, die den im Kulturkampf marginalisierten katholischen Intellektuellen den Weg in die «deutsche Nationalkultur» weisen sollte. Der Einfluss von *Rembrandt als Erzieher* reichte bis weit in die NS-Zeit.

Eine noch einflussreichere Brücke zu den Nationalsozialisten bildete der Verleger und Publizist Theodor Fritsch (1852–1933) mit seinem Hammer-Verlag und zahllosen antisemitischen Pamphleten und Flugblättern. 1897 veröffentlichte er unter dem Namen Thomas Frey den *Antisemiten-Katechismus*, in dem er ein von allen jüdischen Elementen gereinigtes Christentum propagierte; in seiner erweiterten Fassung mit

Rassentheorie als Leitdisziplin

dem Titel *Handbuch der Judenfrage* wurde das Buch ein Standardwerk des Nationalsozialismus und fand weiteste Verbreitung (45 Auflagen bis 1939). Fritsch stellt in eindrücklicher Schlichtheit klar, dass es dem Antisemitismus nicht um die Religion der Juden geht, sondern um ihre Rasse:[44]

> 1) Was versteht man unter Antisemitismus? «Anti» heißt «gegen», und «Semitismus» bezeichnet das Wesen der semitischen Rasse. Der Antisemitismus bedeutet also die Bekämpfung des Semitenthums. Da die semitische Rasse in Europa fast ausschließlich durch die Juden vertreten ist, so verstehen wir unter den «Semiten» im engeren Sinne die Juden.
> 2) Wie kann man in unsrer aufgeklärten Zeit die Juden noch ihrer Religion wegen verfolgen? Es fällt Niemandem ein, die Juden ihrer Religion wegen zu bekämpfen. … Wie schon der Name sagt, richtet sich der Antisemitismus gegen die «Semiten», also gegen eine Rasse, nicht gegen eine Religion.

Und worin besteht der Rassenunterschied? Auch dies erklärt Fritsch ebenso ideologisch wie schlicht:

> Die europäischen Völker gehören fast sämmtlich der arischen oder indogermanischen Rasse an, die Juden hingegen der semitischen. Die arischen Völker sind mehr seßhafter Natur; sie pflegen Ackerbau, Gewerbe, Kunst und Wissenschaft; sie sind staatengründend, muthig und tapfer; der Grundzug ihres Wesens ist die Geradheit, Ehrlichkeit, Treue und Hingebung. – Sie sind die eigentlichen Kultur-Völker. Die echten Semiten hingegen sind von Natur Nomaden; sie haben keine eigentlich dauernden Wohnsitze, kein rechtes Vaterland. Sie ziehen dahin, wo die beste Beute winkt. Sie bauen und bebauen nichts selbst; sie suchen die durch fremden Fleiß geschaffenen Kultur-Stätten auf, beuten die vorhandenen günstigen Verhältnisse aus, grasen, sozusagen, die Weideplätze ab und lassen sie geplündert und verödet zurück.

Der eigentliche Chefideologe der Rassentheorie und damit eines breitenwirksamen rassistischen und völkischen Antisemitismus war der in Deutschland lebende Engländer Houston Stewart Chamberlain (1855– 1927). Chamberlain unterscheidet zwischen homogen-reinen und chaotischen Rassen. Eine wirklich reine Rasse sei die germanische mit ihrem Hauptvertreter, dem Deutschtum, und an dessen Spitze Preußen; ein typisches Beispiel für Rassenchaos seien dagegen – die Österreicher:[45]

> Preußen ist eine Nation mit einer scharfgeschnittenen, unverkennbaren Physiognomie ... Und fassen wir die historische Entwicklung Preußens als in der Hauptsache aus einem Kampf bestehend zwischen ihm und Österreich, so erkennen wir deutlich, dass hier die unbezwingbare physische Kraft echter Rasse [Preußen] über Rassenlosigkeit [Österreich] und die moralische Kraft einer wahren Nation [Preußen] über die numerisch hundertfach überlegene Masse eines nur aus dynastischen Interessen zusammengestoppelten, jeder inneren Einheit ledigen Territoriumkonglomerats [Österreich] gesiegt hat.

Als Gegenpol zur germanischen Rasse fungiert für Chamberlain die Rasse der Juden, die sich bis heute ebenfalls als «reine» Rasse erhalten habe. In ihrer Rassenreinheit seien die Juden durchaus bewunderungswürdig und bewiesen, «wie eine edle Rasse sich durch Reinheit Jahrhunderte, ja Jahrtausende hindurch edel erhalten kann».[46] Aber die reinen Rassen sind bei Chamberlain keineswegs gleichwertig. Gerade durch die so lange bewahrte Reinheit seiner Rasse sei das Judentum zum größten und gefährlichsten Gegner der germanischen Rasse geworden und müsse als solche mit allen Mitteln bekämpft werden. Deswegen sei die jüdische Rasse auch nicht einfach mit semitischer Rasse gleichzusetzen, wie dies fälschlicherweise oft geschehe:[47]

> Der Ausdruck Jude bezeichnet eine bestimmte, erstaunlich rein erhaltene Menschenrasse, nur in zweiter Reihe und uneigentlich die Bekenner einer Religion. Es geht auch durchaus nicht an, den Begriff «Jude», wie das in letzter Zeit viel geschieht, mit dem Begriff «Semit» gleichzustellen; der Nationalcharakter der Araber z. B. ist ein durchaus anderer als der der Juden.

Im Unterschied zum vulgären Antisemitismus möchte Chamberlain also die Einzigartigkeit der jüdischen Rasse herausstellen, die es in ihrer Reinheit und Besonderheit nur mit der germanischen Rasse aufneh-

Rassentheorie als Leitdisziplin   **217**

men könne; wie die Germanen seien die Juden eine Rasse *sui generis* und hätten mit den semitischen Arabern nichts gemein.

Allerdings bleibt da noch ein «kleines» Problem in dieser weit ausgreifenden, durch detaillierte pysiognomische Beschreibungen untermauerten Rassenlehre: Nach allgemeiner Auffassung war Jesus von Nazareth, der Gründer des von Chamberlain verehrten und mystisch überhöhten Christentums (sein Held ist nicht von ungefähr Meister Eckhart, der deutscheste aller christlichen Mystiker), ein Jude. Chamberlain verwendet viel Mühe darauf, dieses für seine Theorie tödliche Argument zu entkräften. Dafür muss er betonen, dass Jesus aus Galiläa stammte und Galiläa mit seinem besonderen hebräischen Dialekt und seiner eher konservativen Lebensweise eine Außenseiterrolle in der jüdischen Bevölkerung der römischen Provinz Judäa spielte. Dies ist historisch sicher korrekt, aber Chamberlain zieht daraus den absurden Schluss, dass Jesus und die Galiläer gar keine Juden gewesen seien und daher auch nicht zu der verhassten jüdischen Rasse gehörten:[48]

> Wer die Behauptung aufstellt, Christus sei ein Jude gewesen, sagt entweder eine Dummheit oder eine Lüge: eine Dummheit, wenn er Religion und Rasse unwissend durcheinanderwirft, eine Lüge, wenn er die Geschichte Galiläas kennt und den höchst verwickelten Thatbestand zu Gunsten seiner religiösen Vorurteile oder gar, um sich dem mächtigen Judentum gefällig zu erzeigen, halb verschweigt, halb entstellt. Die Wahrscheinlichkeit, dass Christus kein Jude war, dass er keinen Tropfen echt jüdischen Blutes in den Adern hatte, ist so groß, dass sie einer Gewissheit fast gleichkommt.

So wie die jüdische und die semitische Rasse nicht identisch seien, seien auch Religion und Rasse nicht dasselbe. Indem er die Religion zum sekundären Merkmal der Rasse deklariert, kann Chamberlain sich das historische wie auch logische Kunststück erlauben, zwischen der Religion der jüdischen Rasse und der Religion des von Jesus gegründeten Christentums zu unterscheiden. Die jüdische Rasse vertrete bis heute ihre jüdische Religion, aber diese jüdische Religion habe mit dem Christentum ebenso wenig zu tun wie die Rasse Jesu mit der jüdischen Rasse. Folglich dürfe als gesichert gelten, dass Jesus kein Jude gewesen sei:[49]

Nur eine Behauptung können wir also auf gesunder historischer Grundlage aufstellen: in jenem ganzen Weltteile gab es eine einzige reine Rasse, eine Rasse, die durch peinliche Vorschriften sich vor jeder Vermengung mit anderen Völkerschaften schützte – die jüdische; dass Jesus Christus ihr nicht angehörte, kann als sicher betrachtet werden. Jede weitere Behauptung ist hypothetisch.

Dass dieses aus heutiger Sicht ebenso konfuse wie langatmige Geflecht abseitiger Ideen, das mit hohem pseudowissenschaftlichem Ernst vorgetragen wird, einen so großen Einfluss im deutschen Bürgertum und Adel hatte, kann man rückblickend nur schwer nachvollziehen. Dem Hause Richard Wagners schon länger eng verbunden, heiratete Chamberlain 1908 Wagners jüngste Tochter Eva und wohnte seitdem in Bayreuth. Kaiser Wilhelm II., ein Verehrer von Wagners Musik, schätzte auch Chamberlain und konnte in dessen Hauptwerk die theoretische Untermauerung seines politischen Imperialismus sehen. Chamberlains Rassenlehre ging mit dem deutschen Kaiserreich keineswegs unter, sondern bereitete dem Rassismus der Nationalsozialisten den Weg, nicht zuletzt auch Adolf Hitlers. An der Trauerfeier nach Chamberlains Tod im Januar 1927 nahm neben dem ehemaligen Kronprinzen Wilhelm von Preußen auch Adolf Hitler teil.

Politische Parteien und Verbände im Deutschen Reich

Zwar wurden im Kaiserreich mehrere entschieden antisemitische Parteien gegründet, doch blieb ihr Einfluss eher bescheiden. Ihren größten Erfolg erzielten sie mit 3,4 Prozent der abgegebenen Stimmen und insgesamt 16 Abgeordneten bei der Reichstagswahl von 1893. Die meisten Stimmen erhielten sie in der Provinz Hessen-Nassau, Regierungsbezirk Kassel, und im Königreich Sachsen. Alle anderen Parteien waren in unterschiedlicher Weise vom antisemitischen Gedankengut beeinflusst, am stärksten die Konservativen Parteien (Deutschkonservative Partei und Deutsche Reichspartei). Am eindeutigsten distanzierten sich die Sozialisten (Sozialdemokraten) und die Linksliberalen (Freisinnige

Volkspartei und Deutsche Volkspartei) vom Antisemitismus. Politisch sehr viel einflussreicher in ihrer antisemitischen Einstellung waren große Verbände wie der «Bund der Landwirte», der «Deutschnationale Handlungsgehilfenverband» und der «Alldeutsche Verband».

Der den Konservativen nahestehende «Bund der Landwirte» wurde 1893 im Zusammenhang mit der Agrarkrise der Neunzigerjahre gegründet. Er war extrem nationalistisch, antisozial und antiliberal und vertrat einen militanten Antisemitismus auf religiöser, wirtschaftlicher und völkischer Grundlage: die geldgierigen Juden als Zerstörer der germanischen Landwirtschaft. Der ebenfalls 1893 gegründete «Deutschnationale Handlungsgehilfenverband» verstand sich als Interessenvertretung des unselbständigen Mittelstandes der Handlungsgehilfen, die später kaufmännische Angestellte genannt wurden. Er definierte sich primär aus seiner antisemitischen Einstellung, weil er durch das «jüdische» Großkapital und die Gründung von großen Warenhäusern, die oft in jüdischem Besitz waren, die Existenz des kaufmännischen Mittelstandes bedroht sah. Gleichzeitig unterstützte er antifeministische Verbände, weil er die Konkurrenz von Frauen in der Männerdomäne des Kauf*mannes* ablehnte. Nach der Jahrhundertwende hatte der Verband großen Zulauf und über 100 000 Mitglieder. Wie der «Bund der Landwirte» stand er den Konservativen Parteien nahe.

Der «Alldeutsche Verband» war ursprünglich als ein Verband zur Förderung deutscher Kolonialinteressen angetreten und wurde von führenden Mitgliedern der «Deutschen Kolonialgesellschaft» gegründet. Die Expansion des Deutschen Reiches, die Stärkung des «vaterländischen Bewusstseins» im In- und Ausland, insbesondere in den Kolonien, und die Förderung deutschnationaler Bestrebungen waren zunächst seine Ziele. Mit seinem revidierten Programm von 1903 radikalisierte sich der Verband, verstärkte seinen Kampf gegen die Minderheiten im Deutschen Reich und wurde zunehmend antisemitischer. Als der Rechtsanwalt Heinrich Claß (1868–1953) 1908 den Verbandsvorsitz übernahm, propagierte der Verband ein antidemokratisches, germanozentrisches und rassistisches Weltbild und wurde einer der wirksamsten ideologischen Wegbereiter des Nationalsozialismus. Was dieses Weltbild für die Juden bedeutete, machte Claß in seiner 1912 unter dem

220   7 Aufklärung, Emanzipation und Nationalismus

Pseudonym Daniel Frymann veröffentlichten Schrift *Wenn ich Kaiser wär* in aller Deutlichkeit klar:[50]

> Die Gesundung unseres Volkslebens, und zwar aller seiner Gebiete, kulturell, moralisch, politisch, wirtschaftlich, und die Erhaltung der wiedergewonnenen Gesundheit ist nur möglich, wenn der jüdische Einfluß entweder ganz ausgeschaltet oder auf das Maß des Erträglichen, Ungefährlichen zurückgeschraubt wird. … Niemals in der Geschichte ist ein großes, begabtes, tüchtiges Volk so schnell und widerstandslos unter den Einfluß und die geistige Führung eines fremden Volkes von völlig anderer Veranlagung gekommen, wie jetzt das deutsche unter die jüdische Leitung.

Um dieses Ziel der Gesundung des deutschen Volkes und seiner Befreiung von der jüdischen Überfremdung zu erreichen, schlug Claß folgende Schritte vor: Die Grenzen des Deutschen Reiches müssen gesichert werden, um weitere jüdische Einwanderung zu verhindern; alle Juden in Deutschland, die noch kein Bürgerrecht erworben haben, müssen umgehend ausgewiesen werden. Die «landansässigen Juden» müssen unter «Fremdenrecht» gestellt werden. Dazu gehören der Ausschluss der Juden von allen öffentlichen Ämtern, vom Dienst in Heer und Flotte, vom Beruf der Anwälte und Lehrer, von der Leitung von Theatern, von der Leitung von Banken und von ländlichem Besitz sowie der Entzug des aktiven und passiven Wahlrechts. In der Frage, wer Jude ist, müsse neben der Religion die «Rassenangehörigkeit» ein entscheidendes Kriterium sein und müsse auch der «vom jüdischen Glauben Abgewandte» als Jude behandelt werden; dies solle ausdrücklich auch für die Nachkommen von Mischehen gelten. Der Autor räumte großzügig ein, dass die Folgen für die Juden hart wären – sie seien aber unvermeidlich, denn «[u]ns kommt es darauf an, die Seele des deutschen Volkes zu retten». Kein Zweifel, das hier von Claß entwickelte Programm liest sich wie eine Vorlage für die Rassengesetzgebung, die von den Nationalsozialisten in die Tat umgesetzt wurde.

Der «Alldeutsche Verband» unter Claß spielte auch während des Ersten Weltkriegs eine unheilvolle Rolle. Nach dem ursprünglichen gesamtdeutschen Taumel der Kriegsbegeisterung, dem sich auch viele Juden nicht entziehen konnten, verschärfte sich der Antisemitismus mit abnehmendem Kriegsglück und verlagerte sich zunehmend auf das Militär. In seiner militärischen Variante wurden die Juden zu «Feiglingen», die sich mit Geld vor dem Militärdienst drückten und stattdessen am Unglück des deutschen Volkes Geld verdienten. Wenn ihnen dies nicht gelinge, verschafften sie sich wenigstens «sichere» Positionen abseits der Front; und wenn auch dies nicht gelinge, dann seien sie einfach nur schlechte Soldaten. Mit der sogenannten Judenzählung oder Judenstatistik vom 1. November 1916 sollte der Anteil der Juden im deutschen Heer erfasst und sollten vor allem die «Drückeberger» entlarvt werden, die sich dem Dienst an der Front entzogen. Das Ergebnis der dilettantisch durchgeführten Erhebung wurde allerdings geheim gehalten – mit fatalen Folgen: Die alldeutschen Antisemiten und ihre Anhänger sahen darin den Versuch des jüdischen Establishments, das für die Juden angeblich niederschmetternde Ergebnis zu vertuschen; die liberalen Gegner der Antisemiten vermuteten, wohl nicht zu Unrecht, dass die Zahlen für die Juden eher günstig waren und das Ergebnis deswegen vom Militär unterdrückt werden sollte. Spätere Untersuchungen bestätigten die Vermutung, dass der Anteil der Juden, die am Krieg teilnahmen und an der Front eingesetzt waren, ihrem Bevölkerungsanteil entsprach, wenn nicht sogar darüber hinausging.

Die «Judenstatistik» war in ihrer Intention und ihren Folgen eine vom Militär inszenierte staatliche Sanktionierung des Antisemitismus, die es in dieser Form in der Neuzeit noch nicht gegeben hatte. Als die endgültige Niederlage drohte, hetzte Claß gegen die «Feinde des artbewussten Deutschtums» und das Lager der «entarteten Undeutschen» und drohte, dass die Frage, ob Deutschland «alldeutsch» oder «alljüdisch» werde, ein für alle Mal gelöst werden müsse.[51] Kurz nach dem deutschen Angebot zum Waffenstillstand erklärte er auf einer Sitzung des «Alldeutschen Verbandes» im Oktober 1918, dass das «Aufrollen der Judenfrage» sich nur dann erübrige, «wenn das politische Kriegsziel sich diktatorisch gestalten lässt», und dass in der Auseinandersetzung mit dem parlamentarischen System das stärkste Mittel die «jüdische Angst» sei.[52] Claß sollte die Erfüllung seiner Wünsche mit all ihren Folgen im Nationalsozialismus erleben; er starb unbehelligt erst 1953 in hohem Alter in Jena.

Das antisemitische Europa: Von der Dreyfus-Affäre zu den «Protokollen der Weisen von Zion»

Die an das Deutsche Reich angrenzenden europäischen Staaten Österreich-Ungarn, Frankreich, Polen und Russland waren alle vom antisemitischen Virus infiziert. Besonders Österreich folgte dem deutschen Vorbild mit seinem alle Gesellschaftsschichten durchdringenden antiliberalen, deutschnationalen und rassistischen Antisemitismus. Die rassistische Komponente wurde aggressiv durch den Politiker Georg Ritter von Schönerer (1842–1921) vertreten. Schönerer wurde 1873 als Abgeordneter der liberalen deutschen Fortschrittspartei in den österreichischen Reichsrat gewählt, trat aber aus der Partei aus und machte sich zum Sprecher der radikal pangermanischen, antislawischen, antikatholischen und alldeutschen Deutschnationalen Partei. Er sorgte dafür, dass dem Linzer Grundsatzprogramm der österreichischen Deutschnationalen 1885 ein sogenannter Arierparagraph hinzugefügt wurde, mit dem er versuchte, die Partei strikt antisemitisch auszurichten: Juden wurden nicht nur von der Mitgliedschaft in deutschnationalen Parteien und Verbänden ausgeschlossen, sondern galten auch nicht als würdige Mitglieder einer pangermanischen deutschen Nation. Parteipolitisch konnte Schönerer sich mit diesem radikalen Antisemitismus nicht durchsetzen, aber sein Einfluss auf den Nationalsozialismus war beträchtlich. Die ihm zugeschriebene obszöne Parole «Ob Jud, ob Christ ist einerlei – in der Rasse liegt die Schweinerei» war weit verbreitet.

Von größerer Wirkung war die Christlich-Soziale Partei unter der Führung des Politikers Karl Lueger, der nach mehreren erfolglosen Versuchen und gegen den Widerstand Kaiser Franz Josephs I. seit 1897 Bürgermeister von Wien war. Lueger und seine Partei verstanden sich als Interessenvertretung des Kleinbürgertums und verfolgten eine entschieden antikapitalistische und antisemitische Politik. Adolf Hitler, der angeblich an der Beerdigung Luegers 1910 teilnahm, preist ihn in *Mein Kampf* als größten deutschen Bürgermeister; bis heute gibt es in Wien einen Dr.-Karl-Lueger-Platz.

Im republikanischen Frankreich, dem eigentlichen Vorreiter der jüdischen Emanzipation und bürgerlichen Gleichstellung, erhielt gegen Ende des 19. Jahrhunderts der bürgerliche Antisemitismus neuen Auftrieb. Unübersehbares Menetekel dieser Entwicklung war das 1886 erschienene Buch *La France Juive* des Journalisten Edouard Drumont (1844–1917), das zu einem Bestseller in ganz Europa wurde. Die deutsche Ausgabe *Das Verjudete Frankreich* erschien ebenfalls 1886. Drumont entwickelte hier ein rassistisches System des Antisemitismus, das sich aller Stereotype bediente, die auch aus Deutschland bekannt sind: Die semitischen Juden seien eine minderwertige Rasse, die unter Fremdengesetzgebung zu stellen seien und deren Emanzipation ein Fehler gewesen sei; als Vertreter eines internationalen Kapitalismus zerstörten sie die französische Wirtschaft und strebten die heimliche Herrschaft über die Republik an. Höhepunkt der gewandelten Stimmung in Frankreich war die Dreyfus-Affäre, die eindrücklich belegt, dass dieser neue französische Antisemitismus bis in die höchsten Kreise des Militärs vorgedrungen war.

Alfred Dreyfus (1859–1935), Sohn eines wohlhabenden jüdischen Textilunternehmers in Mülhausen im Elsass, war nach einer umfassenden militärischen Ausbildung Offizier im französischen Generalstab. In einer in Offizierskreisen geplanten und vom Kriegsministerium gedeckten Intrige wurde er der Spionage zugunsten des Deutschen Reiches beschuldigt und aufgrund gefälschter Papiere mit Wissen und Zustimmung des Kriegsministers General Auguste Mercier im Dezember 1894 zu Degradierung, lebenslanger Haft und Verbannung auf der Teufelsinsel vor der Küste von Französisch-Guayana verurteilt. Seine Degradierung wurde als öffentliches Schauspiel inszeniert, bei dem die Epauletten entfernt und sein Säbel zerbrochen wurden. Die Aufdeckung des Komplotts durch den Stabsoffizier Georges Picquart wurde zunächst ebenso ignoriert wie die 1896 erschienene Streitschrift *Une erreur judiciaire: La vérité sur l'affaire Dreyfus* des jüdischen Journalisten Bernard Lazare oder der in ganz Europa verbreitete Aufruf *J'accuse* des Schriftstellers Emile Zola. Die öffentliche Meinung war gespalten zwischen den antirepublikanischen und antisemitischen «Antidreyfusards» mit Edouard Drumont als einem ihrer Wortführer und seinen Verteidigern, den «Dreyfusards». Doch die Verteidiger von Dreyfus konnten sich langsam durchsetzen und die Öffentlichkeit für sich gewinnen. Kriegsminister Mercier trat aus dem Armeedienst aus, wurde aber bald darauf Senator und kämpfte weiterhin gegen die Rehabilitierung von Dreyfus. 1899 kam es zu einer Revision des Prozesses, in der Dreyfus «nur noch» zu zehn Jahren Haft verurteilt und kurz darauf vom französischen Staatspräsidenten begnadigt wurde. Erst 1906 konnte ein erneutes Revisionsverfahren durchgesetzt werden, in dem Dreyfus endgültig für unschuldig erklärt und rehabilitiert wurde.

Eine der Folgen der Dreyfus-Affäre war, dass Frankreich zunehmend immun gegen den aggressiven Rassenantisemitismus wurde und große Teile der Bevölkerung sich immer stärker davon distanzierten. Ob die Dreyfus-Affäre Theodor Herzl zu seinem 1896 veröffentlichten zionistischen Manifest *Der Judenstaat* inspirierte, wie lange angenommen wurde – Herzl berichtete über die Affäre als Korrespondent der Wiener Zeitung *Neue Freie Presse* –, ist heute umstritten. Wahrscheinlich war es mindestens ebenso der heimatliche österreichische Antisemitismus.

Von den drei Teilungen Polens mit seiner Eingliederung in die Nachbarmächte Russland, Preußen und Österreich-Ungarn Ende des 18. Jahrhunderts bis zum Ende des Ersten Weltkriegs existierte für über 120 Jahre kein souveräner polnischer Staat. Die Frage der Emanzipation und des Bürgerrechts der Juden hing in dieser Zeit von den herrschenden Großmächten ab. Je mehr aber ein polnischer Nationalismus in den Vordergrund trat und an Boden gewann, desto stärker wurden auch die antijüdischen Kräfte, die in den Juden Konkurrenten im Kampf um den sozialen und wirtschaftlichen Fortschritt sahen. Diese Tendenz wurde durch den Katholizismus verschärft, der fest in der polnischen Gesellschaft verankert war, vor allem auf dem Lande. Er hatte alle seit dem christlichen Mittelalter bekannten antisemitischen Stereotype verinnerlicht und predigte sie offensiv. In einem sich grundsätzlich christlich definierenden Polen konnte auch für Juden kein Platz sein. Als Polen nach dem Ende des Ersten Weltkriegs unabhängig wurde, fanden die Juden zwar formell einen gleichberech-

Das antisemitische Europa

tigten Platz in der Zweiten Polnischen Republik, gerieten aber schon kurz darauf während des polnisch-sowjetischen Krieges (1919–1921), in dem die Zweite Polnische Republik um die Wiederherstellung ihrer Ostgrenze vor den Teilungen kämpfte, zwischen die Fronten. Weil den Juden vielfach unterstellt wurde, auf Seiten der sowjetischen Bolschewiki zu stehen, kam es zu zahlreichen Pogromen. Mit dem weiteren Erstarken der nationalistischen Kräfte gewannen die alten Vorurteile erst recht wieder die Oberhand. Antijüdische Aktionen bis hin zu Pogromen häuften sich und sollten die Geschichte der Juden in Polen sogar noch über die Schoah hinaus begleiten.

Das zaristische Russland benutzte den Widerstand gegen die von liberalen bürgerlichen Schichten unterstützten Emanzipationsbestrebungen der Juden als Mittel, um seine autokratische Herrschaft zu stabilisieren. Die Folge war eine Welle von Pogromen, die der Staat (Militär und Bürokratie) nicht nur nicht unterband, sondern auch aktiv förderte. Nach der Ermordung von Zar Alexander II. kam es 1881 zu Pogromen in zahlreichen Städten und Dörfern. Der neue Zar Alexander III. erließ antijüdische Wirtschaftsgesetze, schränkte die Siedlungsmöglichkeiten der Juden ein und verbot 1891 sogar die Ansiedlung jüdischer Handwerker in Moskau. Unter seinem Nachfolger und letztem Zar Nikolaus II. (1894–1917) kam es erneut zu einer Welle von Pogromen in Süd- und Westrussland – 1903 und 1905 in Kischinev, 1905 in Odessa –, auch diese von Militär und Bürokratie unterstützt, weil die Juden für die revolutionären Freiheitsbewegungen verantwortlich gemacht wurden. Ein Augenzeuge des Pogroms in Odessa beschreibt die Rolle, die das Militär dabei spielte:[53]

> Voraus gingen die Soldaten oder Kosaken, hinter ihnen Polizisten, die ihrerseits die Hooligans schützten. Den Hooligans folgten große Wagen und Fuhrwerke, um das geplünderte Gut fortzuschaffen, und den Zug schlossen wieder Kosaken oder Dragoner. ... Ein Polizist gab einen Schuss in die Luft ab, daraufhin erklärte der die Soldaten anführende Offizier, die Juden hätten aus den Häusern geschossen, worauf er Feuer eröffnen ließ. Sofort wurde das Haus von allen Seiten beschossen, die Tore erbrochen, die Insassen fielen, von den Kugeln getroffen, und der Weg für die Plün-

derer war frei. Diese wüteten und tobten in den Häusern und auf den Straßen, mordeten und verstümmelten nach Belieben.

Die Pogrome in Russland bewirkten einen «traumatischen Schock» in der jüdischen Bevölkerung und lösten seit den Achtzigerjahren des 19. Jahrhunderts eine Auswanderungswelle der Juden nach Westen (Mittel- und Westeuropa, Amerika) und in geringerem Masse nach Palästina aus. Sie trugen erheblich zur Erstarkung der 1884 gegründeten protozionistischen Bewegung der *Choveve Zion* («Liebhaber Zions») bei. Wie sehr sich die russischen Pogrome in das kollektive jüdische Gedächtnis eingegraben haben, zeigt das Klagelied über das Pogrom von Kischinev des Dichters Chaim Nachman Bialik (1873–1934). Von dem auf Jiddisch und Hebräisch verfassten Gedicht «In der Stadt des Schlachtens» werden im Folgenden nur Anfang und Ende zitiert:[54]

… aus Stahl und Eisen, kalt und hart und stumm,
schmied dir ein Herz, du Mensch – und komm!
Komm, geh in die Stadt des Schlachtens, sollst sehen mit deinen Augen,
sollst betasten mit deiner eigenen Hand
an Zäunen, Pfählen, Türen und Wänden,
an Gassensteinen und allen Hölzern
das schwarz-getrocknete Blut mit den Gehirnen
von deiner Brüder Köpfen und Hälsen.
…
Und jetzt genug, entlauf, du Mensch, entlauf auf ewig!
In öde Wüste lauf – und werde irr!
Zerreiß in tausend Stücke deine Seele
und wirf dein Herz wilden Hunden vor;
und lass deine Tränen fallen auf heiße Steine,
und dein Geschrei soll verschlingen der Sturm …

Es ist schließlich auch das zaristische Russland, aus dem das antisemitische Pamphlet *Die Protokolle der Weisen von Zion* hervorging, das bis heute – ganz besonders in der islamischen Welt – nichts von seinem verhängnisvollen Einfluss verloren hat. Das Machwerk ist aus verschie-

Das antisemitische Europa   **227**

denen, teilweise erfundenen, teilweise gefälschten Quellen kompiliert. Für seine letzte literarische Form war die zaristische Geheimpolizei verantwortlich. Die früheste Fassung erschien 1903 in mehreren Folgen in einer Petersburger Zeitung. Zentrales Thema der *Protokolle* sind die angeblichen Pläne des «Weltjudentums», repräsentiert durch eine Allianz von Freimaurern und Juden, die «Weltherrschaft» zu übernehmen. Ihre Grundlage seien die authentischen Sitzungsprotokolle dieser Allianz, die im Geheimarchiv der «Zentralkanzlei von Zion» in Paris aufbewahrt würden. Weiter bekannt wurden die *Protokolle* durch ihren Abdruck in einem mystisch-apokalyptischen Werk des religiösen Schriftstellers Sergei Nilus (1905), aber ihre eigentliche Verbreitung begann mit der russischen Oktoberrevolution 1917 und dann nach dem Ende des Ersten Weltkrieges, zuerst in Deutschland, bald auch in praktisch allen europäischen Ländern.

1920 veröffentlichte Henry Ford in seiner Zeitung *The Dearborn Independent* unter dem Titel «The International Jew: The World's Problem» eine englische Fassung und trug damit wesentlich zum weltweiten Erfolg des Pamphlets bei. Der spätere nationalsozialistische Chefideologe Alfred Rosenberg publizierte und kommentierte Teile davon, und auch Theodor Fritsch ließ es sich nicht nehmen, eine vollständige Ausgabe in seinem Hammer-Verlag zu veröffentlichen. In der Folge wurden die *Protokolle* das bei weitem einflussreichste Instrument der antisemitischen Agitation in Deutschland und darüber hinaus. Arabische Übersetzungen gab es schon in den 1920er Jahren, doch der eigentliche Siegeszug der *Protokolle* in der muslimischen Welt begann 1951 mit der Übersetzung durch den ägyptischen Journalisten Muhammad Khalifa at-Tunisi. In unzähligen weiteren Editionen sind sie eine der Hauptquellen für die «Kenntnisse» über das Judentum in der arabischen Welt.

8

VON DEN WELTKRIEGEN BIS ZUR GEGENWART

Vernichtungsantisemitismus und die Wiederkehr
des Verdrängten

Weimarer Republik: Im Vorhof zur Hölle

Während der kurzen Lebensdauer der ersten deutschen Republik vom
9. November 1918 bis zum 30. Januar 1933 wirkten alle antisemitischen
Elemente und Stereotype weiter, die die Gesellschaft des Kaiserreiches
in ihrer ganzen Breite infiltriert hatten. Zwar brachten die Jahre der
wirtschaftlichen Stabilisierung ab 1924 eine Zeit der relativen Ruhe
nach Jahren der Krise, doch war diese Ruhe gerade auch für die Juden
trügerisch. Der Umbruch und die Erschütterungen, die der verlorene
Krieg und der Untergang des Kaiserreichs mit sich gebracht hatten,
fanden in den Juden einen willkommenen Schuldigen – genau nach
dem Schema, das immer schon das Verhältnis der christlichen Gesellschaft und ihrer politischen Autoritäten zu den Juden bestimmt hatte.
Dass die Juden ganz selbstverständlich als wirtschaftliche Nutznießer
des Krieges («Kriegsgewinnler») abgestempelt werden konnten, spielte
ebenso eine Rolle wie der verstärkte Zuzug osteuropäischer Juden unmittelbar nach dem Ende des Ersten Weltkrieges als Folge des polnisch-
sowjetischen Krieges.

Die staatstragenden Institutionen wie Beamtenschaft, Militär, Kirchen und wirtschaftliche Elite blieben weitgehend ihren alten obrig-
keitsstaatlichen Strukturen verhaftet und waren von einem demokratischen Neuanfang weit entfernt. Auch die politischen Parteien und

gesellschaftlichen Verbände blieben, was ihre Einstellung zu den Juden betrifft, ihren erprobten nationalistischen, völkischen und rassistischen Denkmustern treu, ja verstärkten diese weiter; dazu kamen dann sehr bald neue Verbände und Parteien, nicht zuletzt die Nationalsozialistische Deutsche Arbeiterpartei (NSDAP). Im Rückblick ist die Weimarer Republik für die Geschichte des Antisemitismus nicht viel mehr als die Brücke zwischen dem alle Schichten der Gesellschaft durchdringenden kaiserzeitlichen Antisemitismus und dem Staatsantisemitismus des «Dritten Reiches», der Vorhof zur Hölle des Vernichtungsantisemitismus.

Ein wichtiger Faktor in der weiteren Entwicklung war die antisemitische Radikalisierung der Verbände. Neben zahlreichen Neugründungen für alle möglichen Volksgruppen (völkische Angestellte, Arbeiter, Beamte, Frauen, Künstler, Studenten) war der weiterhin von Heinrich Claß dominierte Alldeutsche Verband besonders rührig und 1920 auf 490 Ortsgruppen angewachsen. Der vom Alldeutschen Verband gegründete Deutsch-Völkische Schutz- und Trutzbund spielte nach seiner Vereinigung (1919) mit dem von Theodor Fritsch gegründeten Reichshammerbund eine besonders aktive Rolle und machte die Bekämpfung der Juden auf der Grundlage von Claßens Manifest *Wenn ich Kaiser wär* zu seiner Hauptaufgabe. Getragen von mittelständisch-bürgerlichen Kreisen und Akademikern, wuchs er bis 1922 auf rund 200 000 Mitglieder in 600 Ortsgruppen. Nach dem Mord an dem jüdischen Industriellen und liberalen Reichsaußenminister Walther Rathenau im Juni 1922, in den der Schutz- und Trutzbund verwickelt war, wurde er 1922 in den meisten deutschen Ländern verboten; seine Mitglieder fanden in der NSDAP eine neue Heimat.

Ein Ableger des Reichshammerbundes war der Germanenorden, ein in Logen organisierter antisemitischer Geheimbund, dessen einflussreiche Mitglieder als Multiplikatoren in der bürgerlichen Gesellschaft wirkten; auch er war an politischen Attentaten beteiligt. Der Germanenorden wiederum brachte die 1918 gegründete Thule-Gesellschaft hervor, ebenfalls ein völkisch-antisemitischer Geheimbund, der die Novemberrevolution von 1918/19 und die Münchener Räterepublik von

1919 als Folge einer jüdischen Weltverschwörung bekämpfte. Es waren der Germanenorden und die Thule-Gesellschaft, die das Hakenkreuz (Swastika) als Symbol der arischen Rasse in den Nationalsozialismus einführten, zunächst als Parteikennzeichen der NSDAP und dann als offiziellen Bestandteil der Flagge des Deutschen Reiches.

Sprachrohr des Germanenordens war das Geheimblatt *Runen: Zeitschrift für germanische Geistesoffenbarungen und Wissenschaften. Merkblatt für den Freundschaftsgrad des Germanen-Ordens.* Ein Musterbeispiel der verdrehten Argumentation der Mitglieder des Ordens ist der Beitrag des Or[dens] Br[uders] Tannhäuser «Der umgekehrte Talmud als Wahrheit der arischen Bibel», in dem der Verfasser ein aus Bibel und Talmud gewonnenes, pervertiertes christlich-deutsches Weltbild entwirft. Er stützt sich dabei auf August Rohlings Pamphlet *Der Talmudjude* und den *Judenspiegel* des «Dr. Justus» und konstruiert auf der Negativfolie des verhassten Judentums das wahre völkische Christentum. Damit wird der «Jude in uns» gleichzeitig bewundertes Vorbild und als solches nur umso mehr die vollendete Projektionsfläche für den gebündelten Hass des neuen germanischen Christentums:[1]

> Wir brauchen gewissermassen einen germanischen Talmud, eine rein arisch-germanische Sittenlehre und deutsche Lebensregeln, damit wir frei, gesund, glücklich und groß werden!! – Dieses kann kaum besser geschehen, als wenn wir die weisen, arischen Gesetze aus Bibel und Talmud wieder ausgraben!

Öffentlichkeitswirksamer waren Bücher wie der sexistisch-rassistische Roman *Die Sünde wider das Blut* des Schriftstellers und Politikers Artur Dinter, in dem das Klischee der Vorliebe dunkelhaariger jüdischer Männer für blonde deutsche Frauen breit ausgewalzt wird. Der erste Band erschien 1917 und erreichte bis 1922 eine Auflage von 200 000 Exemplaren. Enormen Erfolg hatte auch das 1919 unter dem Pseudonym Wilhelm Meister veröffentlichte Pamphlet *Judas Schuldbuch. Eine deutsche Abrechnung* aus der Feder des Reichstagsabgeordneten der Deutschnationalen Volkspartei und späteren Staatssekretärs Paul Bang. Hier wird in einzelnen Schritten eine imaginierte jüdische Machtergrei-

Weimarer Republik: Im Vorhof zur Hölle

fung bis zur endgültigen «Judenherrschaft» in Deutschland detailliert geschildert. Das Buch erreichte immerhin in wenigen Jahren sechs Auflagen mit rund 30 000 verkauften Exemplaren.

Und schließlich entfalteten auch die *Protokolle der Weisen von Zion*, die genau in dieser Zeit (1919/20) erstmals in Deutschland erschienen, ihre verhängnisvolle Wirkung für eine flächendeckende Verbreitung des Mythos von der jüdischen Weltverschwörung. Mit ihrer Rezeption durch die NSDAP avancierten die *Protokolle*, so ist mit Recht argumentiert worden, gewissermaßen zum Drehbuch für die Weltherrschaftsphantasien der Nationalsozialisten – ein weiteres Beispiel für die Projektion der eigenen Machtgelüste auf ein zynisch verdrehtes, imaginäres Judentum.

Ein besonderer Hort antisemitischer Strömungen war weiterhin das Militär. Charakteristisch für die Stimmung in der Truppe war die Denkschrift zur «Lösung der Judenfrage», die Hans Knodn, ein junger Angehöriger des Schützenregiments 41 in Passau und Mitbegründer der NSDAP-Ortsgruppe Passau, 1920 an den bayerischen Ministerpräsidenten richtete. Für den heutigen Betrachter sind die Vorschläge atemberaubend und lesen sich wie die unheimliche Vorwegnahme der auf der Wannseekonferenz vom Januar 1942 gefassten Beschlüsse zur «Endlösung der Judenfrage»:[2]

1. Innerhalb von 24, längstens 48 Stunden habe sich «der größte Teil der Juden» mit den «notwendigsten Bekleidungsstücken» versehen an «bestimmten Sammelstellen» einzufinden. «Von diesen Plätzen aus hätte dann der Abtransport in die Konzentrationslager zu erfolgen.»
2. «Juden, die sich durch Flucht oder durch Bestechung dieser Internierung zu entziehen suchen», sollten zum Tode verurteilt werden. Ihr Vermögen sei einzuziehen.
3. «Deutsche, die den Juden zur Flucht» verhelfen, sollten «das gleiche Schicksal zu gewärtigen» haben.
4. «Eröffnet die Entente die Feindseligkeiten gegen uns, so muss unverzüglich mit Repressalien an den Juden geantwortet werden. Bei Verhängung der Blockade müssen die Juden dem Hungertode ausgeliefert werden. Erfolgt der Vormarsch der Feinde, so muss die Niedermetzelung der Juden stattfinden, bis der Vormarsch eingestellt wird.»

5. Die Internierung sollte so lange aufrechterhalten werden, wie Deutschland von «inneren und äußeren Feinden bedroht» bleibe. Für den Fall, dass Juden noch überlebten, sollte nach der Beseitigung der «inneren und äußeren Gefahren» deren «restlose Abschiebung», und zwar «nach Palästina» erfolgen, selbstverständlich unter Zurücklassung ihres Besitzes und Vermögens. Eine Rückkehr nach Deutschland habe als todeswürdiges Verbrechen zu gelten.

Von den offiziellen Parteien am stärksten antisemitisch ausgerichtet war die 1918 gegründete Deutschnationale Volkspartei (DNVP), die eng mit den Verbänden kooperierte. 1924 wurde sie mit 19,5 Prozent Stimmenanteil zweitstärkste Partei im Reichstag. Nach starken Stimmenverlusten in der Reichstagswahl von 1928 und der Wahl des Pressemoguls Alfred Hugenberg zum Parteivorsitzenden verstärkte sich die extrem nationalistische, völkische und antisemitische Ausrichtung. Die Partei wurde damit einer der Wegbereiter der Nationalsozialisten und löste sich 1933 auf. Alle übrigen Parteien, mit Ausnahme der Deutschen Volkspartei und insbesondere der Deutschen Demokratischen Partei – die weiterhin konsequent für die bürgerlichen Rechte der Juden eintrat und deswegen von der völkischen Seite als «Judenpartei» denunziert wurde –, vertraten zwar keine dezidiert antisemitischen Programme, waren aber durchweg mehr oder weniger antisemitisch gestimmt, oft bedingt durch wahltaktische Überlegungen. Die katholischen Parteien (Zentrum und Bayerische Volkspartei) waren zwar konservativ-national, aber keineswegs völkisch und in ihrem Programm nicht explizit antisemitisch ausgerichtet. Allerdings vertraten sie eine bodenständige katholische Bevölkerung, in der die christlichen Stereotype des Antisemitismus fest verankert waren.

Ambivalent war die Haltung der Sozialdemokraten, die zwar den Antisemitismus nicht zum Programm erhoben, aber in der Praxis doch versuchten, auf ihre weniger differenziert denkende Wählerschaft Rücksicht zu nehmen und antisemitische Stimmungen zu integrieren. Auch die Kommunistische Partei, obgleich nicht programmatisch antisemitisch ausgerichtet, schreckte nicht davor zurück, sich die antisemitische Grundeinstellung der Gesellschaft zunutze zu machen und das Klischee von den die Wirtschaft beherrschenden jüdischen Kapita-

Weimarer Republik: Im Vorhof zur Hölle

listen wählerwirksam für ihren Kampf gegen «das Kapital» einzusetzen. Charakteristisch für diesen Trend ist der berühmt-berüchtigte Aufruf von Ruth Fischer, Vorsitzende des Politischen Büros des Zentralkomitees der KPD, von 1923:[3]

> Sie rufen auf gegen das Judenkapital, meine Herren? Wer gegen das Judenkapital aufruft, meine Herren, ist schon Klassenkämpfer, auch wenn er es nicht weiß. Sie sind gegen das Judenkapital und wollen die Börsenjobber niederkämpfen? Recht so. Tretet die Judenkapitalisten nieder, hängt sie an die Laterne, zertrampelt sie.[4]

Das starke religiöse Element im Spektrum des Antisemitismus machte gerade auch die christlichen Kirchen zu einem überaus relevanten Faktor in der antisemitischen Prägung der Gesellschaft – mit deutlichen Unterschieden im Protestantismus und Katholizismus. Die katholische Kirche war zwar alles andere als frei von antisemitischen Strömungen, und je stärker sie in einer bodenständigen Bevölkerung verwurzelt war, desto wirksamer blieben die alten antisemitischen Stereotype und Vorurteile, aber es fehlte ihr die institutionelle Verquickung mit dem Staat. Der Staat war durchweg protestantisch und erhob damit den christlichen Antijudaismus und Antisemitismus gewissermaßen zur Staatsdoktrin, mit all den negativen Folgen, die die Geschichte der Emanzipation zutage treten ließ. Deswegen war der Protestantismus auch besonders anfällig für ein völkisch-germanisches Christentum, das sich aller verderblichen jüdischen Elemente entledigen wollte. Vorreiter dieser Richtung war der Flensburger Hauptpastor Friedrich Andersen (1860–1940), der, von Chamberlains Rassentheorie inspiriert, die Abschaffung des jüdischen Alten Testaments forderte, Jesus zum Nichtjuden erklärte (wie Chamberlain) und die Gefahr eines «Endsieges» des Judentums heraufbeschwor:[5]

> Wer wird siegen, der Stern Judas oder das Kreuz? – Die Frage ist vorläufig noch nicht auszumachen. Der Jude geht jedenfalls zielbewusst seinen Weg ... Niederwerfung seines tödlich verhassten Gegners. Wenn die Christenheit Karfreitag feiert, sollte sie sich jedenfalls nicht in Träume wiegen; ... sonst könnte noch einmal ein viel schrecklicheres Golgotha

kommen, wo das Judentum der ganzen Welt am Grabe des zu Boden getretenen Christentums seine Jubelgesänge zu Ehren des menschenmordenden, völkerausrottenden Jahu singt.

Andersen war Mitbegründer des völkischen «Bundes für Deutsche Kirche» (1921) und damit einer der Wegbereiter der «Deutschen Christen». Letztere, die 1931 in Thüringen gegründet wurden, propagierten eine germanische Reichskirche, in der zum Christentum konvertierte Juden keinen Platz haben sollten, traten für die Reinheit des «germanischen Blutes» ein und wollten die christliche Botschaft von allen jüdischen Elementen befreien. Erster «Reichsleiter» der «Glaubensbewegung ‹Deutsche Christen›» wurde der Pfarrer und kurzzeitige Bischof von Brandenburg Joachim Hossenfelder, der die «Richtlinien» der Deutschen Christen verfasste:[6]

7. Wir sehen in Rasse, Volkstum und Nation uns von Gott geschenkte und anvertraute Lebensordnungen, für deren Erhaltung zu sorgen uns Gottes Gesetz ist *(sic)*. Daher ist der Rassenvermischung entgegenzutreten. …

9. In der Judenmission sehen wir eine schwere Gefahr für unser Volkstum. Sie ist das Eingangstor fremden Blutes in unseren Volkskörper. … Wir lehnen die Judenmission in Deutschland ab, solange die Juden das Staatsbürgerrecht besitzen und damit die Gefahr der Rassenverschleierung und Bastardierung besteht. … Insbesondere ist die Eheschließung zwischen Deutschen und Juden zu verbieten.

Nach der Machtergreifung der Nationalsozialisten 1933 stellten die Deutschen Christen in fast allen evangelischen Landeskirchen die Mehrheit, setzten Ludwig Müller als obersten Reichsbischof durch und führten in den von ihnen beherrschten Landeskirchen den sogenannten Arierparagraphen ein, der Christen jüdischer Herkunft aus allen Kirchenämtern ausschloss. Eine Gründung der Deutschen Christen war das berüchtigte «Institut zur Erforschung und Beseitigung des jüdischen Einflusses auf das deutsche kirchliche Leben» (1939–1945), das zur «Entjudung» des Christentums beitragen wollte und an dem zahlreiche führende evangelische Theologen mitwirkten, die teilweise nach 1945 wieder zu Amt und Würden kamen. Die Opposition gegen die Deutschen Christen formierte sich in der «Bekennenden Kirche», die den kirchlichen Arierparagraphen zwar ablehnte, die staatlichen Arierparagraphen aber tolerierte.

NSDAP: Der Kampf gegen die Juden als Programm

Die Partei, die für die weitere Entwicklung des Antisemitismus im Deutschen Reich von entscheidender Bedeutung werden sollte, war die 1920 gegründete Nationalsozialistische Deutsche Arbeiterpartei (NSDAP). Adolf Hitler war von Anfang an dabei und gehörte zu den ersten offiziellen Mitgliedern. Das Parteiprogramm vom Februar 1920 definierte, wie schon andere völkisch und antisemitisch geprägte Programme vorher, die deutsche Staatsbürgerschaft in klarer antiemanzipatorischer Absicht:[7]

> 4. Staatsbürger kann nur sein, wer Volksgenosse ist. Volksgenosse kann nur sein, wer deutschen Blutes ist, ohne Rücksichtnahme auf Konfession. Kein Jude kann daher Volksgenosse sein.

Damit wird das rassistische Kriterium des «deutschen Blutes» zur zwingenden Voraussetzung für die deutsche Staatsangehörigkeit gemacht. Juden können keine «Volksgenossen» sein und sind *per definitionem* von der deutschen Staatsangehörigkeit ausgeschlossen. Sie können nur als Gast in Deutschland leben und stehen unter Fremdenrecht (Punkt 5). Da öffentliche Ämter nur von Staatsbürgern bekleidet werden können (Punkt 6), sind Juden diese verwehrt. Wenn der Staat die Ernährung der gesamten Bevölkerung nicht sicherstellen kann, müssen die Nichtstaatsbürger ausgewiesen werden (Punkt 7). Da in Zukunft alle Mitarbeiter von Zeitungen Volksgenossen sein müssen (Punkt 23a), sind Juden automatisch vom Pressewesen ausgeschlossen. Und schließlich wird das Christentum zur Parteidoktrin erhoben, allerdings in Gestalt eines konfessionell ungebundenen «positiven Christentums». Der Gegensatz zum positiven Christentum wird ausdrücklich als «jüdisch-materialistische[r] Geist in und außer uns» bestimmt, der einer

«dauernde[n] Genesung unseres Volkes» im Wege steht (Punkt 24).
Der Materialismus als Grund allen Übels ist hier noch ausschließlich
jüdisch und bedroht die deutschen Volksgenossen nicht nur von außen,
sondern ist in Gestalt des «Juden in uns» auch in jedem einzelnen verankert. Hier spricht wieder die altbekannte Angst vor den Juden, die
mit dem Hass auf die Juden untrennbar verbunden ist.

Im Juli 1921 übernahm Hitler die Leitung der rasch wachsenden
Partei. Der gescheiterte Putsch der NSDAP vom 8./9. November 1923
in München unter Hitler und Erich Ludendorff unterbrach die Entwicklung zunächst. Die NSDAP wurde verboten, aber bereits im Februar 1925 neu gegründet. Hitler kam in Untersuchungshaft und wurde
im April 1924 wegen Hochverrats zu fünf Jahren Haft auf der Festung
Landsberg verurteilt, aus der er aber schon im Dezember entlassen
wurde. Die Niederschrift seiner autobiographischen Propagandaschrift
Mein Kampf begann während der Haft. Der erste Band erschien im
Juli 1925, der zweite Band im Dezember 1926. Das durch den Partei-
verlag der NSDAP vertriebene Buch erreichte astronomische Verkaufs-
zahlen. Allein im Jahr 1933 waren es mehr als eine Million Exemplare,
nicht zuletzt auch durch die staatlich gesteuerte Verkaufspolitik seit
1933. Die Gesamtauflage bis 1944 wird mit mehr als 10 200 000 Exemplaren angegeben, wobei bei der Bewertung solcher Zahlen grundsätzlich Vorsicht geboten und zu beachten ist, dass das Buch nicht nur
verkauft, sondern auch in großen Mengen verschenkt wurde.

Hitlers Ansichten über das Judentum finden sich vor allem in dem
Kapitel über Volk und Rasse: Die wahrhaft kulturbegründende und
jegliche Kulturentwicklung tragende Rasse ist allein die arische. Die
Besonderheit «des Ariers» besteht in dem ausgeprägten Bewusstsein der
Pflichterfüllung und der Bereitschaft, der Gemeinschaft zu dienen: Der
Arier «ist am größten nicht in seinen geistigen Eigenschaften an sich,
sondern im Ausmaße, in dem er alle Fähigkeiten in den Dienst der
Gemeinschaft zu stellen bereit ist. Der Selbsterhaltungstrieb hat bei
ihm die edelste Form erreicht, indem er das eigene Ich dem Leben der
Gesamtheit willig unterordnet und, wenn die Stunde es erfordert, auch
zum Opfer bringt.»[8] Die negative Folie für dieses strahlende Bild des
Ariers ist, wie nicht anders zu erwarten, «der Jude»:[9]

Den gewaltigsten Gegensatz zum Arier bildet der Jude. Kaum bei einem Volke der Welt ist der Selbsterhaltungstrieb stärker entwickelt als beim sogenannten «auserwählten». Als bester Beweis hierfür darf die einfache Tatsache des Bestehens dieser Rasse allein schon gelten. Wo ist das Volk, das in den letzten zweitausend Jahren so wenigen Veränderungen der inneren Veranlagung, des Charakters usw. ausgesetzt gewesen wäre als das jüdische? Welches Volk endlich hat größere Umwälzungen mitgemacht als dieses – und ist dennoch immer als dasselbe aus den gewaltigsten Katastrophen der Menschheit hervorgegangen? Welch ein unendlich zäher Wille aber zum Leben, zur Erhaltung der Art spricht nicht[10] aus diesen Tatsachen!

Hier kommt, bei aller Abneigung gegen die Juden, die im Folgenden detailliert ausgeführt wird, eine unterschwellige Bewunderung zum Ausdruck: Immerhin hätten die Juden, wie keine andere «minderwertige Rasse» neben ihnen, es geschafft, sich durch die Jahrtausende hindurch am Leben zu erhalten. Da spricht gleichzeitig auch die Angst vor den Juden, denn in ihrem unbändigen Selbsterhaltungstrieb sind sie die eigentlichen Gegner der Arier, die ihre Überlegenheit in der Weltgeschichte erst noch beweisen müssen. Erst wenn die Juden endgültig besiegt sind, dies ist die Konsequenz aus Hitlers bewundernder Angst, haben sich die Arier als die überlegene Rasse durchgesetzt.

Welche sind für ihn die negativen Eigenarten, die die Juden bisher am Leben erhalten haben? Es ist zuallererst der mangelnde Aufopferungswille der Juden, der sich nicht an der Gemeinschaft, sondern am «nackten Selbsterhaltungstrieb des einzelnen» orientiert. Wären die Juden allein auf der Welt, «so würden sie ebensosehr in Schmutz und Unrat ersticken wie in haßerfülltem Kampfe, sich gegenseitig zu übervorteilen und auszurotten versuchen».[11] Die Juden haben keine «kulturbildende Kraft», sondern nur eine «Scheinkultur». Ihr wesentliches Merkmal ist das Parasitentum:[12]

> Er [der Jude] ist und bleibt der typische[13] Parasit, ein Schmarotzer, der wie ein schädlicher Bazillus sich immer mehr ausbreitet, sowie nur ein günstiger Nährboden dazu einlädt. Die Wirkung seines Daseins aber gleicht ebenfalls der von Schmarotzern; wo er auftritt, stirbt das Wirtsvolk nach kürzerer oder längerer Zeit ab.

Das Mittel, mit dem die Juden sich in ihren Wirtsvölkern festsetzen, ist die «große Lüge», dass es sich bei ihnen nicht um ein «Volk» handele, sondern nur um eine «Religionsgemeinschaft»:[14]

> Der Jude war immer ein Volk mit bestimmten rassischen Eigenarten und niemals eine Religion, nur sein Fortkommen ließ ihn wohl schon frühzeitig nach einem Mittel suchen, das die unangenehme Aufmerksamkeit in bezug auf seine Person zu zerstreuen vermochte. Welches aber wäre zweckmäßiger und harmloser zugleich gewesen als die Einschiebung des geborgten Begriffs der Religionsgemeinschaft?[15]

Hier wird, wie bei Chamberlain, die ethnische Komponente des Judentums rassistisch umgedeutet und als Gegenbegriff zu «Religion» stilisiert. Ihre Religion aber, auf die sich die Juden ständig berufen, sei in Wirklichkeit minderwertig und der arischen Religion unterlegen – weil ihr der Glaube an ein Fortleben nach dem Tode fehle. Diese Begründung ist angesichts der jüdischen Religionsgeschichte mehr als seltsam; Hitler braucht sie aber, um die arische Rasse genau in diesem Punkt vom Judentum abzusetzen: «Nun kann man sich aber eine Religion nach arischer Auffassung nicht vorstellen, der die Überzeugung des Fortlebens nach dem Tode in irgendeiner Form mangelt.»[16] Und der Grund dafür ist der elementare Gegensatz zwischen Christentum und Judentum, denn «der Jude» ist der «Todfeind der arischen Menschheit und des gesamten Christentums».[17] Hitler geht zwar nicht so weit, wie Chamberlain zu behaupten, dass Jesus in Wirklichkeit gar kein Jude gewesen sei, aber implizit meint er genau dies:[18]

> Sein [des Juden] Leben ist wirklich nur von dieser Welt, und sein Geist ist dem wahren Christentum zum Beispiel innerlich so fremd, wie sein [des Juden] Wesen es zweitausend Jahre vorher dem hehren Gründer der neuen Lehre selber war. Freilich machte dieser aus seiner Gesinnung dem jüdischen Volke gegenüber kein Hehl, griff wenn nötig sogar zur Peitsche, um aus dem Tempel des Herrn diesen Widersacher jedes Menschentumes zu treiben, der auch damals wie immer in der Religion nur ein Mittel zur geschäftlichen Existenz sah. Dafür wurde dann Christus freilich an das Kreuz geschlagen …

NSDAP: Der Kampf gegen die Juden

Jesus waren die lebendigen Juden seiner Zeit in ihrem «Wesen» fremd, denn dieses Wesen ist der Hass auf das «Menschentum», auf alles, was den wahren Menschen ausmacht: Hier beschwört Hitler das alte vorchristliche Stereotyp von den Juden als den ewigen Menschenfeinden und Menschenhassern. Deswegen vertrieb Jesus sie auch aus dem Tempel, dessen Hauptzweck für die Juden nicht der Gottesdienst, sondern die Gelegenheit zum Geschäftemachen war.

Auch das Klischee des sexuell aufgeladenen Antisemitismus wird in *Mein Kampf* bedient und bereitet den Weg für den Vorwurf der «Rassenschande»:[19]

> Der schwarzhaarige Judenjunge lauert stundenlang, satanische Freude in seinem Gesicht, auf das ahnungslose Mädchen, das er mit seinem Blute schändet und damit seinem, des Mädchens Volke raubt. Mit allen Mitteln versucht er die rassischen Grundlagen des zu unterjochenden Volkes zu verderben.

Der lust- und planvoll die Reinheit des deutschen Blutes verderbende «Judenjunge» versuche, auf seine Weise an dem großen Ziel des Judentums mitzuwirken, das alle seine Handlungen bestimme: die arische Rasse zu unterjochen und die Weltherrschaft über alle anderen Völker zu erlangen. Dies ist das weitere dominierende Thema, dem in *Mein Kampf* ausführliche Passagen gewidmet sind. Es genügen einige wenige Zitate, da wortreich überall mehr oder weniger dasselbe gesagt wird. «Mit fiebernder Gier» sehe der Jude «den Traum der Weltherrschaft in seinen hellsten Köpfen schon wieder in faßbare Nähe treten».[20] Der «Blutjude und Völkertyrann» setze alles daran, «die nationalen Träger der Intelligenz auszurotten», und mache die Völker «reif zum Sklavenlos einer dauernden Unterjochung».[21] Mächtige Bündnispartner seien dabei die jüdische Presse, der russische Bolschewismus (der andere große Gegner des «neuen» Deutschland) und die jüdische Weltfinanz:[22]

> So ist der Jude heute der große Hetzer zur restlosen Zerstörung Deutschlands. Wo immer wir in der Welt Angriffe gegen Deutschland lesen, sind Juden ihre Fabrikanten, sowie ja auch im Frieden und während des Krieges

die jüdische Börsen- und Marxistenpresse den Haß gegen Deutschland planmäßig schürte …

Die Gedankengänge des Judentums sind dabei klar. Die Bolschewisierung Deutschlands, d. h. die Ausrottung der nationalen völkischen deutschen Intelligenz und die dadurch ermöglichte Auspressung der deutschen Arbeitskraft im Joche der jüdischen Weltfinanz ist nur als Vorspiel gedacht für die Weiterverbreitung dieser jüdischen Welteroberungstendenz. Doch, wie es schon so oft in der Geschichte war, ist in dem gewaltigen Ringen Deutschland der große Drehpunkt. Wird unser Volk und unser Staat das Opfer dieser blut- und geldgierigen jüdischen Völkertyrannen, so sinkt die ganze Erde in die Umstrickung dieses Polypen; befreit sich Deutschland aus dieser Umklammerung, so darf diese größte Völkergefahr als für die gesamte Welt gebrochen gelten.

Hier kommt alles zusammen. Ziel der Juden sei immer gewesen und bleibe die jüdische Weltherrschaft – ganz nach dem Drehbuch der *Protokolle der Weisen von Zion*. Zum letzten Schauplatz dieses ewigen Kampfes sei Deutschland auserkoren worden, und dieser Kampf finde jetzt statt: «Nur die gesammelte, konzentrierte Stärke einer kraftvoll sich aufbäumenden nationalen Leidenschaft vermag der internationalen Völkerversklavung zu trotzen. Ein solcher Vorgang ist und bleibt aber ein blutiger.»[23] Dies liest sich wie ein unverhohlener Ausblick auf das, was der Autor von *Mein Kampf* für die Zukunft erwartete, wenn er und seine Partei erst einmal an der Macht sein würden: den Endkampf der arischen Rasse gegen die jüdische Weltherrschaft, und zwar nirgendwo anders als in Deutschland, der letzten Bastion gegen die eigentlich minderwertige und unterlegene Rasse der Juden. Unüberhörbar ist hier wieder die untergründige Angst vor den Juden, die Angst, dass diese verhassten Juden sich am Ende doch noch als die Stärkeren erweisen könnten. Diese Angst zieht sich durch die ganze Geschichte des Antisemitismus hindurch und klingt auch in *Mein Kampf* immer wieder an.

Mit dem Beginn der wirtschaftlichen Krise im Winter 1928/29 begann die Endphase der Weimarer Republik. Die Radikalisierung der Parteien und Verbände nahm zu und damit auch die politische Stoßkraft des Antisemitismus. Die 1925 neu gegründete NSDAP gewann schnell wieder Zulauf und wurde zum Zentrum der antisemitischen

Kräfte, wirksam unterstützt durch das pornographisch-rassistische Hetzblatt *Der Stürmer*, das 1923 von Julius Streicher gegründet worden war. Mit dem Zusammenbruch der New Yorker Börse vom 24. bis 29. Oktober 1929 wurde die Weltwirtschaftskrise ausgelöst, die im März 1930 zum Sturz der letzten Weimarer Koalition unter Reichskanzler Hermann Müller (SPD) führte. Es folgte das Präsidialkabinett von Heinrich Brüning (Zentrum, März 1930 bis Mai 1932) mit einem rapiden Anstieg der Arbeitslosenzahl.

Bei der Reichstagswahl vom September 1930 erhielt die NSDAP 18,3 Prozent (107 Abgeordnete) und wurde zweitstärkste Partei. Die Verschärfung der Weltwirtschaftskrise ließ die Arbeitslosenzahl 1932 auf über 6 Millionen hochschnellen. Bei der Reichstagswahl vom Juli 1932 steigerte sich die NSDAP auf 37,3 Prozent und wurde stärkste Partei. In der im November desselben Jahres notwendig gewordenen erneuten Reichstagswahl fiel die NSDAP zwar deutlich zurück (auf 33,1 Prozent), doch hielt dies Reichspräsident Paul von Hindenburg nicht davon ab, Hitler am 30. Januar 1933 zum Reichskanzler zu ernennen und damit die «Machtergreifung» in Gang zu setzen. Bei der Reichstagswahl vom 5. März 1933, an der die KPD noch teilnehmen konnte, obwohl ihre Strukturen bereits zerschlagen waren, wurde die NSDAP mit 43,9 Prozent mit Abstand stärkste Partei, verfehlte aber die absolute Mehrheit. Am 24. März 1933 stimmte der Reichstag mit Zweidrittelmehrheit dem «Gesetz zur Behebung der Not von Volk und Reich» zu, dem sogenannten Ermächtigungsgesetz. Die Stimmen der inhaftierten KPD-Abgeordneten wurden als Enthaltungen gezählt. Die SPD stimmte dagegen. Damit wurde die gesetzgebende Gewalt vom Parlament auf die Regierung – und damit faktisch auf den Reichskanzler – übertragen und die Gewaltenteilung aufgehoben. Das Ende der Weimarer Republik war besiegelt, der letzte Schritt zur Diktatur Adolf Hitlers vollzogen.

Das «Dritte Reich»: Vom «Judenboykott» bis zur «Kristallnacht»

Während der nationalsozialistischen Herrschaft von 1933 bis 1945 wurde die antisemitische Agenda, die in Kaiserzeit und Weimarer Republik immer breitere gesellschaftliche Akzeptanz gefunden hatte, planmäßig in mehreren Schritten bis zu ihrer letzten, mörderischen Konsequenz umgesetzt. Bei der Reichstagswahl im November 1933, zu der nur noch die Einheitsliste der NSDAP zugelassen war, erzielte diese 92,1 Prozent. Der NS-Staat konnte es sich jetzt leisten, die Juden schrittweise zu entrechten, weil die öffentliche Meinung dafür reif war und die Entrechtung ohne großen Widerstand hinnahm. Sie vollzog sich in aller Öffentlichkeit in einem Wechselspiel von angeblich spontanen judenfeindlichen Aktionen des «gesunden Volksempfindens», die in Wirklichkeit von oben gesteuert waren, und administrativen Maßnahmen, die immer unverfrorener wurden. Neuere Forschungen zeigen jedoch, dass es neben den von oben, «top-down», inszenierten Aktionen tatsächlich auch «bottom-up»-Aktionen gab, also das freiwillige Vorpreschen von unten in den Kommunen und Vereinen ohne Vorgaben von oben. Die entscheidenden Schritte in der ersten Phase der NS-Herrschaft waren der sogenannte Judenboykott, die Nürnberger Gesetze und die sogenannte (Reichs-)Kristallnacht.

Der Boykott jüdischer Geschäfte und die damit verbundene öffentlich sichtbare und propagierte Diffamierung der Juden wurde von Hitler Ende März 1933 verfügt. Am 1. April bezogen uniformierte Mitglieder der SA («Sturmabteilung») – der paramilitärischen Kampforganisation der NSDAP – und anderer Parteigruppen wie HJ («Hitlerjugend») und Stahlhelm Stellung vor jüdischen Geschäften, Arztpraxen, Anwaltskanzleien und hinderten Kunden am Zutritt. Schilder und Plakate mit Aufschriften wie «Deutsche! Wehrt Euch! Kauft nicht bei Juden!» wurden hochgehalten oder an den Geschäften angebracht. Die Bevölkerung schaute weitgehend passiv zu; weder solidarisierte sie sich mit der Aktion (wie von der Partei erhofft), noch griff sie, abgesehen von seltenen Ausnahmen, zugunsten der betroffenen Juden ein. Am 4. April wurde der

Boykott beendet, und es stellte sich heraus, dass er ohnehin nur als Vorspiel für sehr viel weiter reichende Maßnahmen gedacht war, nämlich für den generellen Ausschluss von Juden aus allen öffentlichen Ämtern.

Mit dem «Gesetz zur Wiederherstellung des Berufsbeamtentums» vom 7. April wurde die Beamtenschaft gleichgeschaltet, indem alle Gegner der Nationalsozialisten, insbesondere Kommunisten, und alle Juden aus dem Staatsdienst entlassen wurden. Paragraph 3 des Gesetzes legt im ersten Absatz fest: «Beamte, die nicht arischer Abstammung sind, sind in den Ruhestand ... zu versetzen; soweit es sich um Ehrenbeamte handelt, sind sie aus dem Amtsverhältnis zu entlassen.»[24] Im zweiten Absatz desselben Paragraphen werden davon nur Frontkämpfer des Ersten Weltkriegs und Beamte ausgenommen, «deren Väter oder Söhne im Weltkrieg gefallen sind». Weitere kurz danach erlassene Gesetze machten auch die Zulassung zur Rechtsanwaltschaft von der arischen Abstammung abhängig und definierten als «nichtarisch» die Abstammung von jüdischen Eltern oder Großeltern.

Mit der Entfernung der Juden aus allen öffentlichen Ämtern war juristisch für das Deutsche Reich festgeschrieben, was von jeher eine der Hauptmaßnahmen des Staates gegen seine jüdischen Untertanen und Bürger gewesen war – vom christlichen Staat der Spätantike und des Mittelalters bis zum modernen Staat der Neuzeit. Nur wurde der Ausschluss jetzt nicht mehr religiös, sondern ausschließlich rassistisch begründet, wie ansatzweise schon im Kaiserreich und in der Weimarer Republik. Es folgte der Ausschluss der Juden vom Arztberuf und, mit dem Reichskulturkammergesetz vom November 1933, ihre schrittweise Entfernung aus dem Kulturleben, insbesondere der Presse. Auch diese einschneidenden gesetzlichen Regelungen wurden von der Öffentlichkeit erstaunlich gelassen und passiv hingenommen. Weder in der katholischen Kirche noch in den protestantischen Kirchen regte sich nennenswerter Widerstand. Die Deutschen Christen standen ohnehin auf Seiten des NS-Staates und seiner Rassengesetzgebung, und die Katholiken waren mit der Vorbereitung des Reichskonkordats zwischen Papst Pius XI. und der deutschen Regierung beschäftigt, das am 10. September 1933 ratifiziert wurde. Kirchlicher Unterhändler war der Apostolische Nuntius Eugenio Pacelli, der spätere Papst Pius XII.

Eine Folge der Gesetze war der Beginn einer umfassenden Flucht-
bewegung der Juden aus dem deutschen Reichsgebiet. Mit der Entfernung jüdischer Professoren aus dem Staatsdienst setzte eine Emigra-
tionswelle deutscher Wissenschaftler in das Ausland ein, die heute mit
Recht als eine «Demontage» und ein «Aderlass der deutschen Wissenschaft» bezeichnet wird, ein «brain drain» bis dahin unbekannten Ausmaßes. Dieser Exodus prominenter jüdischer Wissenschaftler und der
erschwerte Zugang für jüdische Studenten zu den Universitäten führten
zur kurzfristigen Wiederbelebung der Tradition des Anfang der Zwan-
zigerjahre von Franz Rosenzweig gegründeten Freien Jüdischen Lehr-
hauses in Frankfurt am Main und der Stärkung weiterer Lehrhäuser in
zahlreichen anderen deutschen Städten. Sehr erfolgreich war der Jüdische Kulturbund (zunächst «Kulturbund deutscher Juden»), der 1933
als Antwort auf die Entlassungen jüdischer Künstler aus dem staatlich
organisierten Kulturbetrieb gegründet wurde. Die wichtigsten jüdischen Organisationen in Deutschland reagierten auf die unverhohle-
nen Diskriminierungen und Entrechtungen mit der Gründung der
«Reichsvertretung der deutschen Juden» im September 1933, der ersten
umfassenden Interessenvertretung aller deutschen Juden gegenüber
dem Staat. Präsident der Dachorganisation wurde der liberale Rabbiner
Leo Baeck (1873–1956).

Die weitere Festigung des NS-Regimes in den Jahren 1934 und 1935
führte zu erneuten Boykotten jüdischer Geschäfte, zum Ausschluss von
Juden vom Besuch öffentlicher Einrichtungen wie Kinos, Theatern
und Schwimmbädern und schließlich zur Verschärfung der rechtlichen
Diskriminierung. Der nächste tiefgreifende Schritt des NS-Staates
waren die sogenannten Nürnberger Gesetze vom 15. September 1935:
das «Reichsbürgergesetz» und das «Gesetz zum Schutze des deutschen
Blutes und der deutschen Ehre».[25] Das kurze Reichsbürgergesetz unterscheidet zwischen «Staatsbürgern» minderen Rechtes und eigentlichen
«Reichsbürgern»; von Letzteren sind die Juden ausgeschlossen: «Reichs-
bürger ist nur der Staatsangehörige deutschen oder artverwandten Blutes, der durch sein Verhalten beweist, daß er gewillt ist, in Treue dem
Deutschen Volk und Reich zu dienen» (§ 2, Abs. 1). Das am selben Tag

Vom «Judenboykott» bis zur «Kristallnacht»

erlassene Blutschutzgesetz zementierte die zum «Schutze des deutschen Blutes» gebotene radikale Trennung von Reichsbürgern und Juden (§ 1, Abs. 1):

> Eheschließungen zwischen Juden und Staatsangehörigen deutschen oder artverwandten Blutes sind verboten. Trotzdem geschlossene Ehen sind nichtig, auch wenn sie zur Umgehung dieses Gesetzes im Ausland geschlossen sind.

Gleichzeitig wird der «außereheliche Verkehr zwischen Juden und Staatsangehörigen deutschen oder artverwandten Blutes» verboten (§2) und – um jede Gelegenheit zu derartiger «Rassenschande» zu unterbinden – verfügt (§3):

> Juden dürfen weibliche Staatsangehörige deutschen oder artverwandten Blutes unter 45 Jahren in ihrem Haushalt nicht beschäftigen.

Die Unterscheidung zwischen Reichsbürgern deutschen Blutes und Staatsbürgern minderen Rechts (Juden) entspricht der Unterscheidung zwischen Volksgenossen deutschen Blutes (Staatsbürgern im vollen Sinne) und Bewohnern des Staatsgebietes, die unter Fremdenrecht stehen (Juden), im Parteiprogramm der NSDAP, nur dass Letztere im Gesetz immerhin noch «Staatsbürger» sind. Das Programm, das ähnlich schon 1912 von Claß in *Wenn ich Kaiser wär* vorgeschlagen wurde, ist hier endgültig in staatliche Gesetzgebung umgesetzt. Auch diese einschneidenden Gesetze wurden von der Bevölkerung, auch von den Kirchen, bemerkenswert ruhig hingenommen. Man hat vermutet, dass Gesetze, die sich ausschließlich gegen die Juden richteten und unter klaren juristischen Vorgaben standen, (noch) eher akzeptabel waren als öffentlich inszenierte Gewaltausbrüche gegen Juden – doch auch dies sollte sich ändern.

Die weitere innen- und außenpolitische Entwicklung beschleunigte die Dynamik in Richtung auf eine immer stärkere Einschränkung der Lebensverhältnisse der deutschen Juden, vor allem was die wirtschaftlichen Bedingungen betrifft. Unter dem Schlagwort der «Arisierung der deutschen Wirtschaft» wurde die schrittweise Ausschaltung der Juden aus dem Wirtschaftsleben beschlossen, so etwa in der Verordnung zur Registrierung jüdischen Vermögens im April 1938. Bald darauf erhielten die jüdischen Ärzte und Rechtsanwälte Berufsverbot. Im August 1938 wurde verfügt, dass Juden, die durch ihre Vornamen nicht zweifelsfrei als Juden zu erkennen waren, zusätzlich die Vornamen «Israel» und «Sara» führen mussten. Damit sollte die Ausgrenzung der Juden in letzter bürokratischer Konsequenz vollzogen und die Kontrolle der Staatsgewalt über sie erleichtert werden. Nachdem durch die Annexion Österreichs im März 1938 etwa 190 000 Juden unter nationalsozialistische Herrschaft geraten waren, wurde verstärkt nach «legalen» Mitteln gesucht, Juden ins Ausland abzuschieben. In einer besonders spektakulären Aktion wurden im Oktober 1938 zahlreiche ehemals polnische Juden – die Zahlen schwanken zwischen 13 000 und 17 000 – ausgewiesen und unter menschenunwürdigen Umständen in das Niemandsland zwischen deutscher und polnischer Grenze deportiert. Damit wollte man einem polnischen Gesetz zuvorkommen, das die Pässe von Polen für ungültig erklärte, die mehr als fünf Jahre im Ausland gelebt hatten.

Den willkommenen Anlass zu einem weiteren entscheidenden Schritt bot die Ermordung des deutschen Legationssekretärs Ernst vom Rath durch Herschel Grynszpan, dessen Eltern zu den polnischen Abgeschobenen gehörten. Die Behörden nutzten das Attentat als Vorwand zur Auslösung der Pogrome vom 9./10. November 1938, die als «(Reichs-) Kristallnacht» oder Novemberpogrome in die Geschichte eingegangen sind. Die Bezeichnung «Kristallnacht» («Nacht der Scherben») ist ein zeitgenössischer Euphemismus, der schon in seiner ursprünglichen Bedeutung keineswegs nur darauf angelegt war, die Geschehnisse zu verharmlosen. Wie schon beim Boykott von 1933 handelte es sich um staatlich geplante und gelenkte Pogrome, diesmal aber in einer bis dahin ungekannten Entschlossenheit und Brutalität. Der eigentliche Drahtzieher der Aktion war wohl, mit Rückendeckung Hitlers, Joseph Goebbels, seit 1933 Reichsminister für Volksaufklärung und Propaganda. Goebbels organisierte die Pogrome und koordinierte die reichsweite Ausdehnung. Beschlossen wurden vorab schon die Zerstörung der

Vom «Judenboykott» bis zur «Kristallnacht»

Synagogen, die Sicherstellung der Kultgegenstände und Archive, der Schutz nichtjüdischer Läden gegen Kollateralschäden und die Festnahme vor allem vermögender Juden und ihre Verbringung in Konzentrationslager.

Im ganzen Reich wurden innerhalb kürzester Zeit zahllose Synagogen niedergebrannt und jüdische Geschäfte, Wohnungen, Altersheime, Krankenhäuser und Kinderheime zerstört. Viele Gemeindemitglieder wurden misshandelt, knapp 100 nach offiziellen Angaben ermordet, doch waren es wahrscheinlich sehr viel mehr. Mindestens 26 000 männliche und meist wohlhabendere Juden wurden festgenommen und in die Konzentrationslager Dachau, Buchenwald und Sachsenhausen verschleppt, wo viele an Misshandlungen starben oder in die Emigration «entlassen» wurden, selbstverständlich unter Aufgabe ihres Vermögens. Noch am 12. November wurde beschlossen, den Juden für die gesamte Aktion ein «Bußgeld» von 1 Milliarde Reichsmark aufzuerlegen. Erstattungen von Versicherungsgesellschaften für die angerichteten Schäden wurden von der Staatskasse eingezogen. Am selben Tag trat die «Verordnung zur Ausschaltung der Juden aus dem deutschen Wirtschaftsleben» in Kraft, kurz danach gefolgt von der «Verordnung über den Einsatz des jüdischen Vermögens» vom 3. Dezember 1938. Juden wurden damit gezwungen, ihre Betriebe und ihren Grundbesitz deutlich unter Wert an «Arier» zu verkaufen. Im Zuge dieser «Arisierung der Wirtschaft» wurden ab 1939 Zwangsarisierungen legalisiert und noch bestehende jüdische Betriebe enteignet.

Seit Beginn der NS-Herrschaft wurden im Deutschen Reich sogenannte Konzentrationslager errichtet; die meisten entstanden noch vor den Novemberpogromen oder bald danach. Sie dienten der Internierung missliebiger Personen, zunächst insbesondere politischer Gegner wie Kommunisten und Sozialisten. Später wurden auch Homosexuelle, Sinti und Roma, sogenannte Asoziale, Zeugen Jehovas und ab 1938 vor allem auch Juden dort eingesperrt. Ihr Zweck waren neben der Internierung die Folter, Erniedrigung und Ausschaltung der «Volksfeinde» durch Zwangsarbeit, Unterernährung und Krankheiten, die Plünderung des Vermögens und schließlich, in den Todeslagern der eroberten Ostgebiete, die organisierte Ermordung der Juden, Sinti und Roma.

Mit Unter- und Nebenlagern kommt man auf eine Gesamtzahl von mehreren tausend Lagern.

Die ersten größeren Lager entstanden im März 1933 am Rande von Dachau bei München und in Oranienburg im Norden Berlins. Letzteres wurde im Sommer 1934 wieder geschlossen und im Sommer 1936 durch das Konzentrationslager Sachsenhausen, einem Vorort von Oranienburg, abgelöst. Wegen der Nähe zu Berlin diente es der Ausbildung von KZ-Personal; seit 1938 war hier auch die zentrale Verwaltung aller Konzentrationslager untergebracht. Es folgten große Lager in Buchenwald (ab Juli 1937), Flossenbürg an der Grenze zum Sudetenland (Mai 1938), Mauthausen in Österreich (August 1938), das Frauenlager Ravensbrück (Dezember 1938) und ein Lager in Stutthof bei Danzig (September 1939). Das Konzentrationslager Bergen-Belsen war zunächst (ab September 1939) ein Lager nur für Kriegsgefangene, dann (ab 1943) auch für jüdische Häftlinge und schließlich (ab März 1944) für Häftlinge aus frontnahen Lagern, die dorthin «evakuiert» wurden.

Neuengamme bei Hamburg, zunächst ein Außenlager von Sachsenhausen, wurde ab 1940 ein selbständiges Lager. Groß-Rosen in Niederschlesien, ursprünglich ebenfalls ein Nebenlager des KZ Sachsenhausen, wurde ab Mai 1941 als eigenes Lager verwaltet. Eine besonders perfide Konstruktion war das Lager Theresienstadt/Terezin im Protektorat Böhmen und Mähren: zunächst als Sammel- und Durchgangslager eingerichtet (November 1941), wurde es nach der Wannseekonferenz propagandistisch zum «Altersghetto» für ältere und wohlhabendere Juden umfunktioniert, die sich dort in einen ruhigen und vertraglich gesicherten Lebensabend «einkaufen» konnten. Das auch für seine umfangreichen kulturellen Aktivitäten bekannte Lager wurde ausländischen Delegationen als Vorzeigelager für die humanen Bedingungen in den Konzentrationslagern vorgeführt, so bei einem Besuch des Internationalen Komitees vom Roten Kreuz im Dezember 1943. Im Rückblick ist es unbegreiflich, dass sich das Komitee von dem eigens für diesen Besuch in ein «Potemkinsches Dorf» verwandelten Lager täuschen ließ.

Die Reaktion der nichtjüdischen Bevölkerung auf die Novemberpogrome und ihre unmittelbaren Folgen war verhalten. Die zahlreichen

Schaulustigen während der Ausschreitungen blieben passiv; nur wenige beteiligten sich aktiv an den Plünderungen und Zerstörungen, aber es gab auch keinen Widerstand dagegen. Viele hatten sogar schon vorher im Kontext der «Rassenschande-Prozessionen» ihre jüdischen Nachbarn denunziert und sollten dies auch und gerade im Krieg tun, als sich Tausende von Juden vor den Deportationen zu verstecken suchten und untertauchten. Im Unterschied dazu reagierte das Ausland mit massiven Protesten und diplomatischen Noten der ausländischen Vertretungen in Deutschland. Die Auswanderung stieg rasant an. Die Zahl der Juden, die Deutschland nach den Pogromen bis zum Kriegsausbruch verließen, wird mit 150 000 bis 200 000 Personen angegeben.

Die «Reichsvertretung der deutschen Juden» wurde 1939 in eine «Reichsvereinigung der Juden in Deutschland» umgewandelt und unter die unmittelbare Aufsicht der staatlichen Sicherheitsorgane gestellt. Mit der terminologischen Umwandlung der «deutschen Juden» in «Juden in Deutschland» wurde den rassistischen Vorgaben der Nürnberger Gesetze Rechnung getragen. Eine Hauptaufgabe der Reichsvereinigung war die Unterstützung und Organisation der jüdischen Auswanderer; daraus ergab sich zwangsläufig eine enge Kooperation zwischen der Reichsvereinigung und den staatlichen Behörden mit den daraus folgenden ethischen Konflikten auf jüdischer Seite. Die Reichsvereinigung hatte auch die Pflicht, konkrete Verfolgungsmaßnahmen bekannt zu geben und für ihre «reibungslose» Durchführung zu sorgen. Das betraf auch noch die Deportationen nach Kriegsbeginn. Den Vertretern der Reichsvereinigung wurden damit unmenschliche und moralisch nicht zu bewältigende Entscheidungen aufgezwungen. Im Juni 1943 hatte die Reichsvereinigung ihren Zweck erfüllt und wurde aufgelöst, ihr Präsident Leo Baeck und andere Funktionäre wurden nach Theresienstadt deportiert.

Teil der antisemitischen Welle, die durch die Novemberpogrome ausgelöst wurde, sind auch die vom Propagandaministerium orchestrierten Spielfilme. Der mit Abstand erfolgreichste Film war *Jud Süß* unter der Regie von Veit Harlan mit Ferdinand Marian in der Hauptrolle und Heinrich George in der Rolle des Herzogs Karl Alexander von Württemberg. Protagonist des Films ist der jüdische Finanzier

Joseph Süß Oppenheimer (1698–1738), der als Geheimer Finanzrat und Ratgeber des Herzogs großen Einfluss auf die Wirtschafts- und Finanzpolitik des Landes ausübte. Er wurde nach dem plötzlichen Tod des Herzogs 1737 verhaftet, in einem dubiosen Prozess zum Tode verurteilt – unter anderem verschwand die Verteidigungsschrift seines Verteidigers aus den Prozessakten – und am 4. Februar 1738 in einem öffentlichen Spektakel hingerichtet. Die Frage, wie Leben und Tod Oppenheimers nach historischen Maßstäben zu beurteilen sind, ist bis heute nicht abschließend beantwortet, doch darf als sicher gelten, dass der Prozess selbst eine Farce war und das Urteil von Anfang an feststand. Für die NS-Propaganda bot das Schicksal eines Juden, der in die höchste höfische Gesellschaft aufgestiegen war, alle Ingredienzien für die medienwirksame Verbreitung ihrer antisemitischen Klischees: der reiche Jude, der nur seinen eigenen Vorteil im Auge hat und die christliche Gesellschaft rücksichtslos ausbeutet; der Parasit und geldgierige Lebemann, der auf Kosten anderer ein ungehemmtes Luxusleben führt, zu dem selbstverständlich auch alle Arten von sexuellen Ausschweifungen gehören. Der Film wurde im September 1940 auf den Filmfestspielen in Venedig uraufgeführt und erhielt überschwängliche Kritiken (auch in Italien). Die Premiere fand kurz danach im Beisein von Goebbels und anderer hochrangiger NS-Funktionäre im ausverkauften Berliner UFA-Palast statt. Die propagandistische Wirkung des Films in breitesten Kreisen der Bevölkerung war immens und wurde vom Regime erfolgreich ausgeschlachtet.

Krieg und Schoah

Mit dem Beginn der Krieges am 1. September 1939 konnte Hitler seine Phantasien vom Endkampf der arischen gegen die jüdische Rasse, die er schon in *Mein Kampf* geäußert hatte, bis zur letzten Konsequenz in die Tat umsetzen. Die damit beginnende Massenvernichtung der europäischen Juden wurde lange als «Holocaust» bezeichnet, ein gutgemeinter, aber ungewollt zynisch in die Irre führender Begriff. Er stammt aus dem Griechischen *(holokaustos)* und bezeichnet dort das, was im Tempel als kultisches Opfer vollständig verbrannt wurde. Konkret ist er in der Septuaginta, der griechischen Bibelübersetzung, der Terminus für das Tieropfer im Tempel, bei dem alle Körperteile auf dem Altar verbrannt werden und in Rauch aufgehen (das sogenannte Ganzopfer, hebräisch *'olah*). Der Geruch dieses Opfers im irdischen Tempel ist für Gott im Himmel der «beruhigende Wohlgeruch» *(reach nichoach)*, der ihn gnädig stimmt (Levitikus 1,9 u. ö.). Vor diesem Hintergrund ist kaum ein unpassenderer Begriff für das denkbar, was in den Gaskammern der Konzentrationslager geschah. Sein Gebrauch aufgrund eingebürgerter Unkenntnis ist auch nicht damit zu rechtfertigen, dass der Begriff sich, ausgehend vom angelsächsischen Sprachraum, weitgehend durchgesetzt hat und auch von jüdischen Organisationen verwendet wird. Im Hebräischen wird stattdessen – so auch schon in der Unabhängigkeitserklärung des Staates Israel – der neutralere und unprätentiöse Begriff *Schoah* («Katastrophe», «Vernichtung») verwendet, der auch im Deutschen zunehmend Anhänger findet.

Schon in seiner berüchtigten Reichstagsrede vom 30. Januar 1939 drückte Hitler sein «Endziel» unverhüllt aus; nur den Weg dazu ließ er noch im Dunkeln:[26]

> Ich bin in meinem Leben sehr oft Prophet gewesen und wurde meistens ausgelacht. In der Zeit meines Kampfes um die Macht war es in erster Linie das jüdische Volk, das nur mit Gelächter meine Prophezeiungen hinnahm, ich würde einmal in Deutschland die Führung des Staates und damit des ganzen Volkes übernehmen und dann unter vielen anderen auch das jüdische Problem zur Lösung bringen. Ich glaube, dass dieses damalige schallende Gelächter dem Judentum in Deutschland unterdes wohl schon in der Kehle erstickt ist.
>
> Ich will heute wieder ein Prophet sein: Wenn es dem internationalen Finanzjudentum in und außerhalb Europas gelingen sollte, die Völker noch einmal in einen Weltkrieg zu stürzen, dann wird das Ergebnis nicht die Bolschewisierung der Erde und damit der Sieg des Judentums sein, sondern die Vernichtung der jüdischen Rasse in Europa!

Der Krieg sollte kommen, und zwar als eschatologischer Entscheidungskampf zwischen «gut» und «böse», Arier gegen Juden, und Hitler führte ihn selbst mit allen Mitteln herbei. Mit der Besetzung Polens gleich nach Beginn des Krieges kam ein großer Teil der Juden des Landes mit der größten jüdischen Bevölkerung, mehr als 3 Millionen, unter deutsche Jurisdiktion. Den vorrückenden Truppen folgten sogenannte Einsatzgruppen, deren Aufgabe es zunächst war, die politische und kulturelle Elite Polens zu liquidieren, die aber bald damit begannen, gezielt die jüdische Bevölkerung auszurotten. Vorsichtige Schätzungen rechnen vom Kriegsbeginn bis zum Frühjahr 1940 mit 60–80 000 ermordeten Polen insgesamt, einschließlich der Juden. Dieses sorgfältig geplante System der Massenmorde durch mobile und stationäre «Sondereinheiten» wurde im weiteren Verlauf des Vormarschs im Osten auch in den anderen eroberten Ländern umgesetzt. Gleichzeitig begann man damit, zur besseren Kontrolle und Vorbereitung der Vernichtung, die Juden in Ghettos zu konzentrieren, vor allem ab Februar 1940 in Łódź, das im April 1940 in «Litzmannstadt» umbenannt wurde, und ab November 1940 in Warschau. Viele der dort und in anderen polnischen Städten zusammengepferchten Juden starben an Hunger, Krankheiten, Seuchen und dem brutalen Terror der deutschen Bewacher.

Das deutsche Terrorsystem wurde – allerdings mit signifikanten Unterschieden – im Zuge der militärischen Eroberungen auch auf die anderen europäischen Länder übertragen, auf Rumänien, Finnland, Dänemark, Norwegen, Belgien, die Niederlande und Frankreich. Österreich, seit dem «Anschluss» im März 1938 Teil des Deutschen Reiches, war auch schon vorher nicht weniger antisemitisch geprägt als Deutschland; auf entsprechend fruchtbaren Boden fielen hier die Nürnberger Gesetze, und auch die Novemberpogrome wurden programmgemäß in zahlreichen österreichischen Städten durchgeführt. Die Rumänen betrieben das Geschäft der Ermordung und Deportation ihrer Juden in vorauseilendem Gehorsam selbst, die Bulgaren leisteten dagegen wenigstens teilweise erfolgreichen Widerstand. Die finnischen Juden überlebten zum größten Teil. Dänemark verhalf seinen Juden zur Flucht nach Schweden, während die norwegischen Behörden mit der deutschen Sicherheitspolizei kooperierten. In den Niederlanden reagierten die Amsterdamer zwar mit einem Generalstreik auf die angekündigten Deportationen, aber die Bevölkerung insgesamt war

Krieg und Schoah

kooperationswilliger, als lange angenommen wurde. In Frankreich kooperierte die Vichy-Regierung eng mit Deutschland und stellte alle Juden unter Fremdengesetzgebung; immerhin konnte dank der Résistance ein großer Teil der französischen Juden überleben.

In Deutschland wurde im Laufe des Jahres 1941 die rechtliche und soziale Trennung der Juden weiter verschärft. Auswanderungen wurden generell verboten. Der in Polen bereits Ende 1939 eingeführte «Davidstern», ein schwarzer sechseckiger «Judenstern» auf gelbem Stoff mit der schwarzen Aufschrift «Jude», wurde zur eindeutigen Kennzeichnung der Juden im September 1941 im ganzen Reichsgebiet verpflichtend gemacht. Juden durften den Wohnort, an dem sie gemeldet waren, nicht mehr verlassen; in Zügen wurden besondere Abteile für Juden eingeführt; der Besitz von Radiogeräten war ebenso verboten wie der von privaten Telefonanschlüssen oder die Benutzung von Bänken in Parkanlagen.

Der nächste dramatische Schritt in Richtung auf die «Endlösung der Judenfrage», die immer unterschwellig virulent war, aber eher verhüllt angesprochen wurde, vollzog sich in einer der Öffentlichkeit verborgenen, unspektakulären bürokratischen Aktion. Am 31. Juli 1941 erteilte Reichsmarschall Hermann Göring dem Leiter des Reichssicherheitshauptamts Reinhard Heydrich den Befehl zur endgültigen Lösung der «Judenfrage»; damit wurde Heydrich einer der Hauptorganisatoren der Schoah:[27]

> In Ergänzung der Ihnen bereits mit Erlaß vom 24. 1. 39 übertragenen Aufgabe, die Judenfrage in Form der Auswanderung oder Evakuierung einer den Zeitverhältnissen entsprechend möglichst günstigen Lösung zuzuführen, beauftrage ich Sie hiermit, alle erforderlichen Vorbereitungen in organisatorischer, sachlicher und materieller Hinsicht zu treffen für eine *Gesamtlösung der Judenfrage* im deutschen Einflußgebiet in Europa. Sofern hierbei die Zuständigkeiten anderer Zentralinstanzen berührt werden, sind diese zu beteiligen.
>
> Ich beauftrage Sie weiter, mir in Bälde einen Gesamtentwurf über die organisatorischen, sachlichen und materiellen Vorausmaßnahmen zur Durchführung der angestrebten *Endlösung der Judenfrage* vorzulegen.

Hier ist neben der «Gesamtlösung» ausdrücklich auch von der «Endlösung der Judenfrage» die Rede, ein Begriff, der die entscheidende Richtung klar anzeigt. Ein Streit darüber, ob mit der hier formulierten «Endlösung» das angesprochen war, was in der Folge geschah, nämlich die Massenvernichtung der europäischen Juden, ist müßig: Sie hatte mit den «Einsatzgruppen» auf dem Balkan im Frühjahr 1941 und dann vor allem mit dem Beginn des Angriffs auf die Sowjetunion am 22. Juni 1941 bereits begonnen; hier ging es um die organisatorische Durchführung. Wie schon beim Polenfeldzug stellte Heydrich Einsatzgruppen zusammen, deren Auftrag es nun war, im Zuge der fortschreitenden Eroberung des Ostens das osteuropäische Judentum planmäßig zu vernichten. Allein in dem Massaker von Babi-Jar bei Kiew im September 1941, das in die Geschichtsbücher eingegangen ist, wurden 34 000 Juden exekutiert. Ende des Jahres 1941 wurde entschieden, auch die Juden im «Altreich» und in den besetzten Gebieten systematisch zu ermorden. Zu diesem Zweck wurden großangelegte Deportationen in eigens dafür bereitgestellten Zügen organisiert, zunächst in Ghettos der neu eroberten Gebiete im Osten, dann direkt in die dafür eingerichteten Todeslager.

Auch diese Deportationen fanden vor den Augen der Öffentlichkeit statt. Den Juden wurde befohlen, sich an Sammelstellen einzufinden; sie durften nur das Allernötigste mitnehmen und mussten ihre Wohnungen mit allem Hab und Gut zurücklassen. Auch jetzt schaute die Bevölkerung schweigend dem Abtransport ihrer Nachbarn zu und redete sich ein, vom eigentlichen Zweck der Deportationen nichts zu wissen. Letzteres ist schon deswegen wenig glaubhaft, weil diese Aktionen mit einem ungeheuren bürokratischen Verwaltungsaufwand verbunden waren, der viele Dienststellen mit unzähligen pflichttreuen Beamten und Angestellten einbezog.

Den letzten Schritt der Todesmaschinerie markiert die sogenannte Wannseekonferenz vom 30. Januar 1942. Auf Einladung und unter der Leitung von Reinhard Heydrich trafen sich in einer Villa am Großen Wannsee in Berlin fünfzehn Vertreter der Regierung, verschiedener Ministerien, der Waffen-SS und der Geheimen Staatspolizei (Gestapo) zu einer «Besprechung über mit der Endlösung der Judenfrage zusam-

Krieg und Schoah

menhängende Fragen», wie es in der Einladung Heydrichs vom 8. Januar hieß. Dort wird festgehalten:[28]

> Im Zuge dieser Endlösung der europäischen Judenfrage kommen rund 11 Millionen Juden in Betracht, die sich wie folgt auf die einzelnen Länder verteilen … Unter entsprechender Leitung sollen nun im Zuge der Endlösung die Juden in geeigneter Weise im Osten zum Arbeitseinsatz kommen. In großen Arbeitskolonnen, unter Trennung der Geschlechter, werden die arbeitsfähigen Juden straßenbauend in diese Gebiete geführt, wobei zweifellos ein Großteil durch natürliche Verminderung ausfallen wird.
> Der allfällig endlich verbleibende Restbestand wird, da es sich bei diesem zweifellos um den widerstandsfähigsten Teil handelt, entsprechend behandelt werden müssen, da dieser, eine natürliche Auslese darstellend, bei Freilassung als Keimzelle eines neuen jüdischen Aufbaues anzusprechen ist. (Siehe die Erfahrung der Geschichte.)
> Im Zuge der praktischen Durchführung der Endlösung wird Europa vom Westen nach Osten durchgekämmt.

Der bürokratisch übertünchte Zynismus dieses Dokuments ist kaum noch zu überbieten. Ohne dass die Dinge offen beim Namen genannt werden, ist völlig klar, dass hier von der Liquidierung von elf Millionen europäischer Juden die Rede ist – erst durch «natürliche Verminderung» in Arbeitslagern unter unmenschlichen Bedingungen und dann durch die «entsprechende Behandlung» des «verbleibenden Restbestandes». Mit dieser «Behandlung» kann nur die Ermordung in den Todeslagern des Ostens gemeint sein.

Die Vernichtungslager in Polen, die man mit Recht als industriell organisierte «Mordfabriken» bezeichnet hat, wurden eigens zu diesem Zweck errichtet oder entstanden aus bereits bestehenden Lagern. Von ihren Namen hat sich vor allem Auschwitz unauslöschlich in das kollektive Gedächtnis nicht nur der Deutschen eingebrannt: Chełmno/ Kulmhof (ab Dezember 1941), ein Vernichtungslager; Bełżec, zunächst ein Arbeitslager und ab März 1942 ein reines Vernichtungslager; Sobibor, ein Vernichtungslager (ab Ende April 1942); Lublin-Majdanek, zunächst ein Lager für Kriegsgefangene und ab Herbst 1942 zur Massentötung eingesetzt; Treblinka, ein Vernichtungslager (ab Juli 1942); und schließlich Auschwitz-Birkenau (Vernichtungslager ab November 1941), das zum Inbegriff und Symbol der industriellen Massentötung wurde. Die unter unmenschlichen Bedingungen in Eisenbahnwaggons gepferchten Juden wurden unmittelbar nach der Ankunft im Lager «selektiert», das heißt entweder zur Zwangsarbeit oder zur sofortigen Tötung «ausgewählt». Zur Ermordung wurden Abgase von Motoren (Kohlenstoffmonoxid) genutzt, die zunächst in Eisenbahnwagen geleitet wurden, so in Chełmno und teilweise auch in Bełżec, und später in eigens für diesen Zweck gebaute Gaskammern, die als Duschen getarnt waren. Die zum Massenmord sehr viel wirkungsvollere Blausäure (Zyklon B) wurde vielleicht schon in Lublin-Majdanek und dann in industrieller Produktion in Auschwitz eingesetzt. Die Leichen der Ermordeten wurden zunächst vergraben, dann in den dafür errichteten Krematorien verbrannt.

Die Lage der Juden in den besetzten Ostgebieten wurde spätestens ab 1942 durch die immer einschneidenderen und alle denkbaren Fluchtwege versperrenden Maßnahmen so aussichtslos, dass nur wenige Möglichkeiten zum Entkommen oder zur Gegenwehr blieben. Immerhin gelang rund 230 000 Juden vor allem aus Polen die Flucht in die Sowjetunion, und mehrere Zehntausend überlebten, trotz allem, versteckt in Polen und in den litauischen und ukrainischen Wäldern. Andere Juden kämpften in jüdischen Partisanenverbänden – am bekanntesten waren die von den Brüdern Bielski im Osten Polens gegründeten Bielski-Partisanen – oder sie schlossen sich nichtjüdischen Verbänden an. Letzte verzweifelte Versuche der Gegenwehr in den Ghettos endeten allesamt mit der völligen Zerstörung des Ghettos und der Ermordung der Überlebenden. Emblematisch für die Ghetto-Aufstände in Polen ist der Aufstand im Warschauer Ghetto vom April 1943, der im Mai durch den Einsatz der SS niedergeschlagen wurde.

Die Mordmaschinerie in den Todeslagern des NS-Staates galt nicht nur den Juden im sogenannten Altreich und in den Ostgebieten, sondern auch in den besetzten Ländern Europas: Von den französischen Juden fiel ihr ungefähr ein Viertel zum Opfer; von den niederländischen Juden wurden fast alle umgebracht; die Mehrzahl der sephar-

Krieg und Schoah

dischen Juden in Griechenland (ca. drei Viertel) wurde vernichtet; Rumänien hatte bis zur Kapitulation im August 1944 einen großen Teil der Juden in Bessarabien und der Bukowina ermordet, diejenigen in anderen Landesteilen überlebten größtenteils; Ungarn, das die Juden zunächst erfolgreich schützte, konnte nach der Besetzung durch deutsche Truppen im März 1944 nicht verhindern, dass der größte Teil nach Auschwitz deportiert und vergast wurde. Eine Ausnahme ist Italien, das die Juden zwar internierte, aber nicht deportierte. Erst nach dem Sturz Mussolinis im Juli 1943 wurden Durchgangs- und Sammellager eingerichtet, um die Deportation der italienischen Juden vorzubereiten, doch gelang bis Kriegsende «nur» die Deportation von etwa 10 000 Juden, vor allem nach Auschwitz. In den besetzten Gebieten der Sowjetunion wurden allein bis Ende des Jahres 1942 ungefähr eineinhalb Millionen Juden ermordet, meist erschossen. Erst mit der am 8. und 9. Mai 1945 in Kraft getretenen Kapitulation fand das Morden ein Ende. Die Schätzungen der Gesamtzahl der ermordeten Juden schwanken zwischen fünf und sechs Millionen.

Damit kommt zwar nicht die Geschichte des Antisemitismus, wohl aber die Geschichte seiner denkbar schrecklichsten Steigerung an ihr Ende: mit der Vernichtung fast des ganzen europäischen Judentums. Entscheidend für eine irgendwie nachvollziehbare Beurteilung dieses weder emotional zu ertragenden noch rational zu erklärenden «Geschehens» ist gewiss nicht die absolute Zahl der Ermordeten, sondern sind verschiedene Faktoren, die alle ineinandergreifen. Zunächst ist festzuhalten, dass die Opfer der Schoah nicht einfach unter «Kriegsfolgen» abzuhandeln sind, gewissermaßen als «Kollateralschäden» eines für alle Beteiligten schrecklichen Krieges – wie dies bis heute immer noch vorgebracht wird –, sondern dass die deutschen und europäischen Juden in letzter Konsequenz deswegen umgebracht wurden, *weil sie Juden waren*. Dabei spielen verschiedene, historisch gewachsene Facetten der antisemitischen Vorurteile und Stereotype eine Rolle, die alle für sich genommen schon tödlich sein können und ganz besonders in ihrer Bündelung; entscheidend ist aber die unerträgliche Zuspitzung des Antisemitismus der Schoah auf sein grundlegendes und ältestes Element, wie es schon im biblischen Buch Esther begegnet: Die Juden als Juden sind nicht wie wir, sie sind anders als wir, sie sind keine Menschen und stehen außerhalb der generell akzeptierten Normen des Menschengeschlechtes; als solche unterwandern und verseuchen sie uns mit ihrer Fremdheit und ihrer Abartigkeit. Da sie niemals so wie wir werden können oder auch nur wollen, besteht das einzige Mittel, sich ihrer zu erwehren, darin, sie allesamt – Männer, Frauen und Kinder – mit Stumpf und Stiel auszurotten.

Dieser seit der Antike bekannte Generalverdacht des Antisemitismus wurde vor allem durch seine in weiten Kreisen akzeptierte rassistische Untermauerung in die tödliche Waffe verwandelt, als die sie in der Schoah benutzt wurde. Dies soll aber nicht heißen, dass es erst der Rassismus ist, der allein das Wesen des nationalsozialistischen Antisemitismus ausmacht. Dagegen spricht nicht zuletzt, dass alle weiteren in der Geschichte virulent gewordenen Facetten des Antisemitismus auch in seiner bisher folgenschwersten Ausprägung weiterwirkten, ja sich gegenseitig potenzierten. Dies gilt ganz besonders für die durch das Christentum begründeten Stereotype und Vorurteile. Zwar war der NS-Staat alles andere als ein christlicher Staat, aber der christliche Antisemitismus wirkte mit Macht in der Bevölkerung weiter. Im Übrigen war der christliche Staat, der als solcher keine Juden als gleichberechtigte Bürger akzeptieren konnte, nahtlos in den NS-Staat übergegangen, nur dass jetzt das entscheidende Kriterium nicht mehr das Christentum war, sondern die arische Rasse, die keine Mitbürger der jüdischen Rasse neben sich duldete.

Eine Überbetonung des Rassismus ist auch deswegen problematisch, weil dadurch die historische Komplexität des Antisemitismus rückblickend auf einen – gewiss zentralen, aber eben nicht den einzigen – Aspekt verengt wird. Für den heutigen Beobachter erscheint die pseudowissenschaftliche Absurdität des Rassismus so offensichtlich, dass man diese leicht den «verrückten» und verbrecherischen Hauptakteuren des NS-Staates unterstellen kann, die damit angeblich weitgehend alleine standen. Die Mehrzahl der Bevölkerung konnte damals und kann auch heute nichts mit dieser abstrusen Ideologie anfangen. Wer die Rassenideologie zum alles entscheidenden Aspekt macht, muss sich daher den Vorwurf gefallen lassen, damit letztlich einen großen

Krieg und Schoah

Teil der deutschen Bevölkerung von seiner Mitverantwortung für die Massenmorde und seine Beteiligung daran zu exkulpieren.

Nicht weniger problematisch ist eine Mythisierung der NS-Massenmorde als die Verkörperung des Bösen schlechthin. Sie läuft Gefahr, die Schoah in eine überweltliche Ebene zu entrücken und damit außerirdischen Mächten anheimzustellen, die jeder Verantwortung und Rechtfertigung entzogen sind – mit der beabsichtigten oder unbeabsichtigten Folge, dass die menschlichen Akteure keine eigenverantwortlich Handelnden mehr sind, sondern nur Spielbälle in einem apokalyptischen Drama, dessen Dimension sie nicht überblicken und dessen Regeln sie nicht bestimmen. Die Gegenposition dazu ist die Rede von der «Banalität des Bösen». Hannah Arendt hat damit – bei der Beobachtung des Prozesses gegen den pflichteifrigen SS-Obersturmbannführer Adolf Eichmann, der vom Schreibtisch aus die Deportation und Ermordung der Juden organisierte – sicher einen wichtigen Aspekt aufgedeckt. Aber auch die «Banalität des Bösen» ist gewiss nicht der alleinige Schlüssel zum Verständnis der Schoah.

Eine weitere Verengung der Komplexität des Antisemitismus ist der Versuch, seine bisher letzte Steigerung im NS-Staat als den folgerichtigen Höhepunkt seiner gesamten vorherigen Manifestationen darzustellen. Danach wäre die Schoah das gewissermaßen notwendige Endstadium eines langen historischen Prozesses, der so enden musste. Diese Deutung läuft auf eine weitgehende Exkulpierung nicht nur der deutschen Bevölkerung, sondern auch ihres hauptverantwortlichen Akteurs Adolf Hitler hinaus. Gewiss war der Massenmord des NS-Staates in der vorausgehenden Geschichte des Antisemitismus, insbesondere der Kaiserzeit, angelegt, aber er war alles andere als notwendig. Die Geschichte hätte auch anders verlaufen können, wenn Menschen (Individuen) und Institutionen, nicht zuletzt auch die beiden christlichen Kirchen, anders gehandelt hätten.

Die vergleichende historische Forschung hat verstärkt auch andere Massen- und Völkermorde herangezogen, um den Blick für die Besonderheiten der Schoah zu schärfen oder diese auch zu relativieren. So wurde etwa auf den Mord an den Herero und Nama in Deutsch-Südwestafrika verwiesen, auf den Völkermord an den Armeniern, Massenmorde unter Stalin, die Massenmorde an den Hutu und Tutsi in Burundi und Ruanda, die Ermordung bosnischer Muslime in Srebrenica, den Völkermord an den Jesiden durch den «Islamischen Staat» oder zuletzt auf die Vertreibung und Ermordung der muslimischen Rohingya in Myanmar. Hier ist zunächst festzuhalten, dass nicht allein schon der Versuch eines historischen Vergleichs verwerflich ist, weil er die Singularität der Schoah in Frage stellen könnte; historische Vergleiche sind selbstverständlich sinnvoll und notwendig. Zur Sache selbst aber gilt nach wie vor, dass sich die Mordpolitik des NS-Staates von allen anderen bekannten Genoziden darin unterscheidet, dass sie den Juden als Menschen galt, nur weil sie als Juden geboren waren; dass sie allen Juden auf der ganzen Welt galt, nicht nur in einer bestimmten geographischen Region; dass die Juden ermordet werden sollten, nicht weil sie etwas Bestimmtes getan oder verbrochen hatten, sondern weil sie angeblich die Weltherrschaft anstrebten und damit eine Bedrohung für die zivilisierte Menschheit waren. Die Juden mussten mit allen zur Verfügung stehenden Mitteln getötet werden, notfalls sogar unter Zurückstellung der Kriegsziele; diese Mittel waren auf die systematische, planmäßige, bürokratisch koordinierte, möglichst effiziente Massentötung ausgerichtet, bis hin zur industriell perfektionierten Tötungsfabrik. Und schließlich und hauptsächlich unterschied sich die Mordpolitik des NS-Staates dadurch von allen anderen Genoziden, dass diese Tötungsmaschinerie zur Staatsdoktrin erhoben und mit der geballten Macht des Staates durchgesetzt wurde – bis hin zum bewusst in Kauf genommenen Untergang dieses Staates.

Kaum ein anderes erhaltenes Dokument bringt die perverse Staatsdoktrin des NS-Staates, die auf die Vernichtung aller Juden ausgerichtet war, besser zum Ausdruck als die Rede, die Heinrich Himmler, der Reichsführer SS, am 4. Oktober 1943 vor SS-Offizieren im Hotel Ostland (heute Rzymski) der polnischen Stadt Posen hielt:[29]

> Unter uns soll es einmal ganz offen ausgesprochen sein, und trotzdem werden wir in der Öffentlichkeit nie darüber reden. ... Ich meine jetzt die Judenevakuierung, die Ausrottung des jüdischen Volkes. Es gehört zu den Dingen, die man leicht ausspricht. – «Das jüdische Volk wird ausgerot-

tet», sagt ein jeder Parteigenosse, «ganz klar, steht in unserem Programm, Ausschaltung der Juden, Ausrottung, machen wir.» Und dann kommen sie alle an, die braven 80 Millionen Deutschen, und jeder hat seinen anständigen Juden. Es ist ja klar, die anderen sind Schweine, aber dieser eine ist ein prima Jude. Von allen, die so reden, hat keiner zugesehen, keiner hat es durchgestanden. Von Euch werden die meisten wissen, was es heißt, wenn 100 Leichen beisammen liegen, wenn 500 daliegen oder wenn 1000 daliegen. Dies durchgehalten zu haben, und dabei – abgesehen von Ausnahmen menschlicher Schwächen – anständig geblieben zu sein, das hat uns hart gemacht. Dies ist ein niemals geschriebenes und niemals zu schreibendes Ruhmesblatt unserer Geschichte.

Dies alles zusammengenommen macht die Besonderheit dessen aus, was als Schoah in das kollektive Gedächtnis der Menschheit eingegangen ist. Es ist heute üblich geworden, diese Besonderheit mit dem Begriff des «Zivilisationsbruchs» zu bezeichnen. Kaum eine Rede von Politikern oder anderen Repräsentanten des öffentlichen Lebens kommt heute ohne diesen Begriff aus, ja er erfüllt fast schon apotropäische Zwecke. Richtig daran ist sicher, dass die Schoah an die Grundlagen unserer Zivilisation rührt, diese radikal in Frage stellt. Aber sie ist mehr als ein «Bruch» der Zivilisation – Brüche können geheilt, auch überdeckt oder gar überkleistert werden. Die Schoah ist in Wirklichkeit der Absturz oder noch genauer das Ende der Zivilisation, so wie wir sie kennen. Seitdem sind alle Grundannahmen, alle Sicherheiten unserer Zivilisation zerbrochen, liegen in Scherben und können nicht einfach wieder zusammengekittet werden. Wir sind jetzt immer noch in einem Stadium, in dem es darum geht, unsere zerstörte Zivilisation nicht zu rekonstruieren, sondern neu zu errichten – im vollen Bewusstsein dessen, was geschehen ist, oder genauer: was wir haben geschehen lassen.

Nach der Schoah: Kontinuität und Verdrängung

Angesichts der Folgen, die der Antisemitismus in seiner bisher schrecklichsten Form hervorgebracht hat, sollte man annehmen, dass er damit ein für alle Mal an sein Ende gekommen ist, doch nichts wäre naiver als das. Das geteilte Deutschland war mit der Beseitigung der Trümmer, dem Wiederaufbau und sehr bald schon, zumindest im Westen, mit seinem Wirtschaftswunder beschäftigt. So ist es für den Historiker kaum überraschend, dass zwei eng miteinander verbundene Phänomene die Zeit des Wiederaufbaus dominieren.

Zum einen gelang es den alten Eliten, mehr oder weniger nahtlos von der NS-Diktatur in die neue demokratische Bundesrepublik überzuwechseln. Dies gilt für die Wirtschaft ebenso wie für das Rechtswesen mit seiner stark kompromittierten Richterschaft und auch für Politik, Militär, Polizei und Universität. Sie alle waren für den «Wiederaufbau» eben unentbehrlich. Nach der Vergangenheit wurde kaum gefragt, oder sie wurde verschwiegen. Die Wirtschaftselite finanzierte jetzt mit derselben Effizienz statt Hitlers Rüstung den wirtschaftlichen Aufschwung. Die Richter hielten sich wie auch vorher an ihre Paragraphen, wobei sie nachweislich in vielen Fällen bei NS-Verbrechen seltsam milde oder gar nicht urteilten. Und viele der politischen Beamten waren ebenso nachweislich Sympathisanten und Unterstützer des NS-Regimes gewesen. Zum Fanal wurde der Fall des engsten Mitarbeiters Konrad Adenauers und Staatssekretärs im Bundeskanzleramt Hans Globke, der sich im Reichsinnenministerium als Mitverfasser und Kommentator der Nürnberger Rassengesetze hervorgetan hatte. Im Zuge seiner sogenannten Entnazifizierung bezeichnete er sich als Gegner der Nationalsozialisten und wurde in die Kategorie «unbelastet» eingestuft. Er gilt mit Recht als die «Graue Eminenz» der Adenauer-Ära. In welchem Maße er in die NS-Diktatur verwickelt war, blieb zu seinen Lebzeiten weitgehend im Dunkeln, trotz heftiger Kritik vor allem aus dem Ausland. Kurz nach dem Ausscheiden Adenauers aus dem Amt des Bundeskanzlers wurde er auf dessen Vorschlag mit dem Großkreuz des Verdienstordens der Bundesrepublik Deutschland ausgezeichnet.

Zum anderen wurden die wahren Dimensionen der Verfolgung und Ermordung der Juden in der NS-Zeit zu einem gesellschaftlichen Tabu, über das man besser schwieg. Es entwickelte sich ein im Rückblick schwer zu verstehendes Amalgam aus unspezifischen Schuldgefühlen, trotziger Verleugnung der Realität und Verdrängungsmechanismen. Die Folge war oft gerade nicht eine unvoreingenommene und mutige Aufarbeitung der antisemitischen Vorurteile, die zu dem unverständlichen «Geschehen» geführt hatten, sondern im Gegenteil eher ihre Verfestigung. Typisch für diese Einstellung war die Behandlung der NS-Zeit in den Schulen. Zahlreiche «belastete» Lehrer unterrichteten weiterhin, und sie waren meistens auch als solche bekannt. Selten kam es zu offenen Sympathiebekundungen, obwohl es auch diese mehr oder weniger explizit gab. Vorherrschend war schlicht das Totschweigen: Man sprach in dem doppelten Sinne nicht darüber, dass man nicht nur die eigene Verwicklung nicht thematisierte, sondern dass auch die Zeit des Nationalsozialismus im Unterricht oft ausgeblendet wurde. Entweder kam sie in den Lehrplänen nur am Rande vor, oder aber das übervoll gepackte Pensum des Unterrichts verhinderte bedauerlicherweise eine angemessene Behandlung. Subtiler waren die Vorlieben des Griechischlehrers für Nietzsche, weniger subtil die des Sportlehrers für Zucht und Ordnung. Hier spreche ich als jemand, der in genau dieser Zeit aufgewachsen ist, auch aus eigener Erfahrung.

Das Unvermögen der Nachkriegsgesellschaft, mit der Vergangenheit umzugehen, in die sie tief verstrickt war, zeigte sich direkt nach dem Krieg am Umgang mit den sogenannten Displaced Persons (DPs) jüdischer Herkunft.[30] Jüdische DPs waren ehemalige Häftlinge von Konzentrationslagern, das heißt Überlebende der Schoah, die keine gültigen Papiere hatten und in den Westzonen ohne Arbeitserlaubnis in eigenen Lagern interniert wurden. Spannungen zwischen Lagerbewohnern und Einheimischen vor allem in der amerikanischen Besatzungszone führten teilweise zu massiven Auseinandersetzungen, in denen den jüdischen Lagerbewohnern organisierte Kriminalität und Schwarzhandel unterstellt wurden. Ungebrochen waren hier die alten antisemitischen Stereotype vom Schachern und Wuchern der Juden wirksam. Hinzu kamen die ebenfalls klassischen Vorwürfe der unproduktiven Arbeit und des Schmarotzens. Brutale Schwarzmarkt-Razzien der Polizei in den Lagern verstärkten die Spannungen und fanden ihr Echo schließlich auch in Artikeln und Leserbriefen der Presse, in denen ganz unverhüllt wieder von «Deutschlands Parasiten» die Rede war. Eine Demonstration von jüdischen DPs gegen die *Süddeutsche Zeitung*, die im August 1949 einen offen antisemitischen Leserbrief abgedruckt hatte, führte zu gewaltsamen Auseinandersetzungen mit der Polizei, die erst durch das Eingreifen der amerikanischen Militärpolizei beendet wurden.

Auch die beiden großen Kirchen Deutschlands verdrängten den Massenmord und vermieden eine offene Diskussion über ihren direkten Anteil am nationalsozialistischen Antisemitismus mit all seinen Folgen. Die Erklärung des Rates der Evangelischen Kirche vom 18./19. Oktober 1945, die zur «Stuttgarter Schulderklärung» stilisiert wird, ist ein Musterbeispiel für diese Einstellung:[31]

> Mit großem Schmerz sagen wir: Durch uns ist unendliches Leid über viele Völker und Länder gebracht worden. Was wir unseren Gemeinden oft bezeugt haben, das sprechen wir jetzt im Namen der ganzen Kirche aus: Wohl haben wir lange Jahre hindurch im Namen Jesu Christi gegen den Geist gekämpft, der im nationalsozialistischen Gewaltregiment seinen furchtbaren Ausdruck gefunden hat; aber wir klagen uns an, dass wir nicht mutiger bekannt, nicht treuer gebetet, nicht fröhlicher geglaubt und nicht brennender geliebt haben.

Hier spricht – als ob es die Deutschen Christen nie gegeben hätte – allein die Bekennende Kirche und relativiert ihr angebliches Schuldbekenntnis sogleich mit ihrem Widerstand gegen das NS-Regime, ohne jeden Hinweis darauf, dass auch dieser Widerstand so durchgreifend nicht gewesen ist. Immerhin verabschiedete die erste Vollversammlung des 1948 gegründeten Weltkirchenrates in Amsterdam – dem alle Gliedkirchen der Evangelischen Kirche in Deutschland (EKD) beigetreten waren – eine sehr deutliche Erklärung, in der sie feststellte, dass der Antisemitismus mit dem christlichen Bekenntnis unvereinbar und eine Sünde gegen Gott und die Menschen sei. Die Vollversammlung des Weltkirchenrats in Neu-Delhi bekräftigte 1962 diese Erklärung und rief dazu auf, jeder Form von Antisemitismus aktiv entgegenzutreten. Aber diese Erklärungen gehen auf die besondere Situation in Deutschland nicht ein und nehmen dazu auch keine Stellung.

Einen Schritt weiter als die Stuttgarter Erklärung geht die Erklärung der EKD-Synode vom April 1950 in Berlin-Weißensee. Unter

Punkt 4 heißt es dort: «Wir sprechen es aus, daß wir durch Unterlassen und Schweigen vor dem Gott der Barmherzigkeit mitschuldig geworden sind an dem Frevel, der durch Menschen unseres Volkes an den Juden begangen worden ist.»[32] Aber auch dieses Eingeständnis ist immer noch verklausuliert, wenn auch nicht ganz so verquast wie das Stuttgarter Schuldbekenntnis. Wurde die Kirche nur vor dem «Gott der Barmherzigkeit» oder auch vor den Juden mitschuldig, und was heißt «durch Menschen unseres Volkes»?

Sehr viel später, auf der EKD-Synode vom 5. bis 10. November 2000 in Braunschweig, wurde die Erklärung von Berlin-Weißensee wieder aufgegriffen.[33] Der zitierte Satz «Wir sprechen es aus …» wurde nun so modifiziert, dass sich eine implizite Kritik immerhin andeutet: «Damit hat die Synode die Mitschuld der Kirche an der Verfolgung und Ermordung des europäischen Judentums bekannt.» Nicht irgendwelche «Menschen unseres Volkes» sind mitschuldig geworden, sondern auch die Kirche. Anschließend rekurriert die Braunschweiger Synode ausdrücklich auf das «Unterlassen und Schweigen» der Weißensee-Erklärung: «Nicht nur durch ‹Unterlassen und Schweigen› ist die Kirche schuldig geworden. Vielmehr ist sie durch die unheilvolle Tradition der Entfremdung und Feindschaft gegenüber den Juden hineinverflochten in die systematische Vernichtung des europäischen Judentums.» Indem die Synode damit die Thematik ausweitete und die gesamte Geschichte des christlichen Antisemitismus – vornehm umschrieben durch «Entfremdung und Feindschaft gegenüber den Juden» und «hineinverflochten» – einbezog, umschiffte sie gleichzeitig eine eindeutige Stellungnahme zur ganz konkreten Verantwortung der Kirche für ihre aktive und passive Teilhabe an der Schoah.

Die bisher klarste und mutigste Stellungnahme findet sich, ohne genaue Angabe der Quelle und ohne Datum, auf der Webseite der EKD unter der Überschrift «Christen und Juden».[34] Hier wird sowohl der christliche Antisemitismus beim Namen genannt als auch der von deutschen Christen zugelassene und *mitvollzogene* Massenmord:

> Die Geschichte von Christen und Juden ist von Verachtung und Feindschaft geprägt. Sie begann mit dem Vorwurf der ersten Christen an die

Juden, Jesus Christus «ermordet» zu haben. Sie fand einen schrecklichen Höhepunkt im Massenmord an den Juden im «Dritten Reich», der durch christlich geprägten Antisemitismus gestützt und von deutschen Christinnen und Christen sehenden Auges zugelassen und mitvollzogen wurde. Das wird immer Teil der Schuld bleiben, die sich Christinnen und Christen in Deutschland aufgeladen haben.

Die katholische Kirche unternahm den überfälligen Schritt der Neuordnung ihres Verhältnisses zu den Juden erst auf dem Zweiten Vatikanischen Konzil. In der Erklärung *Nostra Aetate* («In unserer Zeit»), die am 26. Oktober 1965 vom Konzil verabschiedet und kurz darauf von Papst Paul VI. promulgiert wurde, erklären Konzil und Papst:[35]

> Im Bewußtsein des Erbes, das sie mit den Juden gemeinsam hat, beklagt die Kirche, die alle Verfolgungen gegen irgendwelche Menschen verwirft, nicht aus politischen Gründen, sondern auf Antrieb der religiösen Liebe des Evangeliums alle Haßausbrüche, Verfolgungen und Manifestationen des Antisemitismus, die sich zu irgendeiner Zeit und von irgend jemandem gegen die Juden gerichtet haben.

Der Paragraph von *Nostra Aetate*, der den Juden gewidmet ist, bestimmt im Kern das *theologische* Verhältnis von Christentum und Judentum. Das ist für sich genommen sicher ein Fortschritt, obwohl der von Kardinal Bea und seinen Mitarbeitern erarbeitete ursprüngliche Entwurf sehr viel weiter ging. Aber bei den praktischen Konsequenzen, die das Verhältnis zu den Juden hatte und hat, bleibt der Paragraph eine klare Stellungnahme schuldig. Der zitierte Satz ist überhaupt der einzige, der die Hassausbrüche, Verfolgungen und Manifestationen des Antisemitismus beklagt, die in der gesamten langen Geschichte der Kirche begangen wurden. Ganz unspezifisch heißt es vage: «zu irgendeiner Zeit und von irgend jemandem» (im lateinischen Original *quovis tempore et a quibusvis*). Von der letzten und furchtbarsten Manifestation des Antisemitismus in der Schoah ist ebenso wenig die Rede wie davon, dass auch die Kirche ihren Anteil daran hatte. Damit reihte sich die offizielle katholische Kirche in die Front derer ein, die sich schwer damit taten, die Monstrosität der Schoah und ihre Mitverantwortung dafür beim Namen zu nennen.

Nach der Schoah

Diese theologische Linie der Kirche wurde in den meisten offiziellen Verlautbarungen aufrechterhalten. Die Wurzeln des Antisemitismus wurden generell außerhalb des Christentums gesucht, ungeachtet gewisser bedauerlicher Auswüchse in der christlichen Geschichte. Ja man ging sogar so weit, die letzte Manifestation des Antisemitismus im Kern auf seine neuheidnischen Aspekte zu reduzieren, und konnte damit auch die christliche Kirche als ihr Opfer beklagen: Durch das Juden und Christen gemeinsame «Alte Testament» wurden letztlich beide zum tragischen Opfer der neuheidnischen Religion des NS-Staates.

Fast genau zehn Jahre später kam es mit dem Beschluss der Gemeinsamen Synode der Deutschen Bistümer vom 22. November 1975 zur bisher offensten und am weitesten reichenden Erklärung zur Mitverantwortung der katholischen Kirche an der Schoah. Hier wird in seltener Eindeutigkeit festgehalten:[36]

> Wir sind das Land, dessen jüngste politische Geschichte von dem Versuch verfinstert ist, das jüdische Volk systematisch auszurotten. Und wir waren in dieser Zeit des Nationalsozialismus, trotz beispielhaften Verhaltens einzelner Personen und Gruppen, aufs Ganze gesehen doch eine kirchliche Gemeinschaft, die zu sehr mit dem Rücken zum Schicksal dieses verfolgten jüdischen Volkes weiterlebte, deren Blick sich zu stark von der Bedrohung ihrer eigenen Institutionen fixieren ließ und die zu den an Juden und Judentum verübten Verbrechen geschwiegen hat. Viele sind dabei aus nackter Lebensangst schuldig geworden. Daß Christen sogar bei dieser Verfolgung mitgewirkt haben, bedrückt uns besonders schwer. Die praktische Redlichkeit unseres Erneuerungswillens hängt auch an dem Eingeständnis dieser Schuld und an der Bereitschaft, aus dieser Schuldgeschichte unseres Landes und auch unserer Kirche schmerzlich zu lernen.

Aufklärung über die Schoah und die Wiederkehr alter Muster

Die Neigung öffentlicher Institutionen zum Verschweigen und Verdrängen rief allerdings auch Kritik und Widerstand hervor. Verschiedene medienwirksame Ereignisse schärften das Interesse für die im wahrsten Sinne des Wortes dunkle Vergangenheit und die Notwendigkeit einer umfassenden Aufklärung. Das Tagebuch der Anne Frank wurde 1950 durch den Verlag Lambert Schneider in deutscher Übersetzung veröffentlicht und wurde weit über Deutschland hinaus zu einem internationalen Symbol der Schrecken der Schoah. Der französische Dokumentarfilm *Nuit et brouillard* (deutsche Fassung *Nacht und Nebel*) von 1955 über die Vernichtungslager löste in Deutschland heftige Diskussionen aus. Die Bundesregierung verhinderte die Aufführung auf den Filmfestspielen in Cannes 1956. Im Juni 1956 wurde der Film nur vor geladenen Gästen in Bonn gezeigt sowie anschließend, erst vor geladenen Gästen, dann auch kommerziell, in zahlreichen deutschen Städten. Der Eichmann-Prozess 1961 in Jerusalem und die Auschwitz-Prozesse in Frankfurt am Main 1963 machten bewusst, dass die juristische Aufarbeitung der NS-Verbrechen längst nicht abgeschlossen war. Die Ausstrahlung der amerikanischen TV-Serie *Holocaust – Die Geschichte der Familie Weiss* im Januar 1979 in Deutschland war ein Medienereignis bisher ungekannten Ausmaßes, das ein gewaltiges Publikumsecho auslöste. Man geht davon aus, dass rund 20 Millionen Zuschauer wenigstens eine Folge der Serie gesehen haben. Die Serie stieß einen Umschwung in der öffentlichen Meinung über die Stellung der Schoah in der deutschen Geschichte und Gegenwart an. Eine weitere, unbeabsichtigte Folge war, dass sich seitdem der Begriff «Holocaust» für die Vernichtung der europäischen Juden durchgesetzt hat.

Die unterschiedlichen medialen Ereignisse waren ein zweischneidiges Schwert. Auf der einen Seite trugen sie entscheidend zur längst überfälligen Aufklärung über die NS-Zeit und die Schoah bei; auf der anderen Seite aber stärkten sie die unterschwellig weiterlebenden Kräfte der ganz überwiegend rechtsradikalen Reaktion und des immer virulent gebliebenen Antisemitismus. Es wird heute gerne behauptet, dieser wiederauflebende Antisemitismus speise sich aus der Schuldabwehr und sei deshalb ein «sekundärer Antisemitismus», doch es ist fraglich, ob das berechtigt ist, denn das, was wiederauflebt, sind genau die bekannten Elemente des traditionellen «primären» Antisemitismus. Schon unmittelbar nach der Gründung der Bundesrepublik hatte es wieder Schändungen von Friedhöfen und Synagogen gegeben, aber

Aufklärung über die Schoah

diese häuften sich nach der neueren Forschung ab 1954 und dann wieder 1959/60. Ob die Zunahme der Schändungen, die meist in Wellen erfolgten, mit bestimmten «projüdischen» Ereignissen zu tun hatten, ist umstritten: Dabei geht es um Ereignisse wie das Luxemburger Abkommen der Bundesrepublik mit dem Staat Israel *(Reparations Agreement between Israel and West Germany)* vom September 1952, das Bundesentschädigungsgesetz vom Juni 1956, den Beginn des Eichmann-Prozesses im April 1961 oder die Gründung der Kölner Bibliothek Germania Judaica im Jahre 1959 (ausdrücklich auch zum Zweck der Bekämpfung des Antisemitismus), mit der die Schändung der Kölner Synagoge am 24./25. Dezember desselben Jahres in Verbindung gebracht wird.

Neben Wellen von antisemitischen und nazistischen Schmierereien wagten sich ab Anfang der fünfziger Jahre auch mehr oder weniger offen antisemitisch gefärbte Publikationen wieder ans Licht der Öffentlichkeit. Die «Klassiker» des Antisemitismus lebten ohnehin in Antiquariaten weiter oder wurden «zu Studienzwecken» neu aufgelegt und erfolgreich verkauft. Die 1958 von Gerhard Frey übernommene *Deutsche Soldaten-Zeitung*, die er später in *Deutsche National-Zeitung* umbenannte, wurde zum Sprachrohr rechtsextremer und unverhüllt antisemitischer Propaganda. Die *Deutsche National-Zeitung* und dann vor allem auch die 1964 gegründete Nationaldemokratische Partei Deutschlands (NPD) spielten eine besonders aggressive Rolle bei der Leugnung des nationalsozialistischen Massenmordes und der Relativierung der deutschen Kriegsschuld. Die Verharmlosung und Leugnung der NS-Verbrechen unter den Schlagworten «Auschwitz-Lüge» (so der ehemalige SS-Sonderführer Thies Christophersen 1973 in seiner Schrift *Die Auschwitz-Lüge – Ein Erlebnisbericht*),[37] «Gaskammer-Lüge» oder auch «Sechs-Millionen-Schwindel» ist bis heute, trotz der Einsprüche seriöser Historiker, erprobtes und wirksames Mittel rechtsextremer Propaganda.

Kritik an Israel – und wo sie antisemitisch wird

Eher «links» orientierte Kreise waren für solche vulgär-rechtsextremen und antisemitischen Schablonen nicht empfänglich. Zu den vielen brennenden Gegenwartsproblemen der Nach-Adenauer-Zeit, die die Studentenbewegung der sechziger Jahre in Westdeutschland aufgriff, gehörte auch die kollektive Verdrängung der NS-Verbrechen und die bohrende Frage nach der Beteiligung der Väter und Großväter. Aber in ebendiesen sechziger Jahren eröffnete sich ein neuer Schauplatz latent antisemitischer Tendenzen, der unter dem Stichwort «Antizionismus» in die Antisemitismus-Diskussion eingegangen ist und diese bis heute beherrscht. Auslöser war der arabisch-israelische Krieg vom Juni 1967, der auf arabischer Seite «Juni-Krieg» und in Israel «Sechs-Tage-Krieg» genannt wird. Israel eroberte in diesem kurzen Krieg zahlreiche und umfangreiche Gebiete, die unter ägyptischer, jordanischer und syrischer Verwaltung gestanden hatten. Teile davon sind bis heute unter israelischer Besatzung. Seitdem rückte das Schicksal der Palästinenser und der Bevölkerung in den besetzten Gebieten zunehmend in den Mittelpunkt des Interesses: Kritik an der israelischen Politik gegenüber den Palästinensern und in den besetzten Gebieten wurde und wird häufig zu einer Fundamentalkritik am Staat Israel und bestreitet im Extremfall das Existenzrecht Israels als eines souveränen Staates.

Flucht und Vertreibung der Palästinenser im Zuge der Staatsgründung Israels 1948 werden auf palästinensischer Seite als *nakba* bezeichnet. Das Wort bedeutet wie das hebräische *schoah* «Katastrophe», so dass hier schon in der Begriffswahl eine Vergleichbarkeit unterstellt wird. Die prekäre Lage in den besetzten Gebieten wird von Palästinensern und Kritikern Israels oft mit dem Schicksal der Juden in Deutschland verglichen, und beides wird gegeneinander aufgewogen. Und nicht zuletzt wird der Staat Israel als Speerspitze des amerikanischen Imperialismus in einer Weise verteufelt, die seine komplette Beseitigung als einzige Möglichkeit für einen dauerhaften Frieden im Nahen Osten nahelegen soll.

Diese relativ junge Variante des Antisemitismus nennt sich selbst oft «Antizionismus», weil sie sich gegen den jüdischen Staat wendet, der aus dem Zionismus hervorgegangen ist. Doch dieser Begriff ist anachronistisch, denn der «Zionismus» als Gegenstand des «anti» ist eine historisch klar definierte Bewegung, die sich in einem längeren Prozess auf die Rückkehr der Juden in das Land ihrer Väter richtete und mit der Gründung des Staates Israel dieses Ziel erreicht hat. Im Verlaufe dieses Prozesses gab es immer auch jüdische Gegner dieser Bewegung, also jüdische «Antizionisten»; solche gibt es heute überall in der jüdischen Diaspora, ja sogar im Staat Israel selbst. Weite Teile des Judentums haben sich in der jüdischen Geschichte ganz bewusst als «Diasporajuden» verstanden und sehen in der Existenz eines lebendigen Diasporajudentums neben dem Staat Israel ein fundamentales Merkmal des Judentums, das weder in die eine noch in die andere Richtung aufgelöst werden kann.

Dennoch wird der Begriff «Antizionismus» heute weiter verwendet und gerade in Deutschland immer häufiger und immer erfolgreicher mit «Antisemitismus» gleichgesetzt. Durch diese Gleichsetzung soll suggeriert werden, dass jede kritische Position gegenüber Israel letztlich antisemitisch motiviert ist, weil sie Israel das Existenzrecht abspricht. Der Vorwurf des Antisemitismus betrifft allerdings oft auch eine Kritik an der israelischen Regierungspolitik, die weit davon entfernt ist, das Existenzrecht Israels grundsätzlich in Frage zu stellen und Antisemitismus zu transportieren. Damit wird er zu einem Mittel der politischen Propaganda und als solches sowohl seitens des Staates Israel als auch seiner «israelfreundlichen» Unterstützer eingesetzt, um unliebsame Kritiker zum Schweigen zu bringen. Der Begriff des Antizionismus ist heute zu einem Kampfbegriff geworden und sollte wegen seiner vielen Unklarheiten und Widersprüche am besten entsorgt werden.

So legitim und notwendig begründete Kritik an der Politik des Staates Israel auch ist und sowenig sie als antisemitisch diffamiert werden darf, um die israelische Regierungspolitik gegen Kritik zu immunisieren, so bedeutet dies noch lange nicht, dass jedwede Kritik am Staat Israel legitim ist. Es gibt Grenzen und rote Linien, deren Überschreitung Kritik an Israel eindeutig zu antisemitischer Kritik, ja zu Antisemitismus werden lässt. Diese Grenze ist ganz offenkundig da überschritten, wo mit dem Staat Israel das Judentum als solches angegriffen

272   8 Von den Weltkriegen bis zur Gegenwart

wird, das heißt, wenn Juden mit den altbekannten antisemitischen Stereotypen – Hass auf alle anderen Menschen, ungezügelte Gier nach Weltherrschaft (jetzt in Form des Imperialismus), wirtschaftliche Ausbeutung anderer Völker – das Recht auf nationale Selbstbestimmung abgesprochen wird und man ihnen ihre Vernichtung androht oder diese aktiv betreibt, jetzt in Form der Auslöschung Israels von der Landkarte des Nahen Ostens. Man hat mit Recht gesagt, dass der Staat Israel die einzige wirksame «Lebensversicherung» der Juden in aller Welt ist. Er allein steht allen Juden, wo immer sie leben, immer offen und kann ihr Überleben garantieren, wenn sie irgendwo in der Welt verfolgt und mit dem Leben bedroht werden und die anderen Staaten mehr oder weniger tatenlos zusehen.

So wie es nicht angeht, Kritik an Israel automatisch dem Verdacht des Antisemitismus auszusetzen, darf umgekehrt auch nicht die legitime Kritik zum Mittel werden, um die eigentlich antisemitischen Motive zu tarnen, nach dem Motto: Es muss doch möglich sein, die israelische Politik zu kritisieren, ohne gleich als Antisemit beschimpft zu werden. Hier sind die Übergänge fließend, und man wird in jedem Einzelfall sehr genau hinsehen müssen, um die notwendigen Unterscheidungen zu treffen.

Ein als Antizionismus getarnter Antisemitismus war auch die politische Stoßrichtung der neuen Diktatur in der sowjetischen Besatzungszone und der späteren Deutschen Demokratischen Republik in der Osthälfte Deutschlands. Der klassische Antisemitismus war in der DDR offiziell verpönt – es gab ihn angeblich nur noch im Westen –, und er war dort wohl auch tatsächlich weniger ausgeprägt als in der Bundesrepublik, oder besser: Er gelangte seltener an die Oberfläche. Stattdessen praktizierte die DDR eine prononciert antiisraelische Politik, die nach dem Krieg vom Juni 1967 nach innen und außen aggressiv-propagandistisch aufbereitet wurde. «Zionismus» war ein Kampfbegriff, der den Staat Israel delegitimieren und gleichzeitig die Solidarität mit den unterdrückten und entrechteten Palästinensern begründen sollte.

In diesem Punkt traf sich der Antizionismus der DDR mit dem Antizionismus linker Kreise in der Bundesrepublik. Das vom ostdeutschen Staat und den staatlich gelenkten Medien überaus erfolgreich

Kritik an Israel – und wo sie antisemitisch wird

verbreitete Geschichtsbild war das eines jüdischen Staates, der, auf Unrecht und Vertreibung gegründet, selbst zum Täter wurde und vor allem seit dem Krieg 1967 selbst das praktizierte, was seine Bürger in der Schoah erleiden mussten. In dieser infamen Zuspitzung wurde der Staat Israel zum eigentlichen Erbe des NS-Staates gemacht. Diese elementar antisemitische Doktrin der DDR wurde, ebenfalls im Gefolge des Krieges von 1967, mit alten antisemitischen Stereotypen wie dem jüdischen Kapitalismus und der jüdischen Weltverschwörung verknüpft: Als Speerspitze des US-Imperialismus erstrebten die Juden angeblich die Vorherrschaft im Nahen Osten auf Kosten der Araber; und mit ihrer Übermacht an den Börsen bereiteten sie ihre Weltherrschaft vor. Paradoxerweise konvergieren hier der «linke» DDR-Antisemitismus und der Antisemitismus rechtsradikaler Kreise in der Bundesrepublik.

Zurück in die Mitte der Gesellschaft

Antisemitische Klischees und Verharmlosungen der Schoah blieben auch über die fünfziger und sechziger Jahre hinaus zentrale Bestandteile links- und vor allem rechtsradikaler Ideologien und Aktivitäten in der Bundesrepublik. Zahlreiche belegte Einzelfälle erregten kurzfristig Aufmerksamkeit – und wurden meist schnell wieder vergessen. Aus einer langen Liste von Brand- und Mordanschlägen seien nur einige wenige hervorgehoben. Im Berliner Jüdischen Gemeindehaus wurde am 9. November 1969 während einer Gedenkveranstaltung zum Jahrestag der Novemberpogrome eine Bombe deponiert, die aber nicht zündete. Die Täter gehörten einer linksextremen Gruppierung an, die sich ausdrücklich auf «antizionistische» Motive für den Anschlag berief. Kurz danach, im Februar 1970, wurde ein Brandanschlag auf das Jüdische Altersheim in München verübt, bei dem sieben Bewohner getötet wurden; zwei davon waren Überlebende der Schoah. Diese Tat ist bis heute nicht aufgeklärt. Im August 1975 wurde versucht, Heinz Galinski, den Vorsitzenden der Berliner Jüdischen Gemeinde, durch eine

Paketbombe zu töten; der Anschlag schlug fehl. Im Dezember 1980 wurde der jüdische Verleger Shlomo Lewin zusammen mit seiner Lebensgefährtin Frida Poeschke in Erlangen ermordet. Der mutmaßliche Täter, Mitglied einer neonazistischen Terrorgruppe, beging Selbstmord; Gründe und Hintergründe der Tat wurden nie vollständig aufgeklärt.

Nicht die vollzogene Tat, sondern das erschreckende Maß an ideologischer Verblendung und Geschichtsvergessenheit charakterisiert zwei weitere Ereignisse, von denen man rückblickend kaum glauben kann, dass so etwas rund dreißig Jahre nach Kriegsende wieder möglich war. Das erste ist ein Vorfall an der Bundeswehrhochschule in München im Februar 1977. Was im Einzelnen geschah, erfahren wir durch den Prozess eines der Beteiligten, in dem dieser gegen seine fristlose Entlassung klagte. Nach dem Urteil des Verwaltungsgerichts Köln vom 15. Dezember 1977 hatte sich Folgendes ereignet: Anlässlich einer Junggesellenabschiedsfeier seien im Hof der Bundeswehrhochschule

beim Abbrennen eines Feuers Kartons und Papierreste unter judenfeindlichen Äußerungen wie sinngemäß «Legt noch einen Juden nach» und «Juden raus aus Deutschland» in die Flammen geworfen worden. Ein Soldat habe sinngemäß geäußert: «Herr General, ich melde weitere 1000 (oder 10 000) Juden verbrannt (oder nachgelegt)». Außerdem sei mit erhobenem Arm «Sieg-Heil» gerufen und gemeinsam der Anfang des Horst-Wessel-Liedes mit den Worten «Die Fahne hoch, die Reihen fest geschlossen» gesungen worden.[38]

Das Gericht bestätigte die fristlose Entlassung des Leutnants. In einem weiteren Verfahren des Truppendienstgerichts wurde die vorläufige Dienstenthebung eines anderen Leutnants, die vom Stellvertretenden Generalinspekteur der Bundeswehr verfügt worden war, mit dem ausdrücklichen Hinweis auf die Alkoholisierung der beteiligten Studenten aufgehoben. Geradezu makaber klingt die zusätzliche Begründung: «Eine Störung der Disziplin und Ordnung an der Hochschule der Bundeswehr würde durch die Fortsetzung des Studiums des Soldaten … genauso wenig eintreten, wie sie zuvor bis zu dem Bekanntwerden der Fälle in der Öffentlichkeit eingetreten ist.»[39] Dies heißt im

Zurück in die Mitte der Gesellschaft　　　　**275**

Klartext: Wenn die Bundeswehr solche Fälle in Zukunft nur richtig unter der Decke hält, werden auch keine unerwünschten und unnötigen Reaktionen in der Öffentlichkeit eintreten.

Ganz bewusst auf eine breite Wirkung in der Öffentlichkeit angelegt ist das «Heidelberger Manifest» vom 17. Juni 1981, das zahlreiche Hochschulprofessoren unterzeichneten. Es wurde zunächst nur intern verbreitet, aber Ende 1981 in mehreren rechtsextremen Zeitschriften veröffentlicht. Nach ersten heftigen Reaktionen erschien Anfang 1982 eine etwas abgeschwächte zweite Version. In der Originalversion heißt es unter anderem:[40]

Mit großer Sorge beobachten wir die Unterwanderung des deutschen Volkes durch Zuzug von vielen Millionen von Ausländern und ihren Familien, die Überfremdung unserer Sprache, unserer Kultur und unseres Volkstums. ...

Völker sind (biologisch und kybernetisch) lebende Systeme höherer Ordnung von voneinander verschiedenen Systemeigenschaften, die genetisch und durch Tradition weitergegeben werden. Die Integration großer Massen nichtdeutscher Ausländer ist daher bei gleichzeitiger Erhaltung unseres Volkes nicht möglich und führt zu den bekannten ethnischen Katastrophen multikultureller Gesellschaften.

Jedes Volk, auch das deutsche Volk, hat ein Naturrecht auf Erhaltung seiner Identität und Eigenart in seinem Wohngebiet. ... Das Grundgesetz der Bundesrepublik geht nicht aus vom Begriff «Nation» als der Summe aller Völker innerhalb eines Staates. Es geht vielmehr aus vom Begriff «Volk» und zwar vom deutschen Volk. ... Somit verpflichtet das Grundgesetz zur Erhaltung des deutschen Volkes.

Die Präambel des Grundgesetzes verpflichtet auf das Ziel der Wiedervereinigung. Wie soll diese möglich bleiben, wenn sich die Teilgebiete ethnisch fremd werden? Die jetzt praktizierte Ausländerpolitik, welche die Entwicklung zu einer multirassischen Gesellschaft fördert, widerspricht dem Grundgesetz, das alle Deutschen der Bundesrepublik zur Bewahrung und Verteidigung der Lebensrechte unseres Volkes verpflichtet. ...

Allein lebensvolle und intakte deutsche Familien können unser Volk für die Zukunft erhalten. Nur eigene Kinder sind die alleinige Grundlage der deutschen und europäischen Zukunft.

Dieses Manifest ist für den modernen Leser aus mehreren Gründen erschreckend. Zunächst ist einzuräumen, dass Juden hier mit keinem Wort erwähnt werden und das Manifest sich daher auf den ersten Blick auch nicht gegen Juden richtet: Es geht primär um Fremdenhass und Rassismus, und zwar ganz eindeutig der nationalistisch-völkischen Spielart, wie sie ihren Höhepunkt im NS-Staat gefunden hat. Aber es wäre naiv und aus historischer Sicht völlig unhaltbar, die Aspekte Fremdenhass, völkischer Rassismus und Antisemitismus säuberlich voneinander zu trennen oder gar gegeneinander auszuspielen. Fremdenhass, rassistischer Nationalismus und Judenhass waren gerade in Deutschland immer eng miteinander verbunden. Die Autoren des Manifests lassen sehr geschickt und vielleicht auch absichtlich offen, gegen welche Überfremdung und Bedrohung ihrer völkischen Identität sie sich wehren, aber der Historiker kann nicht umhin, in ihrem Manifest das Wiederaufleben genau der latent antisemitischen Vorurteile – ob aus Naivität, Dummheit oder Absicht – zu diagnostizieren, die man eigentlich für überwunden gehalten hatte.

Der zweite Grund für das Erschrecken des heutigen Lesers bei der Lektüre des Manifests ist die Behauptung, es gebe eine grundgesetzlich verbürgte ethnische Reinrassigkeit des deutschen Volkes, einschließlich der Reinheit der deutschen Familien, und diese Reinrassigkeit spreche gegen die Einwanderung von Ausländern. Die Ablehnung einer multikulturellen Gesellschaft wird hier also rassistisch begründet. Es ist genau diese Einstellung, die mit den Flüchtlingsströmen seit dem Sommer 2015 ihre Wiedergeburt in rechtsextremen Kreisen des heutigen Deutschland feiert und mit zu den Problemen geführt hat, mit denen wir heute kämpfen. Die Verfasser des Manifests, allesamt bildungsbürgerliche Akademiker, haben versucht, ein fremdenfeindliches und immanent antisemitisches Potential in der deutschen Gesellschaft (wieder) freizusetzen, dessen wahre Dimensionen wir erst heute erkennen.

Zahlreiche weitere Ereignisse im zu Ende gehenden 20. Jahrhundert dokumentieren das Wechselspiel von Verdrängung und Wiederkehr des Verdrängten und das daraus resultierende Wiederaufleben der Schimäre des Antisemitismus. Einige besonders markante Beispiele: Am 5. Mai 1985 zelebrierten Bundeskanzler Helmut Kohl und der

amerikanische Präsident Ronald Reagan mit einem als Versöhnungs-
geste gedachten gemeinsamen Auftritt auf dem Soldatenfriedhof von
Bitburg – auf dem auch SS-Männer beerdigt waren – den vierzigsten
Jahrestag der Kapitulation des Deutschen Reiches. Dieser Auftritt
wurde nicht ganz grundlos als ein Versuch verstanden, Deutschland
endlich aus der Büßerrolle zu befreien und damit dem Kniefall Willy
Brandts im Warschauer Ghetto eine starke symbolische Geste entgegenzusetzen. Im selben Jahr kam es zu heftigen öffentlichen Protesten mit prominenter Beteiligung der Frankfurter Jüdischen Gemeinde
gegen die Uraufführung des Theaterstücks *Der Müll, die Stadt und der
Tod* von Rainer Werner Fassbinder in der Alten Oper Frankfurt. Fassbinder wurde beschuldigt, mit dem Stück klassische antisemitische Klischees zu bedienen, nicht zuletzt mit der Figur eines geldgierigen jüdischen Immobilienspekulanten, hinter dem man auch noch die Person
von Ignaz Bubis sehen wollte, des Vorsitzenden der Jüdischen Gemeinde Frankfurt und späteren Präsidenten des Zentralrats der Juden
in Deutschland.

Das wohl folgenreichste Ereignis war die öffentliche Diskussion
des Jahres 1986/87, die als «Historikerstreit» in die Geschichte eingegangen ist. Auslöser waren mehrere Veröffentlichungen des Neuzeithis-
torikers Ernst Nolte. Nolte plädierte dafür, die nationalsozialistischen
Verbrechen mit anderen Massen- und Völkermorden zu vergleichen,
vor allem mit dem Genozid an den Armeniern und den Verbrechen des
Stalinismus, und ging methodisch noch einen ganz entscheidenden
Schritt weiter, indem er fragte:[41]

> Aber gleichwohl muss die folgende Frage als zulässig, ja unvermeidbar
> erscheinen: Vollbrachten die Nationalsozialisten, vollbrachte Hitler eine
> «asiatische» Tat vielleicht nur deshalb, weil sie sich und ihresgleichen als
> potentielle oder wirkliche Opfer einer «asiatischen» Tat betrachteten?
> War nicht der «Archipel GULag» ursprünglicher als Auschwitz? War
> nicht der «Klassenmord» der Bolschewiki das logische und faktische
> Prius des «Rassenmords» der Nationalsozialisten? ... Rührte Auschwitz
> vielleicht in seinen Ursprüngen aus einer Vergangenheit her, die nicht
> vergehen wollte?

Typisch für die insinuierende Argumentation Noltes ist die Einkleidung aller Kernsätze in Frageform – man muss doch fragen dürfen –, und die Antwort ist nicht nur: Selbstverständlich darf man fragen, sondern auch: Alle diese Fragen sind mit einem klaren «Ja» zu beantworten: Ja, die Schoah, die «asiatische Tat» Hitlers, folgt dem Vorbild anderer asiatischer Taten, weil Hitler befürchtete, selbst ein Opfer dieser asiatischen Tat zu werden, diesmal ausgeführt von den «Bolschewiki». Ja, «Auschwitz» folgte dem Vorbild des «Archipel GULag». Folglich ging – so der unsägliche Höhepunkt in Noltes Argumentation – auch der «Klassenmord» der Bolschewiken dem «Rassenmord» der Nationalsozialisten voraus. Ja, Hitler folgte nur dem Beispiel der Bolschewiken, und dies aus nachvollziehbaren Gründen. Dieser Artikel Noltes löste eine Lawine von Diskussionsbeiträgen aus, die sich meist gegen Noltes Argumentationsmuster richteten. Der Streit ist weniger wegen der ausgetauschten Argumente bedeutsam – dass Nolte mit seinen Insinuierungen weit überzogen hat, ist heute unstrittig –, sondern weil er in seiner Heftigkeit zeigt, dass es mittlerweile ein geschärftes öffentliches Bewusstsein für die eben nicht vergangene Nazi-Vergangenheit gibt.

Ein nur auf den ersten Blick ähnlich gelagertes Beispiel ist die Rede des Bundestagspräsidenten Philipp Jenninger, die dieser am 10. November 1988 anlässlich einer Feierstunde zum fünfzigsten Jahrestag der Novemberpogrome 1938 hielt. Die Kernsätze der Rede versuchen, die gängige Einstellung der Mehrheit der Bevölkerung zu ihren jüdischen Mitbürgern wiederzugeben:

> Und was die Juden anging: Hatten sie sich nicht in der Vergangenheit doch eine Rolle angemaßt – so hieß es damals –, die ihnen nicht zukam? Mußten sie nicht endlich einmal Einschränkungen in Kauf nehmen? Hatten sie es nicht vielleicht sogar verdient, in ihre Schranken gewiesen zu werden? Und vor allem: Entsprach die Propaganda – abgesehen von wilden, nicht ernstzunehmenden Übertreibungen – nicht doch in wesentlichen Punkten eigenen Mutmaßungen und Überzeugungen?

Jenninger arbeitet rhetorisch mit demselben Stilmittel wie Nolte, der insinuierenden Frage. Aber anders als bei Nolte kann hier vom Kontext und Duktus der gesamten Rede her kein Zweifel daran bestehen, dass

Jenninger diese Fragen keineswegs mit «Ja» beantworten wollte. Rhetorisch unbeholfen und ungeschickt formuliert, lässt die Rede allenfalls
ein gewisses Verständnis für die damaligen «Mitläufer» durchblicken.
Aber weil Jenninger auch nicht deutlich sagte, dass die Fragen für ihn
mit «Nein» zu beantworten seien, brach sofort nach seiner Rede ein
Sturm der Entrüstung los, der zu seinem Rücktritt am nächsten Tag
führte. Die historische Bedeutung der Rede und der von ihr ausgelösten Reaktion liegt nicht in ihren Inhalten, sondern darin, dass die Rede
und die Reaktionen auf sie dokumentieren, wie unsicher und befangen
einerseits und wie naiv und unbedarft andererseits die deutschen Politiker wie auch die Öffentlichkeit sind, wenn es um die nationalsozialistische Vergangenheit und das Judentum geht.

Diese Kombination aus Befangenheit und falscher Sicherheit wirkt
bis in die unmittelbare Gegenwart hinein weiter. Genau diese falsche
Sicherheit, gekoppelt mit Ignoranz, belegt schließlich auch die Rede, die
der Schriftsteller Martin Walser im Oktober 1998 anlässlich der Verleihung des Friedenspreises des Deutschen Buchhandels in der Paulskirche hielt. Sehr viel deutlicher als Jenninger bezog Walser persönlich
Stellung zur Schoah. Er sprach sich «gegen diese Dauerpräsentation
unserer Schande» aus und kritisierte die aktuellen Formen des Geden-
kens als «Pflichtübung» oder gar als «Moralkeule». Das war Wasser auf
die Mühlen all derer, die vom Gedenken an die Schoah schon lange
nichts mehr wissen wollten. Walser bedauerte 2015, die Rede so gehalten und den anwesenden Vorsitzenden des Zentralrats der Juden in
Deutschland, Ignaz Bubis, damit schwer getroffen zu haben.

Islamischer Antisemitismus

Die Terroranschläge vom 11. September 2001 markieren eine Zäsur im
Verhältnis der islamisch geprägten Länder zu den westlichen Staaten,
die in ihrer Bedeutung kaum überschätzt werden kann. Die von der
islamistischen Terrororganisation al-Qaida geplanten Flugzeugentfüh-
rungen mit den Attentaten auf das World Trade Center in New York

und das Pentagon lösten ein politisches Erdbeben im Nahen Osten aus, dessen Folgen bis heute noch nicht abzusehen sind. Der Krieg der USA gegen den Irak unter Saddam Hussein 2003 und der sogenannte Arabische Frühling 2010, bei dem demokratische und islamistische Kräfte in der arabischen Welt diktatorische Herrschaften abschütteln wollten, führten zu einem Machtvakuum im Nahen Osten. Dies nutzten islamistische Terrororganisationen wie der «Islamische Staat», der 2014 große Teile des Vorderen Orients besetzte, die Errichtung eines Kalifats erklärte und ein islamistisches Terrorregime installierte. Die Ausbreitung des «Islamischen Staats» vor allem im Irak und in Syrien und der bis heute anhaltende Bürgerkrieg in Syrien löste ab 2014 mit einem vorläufigen Höhepunkt 2015 und 2016 Flüchtlingsströme bisher unbekannten Ausmaßes aus. Sie wurden verstärkt durch Flüchtlinge aus dem von den Taliban terrorisierten Afghanistan, aus Libyen, aus dem subsaharischen Afrika und aus den politisch instabilen Balkanstaaten. Mit diesen Flüchtlingsströmen gelangten zahlreiche Muslime in die Länder Europas, die damit vor schwer beherrschbare organisatorische und gesellschaftspolitische Probleme gestellt wurden (Flüchtlingsstatus, Unterbringung, Familienzusammenführung, Eingliederung, Rückführung der nicht anerkannten Flüchtlinge).

Seit dem Anschwellen des Flüchtlingsstromes aus islamischen Ländern spricht man häufig von einem «neuen» oder «muslimischen» Antisemitismus, der primär von Zuwanderern aus islamischen Ländern getragen werde. Damit meint man in der Regel einen vor allem auf Israel bezogenen, antiisraelischen oder antizionistischen Antisemitismus, denn die Herkunftsstaaten der Migranten seien durch eine lange israelfeindliche Tradition geprägt. Letzteres ist sicher richtig, aber auch hier sind wieder einige Differenzierungen notwendig.

Auch für Muslime gilt, dass «antiisraelisch» und «antizionistisch» nicht automatisch mit «antisemitisch» gleichzusetzen ist (siehe oben). Dennoch kann in der Praxis kein Zweifel bestehen, dass es sehr wohl antiisraelische Äußerungen und Handlungen gibt, die als antisemitisch einzustufen sind. Dies betrifft vor allem solche, die sich gegen den Staat Israel als Staat der Juden richten und diesem Staat das Existenzrecht absprechen. In diesem Sinne ist die Politik des Iran, sofern sie darauf

Islamischer Antisemitismus

ausgerichtet ist, Israel als Staat auszulöschen, eindeutig antisemitisch. Ebenso ist die Palästinensische Nationalcharta von 1968 insofern antisemitisch, als sie ständig von der Befreiung Palästinas durch den bewaffneten Kampf spricht und als ihr ausdrückliches Ziel erklärt, «den Zionismus in Palästina auszutilgen» (Art. 15), die Schaffung des Staates Israel für «völlig illegal» hält (Art. 19), dem Judentum eine «unabhängige Nationalität» und das Recht abspricht, «ein einzelnes Volk mit eigener Identität» zu sein (Art. 20), und schließlich deklariert, dass erst «die Befreiung Palästinas die zionistische und imperialistische Präsenz zerstören» werde (Art. 22).[42] Ob in der Folge des Osloer Friedensprozesses seit 1993 die schlimmsten Passagen aus der Charta für ungültig erklärt wurden oder immer noch gültig sind, ist umstritten. Auch die vom Iran finanzierte schiitische Terrororganisation Hisbollah und die palästinensisch-sunnitische Terrororganisation Hamas verfolgen das erklärte Ziel, den Staat Israel auszulöschen und einen islamischen Staat in Palästina zu errichten.

Israelfeindlicher Antisemitismus in diesem Sinne ist weder neu noch auf Muslime begrenzt, ungeachtet der unbestrittenen Tatsache, dass er in islamisch geprägten Staaten aufgrund des Nahostkonfliktes besonders virulent ist, und ungeachtet der ebenso unbestrittenen Tatsache, dass er von muslimischen Migranten in die europäischen Länder und damit auch nach Deutschland mitgebracht wird. Aber dieser Antisemitismus wird eben nicht, wie oft behauptet, hierher «importiert», sondern er trifft auf einen imprägnierten Bodensatz vorwiegend linksradikaler Kreise in diesem Land. Paradoxerweise stammen die einschlägigen Parolen der Migranten und der europäischen Linken aus demselben ideologischen Wörterbuch. Diese unheilige Allianz von linken Intellektuellen und muslimischen Zuwanderern in ihrer radikalantiisraelischen Ideologie wird oft genug auf den notorischen Demonstrationen zugunsten der Palästinenser sichtbar, etwa beim alljährlichen vom Iran gesteuerten al-Quds-Tag (nach dem arabischen Namen al-Quds für Jerusalem).

Eine ganz andere Frage ist, ob der muslimische Antisemitismus im Kern aus der antiisraelischen Stoßrichtung gespeist ist oder ob er auch andere Wurzeln hat. Hier ist das Ergebnis der historischen Untersuchung eindeutig: Aus der Religion des Islam und auch aus seiner politischen Praxis vor dem Nahostkonflikt lässt sich ein genuin islamischer Antisemitismus nicht begründen, ganz im Unterschied zum Antisemitismus als einem «westlichen», europäischen Phänomen, das auch in seiner politischen Dynamik ganz wesentlich durch das Christentum geprägt ist. Der traditionelle Islam erkennt – ungeachtet aller islamistischen Verzerrungen vor allem in der Neuzeit – Juden und Christen als «Leute des Buches» (nämlich der gemeinsamen Heiligen Schrift) an und stellt sie unter den besonderen Schutz des islamischen Rechts. Die Koranverse, die zum Beweis des Gegenteils immer wieder bemüht werden, lassen sich für einen religiös begründeten islamischen Antisemitismus nicht in Anspruch nehmen, und das gilt gerade auch für den im Korankapitel oben diskutierten Vers 5,82: «Wahrlich, du wirst finden, dass die Menschen, die den Gläubigen am feindlichsten gesinnt sind, die Juden sind und die, die beigesellen.» Der Zusatz «und die, die beigesellen» wird in der Diskussion gerne unterschlagen. Er meint alle die, die sich, anders als die Muslime, nicht zu einem radikalen Monotheismus bekennen, das heißt vor allem die Christen. Die Toleranz des Islam gegenüber den «Leuten des Buches» ist insofern begrenzt, aber das heißt eben nie – anders als im Christentum –, dass die Juden deswegen verfolgt oder gar insgesamt vernichtet werden müssten. Eliminatorischer Judenhass liegt dem traditionellen Islam völlig fern, und dies gilt sowohl für die Lehre als auch für die politische Praxis des traditionellen Islam.

Dies schließt nicht aus, dass es in der islamischen Geschichte nicht immer wieder Perioden gegeben hat, in denen radikale und militante Kräfte eine gegen die Juden gerichtete Rechtgläubigkeit durchsetzen wollten. Aber diese Perioden sind in keiner Weise mit der durchgehenden und tief in seinen Entstehungsbedingungen verankerten Judenfeindschaft des Christentums vergleichbar. An diesem grundlegenden Unterschied ändern auch alle Versuche nichts, in anderen autoritativen religiösen Schriften des Islam judenfeindliche Äußerungen zu finden, etwa in den Hadithen, den Sammlungen von Aussprüchen des Propheten und Überlieferungen zu seiner Lebensweise. Diese Äußerungen sind spärlich und fügen sich zu keinem Gesamtbild zusammen, das dem Christentum auch nur annähernd vergleichbar wäre.

Islamischer Antisemitismus

Elemente eines islamischen Antisemitismus – sowohl in islamischen Ländern als auch bei Migranten in Europa –, die über den Israelbezug hinausgehen, sind keine Eigengewächse des Islam, sondern stammen aus einem christlich determinierten Antisemitismus. Ein Musterbeispiel dafür ist der Import der dem Islam völlig fremden Ritualmordanklage nach Damaskus in der sogenannten Damaskusaffäre vom Februar 1840: Der Vorsteher des Kapuzinerklosters von Damaskus war mit seinem muslimischen Diener verschwunden, und die Mönche des Klosters vermuteten einen von den damaszenischen Juden organisierten Ritualmord, weil diese nach dem bekannten Muster das Blut der Ermordeten für das bevorstehende Pessach-Fest benötigten. Der französische Konsul ordnete eine Untersuchung an, in deren Verlauf die osmanischen Behörden die angesehensten Juden von Damaskus festnehmen ließen und durch Folter zu den erwünschten Geständnissen zu bewegen suchten. Daraufhin kam es zu antijüdischen Ausschreitungen nicht nur in Damaskus, sondern auch in zahlreichen Städten des Nahen Ostens. Als schließlich auch noch 63 jüdische Kinder als Geiseln genommen wurden, um ihre Väter zum Geständnis zu zwingen, griffen die Großmächte ein – die auch ein politisches Interesse an der Schwächung des Osmanischen Reiches hatten – und erreichten, dass die Behörden die Anklage des Ritualmords offiziell zurückzogen. Mit der Damaskusaffäre war die Saat aber gelegt, und die christliche Blutbeschuldigung hielt Einzug in die islamische Gesellschaft. Sie wurde zwar in der Regel von Christen initiiert, fand aber nur allzu willige Anhänger auch unter den Muslimen.

Dasselbe gilt für die Verbreitung aggressiv antisemitischer Schriften wie vor allem der *Protokolle der Weisen von Zion*, die kaum irgendwo in der Welt so dankbare Abnehmer finden wie in den islamischen Ländern. Dieses elementar europäisch-christliche Produkt des Antisemitismus fügt dem primär antizionistischen Impuls im Nahen Osten rassistische Elemente sowie die Stereotype von der Geldgier der Juden und ihrem Streben nach Weltherrschaft hinzu. Die brisante Kombination zeigt sich auch bei Muhammad Amin al-Husseini, dem Abkömmling einer angesehenen muslimischen Familie Jerusalems, arabischen Nationalisten und Sprachrohr der Palästinenser, den die Briten 1921 zum Großmufti von Jerusalem und Vorsitzenden des «Obersten Islamischen

Rates» im Mandatsgebiet Palästina gemacht hatten. Er stand hinter den meisten Ausschreitungen in Palästina, die seit Beginn der zwanziger Jahre gegen die jüdische Besiedlung gerichtet waren, und verbindet in seiner Person antizionistische, radikal islamische sowie rassistische Elemente des Antisemitismus zu einem explosiven Gemisch, das er politisch für sein Ziel eines arabisch-palästinensischen Staates nutzbar zu machen suchte. Der Großmufti hielt sich mehrere Monate als offizieller Gast Hitlers in Deutschland auf und traf diesen zu einem Gespräch im November 1941. Es kann kein Zweifel bestehen, dass al-Husseini mit seinen Aktivitäten – unabhängig davon, wie erfolgreich er damit letztlich war – nicht nur die Zionisten treffen wollte, sondern auch die Juden als Juden und dass er insofern entscheidend zur Ausbreitung eines modernen Antisemitismus in der arabischen Welt beigetragen hat.

In der Diskussion über den islamischen Antisemitismus wird neuerdings versucht, diesen als Folge einer zunehmenden Islamfeindlichkeit im Westen zu erklären. Diese These bezieht sich naturgemäß primär auf muslimische Migranten in den europäischen Ländern. Sie stützt sich unter anderem auf die umfangreiche Dokumentation einer Untersuchung, die kürzlich vom «Liberal-Islamischen Bund» durchgeführt wurde. Viele muslimische Jugendliche rechtfertigen demnach «ihre antisemitischen und menschenfeindlichen Einstellungen dadurch, dass sie durch die zunehmende Islamfeindlichkeit selbst abgewertet und diskriminiert werden». Die besondere Pointe dieser Einstellung ergibt sich daraus, dass manche dieser Jugendlichen «für sich beanspruchen, sich als Muslime in einer ähnlichen Opferposition wie Juden zu befinden».[43] Unabhängig davon, wie repräsentativ solche Aussagen wirklich sind, lässt sich daraus gewiss nicht generalisierend schließen, dass islamischer Antisemitismus unter jungen muslimischen Zuwanderern vor allem als Reaktion auf eine zunehmende deutsche Islamfeindlichkeit zu verstehen ist. Diese Annahme stellt die Dinge auf den Kopf und übersieht die offensichtliche Funktion solcher «Einsichten» als naheliegende Schutzbehauptung gerade im deutschen Kontext. Es wäre im höchsten Maße naiv, antisemitische Reaktionen junger Muslime vorwiegend darauf zurückzuführen, dass diese sich selbst als Opfer eines deutschen Antiislamismus sehen.

Islamischer Antisemitismus

Allerdings wäre es ebenso naiv, Angst vor dem Islam und Hass auf den Islam (Islamophobie) als ein nicht unerhebliches Element in der deutschen und europäischen Gesellschaft zu ignorieren oder gar abzuleugnen. Beides, Hass und Angst, gehört eng zusammen, und beides ist auch, wie man in der Geschichte immer wieder sehen kann, ein Hauptmerkmal des Antisemitismus. Aus dieser Parallelität der Phänomene leitet sich für ihre wissenschaftliche Betrachtung die Selbstverständlichkeit ab, diese auch vergleichend zu untersuchen. Diese Selbstverständlichkeit wurde und wird von manchen Kritikern vehement bestritten, meist mit Hinweis darauf, die betreffenden Forscher seien suspekt, weil sie dubiosen Institutionen oder Personen nahestünden oder auch nur Kontakt zu ihnen hatten. Ein solches Kontaktschuldprinzip nach dem Muster des Stalinismus in der Sowjetunion oder der McCarthy-Ära in den USA darf in der Wissenschaft aber keine Rolle spielen. Vergleiche müssen selbstverständlich erlaubt sein, solange mit «vergleichen» nicht «gleichsetzen» gemeint ist.

Islamischer Antisemitismus – primär der antiisraelischen Spielart, aber «angereichert» durch weitere Elemente – gehört heute zur Realität des öffentlichen Lebens und äußert sich immer häufiger in tätlichen Angriffen. Dass das Wort «Jude» jetzt wieder negativ konnotiert ist und als Schimpfwort benutzt wird – «Du Jude!» –, ist ein Phänomen, das in rechtsextremen Kreisen weit verbreitet ist und sicher nicht auf ein muslimisches Umfeld reduziert werden kann. Auffallend bleibt dennoch die Häufigkeit antisemitischen Mobbings jüdischer Schüler durch Mitschüler mit muslimischem Migrationshintergrund. Dafür genügt schon, dass sie als Juden bekannt sind, unabhängig davon, ob sie einen Davidstern als Kettenanhänger oder eine Kippah tragen. Wer heute in der Öffentlichkeit eine Kippah trägt, muss befürchten, tätlich angegriffen zu werden. Der bekannteste Fall ist der des Rabbiners Daniel Alter, der im August 2012 in Berlin in aller Öffentlichkeit von vier Jugendlichen vermutlich arabischer Herkunft als Jude beleidigt und zusammengeschlagen wurde; die Tat ist bis heute nicht endgültig aufgeklärt. Ähnlich gelagert ist der Fall vom April 2018, als ein syrischer Jugendlicher ebenfalls in Berlin einen Kippah tragenden Israeli beschimpfte und mit einem Gürtel zu verprügeln suchte. Der Überfall wurde gefilmt und ins Netz gestellt, worauf es zu einer Gerichtsverhandlung kam und der Täter rechtskräftig wegen gefährlicher Körperverletzung und Beleidigung zu einem vierwöchigen Arrest verurteilt und für ein Jahr unter Erziehungsaufsicht gestellt wurde. Angriffe gegen jüdische Einrichtungen (vor allem Friedhöfe und Synagogen) hat es im Nachkriegsdeutschland immer wieder gegeben. Einschlägige Statistiken zeigen aber in den letzten Jahren eine Zunahme der Fälle, größere Brutalität gegenüber einzelnen Personen und mehr muslimische Täter.

Der bisher brutalste und folgenschwerste Anschlag ereignete sich am 9. Oktober 2019 in Halle. Ein 27jähriger deutscher Staatsangehöriger mit eindeutig rechtsextremem Hintergrund hatte sich gezielt darauf vorbereitet, möglichst viele Juden umzubringen, die sich anlässlich des hohen jüdischen Feiertages Jom Kippur («Versöhnungstag») in der Synagoge von Halle versammelt hatten. Als es ihm misslang, in die Synagoge einzudringen, erschoss er eine zufällig auf der Straße vorbeikommende Passantin, fuhr darauf zu einem nahe gelegenen Döner-Imbiss und erschoss dort einen Gast. Danach floh er und wurde später bei einem Verkehrsunfall auf der Autobahn von der Polizei gefasst. Über die genauen Motive des Täters besteht bisher noch keine völlige Klarheit, doch handelt es sich ganz offensichtlich um ein Bündel von rechtsextremen, nationalistischen, wahrscheinlich auch nationalsozialistischen Triebfedern, vermischt mit Verschwörungstheorien («jüdische Weltverschwörung») und vermutlich auch der Ideologie der Überlegenheit der weißen Rasse («white supremacy»). Ob der Täter ursprünglich auch vorhatte, eine Moschee zu überfallen, sich dann aber auf Juden konzentrierte, weil diese ja ohnehin an der muslimischen Einwanderung schuld seien, muss vorläufig offenbleiben. Immerhin ist der Angriff auf den Döner-Imbiss wohl nicht zufällig, so dass auch islamophobe Beweggründe nicht auszuschließen sind. Insgesamt zeigt sich hier ein krudes Gemisch fast all der Elemente, die sich im Bodensatz des Antisemitismus angesammelt haben. Es explodierte im Jahr 2019, kurz vor dem 75. Jahrestag der Befreiung von Auschwitz, mit bisher unbekannter Gewalt.

Israelboykott: Die Diskussion um den BDS

Die Bewegung, die sich selbst *Boycott, Divestment and Sanctions* – «Boykott, Desinvestition und Sanktionen» oder kurz «BDS» – nennt, ist eine heterogene, diffuse und unübersichtliche internationale Sammlung verschiedener Kräfte, die den Staat Israel als Besatzungsmacht betrachtet und daher politisch isolieren und delegitimieren will. Dazu bemüht sie sich um einen umfassenden Boykott Israels auf allen Ebenen der kulturellen, wissenschaftlichen und wirtschaftlichen Zusammenarbeit, sei es mit anderen Institutionen oder auf staatlicher Ebene. Sie startet Kampagnen gegen Unternehmen, die in Israel investieren oder ihre Waren dorthin liefern, um sie zu zwingen, ihre Investitionen aufzugeben. Schließlich versucht sie, Sanktionen gegen Personen oder Organisationen zu bewirken, die politisch, wirtschaftlich oder kulturell mit Israel zusammenarbeiten, von Aktionen gegen den Verkauf israelischer Waren bis hin zur Blockade von Schiffen und Häfen. Der BDS entstand zu Beginn dieses Jahrhunderts aus verschiedenen NGOs («Non-Governmental-Organisations»), die sich – vor allem nach dem Scheitern des Osloer Friedensprozesses – für das Recht der Palästinenser auf Selbstbestimmung einsetzen und versuchen, Israel als Apartheidsstaat wie ehemals Südafrika zu brandmarken und damit die umfassenden Boykotte zu rechtfertigen.

Im Juli 2005 schlossen sich die zahlreichen und sehr unterschiedlich ausgerichteten Gruppen zusammen und unterzeichneten einen gemeinsamen «Aufruf der palästinensischen Zivilgesellschaft zu BDS» – was immer darunter zu verstehen ist –, der die Ziele des BDS zusammenfasst. Dort heißt es:[44]

> Inspiriert vom Kampf der Südafrikaner gegen die Apartheid, und im Sinne der internationalen Solidarität, moralischen Standfestigkeit und des Widerstands gegen Ungerechtigkeit und Unterdrückung,
> Rufen wir, RepräsentantInnen der palästinensischen Zivilgesellschaft, internationale Organisationen und alle rechtschaffenen Menschen auf der ganzen Welt dazu auf, weitgreifend Boykott und Investitionsentzug gegen Israel durchzusetzen, ähnlich der Maßnahmen gegen Südafrika während der Apartheid. Wir appellieren an Sie, Druck auf Ihren jeweiligen Staat

auszuüben, um Embargos und Sanktionen gegen Israel zu erreichen. Wir laden ebenfalls gewissenhafte Israelis dazu ein, diesen Aufruf zu unterstützen, der Gerechtigkeit und einem echten Frieden willen *(sic)*.

Diese «gewaltlosen Strafmaßnahmen» können, so wird im Folgenden weiter ausgeführt, erst dann aufgehoben werden, wenn Israel «die Besetzung und Kolonisation allen arabischen Landes beendet und die Mauer abreißt», das «Grundrecht der arabisch-palästinensischen BürgerInnen Israels auf völlige Gleichheit anerkennt» und die «Rechte der palästinensischen Flüchtlinge, in ihre Heimat und zu ihrem Eigentum zurückzukehren, wie es in der UN-Resolution 194 vereinbart wurde, respektiert, schützt und fördert».

Dieser Aufruf ist in vielerlei Hinsicht widersprüchlich und konterkariert dadurch sein Anliegen. So kann die Forderung auf Beendigung der «Besetzung und Kolonisation *allen arabischen* Landes» (meine Hervorhebung) als die alte revisionistische Forderung nach der Aufgabe allen Landes verstanden werden und verneint damit das Existenzrecht des Staates Israel. Mögen auch die Verteidiger des BDS diese Interpretation zurückweisen, so bietet sie dem israelischen «Ministerium für strategische Angelegenheiten und Aufklärung» auf jeden Fall die willkommene Vorlage, mit allen Mitteln gegen den BDS vorzugehen. Auch die Forderung nach der Rückkehr der Flüchtlinge in ihre Heimat und zu ihrem Eigentum ist in dieser Formulierung radikal und widerspricht dem explizit geäußerten Wunsch nach «Gerechtigkeit und einem echten Frieden». Die ungelöste Frage ist somit, wie dieser Aufruf zu verstehen ist, wie repräsentativ er ist und ob er überhaupt als Basis für eine weiterführende Diskussion dienen kann.

Ziele und Aktivitäten der BDS-Bewegung seit ihren Anfängen und die Äußerungen ihrer Sympathisanten bei ganz unterschiedlichen Gelegenheiten haben heute in vielen Ländern zu emotional aufgeladenen Debatten geführt. Im Kern geht es dabei um die Frage, ob der BDS eine neue Form des Antisemitismus repräsentiert, die auch noch über einen israelbezogenen Antisemitismus hinausgeht. Gegner des BDS, die diese Frage bejahen, neigen dazu, jeden des Antisemitismus zu verdächtigen, der mit dem BDS sympathisiert. Da also viel auf dem Spiel

Israelboykott: Die Diskussion um den BDS **289**

steht, wird die Diskussion um den BDS zunehmend erbittert geführt. In verschiedenen Ländern haben sich Pro- und Anti-BDS-Organisationen gebildet.

Der Konflikt hat inzwischen auch die Parlamente einiger Staaten beschäftigt. In den USA verabschiedete das Repräsentantenhaus im Juli 2019 mit überwältigender Mehrheit eine Resolution,[45] in der es den BDS aus verschiedenen, einzeln aufgeführten Gründen ablehnt, im Original: «opposes the BDS». Die wichtigsten Gründe sind: Die anti-israelische Kampagne des BDS verhindere die Zwei-Staaten-Lösung; der BDS-Gründer Omar Barghouti bestreite das Existenzrecht des jüdischen Volkes in ihrem Heimatland; die Kampagne des BDS ziele nicht nur auf die israelische Regierung ab, sondern auch auf akademische, kulturelle und zivilgesellschaftliche Institutionen sowie auf einzelne israelische Bürger und sogar auf jüdische Bürger anderer Staaten; der BDS streite dem jüdischen Volk generell das Recht auf nationale Selbstbestimmung ab; und schließlich: Der BDS stelle die Legitimität des Staates Israel und seines Volkes grundsätzlich in Frage – im Unterschied zu Boykottbewegungen in den USA, Südafrika und anderen Staaten, die auf Rassengerechtigkeit («racial justice») und sozialen Wandel abzielen, ohne die Staaten als solche zu unterminieren.

Bemerkenswert an dieser insgesamt sehr abgewogenen Resolution ist die Tatsache, dass sie nirgendwo einen Zusammenhang zwischen BDS und Antisemitismus herstellt. Ganz anders der Beschluss des Deutschen Bundestages vom 17. Mai 2019, der einen gemeinsamen Antrag von CDU/CSU, SPD, FDP und Bündnis 90/Die Grünen mit dem plakativen Titel «Der BDS-Bewegung entschlossen entgegentreten – Antisemitismus bekämpfen» verabschiedete.[46] Für den Antrag stimmten die Fraktionen von CDU/CSU, SPD, FDP und große Teile von Bündnis 90/Die Grünen. Dagegen stimmten große Teile der Linksfraktion und Teile der Grünen-Fraktion. Enthalten haben sich die AfD-Fraktion sowie Teile der Linksfraktion und Teile der Grünen-Fraktion.

Nach einer kurzen Definition des BDS hält der Bundestag fest: «Der allumfassende Boykottaufruf führt in seiner Radikalität zur Brandmarkung israelischer Staatsbürgerinnen und Staatsbürger jüdischen

Glaubens als Ganzes. Dies ist inakzeptabel und scharf zu verurteilen.» Anschließend stellt er die Verbindung zum Antisemitismus her:

> *Die Argumentationsmuster und Methoden der BDS-Bewegung sind anti-*
> *semitisch.*[47] Die Aufrufe der Kampagne zum Boykott israelischer Künst-
> lerinnen und Künstler sowie Aufkleber auf israelischen Handelsgütern,
> die vom Kauf abhalten sollen, erinnern zudem an die schrecklichste Phase
> der deutschen Geschichte. «Don't Buy»-Aufkleber der BDS-Bewegung
> auf israelischen Produkten wecken unweigerlich Assoziationen zu der
> NS-Parole «Kauft nicht bei Juden!» und entsprechenden Schmierereien
> an Fassaden und Schaufenstern.

Diese Aussage ist methodisch und inhaltlich problematisch. Der apo-
diktische Leitsatz, dass Argumentationsmuster und Methoden der
BDS-Bewegung antisemitisch seien,[48] wird allein mit dem Hinweis darauf begründet, es gebe eine Parallele zwischen Israelboykott heute und
«Judenboykott» im «Dritten Reich». Dass «Don't Buy»-Aufkleber des
BDS Assoziationen an die NS-Parolen «Kauft nicht bei Juden!» wecken,
ist zwar nachvollziehbar, aber kein Beleg dafür, dass der BDS antisemitisch ist. Hier werden Argumente durch Gefühle ersetzt – wie berechtigt diese auch immer sein mögen. Der Bundestagsbeschluss ist daher
von verschiedenen Seiten kritisiert worden. Kurz vor seiner Verabschie-
dung richteten israelische und jüdische Wissenschaftler aus anderen
Ländern eine von dem israelischen Historiker Amos Goldberg initiierte
Petition an den Deutschen Bundestag, in der vor der Gleichsetzung
von BDS mit Antisemitismus gewarnt wurde. Am 3. Juni, das heißt
kurz nach dem Bundestagsbeschluss, folgte eine von denselben Wissen-
schaftlern unterzeichnete Resolution unter der Überschrift «Aufruf an
die Bundesregierung von 240 jüdischen und israelischen Wissenschaft-
lern: Setzen Sie ‹BDS› *nicht* mit Antisemitismus gleich». Dort heißt es
unter anderem:[49]

> Wir lehnen diesen Beschluss, der auf dem falschen Vorwurf beruht, dass
> BDS als solches Antisemitismus gleichkommt, ab. Wir fordern die Bun-
> desregierung auf, diesem Beschluss nicht zu folgen und Antisemitismus
> zu bekämpfen, während sie die Meinungs- und Vereinigungsfreiheit, die

unbestreitbar angegriffen werden, respektiert und schützt. ... Der Bundestagsbeschluss unterstützt diesen Kampf [gegen Antisemitismus] jedoch nicht. Im Gegenteil, er untergräbt ihn.

Die Meinungen zu BDS gehen unter den Unterzeichnern dieses Aufrufs erheblich auseinander: Manche mögen BDS unterstützen, während andere es aus verschiedenen Gründen ablehnen. Wir alle lehnen jedoch gleichermaßen die trügerische Behauptung ab, BDS sei als solches antisemitisch, und wir bekräftigen, dass Boykotte ein legitimes und gewaltfreies Mittel des Widerstands sind. ... In diesem Zusammenhang ist auch anzumerken, dass viele jüdische und israelische Einzelpersonen und Gruppen BDS entweder ausdrücklich unterstützen oder das Recht darauf verteidigen. Wir halten es für unangemessen und beleidigend, wenn deutsche Regierungs- und parlamentarische Institutionen sie als antisemitisch abstempeln. ...

Wir kommen zu dem Schluss, dass der Anstieg des Antisemitismus eindeutig nicht die Sorge ist, die den vom Bundestag beschlossenen Antrag inspiriert hat. Im Gegenteil, dieser Antrag ist von den politischen Interessen und der Politik der am stärksten rechtsgerichteten Regierung Israels in der Geschichte des Landes angetrieben.

Diese Erklärung von Juden aus aller Welt und Israelis zeigt, wie schwierig eine Einschätzung des BDS ist. Sie offenbart aber auch, wie leicht man in der Diskussion um den BDS in ein Lagerdenken gerät, das heute auch die gespaltene Gesellschaft in Israel prägt: Wer dem Boykottaufruf etwas abgewinnen kann, gilt schnell als antiisraelisch oder gar antisemitisch, und der Antisemitismusvorwurf wird damit zur Waffe, die sich selbst gegen Juden richten kann. Wer dagegen den Boykottaufruf mit Sorge betrachtet, wird ebenso schnell im Lager der israelischen Rechten verortet.

Die Schwierigkeit einer Bewertung hängt nicht zuletzt damit zusammen, dass es nicht «den» BDS gibt, sondern einzelne und vor allem im Blick auf den Antisemitismus unterschiedliche Anhänger und Sympathisanten des BDS, einerseits auch viele Juden und israelische Staatsbürger, andererseits tatsächlich auch Antisemiten. Zu berücksichtigen ist ferner, dass der BDS organisatorisch in den einzelnen Ländern sehr unterschiedlich aufgestellt ist. Ähnlich wie bei der oft vorschnellen Gleichsetzung von Antizionismus und Antisemitismus spielt auch bei der Beurteilung des BDS die Politik eine verhängnisvolle Rolle: Der Vorwurf des Antisemitismus wird allzu oft politisch instrumentalisiert und zu einem beliebten Mittel in einer elementar politischen Auseinandersetzung.

Was auch immer der im Beschluss des US-Kongresses erwähnte angebliche BDS-Gründer Omar Barghouti genau gesagt oder gemeint hat: Entscheidendes Kriterium für die rote Linie, die legitimen Widerstand gegen die israelische Politik von Antisemitismus trennt, kann einzig und allein die Frage sein, ob das Recht auf einen jüdischen Staat (in welchen Grenzen auch immer) abgelehnt und aktiv bekämpft wird – sei es «nur» verbal oder mit gewaltsamen Aktionen – oder ob das Existenzrecht des Staates Israel mit allen sich daraus ergebenden Konsequenzen anerkannt wird.

Israelboykott: Die Diskussion um den BDS

AUSBLICK

In der Gesamtschau erweist sich der Antisemitismus als eine vielköpfige Hydra wie das Ungeheuer der griechischen Mythologie mit einem eigentlich unsterblichen Haupt und vielen weiteren Köpfen, dem immer wieder ein anderer Kopf nachwächst, wenn einer abgeschlagen wird. Anders als im Mythos, in dem es Herakles gelang, die vielen Köpfe der Hydra zu zerschmettern und am Nachwachsen zu hindern und ihr schließlich auch das scheinbar unsterbliche Haupt abzuschlagen, hat sich die Hydra des Antisemitismus bis heute als unsterblich erwiesen. Insbesondere unsere «aufgeklärte» Nachkriegsgeneration, die lange glaubte, dass dieser «ewige» Antisemitismus mit seinem nicht mehr überbietbaren «Höhepunkt» im nationalsozialistischen Deutschland sein Ende gefunden hätte, muss erkennen, dass er nicht nur weiterlebt, sondern lebendiger ist denn je. Alle die Elemente und Facetten, mit denen er sich in seiner langen Geschichte «angereichert» hat, sind weiter virulent – manche in ihrer traditionellen, andere in mutierter Form. Seine Wirksamkeit hat der Antisemitismus dadurch nicht verloren, sondern im Gegenteil weiter gesteigert. Wollte man versuchen, angesichts der vielen Motive und Aspekte, die im Durchgang durch die Geschichte zur Sprache gekommen sind, einen durch alle Epochen hindurch präsenten Grundtenor zu benennen, ist dies am ehesten die ständige Ambivalenz zwischen Hass auf die Juden und Angst vor den Juden. Sie findet sich schon in der vorchristlichen Antike und prägte seit der Entstehung des Christentums die religiöse Wurzel des Antisemitismus. Um im Bild der Hydra zu bleiben, so ist die Ambivalenz von Hass und Angst und ihre Verankerung in der Religion, die von der modernen Antisemitismusforschung lange vernachlässigt wurde, vielleicht das unsterbliche Haupt der antisemitischen Hydra.

Aus dieser deprimierenden Einsicht ergibt sich die heute mehr denn je drängende Frage, ob die antisemitische Bedrohung in den letzten Jahren nicht sogar größer geworden ist und was dagegen getan werden kann. Die Antisemitismusforschung stützt sich dabei gerne auf Umfragen, Statistiken und Zahlen, und es ist beeindruckend, was in umfangreichen Untersuchungen zusammengetragen wurde und wird. Eine weitgehend akzeptierte Beobachtung scheint zu sein, dass antisemitische Einstellungen/Ressentiments nach 1945 weiterhin messbar waren und dass sich in den Nachkriegsjahrzehnten antisemitisch motivierte Vorkommnisse zunehmend häuften. Ein Umschwung zum Besseren scheint erst in den späten achtziger Jahren und dann kurzfristig seit der Wiedervereinigung eingetreten zu sein. Aber diese positive Entwicklung war weder durchgreifend, noch hielt sie lange an.

Neuere Studien kommen zu dem Ergebnis, dass der allgemeine Eindruck eines dramatisch gestiegenen Antisemitismus in Deutschland und in Europa nicht dem statistischen Befund entspricht; auch sei, anders als von vielen Medien behauptet, keineswegs zu belegen, dass die muslimische Zuwanderung seit 2015 einen messbaren Einfluss auf die Entwicklung des Antisemitismus in Europa gehabt habe. Allerdings unterscheidet die Auswertung dieser Erhebungen oft nicht genügend zwischen antisemitischen Einstellungen und Ressentiments der Befragten und daraus folgenden (strafbaren) Handlungen oder Taten, denn was in den letzten Jahren eindeutig und unverhältnismäßig stark gestiegen ist, sind Letztere. Ebenso unbestritten ist die Tatsache, dass diese ganz überwiegend (manche Studien sprechen von fast 90 Prozent) rechtsradikalen Kreisen zuzuordnen sind. Im Übrigen ist bei der Einschätzung von Umfragen und Statistiken sowie ihrer Aussagekraft in der Antisemitismusdiskussion immer zu berücksichtigen, dass sie Momentaufnahmen sind und dass sie das Phänomen Antisemitismus weder in seiner Komplexität erfassen noch – viel weniger – erklären können.

Auf der Suche nach Gründen für diesen ernüchternden Befund wird zu Recht immer wieder auf die toxische Macht des Internets verwiesen. In seiner Anonymität und mit seinen verrohten Umgangsformen, die bis hin zur Androhung und Ausübung von Gewalt gehen, beherrscht es den öffentlichen Diskurs in einer Weise, den man sich vor wenigen Jahren noch nicht hätte vorstellen können. Diese Erkenntnis betrifft natürlich nicht nur den Antisemitismus, sondern alle Arten von politisch und gesellschaftlich relevanten Themen. Die Leichtigkeit und Verantwortungslosigkeit, mit der jeder und jede alles und nichts im Internet behaupten kann, ohne dafür zur Rechenschaft gezogen zu werden, ist die Kehrseite des heute so häufig beschworenen Prinzips der Inklusion und Partizipation aller mündigen Bürger. Hass jeder Couleur, Diskriminierung und Gewalt können sich ungehindert öffentlich austoben, und die Grenzen des ungestraft Sagbaren werden immer mehr verschoben.

Ein weiterer, damit zusammenhängender Grund für die Zunahme des Antisemitismus ist, dass der öffentliche Diskurs im Internet – wie leider auch in der Wissenschaft – sich immer stärker von rationalen Argumenten und nachprüfbaren Belegen hin zu Emotionen verlagert hat. Eigene Gefühle oder erst recht die Gefühle von Menschen, die sich benachteiligt fühlen, zählen oft mehr als nüchterne Analysen und Argumente. Im Hinblick auf den Antisemitismus spricht die neuere Forschung von «antijüdischen Erregungsgemeinschaften», also Gruppen, die sich weniger auf benennbare Stereotype und Vorurteile stützen als vielmehr auf ein diffuses Gefühl des Betroffenseins und des Rechthabens, gegen das keine rationalen Argumente ankommen.

Diese und andere Ursachen des Antisemitismus zu benennen und dagegen anzugehen, ist Aufgabe aller relevanten gesellschaftlichen Kräfte, allen voran des Staates und seiner Institutionen. Der Staat muss die jüdischen Einrichtungen schützen, und er muss die gesetzlichen Vorgaben für die Verfolgung von Straftaten schaffen und vor allem auch durchsetzen. Dies alles sind Selbstverständlichkeiten, die verbessert werden können und müssen, aber es reicht nicht, das Eingeständnis von Versäumnissen in der Vergangenheit und das Bekenntnis zu Verbesserungen ständig zu wiederholen. Der Staat muss im Zusammenwirken mit der Zivilgesellschaft dafür sorgen, dass die Juden als gleichwertige und gleichberechtigte Bürger dieses Staates nicht nur rechtlich, sondern auch gesellschaftlich akzeptiert werden. Je säkularer der Staat sich konstituiert, desto besser ist dies für die Situation der

Ausblick

Juden. Das hat sich gerade bei Staaten wie Frankreich und den USA gezeigt, in deren Verfassungen die Trennung von Kirche und Staat am konsequentesten vollzogen wurde. Das heißt nicht, dass diese Staaten nun gegen Antisemitismus immun sind – ganz im Gegenteil, auch in Frankreich und in den USA ist er wieder auf dem Vormarsch –, aber die Bedingungen für die Durchsetzung auch der gesellschaftlichen Akzeptanz sind besser. Für die Bürger eines säkularen Staates kann weder die christliche noch irgendeine andere Religion der Maßstab für den Grad der Zugehörigkeit zu diesem Staat sein. Keine Religion darf zur Richtschnur für einen geregelten Umgang seiner Bürger miteinander werden. Das schließt freilich die historische Selbstverständlichkeit nicht aus, dass bestimmte religiöse Standards Eingang in konkrete vom Staat gesetzte Normen gefunden haben.

Die Zivilgesellschaft, sofern sie sich noch als christlich versteht, muss erkennen und akzeptieren, dass das Judentum keine Religion in demselben Sinne ist wie das Christentum: Das Christentum begreift sich als eine Gemeinschaft von Glaubenden, die sich durch ihre von Theologen festgelegten Glaubensinhalte definiert. Konfessionelle Unterschiede werden meist als Unterschiede in Glaubensfragen verstanden. Im Judentum sind Glaubensinhalte dagegen zweitrangig; entscheidend ist vielmehr das Vertrauen auf den Gott der Geschichte und die praktische Umsetzung dessen, was dem Volk Israel am Berg Sinai von diesem Gott offenbart wurde. Glaubensinhalte sind verhandelbar und werden durchaus auch unterschiedlich gesehen, aber auf die Praxis kommt es an. Deswegen gibt es im Judentum auch, anders als im Christentum, kein Glaubensbekenntnis. Moses Maimonides, der große jüdische Philosoph, der im 12. Jahrhundert erstmals verbindliche Glaubensartikel des Judentums formulierte, brach damit einen langfristigen Streit vom Zaun, der ihm den Vorwurf der Häresie eintrug und fast zu einem Schisma geführt hätte. Das verhinderte allerdings nicht, dass er im 19. Jahrhundert unter dem Einfluss des christlichen Protestantismus zum unübertroffenen Idol des Judentums wurde.

Und schließlich darf nicht vergessen werden, dass für das Selbstverständnis des Judentums, ebenfalls ganz anders als im Christentum, die Abstammung eine zentrale Rolle spielt: Jude ist zunächst und rechtlich bindend, wer von einer jüdischen Mutter abstammt oder wer zum Judentum konvertiert ist. Diese «matrilineare» Abstammung hat sich erst seit dem rabbinischen Judentum der Antike und unter dem Einfluss des römischen Rechts durchgesetzt (nach dem Grundsatz *mater semper certa est* – «die Mutter ist immer sicher»). Vorher galt auch die «patrilineare» Abstammung vom Vater oder war sogar die Norm.

Die Wiederkehr des Verdrängten hat mehrere Gesichter. Sie kann die Verdrängung verstärken und zur Schaffung von Tabus führen. Antisemitismus wird dann zu einem Thema, über das man besser schweigt. Sie kann aber auch dazu führen, dass alte Stereotype mit umso größerer Macht wiederbelebt werden und es zu neuen antisemitischen Kampagnen kommt. Und schließlich kann sie auf nichtjüdischer Seite auch zu einer besonderen Form der Identifikation führen. Das ist ein Phänomen, das wir in neuerer Zeit verstärkt beobachten. Immer häufiger trifft man auf Nichtjuden, die Juden bewundern und gerne wie Juden sein möchten. Dies ist eine neue Variante des Philosemitismus, die sich in ihrer harmlosen Form in der Vorliebe für Klezmermusik und das osteuropäische Schtetl äußert und in ihrer pathologischen Form von der zwanghaften Imitierung alles Jüdischen bis hin zur Vorspiegelung einer Opferbiographie reicht. Diese Variante des Philosemitismus findet sich als Folge der Schoah vor allem bei deutschen Nichtjuden. Gemeinsam ist allen denkbaren Formen der Identifizierung mit den Juden der Impuls, sich von den Tätern und ihren Nachfahren zu distanzieren und die Gewissheit zu gewinnen, jetzt endlich auf der «richtigen» Seite der Geschichte zu stehen. Der geradezu religiöse Eifer und die Aggressivität, mit der diese neue Einstellung zum Judentum mitunter vorgetragen und verteidigt wird, ist oft bedenklich, wenn nicht sogar beängstigend.

Die Kehrseite dieser Entwicklung ist auf jüdischer Seite das Bestreben, sich ganz auf sein Judentum zurückzuziehen und die Deutungshoheit über alles Jüdische allein für Juden bzw. ihre offiziellen Repräsentanten zu beanspruchen. Man hat dies als jüdischen «Identitätsschutz» bezeichnet: Juden verstehen demnach selbst am besten, was Judentum und Jüdischsein bedeutet, und müssen sich dies von niemandem erklären oder gar vorschreiben lassen. Sowohl die eine wie auch die andere

Ausblick

Form der Identifikation stellt nicht nur jeden ernst zu nehmenden Dialog in Frage, sondern letztlich auch ein gleichberechtigtes und von gegenseitigem Respekt getragenes Miteinander von Juden und Nichtjuden in einer pluralistischen Gesellschaft.

Und schließlich kann die Wiederkehr des Verdrängten, als einzige produktive Konsequenz, den langen und schmerzhaften Prozess der Bewusstwerdung in Gang setzen, der Aufarbeitung dessen, was geschehen ist. Und dies nicht im Sinne eines «Geschehens», das «passiert» ist, das man passiv erleidet und dessen Tragweite niemand wirklich begriffen hat, sondern eines Geschehens, das sich durch die aktive Mitwirkung ganz konkreter Menschen ereignet hat. Für diese Bewusstwerdung wurde seit den neunziger Jahren in den zahlreichen Gedenkstätten Hervorragendes geleistet. Doch auch diese Konsequenz hat ihre Gefahren. Zum einen könnte die konstruktive Aufarbeitung des Geschehenen zu dem Missverständnis führen, die Wunden ließen sich «heilen» und die Katastrophe der Schoah könne nach erfolgter «Verarbeitung» beruhigt vergessen werden. Aber ein solches Vergessen kann, darf und wird es nicht geben, weil der Antisemitismus nach den Erfahrungen der Geschichte nie ein für alle Mal überwunden sein wird.

Zum anderen könnte das Projekt der Aufarbeitung und Bewusstwerdung – gerade auch angesichts der Tatsache, dass es nicht im Vergessen und mit dem ersehnten «Schlussstrich» enden kann – zu einer letztlich unfruchtbaren Routine werden, in einer quasireligiösen Ritualisierung erstarren. Es ist diese Möglichkeit, so scheint es zunehmend, die heute die Oberhand gewinnt. Politiker aller Richtungen überbieten sich gegenseitig in immer wieder denselben Formeln, die in ihrer ständigen Wiederholung zu Leerformeln zu werden drohen und – die verhängnisvollste aller Konsequenzen – Gefahr laufen, neue antisemitische Ressentiments hervorzurufen. Damit soll die Ernsthaftigkeit aller dieser wohlgemeinten Versuche von Politikern und anderen Vertretern gesellschaftlich relevanter Institutionen, auch der Kirchen, in keiner Weise bestritten oder herabgesetzt werden. Aber es ist offensichtlich, dass die ritualisierte Beschwörung vertrauter Formeln nicht ausreicht, dass ein neuer und radikaler Aufbruch nötig ist.

Wie dieser aussehen könnte, ist noch schwer zu umreißen. Sicher ist jedoch, dass es des Zusammenwirkens aller relevanten gesellschaftlichen Kräfte bedarf, und zwar ausdrücklich nicht nur von Institutionen, sondern auch von jedem Einzelnen. Dazu gehören selbstverständlich auch die Juden, obwohl es – ebenso selbstverständlich – nicht die primäre Aufgabe der Juden ist, den Antisemitismus zu bekämpfen, sondern die der Mehrheitsgesellschaft. Alle an einem solchen Diskurs Beteiligten müssen Augenmaß, Selbstbewusstsein und fundierte Kenntnisse des Judentums mitbringen und bereit sein, sich auf einen wirklichen Austausch einzulassen, auf gleicher Augenhöhe, ohne einander belehren zu wollen oder von der vermeintlichen Position des Stärkeren oder moralisch Überlegenen aus. Dies bedeutet weiter, dass in einem solchen offenen und differenzierten Diskurs das zwar berechtigte, aber vielleicht auch bequem gewordene Täter-Opfer-Schema durchbrochen werden muss. Die Täter werden immer Täter und die Opfer immer Opfer bleiben, aber das ritualisierte Schuldbekenntnis der Täter oder ihrer Nachfahren bleibt unproduktiv, solange es nicht in konkrete Aktionen mündet – und diese dürfen sich nicht nur darauf beschränken, für mehr Sicherheit zu sorgen oder die Strafen für antisemitisch motivierte Taten zu verschärfen. Vielmehr muss in dem gemeinsamen Diskurs von Tätern und Opfern – in voller Kenntnis des Antisemitismus in seiner ganzen geschichtlichen Dynamik – die Bedingung der Möglichkeit dafür geschaffen werden, dass sich diese Dynamik nicht wieder neu entfalten kann. Ihre unkontrollierbare Kraft, jede menschliche Zivilisation zu zerstören, darf nie wieder in Gang gesetzt werden.

Ausblick

ANHANG

ANMERKUNGEN

Vorbemerkung

1 Online unter https://www.holocaustremembrance.com/media-room/stories/working-definition-antisemitism.

1 Griechisch-römische Antike

1 Exodus 20,2 f.; Deuteronomium 5,6 f. Alle Zitate aus der Hebräischen Bibel/dem Alten Testament wurden, unter Berücksichtigung der vom Katholischen Bibelwerk herausgegebenen Einheitsübersetzung von 2016, von mir übersetzt.
2 Deuteronomium 6,4.
3 Für eine ausführliche Analyse aller Quellen zum antiken Antisemitismus s. meine Monographie *Judeophobia: Attitudes toward the Jews in the Ancient World*, Cambridge, Mass. und London: Harvard University Press, 1997; deutsche Übersetzung *Judenhass und Judenfurcht. Die Entstehung des antiken Antisemitismus*, Berlin: Verlag der Weltreligionen, 2010.
4 Das Original ist verloren und nur in Auszügen bei dem griechischen Historiker Diodorus Siculus (1. Jahrhundert v. Chr.) erhalten.
5 Diodorus Siculus, *Bibliotheca Historica*, XL, 3:4. Alle Zitate aus den antiken griechisch-römischen Quellen folgen der zweisprachigen Ausgabe der Loeb Classical Library.
6 Josephus, *Contra Apionem*, 1:73–91 und 1:228–252.
7 Ibid., 1:239 f.
8 Ibid.
9 Ibid., 1:248 f.
10 Diodorus Siculus, *Bibliotheca Historica*, XXXIV–XXXV, 1:1–2.
11 Diodorus Siculus, *Bibliotheca Historica*, XXXIV–XXXV, 1:3–4.
12 Josephus, *Contra Apionem*, 2:91–96.

13 Tacitus, *Annales*, II, 85:4.

14 Suetonius, *Domitianus*, 12:2.

15 Petronius, *Poemata*, Nr. 24.

16 Nur die extremen jüdischen Hellenisten versuchten, die Beschneidung rückgängig zu machen; es ist wenig wahrscheinlich, dass Petronius davon Kenntnis hatte.

17 Juvenal, *Saturae*, XIV, 96–106.

18 Seneca, *De superstitione*, zitiert von Augustinus, *De civitate Dei*, VI, 11.

19 Durch die beiden ausführlichen Traktate *In Flaccum* und *Legatio ad Gaium*.

20 Philo, *In Flaccum*, 29.

21 Ibid., 33.

22 Ibid., 40.

23 Ibid., 41, 45 ff., 53. Ausführlicher dazu Philo, *Legatio ad Gaium*, 132.

24 Ibid., 53 f.

25 Ibid., 54.

26 Ibid., 55.

27 Ibid., 65–71.

28 Philo, *Legatio ad Gaium*, 353.

29 Ibid., 361.

30 Josephus, *Antiquitates*, 19:280–285.

31 Tacitus, *Historiae*, V, 2–13.

32 Ibid., V, 8:1.

33 Ibid., V, 5:1–5.

34 Tacitus, *Annales*, XV, 44:4.

2 Das Neue Testament

1 Nur an dieser Stelle bei Paulus und auch sonst nicht im gesamten Neuen Testament.

2 Im Markusevangelium, das Matthäus wahrscheinlich vorgelegen hat, fehlt dieser programmatische Schluss.

3 Johannes zieht hier schon vor, was in den synoptischen Evangelien Teil des Pessachmahles, des letzten Abendmahles, ist (Matthäus 26,26–28; Markus 14,22–24; Lukas 22,17–22).

3 Die christliche Spätantike

1 Barnabasbrief, 9:4, in: *Die Apostolischen Väter*, aus dem Griechischen übersetzt von Franz Zeller (Bibliothek der Kirchenväter, 1. Reihe, Band 35), Kempten/München: Kösel, 1918.

2 Ibid., 9:7–9.

3 Ibid., 10:2.

4 Ibid., 10:3.

5 Justin, Dialog, Kap. 23, 27, in: Justinus, *Dialog*; Pseudo-Justinus, *Mahnrede*, aus dem Griechischen übersetzt von Philipp Hauser (Bibliothek der Kirchenväter, 1. Reihe, Band 33), Kempten/München: Kösel, 1917.

6 Ibid., Kap. 87.

7 Ibid., Kap. 56, 59.

8 Ibid., Kap. 113.

9 Ibid., Kap. 31.

10 Ibid., 84:3.

11 Ibid., 84:2.

12 Ibid., 17:1.

13 Ähnlich auch der Hymnus im Kolosserbrief (1,15–20), der aber wohl nicht von Paulus stammt.

14 Origenes, *Contra Celsum*, 1:28, in: Origenes, *Acht Bücher gegen Celsus*, aus dem Griechischen übersetzt von Paul Koetschau (Bibliothek der Kirchenväter, 1. Reihe, Band 52 und 53), Kempten/München: Kösel, 1926.

15 Ibid., 1:32.

16 Babylonischer Talmud, Traktat Schabbat 104b; Traktat Sanhedrin 67a; ausführlich dazu Peter Schäfer, *Jesus im Talmud*, Tübingen: Mohr Siebeck, [3]2017, S. 29 ff.

17 Johannes Chrysostomus, *Reden*, 1:1, S. 84 (Johannes Chrysostomus, *Acht Reden gegen die Juden*, eingeleitet und erläutert von Rudolf Brändle, übersetzt von Verena Jegher-Bucher, Stuttgart: Hiersemann, 1995).

18 Ibid., 1:4, S. 90.

19 Ibid., 1:1, S. 84.

20 Ibid., 1:3, S. 87.

21 Ibid., 1:2, S. 86 f.; 1:4, S. 90.

22 Ibid., 1:3, S. 89.

23 Ibid., 1:5, S. 92.

24 Ibid., 1:6, S. 95.

25 Theodosius wurde 379 Mitkaiser im Osten (mit Gratian und Valentinian II. im Westen).

26 Ambrosius, Brief 40:6, in: *Nicene and Post-Nicene Fathers*, Second Series,

vol. 10: Ambrose, *Select Works and Letters*, hrsg. v. Philip Schaff und Henry Wace, Peabody, Mass., ⁵2012, Brief 40, S. 440–445.

27 Ibid., 40:14.

28 Ibid., 40:10–21.

29 Ibid., 40:12.

30 Ibid., 40:23.

31 Augustinus, *Tractatus in Iohannis Euangelium*, in: *Des heiligen Kirchenvaters Aurelius Augustinus Vorträge über das Evangelium des hl. Johannes*, übers. und mit einer Einl. versehen von Thomas Specht (Bibliothek der Kirchenväter, 1. Reihe, Band 8, 11, 19), Kempten/München: Kösel, 1913–1914.

32 Ibid., 119:4.

33 *Nicene and Post-Nicene Fathers*, First Series, vol. 8: Augustin, *Expositions on the Book of Psalms*, hrsg. v. Philip Schaff, Peabody, Mass., ⁵2012, Psalm 59, S. 241 ff.

34 *Nicene and Post-Nicene Fathers*, First Series, vol. 4: Augustin, *The Writings against the Manichaeans, and against the Donatists*, hrsg. v. Philip Schaff, Peabody, Mass., ⁵2012, *Contra Faustum Manichaeum*, 12:12, S. 187 f.; lateinisches Original *Patrologia Latina*, 42:260 f.

35 CT XVI, 8:1. Alle Zitate aus dem Codex Theodosianus (CT) und dem Codex Justinianus (CJ) folgen der lateinischen Ausgabe und kommentierten hebräischen Übersetzung von Amnon Linder, *Roman Imperial Legislation on the Jews*, Jerusalem: The Israel Academy of Sciences and Humanities, 1983 (hebr.). Deutsche Übersetzung in Peter Schäfer, *Geschichte der Juden in der Antike. Die Juden Palästinas von Alexander dem Großen bis zur arabischen Eroberung*, Stuttgart: Katholisches Bibelwerk; Neukirchen-Vluyn: Neukirchener Verlag, 1983, S. 192 ff.

36 CT XVI, 9:1.

37 CT XVI, 8:3. Das berühmte Gesetz, das als frühestes Zeugnis für die Anwesenheit von Juden im Rheinland betrachtet wird.

38 CT XVI, 8:2 und 8:4. Am 1. Juli 397 bestätigten Arcadius, der Kaiser des Ostreiches, und Honorius, der Kaiser des Westreiches, diese Regelung; im folgenden Jahr wurde sie aber für das Westreich wieder aufgehoben (CT XII, 1:158 vom 13. Februar oder 13. September 398).

39 CT XVI, 8:6.

40 CT XV, 9:2.

41 Theodosius war ganz am Ende seiner Herrschaft noch einmal kurz Alleinherrscher, doch nach seinem Tode wurde die Trennung zwischen dem West- und Oströmischen Reich endgültig vollzogen.

42 Bestätigt in Edikten vom 9. April 423 (XVI, 8:26) und 8. Juni 423 (CT XVI, 8:27).

4 Der Islam

1 Alle Zitate aus dem Koran nach der deutschen Übersetzung von Hartmut Bobzin, *Der Koran*, München: Beck, ³2019.
2 Michael Lecker, Art. «Constitution of Medina», in: *Encyclopaedia of Islam Three*, Bd. 2012-2, Leiden: Brill, 2012, S. 100–104 (S. 102).
3 Ibid., S. 103.
4 Ein Echo davon findet sich vielleicht in Sure 59:3–5.
5 Ein Echo davon vielleicht in Sure 33:25–27.
6 Der arabische Text ist hier schwer verständlich und möglicherweise korrupt.
7 Ich folge hier in einigen Punkten der hebräischen Übersetzung von Uri Rubin, *The Qur'ān*, Hebrew translation from the Arabic, annotations, appendices and index, Tel Aviv: Tel Aviv University Press, 2005, S. 471.

5 Das christliche Mittelalter

1 Shelomo Simonsohn, *The Apostolic See and the Jews. Documents: 492–1404*, Toronto, Ont.: Pontifical Institute of Mediaeval Studies, 1988 (überarbeiteter Nachdruck 1991), S. 15 (Nr. 19 vom Juni 598).
2 Gregor d. Große, Epistola 47, *Patrologia Latina*, 77:510 f.; deutsche Übersetzung: *Des heiligen Kirchenlehrers Gregorius des Großen ausgewählte Briefe*, übers. und mit Anm. versehen von Theodor Kranzfelder (Bibliothek der Kirchenväter, 1 Serie, Band 27), Kempten: Kösel, 1874.
3 Willehad Paul Eckert, «Hoch- und Spätmittelalter. Katholischer Humanismus», in: Karl Heinrich Rengstorf und Siegfried Kortzfleisch, Hrsg., *Kirche und Synagoge. Handbuch zur Geschichte von Christen und Juden*, Bd. 1, Stuttgart: Klett, 1968, S. 210–306 (216 f.); Lateinischer Originaltext und englische Übersetzung in Solomon Grayzel, *The Church and the Jews in the 13th Century*, Philadelphia: Dropsie College, 1933, S. 92–95 (Nr. 5).
4 Eckert, ibid., S. 222; Julius Höxter, *Quellenbuch zur jüdischen Geschichte und Literatur*, Nachdruck Zürich: Morascha, 1983 (erstmals Frankfurt a. M.: Kauffmann, 1927), Bd. 1, 3. Teil, Nr. 12, S. 15–18.
5 Eckert, ibid., S. 222 f.; Höxter, ibid., S. 16.
6 Eckert, ibid., S. 223; Höxter, ibid., S. 16 f.
7 Eckert, ibid.; Höxter, ibid., S. 17.
8 https://earlyenglishlaws.ac.uk/laws/texts/ecf1/view/; dazu Frank I. Schechter, «The Rightlessness of Mediaeval English Jewry», *Jewish Quarterly Review* 4, 1913, S. 121–151 (123 f.).

9 Schechter, «The Rightlessness», S. 128 f. Anm. 32. Sein zusammenfassendes Urteil lautet: «Truly they [the Jews] are as men *ferae naturae* (wild beasts), the chattels of the king, who protects them mercilessly till he expels them» (nämlich Eduard I. 1290; siehe S. 158).

10 Johann E. Scherer, *Die Rechtsverhältnisse der Juden in den deutsch-österreichischen Ländern*, Leipzig: Duncker & Humblot, 1901, S. 95 f.

11 Das Privileg ist nahezu identisch mit einem kurz vorher den Juden von Speyer gewährten Privileg, in dem der Begriff aber noch nicht vorkommt.

12 Julius Aronius, *Regesten zur Geschichte der Juden im fränkischen und deutschen Reiche bis zum Jahre 1273*, Berlin: Leonhard Simion, 1902 (Nachdruck Hildesheim: Olms, 1970), Nr. 170 (Speyer) und 171 (Worms). Online unter: https://archive.org/stream/regestenzurgescoodeutgoog#page/n4/mode/2up.

13 Aronius, *Regesten*, Nr. 280.

14 Dazu S. 144 f.

15 Aronius, *Regesten*, Nr. 498.

16 Ibid., Nr. 509.

17 Ibid., Nr. 518.

18 Lieren van Acker, *Agobardi Lugdunensis opera omnia*, Turnhout: Brepols, 1981, S. 192. Alle Belege auch zugänglich in Peter Schäfer, «Agobard's and Amulo's *Toledot Yeshu*», in: Peter Schäfer, Michael Meerson, und Yaacov Deutsch, Hrsg., *Toledot Yeshu («The Life Story of Jesus») Revisited: A Princeton Conference*, Tübingen: Mohr Siebeck, 2011, S. 27–48.

19 Ibid., S. 193.

20 Ibid., S. 219.

21 Ibid., S. 202 f.

22 Ibid., S. 193.

23 Ibid., S. 215.

24 Ibid., S. 194.

25 Ibid., S. 232.

26 Ibid.

27 Schäfer, «Agobard's and Amulo's *Toledot Yeshu*», S. 43; Johannes Heil, «Agobard, Amolo, das Kirchengut und die Juden von Lyon», in: *Francia. Forschungen zur westeuropäischen Geschichte* 25, 1998–99, S. 66 Anm. 118.

28 Siehe S. 81 f.

29 Amulo, *Liber contra Judaeos*, 40 (*Patrologia Latina*, 116:169); Schäfer, «Agobard's and Amulo's *Toledot Yeshu*», S. 46.

30 Dazu S. 181.

31 Alle Belege in der Einleitung zu Michael Meerson und Peter Schäfer, *Toledot Yeshu: The Life Story of Jesus*, Two Volumes and Database, Bd. 1, Tübin-

gen: Mohr Siebeck, 2014, S. 19–27; Peter Schäfer, *Jüdische Polemik gegen Jesus und das Christentum. Die Entstehung eines jüdischen Gegenevangeliums*, München: Carl Friedrich von Siemens Stiftung, 2017.

32 Eva Haverkamp, Hrsg., *Hebräische Berichte über die Judenverfolgungen während des Ersten Kreuzzugs*, Hannover: Hahn, 2005 (Monumenta Germaniae Historica, Hebräische Texte aus dem Mittelalterlichen Deutschland, Bd. 1), S. 268–276.

33 Ibid., S. 187 f.

34 Bernhard von Clairvaux, *Epistola* 363:6 (*Patrologia Latina*, 182:567); auch hier zitiert er Psalm 59,12.

35 Adolf Neubauer und Moritz Stern, Hrsg., *Hebräische Berichte über die Judenverfolgungen während der Kreuzzüge*, Berlin: Simion, 1892, S. 188 f. (mit kleinen Korrekturen). Online verfügbar unter: https://archive.org/stream/hebrischebericooneubuoft#page/n5/mode/2up. Ähnlich der zeitgenössische Bischof und bedeutende Geschichtsschreiber Otto von Freising, in: Aronius, *Regesten*, Nr. 233.

36 Joseph Jacobs, *The Jews of Angevin England: Documents and Records*, London: David Nutt, 1893, S. 125. Online unter: https://archive.org/details/jewsangevinengloojacogoog.

37 Siehe S. 30 ff.

38 Jacobs, *The Jews of Angevin England*, S. 19.

39 Neubauer-Stern, *Hebräische Berichte*, S. 199–201 (199); Höxter, *Quellenbuch*, Bd. 1, 3. Teil, B. Jüdische Quellen, Nr. 13, S. 75–77 (76).

40 Ibid., S. 201; S. 77.

41 Aronius, *Regesten*, Nr. 474.

42 Aronius, *Regesten*, Nr. 497; Höxter, *Quellenbuch*, 3. Teil, A. Nichtjüdische Quellen, Nr. 14, S. 19 f.

43 Höxter, *Quellenbuch*, 3. Teil, A. Nichtjüdische Quellen, Nr. 18, S. 22–24; Aronius, *Regesten*, Nr. 568.

44 Höxter, ibid., S. 23.

45 Mekhilta de-Rabbi Jischmael, ed. Horovitz-Rabin, S. 89 (meine Übersetzung).

46 Höxter, *Quellenbuch*, 3. Teil, B. Jüdische Quellen, S. 99–101.

47 Raymundus Martinus, *Pugio Fidei adversus Mauros et Judaeos*, Leipzig und Frankfurt: Friedrich Lanckisch, 1687, Prooemium, S. 2; online unter https://reader.digitale-sammlungen.de/de/fs1/object/display/bsb106350 47_00054.html; Eckert, «Hoch- und Spätmittelalter», S. 234.

48 Gregor von Tours, *Liber in Gloria Martyrum*, Monumenta Germaniae Historica, Scriptores Rerum Merovingicarum, 1:2: *Gregorii Episcopi Turonensis Miracula et Opera Minora*, hrsg. v. Bruno Krusch, Hannover: Hahn,

1885 (Nachdruck 1969), S. 44. Eine ausführliche Diskussion dieser Legende in: Peter Schäfer, *Mirror of His Beauty: Feminine Images of God from the Bible to the Early Kabbalah*, Princeton: Princeton University Press, 2002, S. 197–208; deutsche Übersetzung: *Weibliche Gottesbilder im Judentum und Christentum*, Frankfurt a. Main und Leipzig: Verlag der Weltreligionen, 2008, S. 254–269.

49 Johannes von Thilrode, *Chronicon*, hrsg. v. Johannes Heller, in: Monumenta Germaniae Historica, Scriptores, Bd. 25: Gesta saec. XIII, Hannover: Hahn, 1880, S. 578.

50 Höxter, *Quellenbuch*, 3. Teil, A. Nichtjüdische Quellen, Nr. 21, S. 26 f.

51 Babylonischer Talmud, Traktat Gittin, fol. 56b-57a; Schäfer, *Jesus im Talmud*, S. 167 ff.

52 Siegmund Salfeld, Hrsg., *Das Martyrologium des Nürnberger Memorbuches*, Berlin: Simion, 1898, S. 259–265 (mit einigen Korrekturen).

53 Höxter, *Quellenbuch*, 3. Teil, A. Nichtjüdische Quellen, Nr. 22:3, S. 28.

54 Ibid., S. 30.

55 Höxter, *Quellenbuch*, 2. Teil: Spanien, S. 118 f.

6 Frühe Neuzeit

1 Eckert, «Hoch- und Spätmittelalter», S. 278 ff.

2 In sechs kurzen Thesen in deutscher Sprache zu Beginn des Gutachtens; dann noch einmal in der lateinischen Zusammenfassung der Gegenargumente seiner Opponenten: Johannes Reuchlin, *Sämtliche Werke*, Bd. 4, *Schriften zum Bücherstreit*, 1. Teil, *Reuchlins Schriften*, hrsg. v. Widu-Wolfgang Ehlers, Lothar Mundt, Hans-Gert Roloff und Peter Schäfer, Stuttgart-Bad Cannstatt: Frommann-Holzboog, 1999, S. 28, S. 77 f.

3 WA 55/2:5, Z. 12 f.15. Alle Zitate aus Luthers Schriften sind der sog. Weimarer Ausgabe entnommen (zitiert nach Band, Seite und Zeile), mit Ausnahme von Bd. 55 auch online verfügbar unter http://www.lutherdansk. dk/WA/D.%20Martin%20Luthers%20Werke,%20Weimarer%20Aus gabe%20-%20WA.htm

4 WA 55/2:14, Z. 6–8.

5 WA 55/2:569, Z. 1025–1027.

6 WA 55/2:32, Z. 11–17.

7 So in seiner zweiten Psalmenvorlesung, den *Operationes in Psalmos* von 1519–1521, WA 5:535, Z. 8–11.

8 WA 43/389, Z. 21–23.

9 WA 55/2:67, Z. 23 bis S. 73, Z. 18.

10 WA 55/2:204, Z. 50–55.

11 WA 55/2:823, Z. 659 f.

12 WA 55/2:309, Z. 212.

13 WA 11:314, Z. 25–315, Z. 21 [Morgenstern, S. 5 f.]. Alle Zitate folgen der deutschen Übersetzung von Matthias Morgenstern in: Martin Luther und Matthias Morgenstern, *Dass Jesus Christus ein geborener Jude sei und andere Judenschriften*, bearbeitet und kommentiert von Matthias Morgenstern, Berlin: Berlin University Press, 2019. Seitenzahlen in eckigen Klammern hinter der Stellenangabe der Weimarer Ausgabe (WA).

14 WA 11:336, Z. 14–21.

15 WA 11:336, Z. 22–29 [Morgenstern, S. 51 f.].

16 WA 11:336, Z. 30–36 [Morgenstern, S. 53 f.].

17 WA 50:323, Z. 9–12.

18 WA 50:316, Z. 20–23.

19 WA 53:479, Z. 24–35 [Morgenstern, S. 111 f.]. Alle Zitate folgen der deutschen Übersetzung von Matthias Morgenstern in: Martin Luther und Matthias Morgenstern, *Von den Juden und ihren Lügen*, neu bearbeitet und kommentiert von Matthias Morgenstern, Berlin: Berlin University Press, [4]2017. Seitenzahlen in eckigen Klammern hinter der Stellenangabe der Weimarer Ausgabe.

20 WA 53:520, Z. 1–7 [Morgenstern, S. 188 f.].

21 Synagogen.

22 WA 53:522, Z. 7–17 [Morgenstern, S. 193].

23 Offenbar, um das Blut zu trinken, wie noch an ihren Augen und ihrer Haut zu sehen sei.

24 WA 53:530, Z. 18–28 [Morgenstern, S. 209 f.]; s. auch 53:482, Z. 12–17; WA 53:520, Z. 9–14.

25 Thomas Kaufmann, *Luthers Juden*, Stuttgart: Reclam, 2014, S. 129.

26 WA 53:523, Z. 1–3 [Morgenstern, S. 195]; 53:536, Z. 23 f.; 53:541, Z. 30–33.

27 WA 53:523, Z. 24 f.

28 WA 53: 523, Z. 26 f.

29 WA 53:523, Z. 30 f.; WA 53:536, Z. 29–32.

30 WA 53:523, Z. 32 f.

31 WA 53:536, Z. 34–38 [Morgenstern, S. 222].

32 WA 53:524, Z. 6–9 [Morgenstern, S. 197 f.].

33 WA 53:524, Z. 18–22 [Morgenstern, S. 199].

34 WA 53:525, Z. 31–526, Z. 6 [Morgenstern, S. 201 f.].

35 «jmer»: Kann nach Morgenstern «für immer» und «jedenfalls» heißen. Vom Kontext her scheint mir «für immer» passender.

36 WA 53:526, Z. 11–16 [Morgenstern, S. 202].

Frühe Neuzeit

37 WA 53:530, Z. 28–31 [Morgenstern, S. 210].

38 Kaufmann, *Luthers Juden*, S. 134.

39 Siehe S. 134 ff.

40 WA 53:593, Z. 32–594, Z. 4 [Morgenstern, S. 39–41]. Alle Zitate folgen der deutschen Übersetzung von Matthias Morgenstern in: Martin Luther und Matthias Morgenstern, *Martin Luther und die Kabbala. Vom Schem Hamephorasch und vom Geschlecht Christi*, bearbeitet und kommentiert von Matthias Morgenstern, Berlin: Berlin University Press, 2017. Seitenzahlen in eckigen Klammern hinter der Stellenangabe der Weimarer Ausgabe.

41 WA 53:600, Z. 26–35 [Morgenstern, S. 52 f.].

42 WA 53:601, Z. 12–17 [Morgenstern, S. 12–17].

7 Das Zeitalter von Aufklärung, Emanzipation und Nationalismus

1 Marie-Hélène Cotoni, Hrsg., *Les Œuvres Complètes de Voltaire*, Bd. 45B, *Œuvres de 1753–1757*, II: *Mélanges de 1756*, «Des Juifs», Oxford: Voltaire Foundation, 2010, S. 138.

2 Kursive im Original.

3 Antonio Gurrado, Hrsg., *Les Œuvres Complètes de Voltaire*, Bd. 52, *Sermon du rabin Akib*, Oxford: Voltaire Foundation, 2011, S. 524.

4 Siehe S. 40 ff.

5 John Renwick, Hrsg., *Les Œuvres Complètes de Voltaire*, Bd. 56C, *Traité sur la tolérance*, Oxford: Voltaire Foundation, 2000, S. 237 (Kap. 18).

6 Christian Konrad Wilhelm v. Dohm, *Über die bürgerliche Verbesserung der Juden*, 2 Teile in einem Band, Berlin/Stettin 1781–1783, Nachdruck Hildesheim: Olms, 1973, Teil 1, S. 122.

7 Höxter, *Quellenbuch*, Bd. 2, 4. Teil: Europäische Länder in der Neuzeit, E. Deutschland, Nr. 33, S. 163–166.

8 Hervorhebungen in Kursive alle von mir.

9 Höxter, *Quellenbuch*, Bd. 2, 5. Teil: Neueste Zeit: 1789 bis zur Gegenwart, B: Frankreich, Nr. 4, S. 8.

10 Ibid., Nr. 6, S. 9.

11 Höxter, *Quellenbuch*, 5. Teil, Neueste Zeit: 1789 bis zur Gegenwart, D: Deutschland, Nr. 4, S. 21 f.

12 Johann Gottlieb Fichte, *Beiträge zur Berichtigung der Urtheile des Publicums über die französische Revolution*, in: Reinhard Lauth und Hans Jacob, Hrsg., J. G. Fichte-Gesamtausgabe der Bayerischen Akademie der Wissenschaften, Bd. 1, Werke 1791–1794, Stuttgart-Bad Cannstatt: Frommann Holzboog, 1964, S. 291.

13 Jakob Friedrich Fries, *Ueber die Gefährdung des Wohlstandes und des Charakters der Deutschen durch die Juden*, Heidelberg: Mohr und Winter, 1816, S. 10; abgedruckt in: Karl Christian Ernst von Bentzel-Sternau, *Anti-Israel. Eine Projüdische Satire aus dem Jahre 1818*, nebst den antijüdischen Traktaten Friedrich Rühs' und Jakob Friedrich Fries' (1816), hrsg. v. Johann Anselm Steiger, Heidelberg: Manutius, 2004, S. 135.

14 Der Name «Hep(p), Hep(p)» wird unterschiedlich erklärt. Die einen möchten ihn für eine Abkürzug des Kreuzfahrerrufs *Hierosolyma est perdita* («Jerusalem ist verloren») halten, andere führen ihn auf den angeblich in Franken üblichen Zuruf für Ziegenböcke zurück, um sie anzutreiben. Beides ist nicht sehr zufriedenstellend.

15 Stefan Rohrbacher, Michael Schmidt: *Judenbilder. Kulturgeschichte antijüdischer Mythen und antisemitischer Vorurteile*, Reinbek: Rowohlt, 1991, S. 263.

16 Erika Weinzierl, Art. «Antisemitismus VII», in: TRE 3, Berlin/New York: de Gruyter, 1978, S. 155–165 (158).

17 Konrad Martin, «Blicke in's Talmud'sche Judenthum», *Katholische Vierteljahresschrift für Wissenschaft und Kunst*, N. F. 2, 1848, 1. Heft, S. 59.

18 Friedrich Julius Stahl, *Der christliche Staat und sein Verhältniß zu Deismus und Judenthum. Eine durch die Verhandlungen des Vereinigten Landtags hervorgerufene Abhandlung*, Berlin: Oehmigke, 1847, S. 41 und 44.

19 Deutscher Bundestag, Dokumente, «Gesetz, betreffend die Grundrechte des deutschen Volks», online unter http://www.documentarchiv.de/nzjh/1848/grundrechte1848_ges.html.

20 Bundesgesetzblatt des Norddeutschen Bundes 1869, Nr. 28, S. 292: «Gesetz, betreffend die Gleichberechtigung der Konfessionen in bürgerlicher und staatsbürgerlicher Beziehung», online unter https://de.wikisource.org/wiki/Gesetz,_betreffend_die_Gleichberechtigung_der_Konfessionen_in_b%C3%BCrgerlicher_und_staatsb%C3%BCrgerlicher_Beziehung.

21 August Rohling, *Der Talmudjude. Zur Beherzigung für Juden und Christen aller Stände*, Münster: Russell, 1871.

22 Noch 2016 erschien im Hansebooks-Verlag in Norderstedt ein Nachdruck der Ausgabe 1876 als Druck on demand.

23 Aron Briman, *Der Judenspiegel oder 100 neuenthüllte, heutzutage noch geltende, den Verkehr der Juden mit den Christen betreffende Gesetze der Juden*, Paderborn: Bonifacius-Druckerei, ²1883.

24 Noch 2006 erschien ein Nachdruck im Faksimile-Verlag, Bremen.

25 Jakob Ecker, *Der Judenspiegel im Lichte der Wahrheit*, Paderborn: Bonifacius-Druckerei, 1884.

Das Zeitalter von Aufklärung, Emanzipation und Nationalismus

26 Seitdem erscheint sie weiter in überarbeiteter Fom im Auftrag der deut-
    schen Bistümer.
27 Otto Glagau, *Der Börsen- und Gründungs-Schwindel in Berlin*, Leipzig:
    Paul Frohberg, 1876.
28 Glagau, *Börsen- und Gründungs-Schwindel*, S. XXIV.
29 Ibid., S. XXV. Der letzte Satz ist nach dem Doppelpunkt durch Sperrung
    hervorgehoben.
30 Ibid., S. XXX. Der erste Satz ist ebenfalls durch Sperrung hervorgehoben.
31 Ibid., S. XXXII.
32 Adolf Stoecker, *Das moderne Judenthum in Deutschland, besonders in Ber-
    lin: zwei Reden in der christlich-socialen Arbeiterpartei gehalten*, Berlin:
    Wiegandt und Grieben, 1880 (im selben Jahr fünf Auflagen).
33 Ibid., S. 13 f.
34 Ibid., S. 16.
35 Ibid., S. 17.
36 Ibid., S. 18.
37 Heinrich von Treitschke, *Ein Wort über unser Judenthum*, Berlin: Reimer,
    1880; Zitat nach der vermehrten 4. Auflage 1881.
38 Ibid., S. 1–4.
39 Abgedruckt in der Quellensammlung *Der Berliner Antisemitismusstreit*,
    hrsg. v. Walter Boehlich, Frankfurt a. M.: Insel-Verlag, 1965, S. 208.
40 Theodor Mommsen, *Römische Geschichte*, Bd. 3, 1. Auflage, Berlin: Weid-
    mann, 1856, S. 507.
41 Theodor Mommsen, *Auch ein Wort über unser Judenthum*, Berlin: Weid-
    mann, 4. Abdr. 1880, in: Boehlich, ibid., S. 218.
42 Paul de Lagarde, *Deutsche Schriften*, Gesammtausgabe letzter Hand, Göt-
    tingen: Dieterich, [5]1920, S. 422.
43 Julius Langbehn, *Rembrandt als Erzieher. Von einem Deutschen*, Leipzig:
    Hirschfeld, [16]1890, S. 284. Das Buch wurde anonym veröffentlicht, aber
    der Verfasser wurde schnell bekannt.
44 Theodor Fritsch (Thomas Frey), *Antisemiten-Katechismus. Eine Zusam-
    menstellung des wichtigsten Materials zum Verständniß der Judenfrage*, Leip-
    zig: Beyer, [25]1893, S. 3 f., 19.
45 Houston Stewart Chamberlain, *Rasse und Persönlichkeit. Aufsätze*, Mün-
    chen: Bruckmann, 1925, S. 83.
46 Id., *Die Grundlagen des Neunzehnten Jahrhunderts*, 1. Hälfte, München:
    Bruckmann, 1899, S. 275.
47 Ibid., S. 215.
48 Ibid., S. 218 f.
49 Ibid., S. 219.

50 Daniel Frymann/Heinrich Claß, *Wenn ich Kaiser wär*, Leipzig: Dieterich, 1912, S. 74–77 (mit zahlreichen Hervorhebungen durch Sperrung).

51 Heinrich Claß (unter Konstantin von Gebsattel), «Alldeutsch – vielleicht alljüdisch?», in: *Deutsche Zeitung. Unabhängiges Tageblatt für nationale Politik:* Morgenausgabe, 18. Juni 1917.

52 Sitzungsprotokolle der Leitung des Alldeutschen Verbandes vom 19./ 20. Oktober 1918; zitiert bei Werner Jochmann, «Die Ausbreitung des Antisemitismus», in: Werner E. Mosse, Hrsg., *Deutsches Judentum in Krieg und Revolution 1916–1923*, Tübingen: Mohr Siebeck, 1971, S. 439.

53 Höxter, *Quellenbuch*, 5. Teil, Neueste Zeit: 1789 bis zur Gegenwart, S. 57.

54 Chaim Nachman Bialik, *In der Stadt des Schlachtens*, Salzburg und Wien: Residenz, 1990, S. 6 f., 26 f.

8 Von den Weltkriegen bis zur Gegenwart

1 *Runen* 5, 1922, Blatt 6/7, S. 12 (Zitat nach Hermann Greive, *Geschichte des modernen Antisemitismus in Deutschland*, Darmstadt: Wissenschaftliche Buchgesellschaft, 1983, S. 108).

2 Nach dem Original im Bayerischen Hauptstaatsarchiv zusammengefasst bei Jochmann, «Die Ausbreitung des Antisemitismus», S. 471 f.

3 Anonymer Bericht über eine «kommunistische Agitationsversammlung» im *Vorwärts*, Nr. 390, vom 22. 8. 1923 (Abendausgabe), S. 2, unter der Überschrift «‹Hängt die Judenkapitalisten›. Ruth Fischer als Antisemitin». Online unter http://fes.imageware.de/fes/web/index.html?open=VW40 390&page'=1

4 Dieser Satz ist gesperrt gedruckt.

5 Friedrich Andersen, *Der deutsche Heiland*, München: Boepple, 1921, S. 76.

6 Joachim Hossenfelder, *Unser Kampf*, Berlin: Grevemeyer («Deutsche Christen»), 1933, S. 7.

7 Online zugänglich unter http://www.documentarchiv.de/wr/1920/ nsdap-programm.html.

8 Adolf Hitler, *Mein Kampf. Eine kritische Edition*, hrsg. im Auftrag des Instituts für Zeitgeschichte v. Christian Hartmann, Thomas Vordermayer, Othmar Plöckinger, Roman Töppel, 2 Bde., München-Berlin: Institut für Zeitgeschichte, 2016, Bd. 1, S. 771 [Originalausgabe S. 314].

9 Ibid., S. 777 [317].

10 «nicht» später gestrichen.

11 Ibid., S. 783 [319].

12 Ibid., S. 793 [323].

13 Später: «ewige».

14 Ibid., S. 795 [324].

15 So ab Ausgabe 1930.

16 Ibid., S. 795 [324].

17 Ibid., Bd. 2, S. 210 [1427].

18 Ibid., Bd. 1, S. 325 [799].

19 Ibid., S. 344 f. [847].

20 Ibid. S. 331 [817].

21 Ibid., S. 346 [853].

22 Ibid., Bd. 2, S. 279 [1581].

23 Ibid., S. 312 [1649].

24 Kopie der Österreichischen Nationalbibliothek, online unter http://alex.onb.ac.at/cgi-content/alex?aid=dra&datum=1933&page=300&size=45.

25 Beide Gesetze online unter http://www.documentarchiv.de/da/fs-anti-juedische-verordnungen.html.

26 *Rede des Führers und Reichskanzlers Adolf Hitler am 30. Januar 1930*, M. Müller & Sohn, Berlin [1939], Open Library Edition, S. 48 f. Online unter https://archive.org/details/RedeHitler30. 01. 1939.

27 Online-Kopie des Originalbriefes: https://de.wikisource.org/wiki/G%C3%B6ring_an_Heydrich_%C3%BCber_die_Endl%C3%B6sung_der_Judenfrage. Hervorhebungen von mir.

28 Besprechungsprotokoll (online unter https://www.ghwk.de/wannsee-konferenz/dokumente-zur-wannsee-konferenz/), S. 5–8. Das Original liegt im Politischen Archiv des Auswärtigen Amtes (PAAA Berlin, R 100857, Bl. 166–180).

29 Diese Rede des Reichsführers SS bei der SS-Gruppenführertagung in Posen am 4. Oktober 1943 ist als Tondokument, in Notizen und in einer Druckfassung des International Military Tribunal erhalten; s. die Nachweise in: Bradley F. Smith und Agnes F. Peterson, Hrsg., *Heinrich Himmler. Geheimreden 1933 bis 1945 und andere Ansprachen*, Frankfurt a. M.: Propyläen, 1974, S. 273 (Nr. 84), online (Druckfassung und Tondokument) unter https://www.1000dokumente.de/index.html?c=dokument_de&dokument=0008_pos&object=abstract&st=REDE%20DES%20REICHSF%C3%BCCHRERS%20SS&l=de.

30 Angelika Königseder, Art. «Displaced Persons (DPs)», in: Wolfgang Benz, Hrsg., *Handbuch des Antisemitismus. Judenfeindschaft in Geschichte und Gegenwart*, Bd. 3*: Begriffe, Theorien, Ideologien*, Berlin: de Gruyter Saur, 2010, S. 57 f.

31 Online unter https://www.ekd.de/Stuttgarter-Schulderklarung-11298.htm. S. auch «Die Stuttgarter Schulderklärung», in: Heiko A. Oberman et al.,

Kirchen- und Theologiegeschichte in Quellen, Bd. 5: *Das Zeitalter der Weltkriege und Revolutionen*, hrsg. v. Martin Greschat und Hans-Walter Krumwiede, Neukirchen-Vluyn: Neukirchener Verlag, 1999, S. 187.

32 Joachim Beckmann, Hrsg., *Kirchliches Jahrbuch für die Evangelische Kirche in Deutschland* [1950], Gütersloh: Bertelsmann, 1951, S. 5; zitiert auch in *Christen und Juden I–III* (nächste Anm.), S. 220.

33 *Christen und Juden I–III: Die Studien der Evangelischen Kirche in Deutschland 1975–2000*, hrsg. im Auftrag des Rates der Evangelischen Kirche in Deutschland vom Kirchenamt der EKD Gütersloh: Gütersloher Verlagshaus, 2002, S. 220–222.

34 Unter https://www.ekd.de/christen-und-juden-19349.htm. Als Quelle ist angegeben «evangelisch.de», ein evangelischer Pressedienst.

35 Nostra Aetate, Art. 4 («Die jüdische Religion»), online unter http://www.vatican.va/archive/hist_councils/ii_vatican_council/documents/vat-ii_decl_19651028_nostra-aetate_ge.html.

36 *Gemeinsame Synode der Bistümer der Bundesrepublik Deutschland: Beschlüsse der Vollversammlung*, Offizielle Gesamtausgabe I, Freiburg: Herder, 1976, S. 108. Auch online unter https://www.dbk.de/fileadmin/redaktion/Synoden/gemeinsame_Synode/band1/synode.pdf.

37 Heidelberg: Junge Buchkameradschaft, 1973; bis heute nachgedruckt.

38 «Entscheidungen. Symbolische Judenverbrennung in der Bundeswehrhochschule München: Eine Störung der Nachtruhe der Kameraden», in: *Kritische Justiz*, 11, 1978, S. 183–186 (S. 184).

39 Ibid., S. 186–189 (S. 189).

40 Abgedruckt in DIE ZEIT vom 5. Februar 1982; online unter https://www.zeit.de/1982/06/heidelberger-manifest.

41 In einem Artikel in der FAZ vom 6. Juni 1986 unter der Überschrift «Vergangenheit, die nicht vergehen will». Faksimile online unter: https://www.1000dokumente.de/index.html?c=dokument_de&dokument=0080_nol&l=de.

42 Online unter *palaestina.org › uploads › media › palaestinensische_nationalcharta*.

43 «Extrem Out: Abschlussdokumentation gegen Antisemitismus», S. 151; online unter https://lib-ev.jimdo.com/.

44 Online unter http://bds-kampagne.de/aufruf/aufruf-der-palstinensischen-zivilgesellschaft/.

45 House Resolution 246. Online unter https://www.congress.gov/bill/116th-congress/house-resolution/246/text.

46 Online unter https://www.bundestag.de/dokumente/textarchiv/2019/kw20-de-bds-642892.

47 Meine Hervorhebung.

48 Genau diese Gleichsetzung vermeidet die «Entschließung betreffend Verurteilung von Antisemitismus und der BDS-Bewegung» des Österreichischen Nationalrats vom 27. 2. 2020, die Antisemitismus und BDS verurteilt, beides aber nicht gleichsetzt – was jedoch das «Israelnetz», ein der israelischen Regierung nahestehendes christliches Magazin, nicht davon abhält, genau dies zu behaupten: «Österreichischer Nationalrat: Israel-Boykott ist antisemitisch» (28. 2. 2020).

49 Online unter https://www.scribd.com/document/412474418/.

LITERATUR

Ambrosius, *Select Works and Letters*, in: *Nicene and Post-Nicene Fathers*, Second Series, vol. 10: hrsg. v. Philip Schaff und Henry Wace, Peabody, Mass., ⁵2012.

Anonym, «»Hängt die Judenkapitalisten›. Ruth Fischer als Antisemitin», *Vorwärts*, Nr. 390, vom 22. 8. 1923 (Abendausgabe), S. 2.

Andersen, Friedrich, *Der deutsche Heiland: Neuauflage des «Anticlericus»*, München: Deutscher Volksverlag, E. Boepple, 1921.

Aronius, Julius, *Regesten zur Geschichte der Juden im fränkischen und deutschen Reiche bis zum Jahre 1273*, Berlin: Leonhard Simion, 1902 (Nachdruck Hildesheim: Olms, 1970).

Augustinus, *Tractatus in Iohannis Euangelium*, in: *Des heiligen Kirchenvaters Aurelius Augustinus Vorträge über das Evangelium des hl. Johannes*, übers. und mit einer Einl. versehen von Thomas Specht (Bibliothek der Kirchenväter, 1. Reihe, Band 8, 11, 19), Kempten/München: Kösel, 1913–1914.

Augustinus, *Expositions on the Book of Psalms*, in: *Nicene and Post-Nicene Fathers*, First Series, vol. 8: hrsg. v. Philip Schaff, Peabody, Mass., ⁵2012.

Augustinus, *The Writings against the Manichaeans, and against the Donatists*, in: *Nicene and Post-Nicene Fathers*, First Series, vol. 4: hrsg. v. Philip Schaff, Peabody, Mass., ⁵2012.

Barnabasbrief, in: *Die Apostolischen Väter*, aus dem Griechischen übersetzt von Franz Zeller (Bibliothek der Kirchenväter, 1. Reihe, Band 35), Kempten/München: Kösel, 1918.

Battenberg, Friedrich, *Das Europäische Zeitalter der Juden*, 2 Bde., Darmstadt: Wissenschaftliche Buchgesellschaft, 1990.

Beckmann, Joachim, Hrsg., *Kirchliches Jahrbuch für die Evangelische Kirche in Deutschland [1950]*, Gütersloh: Bertelsmann, 1951.

Bentzel-Sternau, Karl Christian Ernst von, *Anti-Israel. Eine Projüdische Satire aus dem Jahre 1818*, nebst den antijüdischen Traktaten Friedrich Rühs' und Jakob Friedrich Fries' (1816), hrsg. v. Johann Anselm Steiger, Heidelberg: Manutius, 2004.

Benz, Wolfgang, u. a., Hrsg., *Handbuch des Antisemitismus*, 8 Bde., München: Saur; Berlin: de Gruyter, 2008–2015.

Bergmann, Werner, *Geschichte des Antisemitismus*, München: Beck, [4]2010.

Bialik, Chaim Nachman, *In der Stadt des Schlachtens*, Salzburg und Wien: Residenz, 1990.

Bobzin, Hartmut, *Der Koran*, München: Beck, [3]2019.

Boehlich, Walter, Hrsg., *Der Berliner Antisemitismusstreit*, Frankfurt a. M.: Insel-Verlag, 1965.

Bowersock, Glen W., *The Crucible of Islam*, Cambridge, MA & London: Harvard University Press, 2017; deutsche Übersetzung: *Die Wiege des Islam. Mohammed, der Koran und die antiken Kulturen*, München: Beck, 2019.

Briman, Aron, *Der Judenspiegel oder 100 neuenthüllte, heutzutage noch geltende, den Verkehr der Juden mit den Christen betreffende Gesetze der Juden*, Paderborn: Bonifacius-Druckerei, [2]1883.

Brumlik, Micha, *Antisemitismus. 100 Seiten*, Ditzingen: Reclam, 2020.

Chamberlain, Houston Stewart, *Die Grundlagen des Neunzehnten Jahrhunderts*, 1. Hälfte, München: Bruckmann, 1899.

Chamberlain, Houston Stewart, *Rasse und Persönlichkeit. Aufsätze*, München: Bruckmann, 1925.

Christen und Juden I–III: Die Studien der Evangelischen Kirche in Deutschland 1975–2000, hrsg. im Auftrag des Rates der Evangelischen Kirche in Deutschland vom Kirchenamt der EKD, Gütersloh: Gütersloher Verlagshaus, 2002.

Claß, Heinrich (Daniel Frymann), *Wenn ich Kaiser wär*, Leipzig: Dieterich, 1912.

Claß, Heinrich (Konstantin von Gebsattel), «Alldeutsch – vielleicht alljüdisch?», in: *Deutsche Zeitung. Unabhängiges Tageblatt für nationale Politik:* Morgenausgabe, 18. Juni 1917.

Cohen, Mark, *Under Crescent and Cross: The Jews in the Middle Ages*, Princeton, NJ: Princeton University Press, 1994; gekürzte deutsche Übersetzung: *Unter Kreuz und Halbmond. Die Juden im Mittelalter*, München: Beck, 2005.

Cotoni, Marie-Hélène, Hrsg., *Les Œuvres Complètes de Voltaire*, Bd. 45B, *Œuvres de 1753–1757*, II: *Mélanges de 1756*, «Des Juifs», Oxford: Voltaire Foundation, 2010.

Dohm, Christian Konrad Wilhelm von, *Über die bürgerliche Verbesserung der Juden*, 2 Teile in einem Band, Berlin/Stettin 1781–1783, Nachdruck Hildesheim: Olms, 1973.

Drumont, Edouard, *La France juive*, 2 Bde., Paris: Marpon & Flammarion, 1885; deutsche Übersetzung *Das verjudete Frankreich*, 2 Bde., Berlin: Dewald, 1885.

Dühring, Eugen, *Die Judenfrage als Racen-, Sitten- und Culturfrage*, Karlsruhe und Leipzig: Reuther, 1881.

Dühring, Eugen, *Der Ersatz der Religion durch Vollkommeneres und die Ausscheidung alles Judenthums durch den modernen Völkergeist*, Karlsruhe & Leipzig: Reuther, 1883.

Ecker, Jakob, *Der Judenspiegel im Lichte der Wahrheit*, Paderborn: Bonifacius-Druckerei, 1884.

Eckert, Willehad Paul, «Hoch- und Spätmittelalter. Katholischer Humanismus», in: Karl Heinrich Rengstorf und Siegfried Kortzfleisch, Hrsg., *Kirche und Synagoge. Handbuch zur Geschichte von Christen und Juden*, Bd. 1, Stuttgart: Klett, 1968, S. 210–306.

«Entscheidungen. Symbolische Judenverbrennung in der Bundeswehrhochschule München. Eine Störung der Nachtruhe der Kameraden», in: *Kritische Justiz*, 11, 1978, S. 183–186.

Eriksen, Trond Berg, Håkon Harket und Einhart Lorenz, *Judenhass. Die Geschichte des Antisemitismus von der Antike bis zur Gegenwart*, Göttingen: Vandenhoeck & Ruprecht, 2019.

Fichte, Johann Gottlieb, *Beiträge zur Berichtigung der Urtheile des Publicums über die französische Revolution*, in: Reinhard Lauth und Hans Jacob, Hrsg., J. G. Fichte-Gesamtausgabe der Bayerischen Akademie der Wissenschaften, Bd. 1, Werke 1791–1794, Stuttgart-Bad Cannstatt: Frommann Holzboog, 1964.

Fredriksen, Paula, *Augustine and the Jews: A Christian Defense of Jews and Judaism*, New York: Doubleday, 2008.

Friedländer, Saul, *Das Dritte Reich und die Juden. Die Jahre der Verfolgung: 1933–1939*, München: Beck, 1998.

Friedländer, Saul, *Das Dritte Reich und die Juden. Die Jahre der Vernichtung: 1939–1945*, München: Beck, 2006.

Fries, Jakob Friedrich, *Ueber die Gefährdung des Wohlstandes und des Charakters der Deutschen durch die Juden*, Heidelberg: Mohr und Winter, 1816.

Fritsch, Theodor (Thomas Frey), *Antisemiten-Katechismus. Eine Zusammenstellung des wichtigsten Materials zum Verständniß der Judenfrage*, Leipzig: Beyer, [25]1893.

Frymann, Daniel, s. Claß, Heinrich

Gager, John, *The Origins of Antisemitism: Attitudes toward Judaism in Pagan and Christian Antiquity*, New York and Oxford: Oxford University Press, 1983.

Gebsattel, Konstantin von, s. Claß, Heinrich

Gemeinsame Synode der Bistümer der Bundesrepublik Deutschland. Beschlüsse der Vollversammlung, Offizielle Gesamtausgabe I, Freiburg: Herder, 1976.

Literatur

Glagau, Otto, *Der Börsen- und Gründungs-Schwindel in Berlin*, Leipzig: Paul Frohberg, 1876.

Grayzel, Solomon, *The Church and the Jews in the 13th Century*, Philadelphia: Dropsie College, 1933.

Gregor d. Grosse, *Des heiligen Kirchenlehrers Gregorius des Grossen ausgewählte Briefe*, übers. und mit Anm. versehen von Theodor Kranzfelder (Bibliothek der Kirchenväter, 1 Serie, Band 27), Kempten: Kösel, 1874.

Gregor von Tours, *Liber in Gloria Martyrum*, Monumenta Germaniae Historica, Scriptores Rerum Merovingicarum, 1:2: Gregorii Episcopi Turonensis Miracula et Opera Minora, hrsg. v. Bruno Krusch, Hannover: Hahn, 1885 (Nachdruck 1969).

Greive, Hermann, *Die Juden: Grundzüge ihrer Geschichte im mittelalterlichen und neuzeitlichen Europa*, Darmstadt: Wissenschaftliche Buchgesellschaft, 1980.

Greive, Hermann, *Geschichte des modernen Antisemitismus in Deutschland*, Darmstadt: Wissenschaftliche Buchgesellschaft, 1983.

Gurrado, Antonio, Hrsg., *Les Œuvres Complètes de Voltaire*, Bd. 52, *Sermon du rabin Akib*, Oxford: Voltaire Foundation, 2011.

Haverkamp, Eva, Hrsg., *Hebräische Berichte über die Judenverfolgungen während des Ersten Kreuzzugs*, Hannover: Hahn, 2005 (Monumenta Germaniae Historica, Hebräische Texte aus dem Mittelalterlichen Deutschland, Bd. 1).

Heil, Johannes, «Agobard, Amulo, das Kirchengut und die Juden von Lyon», in: *Francia. Forschungen zur westeuropäischen Geschichte* 25, 1998–99, S. 39–76.

Heilbronn, Christian, Doron Rabinovici und Natan Sznaider, Hrsg., *Neuer Antisemitismus? Fortsetzung einer globalen Debatte*, Berlin: Suhrkamp, ²2019.

Hilberg, Raul, *Die Vernichtung der europäischen Juden*, 3 Bde., Frankfurt a. M.: Fischer, 1990.

Hitler, Adolf, *Mein Kampf. Eine kritische Edition*, hrsg. im Auftrag des Instituts für Zeitgeschichte v. Christian Hartmann, Thomas Vordermayer, Othmar Plöckinger, Roman Töppel, 2 Bde., München/Berlin: Institut für Zeitgeschichte, 2016.

Hitler, Adolf, *Rede des Führers und Reichskanzlers Adolf Hitler am 30. Januar 1930*, M. Müller & Sohn, Berlin [1939].

Höxter, Julius, *Quellenbuch zur jüdischen Geschichte und Literatur*, Bd. 1 (I.–III. Teil), Bd. 2 (IV. und V. Teil), Nachdruck Zürich: Morascha, 1983 (erstmals Frankfurt a. M.: Kauffmann, 1927).

Hossenfelder, Joachim, *Unser Kampf*, Berlin: Grevemeyer («Deutsche Christen»), 1933.

Jacobs, Joseph, *The Jews of Angevin England: Documents and Records*, London: David Nutt, 1893.

Jensen, Uffa, und Stefanie Schüler-Springorum, Hrsg., *Gefühle gegen Juden*, Themenheft, *Geschichte und Gesellschaft* 39, 2013.

Jochmann, Werner, «Die Ausbreitung des Antisemitismus», in: Werner E. Mosse, Hrsg., *Deutsches Judentum in Krieg und Revolution 1916–1923*, Tübingen: Mohr Siebeck, 1971, S. 409–507.

Johannes Chrysostomus, *Acht Reden gegen die Juden*, eingeleitet und erläutert von Rudolf Brändle, übersetzt von Verena Jegher-Bucher, Stuttgart: Hiersemann, 1995.

Johannes Reuchlin, *Sämtliche Werke*, Bd. 4, *Schriften zum Bücherstreit*, 1. Teil, *Reuchlins Schriften*, hrsg. v. Widu-Wolfgang Ehlers, Lothar Mundt, Hans-Gert Roloff und Peter Schäfer, Stuttgart-Bad Cannstatt: Frommann-Holzboog, 1999.

Johannes von Thilrode, *Chronicon*, hrsg. v. Johannes Heller, in: Monumenta Germaniae Historica, Scriptores, Bd. 25: Gesta saec. XIII, Hannover: Hahn, 1880.

Justinus, *Dialog*; Pseudo-Justinus, *Mahnrede*, aus dem Griechischen übersetzt von Philipp Hauser (Bibliothek der Kirchenväter, 1. Reihe, Band 33), Kempten/München: Kösel, 1917.

Kaufmann, Thomas, *Luthers «Judenschriften». Ein Beitrag zu ihrer historischen Kontextualisierung*, Tübingen: Mohr Siebeck, 2011.

Kaufmann, Thomas, *Luthers Juden*, Stuttgart: Reclam, 2014.

Königseder, Angelika, Art. «Displaced Persons (DPs)», in: Wolfgang Benz, Hrsg., *Handbuch des Antisemitismus. Judenfeindschaft in Geschichte und Gegenwart*, Bd. 3: *Begriffe, Theorien, Ideologien*, Berlin: de Gruyter Saur, 2010, S. 57 f.

Lagarde, Paul de, *Deutsche Schriften*, Gesammtausgabe letzter Hand, Göttingen: Dieterich, ⁵1920.

Langbehn, Julius, *Rembrandt als Erzieher. Von einem Deutschen*, Leipzig: Hirschfeld, ¹⁶1890.

Laqueur, Walter, *The Changing Face of Antisemitism: From Ancient Times to the Present Day*, Oxford: Oxford University Press, 2006.

Lecker, Michael, Art. «Constitution of Medina», in: *Encyclopaedia of Islam Three*, Bd. 2012–2, Leiden: Brill, 2012, S. 100–104.

Linder, Amnon, *Roman Imperial Legislation on the Jews*, Jerusalem: The Israel Academy of Sciences and Humanities, 1983 (hebr.).

Lipstadt, Deborah, *Antisemitism Here and Now*, New York: Schocken, 2019; deutsche Übersetzung: *Der neue Antisemitismus*, Berlin: Berlin Verlag, 2018.

Luther, Martin, und Matthias Morgenstern, *Martin Luther und die Kabbala. Vom Schem Hamephorasch und vom Geschlecht Christi*, bearbeitet und

Literatur

kommentiert von Matthias Morgenstern, Berlin: Berlin University Press, 2017.

Luther, Martin, und Matthias Morgenstern, *Von den Juden und ihren Lügen*, neu bearbeitet und kommentiert von Matthias Morgenstern, Berlin: Berlin University Press, ⁴2017.

Luther, Martin, und Matthias Morgenstern, *Dass Jesus Christus ein geborener Jude sei und andere Judenschriften*, bearbeitet und kommentiert von Matthias Morgenstern, Berlin: Berlin University Press, 2019.

Martin, Konrad, «Blicke in's Talmud'sche Judenthum», *Katholische Vierteljahresschrift für Wissenschaft und Kunst*, N. F. 2, 1848, 1. Heft, S. 47–64.

Meerson, Michael, und Peter Schäfer, *Toledot Yeshu: The Life Story of Jesus*, Two Volumes and Database, Tübingen: Mohr Siebeck, 2014.

Mommsen, Theodor, *Römische Geschichte*, Bd. 3, 1. Auflage, Berlin: Weidmann, 1856.

Mommsen, Theodor, *Auch ein Wort über unser Judenthum*, Berlin: Weidmann, 4. Abdr. 1880.

Morgenstern, Matthias, s. Luther, Martin.

Neubauer, Adolf, und Moritz Stern, Hrsg., *Hebräische Berichte über die Judenverfolgungen während der Kreuzzüge*, Berlin: Simion, 1892.

Neuwirth, Angelika, *Der Koran als Text der Spätantike. Ein europäischer Zugang*, Berlin: Verlag der Weltreligionen, 2010.

Nirenberg, David, *Anti-Judaism: The Western Tradition*, New York & London: Norton, 2013; deutsche Übersetzung: *Anti-Judaismus. Eine andere Geschichte des westlichen Den*kens, München: Beck, 2015.

Nolte, Ernst, «Vergangenheit, die nicht vergehen will», FAZ vom 6. Juni 1986.

Oberman, Heiko A., et al., *Kirchen- und Theologiegeschichte in Quellen*, Bd. 5: *Das Zeitalter der Weltkriege und Revolutionen*, hrsg. v. Martin Greschat und Hans-Walter Krumwiede, Neukirchen-Vluyn: Neukirchener Verlag, 1999.

Origenes, *Acht Bücher gegen Celsus*, aus dem Griechischen übersetzt von Paul Koetschau (Bibliothek der Kirchenväter, 1. Reihe, Band 52 und 53), Kempten/München: Kösel, 1926.

Poliakov, Léon, *Geschichte des Antisemitismus*, 8 Bde., Worms: Heintz, 1977–1988.

Raymundus Martinus, *Pugio Fidei adversus Mauros et Judaeos*, Leipzig und Frankfurt: Friedrich Lanckisch, 1687.

Renwick, John, Hrsg., *Les Œuvres Complètes de Voltaire*, Bd. 56C, *Traité sur la tolérance*, Oxford: Voltaire Foundation, 2000.

Reuchlin, Johannes, s. Johannes Reuchlin.

Rohling, August, *Der Talmudjude. Zur Beherzigung für Juden und Christen aller Stände*, Münster: Russell, 1871.

Rohrbacher, Stefan, und Michael Schmidt: *Judenbilder. Kulturgeschichte anti-jüdischer Mythen und antisemitischer Vorurteile*, Reinbek: Rowohlt, 1991.

Rubin, Uri, *The Qur'ān*, Hebrew translation from the Arabic, annotations, appendices and index, Tel Aviv: Tel Aviv University Press, 2005.

Rühs, Friedrich, *Ueber die Ansprüche der Juden an das deutsche Bürgerrecht*, Berlin: Realschulbuchhandlung, 1816.

Rühs, Friedrich, *Die Rechte des Christenthums und des deutschen Volks*, Berlin: Realschulbuchhandlung, 1816.

Ruether, Rosemary Radford, *Faith and Fratricide: The Theological Roots of Anti-Semitism*, New York: Seabury, 1974; deutsche Übersetzung: *Nächstenliebe und Brudermord. Die theologischen Wurzeln des Antisemitismus*, München: Kaiser, 1978.

Salfeld, Siegmund, Hrsg., *Das Martyrologium des Nürnberger Memorbuches*, Berlin: Simion, 1898.

Schäfer, Peter, *Geschichte der Juden in der Antike. Die Juden Palästinas von Alexander dem Großen bis zur arabischen Eroberung*, Stuttgart: Katholisches Bibelwerk; Neukirchen-Vluyn: Neukirchener Verlag, 1983.

Schäfer, Peter, *Judeophobia: Attitudes toward the Jews in the Ancient World*, Cambridge, Mass. und London: Harvard University Press, 1997; deutsche Übersetzung: *Judenhass und Judenfurcht. Die Entstehung des antiken Antisemitismus*, Berlin: Verlag der Weltreligionen, 2010.

Schäfer, Peter, *Mirror of His Beauty: Feminine Images of God from the Bible to the Early Kabbalah*, Princeton: Princeton University Press, 2002, deutsche Übersetzung: *Weibliche Gottesbilder im Judentum und Christentum*, Frankfurt a. Main und Leipzig: Verlag der Weltreligionen, 2008.

Schäfer, Peter, «Agobard's and Amulo's *Toledot Yeshu*», in: Peter Schäfer, Michael Meerson, and Yaacov Deutsch, Hrsg., *Toledot Yeshu («The Life Story of Jesus») Revisited: A Princeton Conference*, Tübingen: Mohr Siebeck, 2011, S. 27–48.

Schäfer, Peter, *Jesus in the Talmud*, Princeton: Princeton University Press, 2007; deutsche Übersetzung: *Jesus im Talmud*, Tübingen: Mohr Siebeck, ³2017.

Schäfer, Peter, *Jüdische Polemik gegen Jesus und das Christentum. Die Entstehung eines jüdischen Gegenevangeliums*, München: Carl Friedrich von Siemens Stiftung, 2017.

Schechter, Frank I., «The Rightlessness of Mediaeval English Jewry», JQR 4, 1913, S. 121–151.

Scherer, Johann E., *Die Rechtsverhältnisse der Juden in den deutsch-österreichischen Ländern*, Leipzig: Duncker & Humblot, 1901.

Simonsohn, Shelomo, *The Apostolic See and the Jews. Documents: 492–1404*,

Toronto, Ont.: Pontifical Institute of Mediaeval Studies, 1988 (überarbeiteter Nachdruck 1991).

Smith, Bradley F., und Agnes F. Peterson, Hrsg., *Heinrich Himmler. Geheimreden 1933 bis 1945 und andere Ansprachen*, Frankfurt a. M.: Propyläen, 1974.

Stahl, Friedrich Julius, *Der christliche Staat und sein Verhältniß zu Deismus und Judenthum. Eine durch die Verhandlungen des Vereinigten Landtags hervorgerufene Abhandlung*, Berlin: Oehmigke, 1847.

Stoecker, Adolf, *Das moderne Judenthum in Deutschland, besonders in Berlin: zwei Reden in der christlich-socialen Arbeiterpartei gehalten*, Berlin: Wiegandt und Grieben, 1880.

Treitschke, Heinrich von, *Ein Wort über unser Judenthum*, Berlin: Reimer, 1880 (vermehrte 4. Auflage 1881).

van Acker, Lieren, *Agobardi Lugdunensis opera omnia*, Turnhout: Brepols, 1981 (Corpus Christianorum Continuatio Mediaevalis 52).

Weinzierl, Erika, Art. «Antisemitismus VII», in: TRE 3, Berlin/New York: de Gruyter, 1978, S. 155–165.

Yuval, Israel Jacob, *Zwei Völker in deinem Leib. Gegenseitige Wahrnehmung von Juden und Christen in Spätantike und Mittelalter*, Göttingen: Vandenhoeck & Ruprecht, 2007.

PERSONEN- UND ORTSREGISTER

Abraha, König von Himyar 102 f.
'Abd al-Malik, Kalif 115
Adenauer, Konrad 263, 271
Adolf von Nassau, römisch-deutscher König 152
Agobard, Erzbischof von Lyon 132–135
Albo, Josef 161
Albrecht I., römisch-deutscher König 152
Alexander der Große 19 f., 23 f., 26, 37
Alexander II., Zar 226
Alexander III., Zar 226
Alexandria 37–40, 75, 84
Alter, Daniel 286
Ambrosius, Bischof von Mailand 89–93, 98
Amenophis III., Pharao 26
Amenophis IV. (Echnaton), Pharao 26
Amulo, Erzbischof von Lyon 134 f.
Andersen, Friedrich 234 f.
Antiochia 86 f., 95, 133
Antiochus IV. Epiphanes, Seleukiden-König 22 f., 29–31, 33, 40 f., 154
Arendt, Hannah 260
Arius 83–85

Arnold von Uissigheim («König Armleder») 152
Artaxerxes, Perserkönig 24
Ascher, Saul 198
Athanasius, Bischof von Alexandria 84
Augsburg 148, 160, 169
Augustinus von Hippo 92–94, 123, 141
Augustus (Octavian), römischer Kaiser 37
Auschwitz(-Birkenau) 15, 256–258, 269 f., 278 f., 287

Babi-Jar 255
Baeck, Leo 245, 250
Bamberg 160
Bang, Paul 231
Bar Kokhba 68 f., 72, 95
Barghouti, Omar 290, 293
Basel 160, 183 f.
Bea, Augustin Kardinal 267
Bełżec 256 f.
Benedikt XIII., Papst 136, 161
Bergen-Belsen 249
Berlin 207, 209, 211–213, 249, 251, 255, 265 f., 274, 286
Bernhard von Clairvaux 140
Bialik, Chaim Nachman 227
Bielski (Gebrüder) 257

Bismarck, Otto von 206
Bitburg 278
Bleichröder, Gerson 206
Blois 143 f., 158
Bodo (Kaplan) 134
Brandenburg 154, 235
Brandt, Willy 278
Breslau 160
Breßlau, Harry 213
Briemann, August (Aaron Israel
	Brimann) 205, 231
Brüning, Heinrich 242
Bubis, Ignaz 278, 280
Buchenwald 248 f.
Buxtorf, Johannes 184

Caligula, Gaius, römischer Kaiser
	38, 40
Calixt II., Papst 123
Callinicum 89, 91 f., 98
Catilina, Lucius Sergius 31
Celsus 80–83, 135
Chamberlain (geb. Wagner), Eva
	219
Chamberlain, Houston Stewart 214,
	216–219, 234, 239
Chasdai ibn Schaprut 119
Chełmno (Kulmhof) 256 f.
Christophersen, Thies 270
Claß, Heinrich (Daniel Frymann)
	220–222, 230, 246
Claudius, römischer Kaiser 40
Clermont-Tonnerre, Stanislas
	Comte de 193
Closener, Fritsche 156
Crémieux, Adolphe 200
Cromwell, Oliver 158, 184 f.

Dachau 248 f.
Damaskus 44, 153, 284

Darius III., Perserkönig 19
Deckert, Joseph 205
Deggendorf 152 f., 155
Delitzsch, Franz 205
Diderot, Denis 187
Dinter, Artur 231
Diodorus Siculus 27
Dohm, Christian Wilhelm von 191 f.
Domitian, römischer Kaiser 34
Donin, Nicolaus 148
Dreyfus, Alfred 223–225
Drumont, Edouard 224
Dühring, Eugen 214

Ebendorfer, Thomas 136
Eberhard, Graf von Württemberg
	166
Ecker, Jakob 205
Eduard der Bekenner, König von
	England 129
Eduard I., König von England 158
Eichmann, Adolf 260, 269 f.
Eisenmenger, Johann Andreas 204
Ephraim ben Jakob von Bonn 140,
	143 f.
Erlangen 275
Eugen III., Papst 139, 141
Eusebius von Caesarea 86
Ezana, König von Aksum 102

Fassbinder, Rainer Werner 278
Felgenhauer, Paul 185
Ferdinand, König von Aragon 162
Fichte, Johann Gottlieb 196 f., 212
Fischer, Ruth 234
Flaccus, A. Avillius 38–40
Flavius Josephus 26, 142
Flossenbürg 249
Ford, Henry 228
Frank, Anne 269

Personen- und Ortsregister

Frankfurt am Main 154, 201, 207, 245, 269, 278
Franz Joseph I., Kaiser von Österreich 223
Freiburg 160
Frey, Gerhard 270
Friedrich I. Barbarossa, römisch-deutscher Kaiser 131, 141
Friedrich II., römisch-deutscher Kaiser 131, 145 f., 148
Friedrich Wilhelm III., König von Preußen 195
Friedrich Wilhelm IV., König von Preußen 199
Fries, Jakob Friedrich 197 f.
Fritsch, Theodor («Thomas Frey») 214–216, 228, 230
Fulda 131, 144 f., 148

Galinski, Heinz 274
George, Heinrich 250
Gikatilla, Joseph 184
Glagau, Otto 207 f., 210
Globke, Hans 263
Goebbels, Joseph 247, 251
Goethe, Johann Wolfgang von 212
Goldberg, Amos 291
Göring, Hermann 254
Graetz, Heinrich 212 f.
Gregor der Große, Papst 122 f.
Gregor IX., Papst 123, 127, 131, 148
Gregor, Bischof von Tours 150
Groß-Rosen 249
Grotius, Hugo 184
Grynszpan, Herschel 247

Hadrian, römischer Kaiser 33, 69
Hagenau 145
Halle 287
Harlan, Veit 250

Heine, Heinrich 146
Heinrich I., König von England 129
Heinrich IV., römisch-deutscher Kaiser 130 f.
Heinrich, Herzog von Bayern-Landshut 152
Hekataios von Abdera 26
Helena (Mutter von Kaiser Konstantin) 86
Heraklius, byzantinischer Kaiser 106
Herodes Agrippa I. 38
Herodes der Große 19
Herzl, Theodor 225
Heydrich, Reinhard 254–256
Himmler, Heinrich 261
Hindenburg, Paul von 242
Hitler, Adolf 219, 223, 236–240, 242 f., 247, 251 f., 260, 263, 278 f., 285
Hoogstraten, Jakob van 168
Honorius, weströmischer Kaiser 99
Hossenfelder, Joachim 235
Hugenberg, Alfred 233
Huldreich, Johannes Jacob 136
Hussein, Saddam 281
al-Husseini, Muhammad Amin 284 f.

Innozenz III., Papst 123 f.
Innozenz IV., Papst 146
Isabella, Königin von Kastilien 162

Jenninger, Philipp 279 f.
Jerusalem 20–22, 26 f., 31 f., 34, 40, 44, 48, 50, 53, 67 f., 70, 76, 90 f., 109, 114–116, 140 f., 149, 178, 269, 282, 284
Johann Ohneland, König von England 129

Johannes (Chrysostomus) von An-
tiochia 86–88, 93, 95, 133, 154
Johannes (Evangelist) 44, 58–66,
77–79, 85, 87, 92, 137, 178
Jomtov von Joigny 141
Joschua ben Josef Lorki (Hierony-
mus de Sancta Fide) 161
Joseph II., römisch-deutscher Kaiser
192
Julian (Apostata), römischer Kaiser
90–92
Julius III., Papst 169
Justin (der Märtyrer) 73 f., 76, 78, 81
Justinian, römischer Kaiser 95, 99 f.
Juvenal 35

Karl Alexander, Herzog von Würt-
temberg 250
Karl der Große, Kaiser 125, 132
Karl der Kahle, Kaiser 134
Karl V., römisch-deutscher Kaiser
169
Karl VI., König von Frankreich 159
Kempe, Anders (Andreas Pederson)
185
Kischinev 226 f.
Knodn, Hans 232
Knorr von Rosenroth, Christian 185
Kohl, Helmut 277
Köln 96, 160, 167 f., 270, 275
Konstantin I., römischer Kaiser
83–86, 95–97
Konstantinopel 85 f., 100
Konstantius II., römischer Kaiser 97
Konstanz 160
Kyros, Perserkönig 19

La Peyrère, Isaac de 185
Lagarde, Paul de (Paul Bötticher)
214 f.

Langbehn, Julius 214 f.
Lazare, Bernard 224
Lazarus, Moritz 213
Leo X., Papst 169
Lessing, Gotthold Ephraim 213
Lewin, Shlomo 275
Lightfoot, John 184
Linz 223
Lipsius, Justus 190
Łódź (Litzmannstadt) 253
London 141, 191, 200, 208
Lublin-Majdanek 256 f.
Ludendorff, Erich 237
Ludwig der Fromme 132, 134, 136
Ludwig IX., der Heilige, König von
Frankreich 129, 148
Ludwig X., König von Frankreich
159
Ludwig XIV., König von Frankreich
185
Ludwig XVIII., König von Frank-
reich 195
Lueger, Karl 223
Luther, Martin 16, 136, 170–183, 212
Lyon 132 f., 136, 146

Maimonides, Moses 119, 148, 298
Mainz 138, 144, 160, 168
Manetho 26 f.
Marian, Ferdinand 250
Markion 78 f.
Marr, Wilhelm 203, 212
Martin, Konrad 199
Matthäus (Evangelist) 44, 50–58, 65,
75, 143, 172
Mauthausen 249
Maximilian I., römisch-deutscher
Kaiser 167 f.
Maximus, weströmischer Kaiser
90–92

McCarthy, Joseph 286
Medina (Yathrib) 101–103, 105–107, 111 f., 116
Meir von Rothenburg 149
Meister Eckhart 218
Mekka 101–107, 115
Melun 129
Mendelssohn, Moses 137, 192
Mercier, Auguste 224 f.
Mommsen, Theodor 9, 213
Montesquieu 187
Mordechai 24
Muhammad (Prophet des Islam) 101, 103–107, 109, 112–115, 117
Mülhausen 224
Müller, Hermann 242
Müller, Ludwig 235
München 149, 160, 230, 237, 249, 274 f.
Münster, Sebastian 183
Mussolini, Benito 258

Nadschrân 102, 105
Napoleon Bonaparte, Kaiser der Franzosen 194, 196
Nero 35, 37, 41
Neu-Delhi 265
Neuengamme 249
New York 242, 280
Nietzsche, Friedrich 264
Nikolaus II., Zar 226
Nilus, Sergei 228
Nizäa 84, 86, 110
Nöldecke, Theodor 104
Nolte, Ernst 278 f.
Nürnberg 156 f., 160, 243, 245, 250, 253, 263

Odessa 226
Oppenheimer, Joseph Süß 251

Oranienburg 249
Origenes von Caesarea 80–83
Osiander, Andreas 183

Paris 147–149, 151, 158 f., 188, 194, 208, 228
Paul III., Papst 169
Paul IV., Papst 169
Paul VI., Papst 267
Paulus, Apostel 43–50, 58, 61, 63, 65 f., 71 f., 77 f., 94
Petronius 34 f., 154
Pfefferkorn, Johannes (Joseph) 167–169
Philipp II., König von Frankreich 141, 158 f.
Philipp IV., König von Frankreich 159
Philo von Alexandria 38 f.
Pico della Mirandola, Giovanni 167
Picquart, Georges 224
Pius V., Papst 169
Pius XI., Papst 244
Pius XII., Papst (Eugenio Pacelli) 244
Poeschke, Frida 275
Pompejus 32
Posen 261
Postel, Guillaume 184
Ptolemaios I. 26
Ptolemaios II. Philadelphos, König von Ägypten 75
Raimundus Martinus 136, 149

Rath, Ernst vom 247
Rathenau, Walther 230
Ravensbrück 249
Reagan, Ronald 278
Regensburg 153, 160
Reuchlin, Johannes 166–169

Richard Löwenherz, König von
England 141
Ricius, Paulus 184
Riesser, Gabriel 201
Rohling, August 204 f., 207, 231
Rom 28, 32–34, 38, 40 f., 46, 68–70,
91, 142, 167
Romulus Augustulus, weströmischer
Kaiser 99
Rosenberg, Alfred 228
Rosenzweig, Franz 245
Röttingen an der Tauber 151
Rousseau, Jean-Jacques 187
Rudolf (Schüler von Bernhard von
Clairvaux) 140
Rudolf von Habsburg, römisch-
deutscher König 123
Rühs, Friedrich 197 f.

Sachsenhausen 248 f.
Saladin, Sultan 119, 141
Schimon ben Jochanan 148
Schlinck zu Falkenau, Wolf 176
Schlomo bar Schimschon (Salomo
Bar Simson) 138
Schmuel ha-Nagid 119
Schneider, Lambert 269
Schönerer, Georg Ritter von 223
Seneca 37, 150
Sevilla 161
Simon von Trient 147, 154, 205
Sixtus IV., Papst 161
Sixtus V., Papst 147
Sixtus X., Papst 169
Sobibor 256
Sophronius, Patriarch von Jerusalem
115
Speyer 138, 144, 160, 169
Stahl, Friedrich Julius (Julius Jolson-
Uhlfelder) 199

Stalin, Josef 261
Stoecker, Adolf 209–211
Strack, Hermann 205
Straßburg 156
Streicher, Julius 242
Stutthof 249
Sueton 34

Tacitus 40–42, 189 f.
Theodosius I., oströmischer Kaiser
83, 85 f., 89–92, 95, 98 f.
Theodosius II., oströmischer Kaiser
98 f.
Theresienstadt (Terezin) 249 f.
Thessaloniki 45
Tiberius, römischer Kaiser 34, 38,
135
Tiszaeszlár 205
Titus, römischer Kaiser 20, 33, 70
Toland, John 191
Torquemada, Tomás de 162
Tortosa 161
Treblinka 257
Treitschke, Heinrich von 211–213
Trier 146, 160
Trypho 73 f., 76
at-Tunisi, Muhammad Khalifa
228

Ulm 160
'Umar ibn al-Khattāb, Kalif 114 f.,
117
Urban II., Papst 137
Uriel von Gemmingen, Erzbischof
von Mainz 168

Valentinian II., weströmischer Kaiser
89
Venedig 169, 251
Vespasian, römischer Kaiser 33, 70

Voltaire (François-Marie Arouet)
136, 187–190

Wagenseil, Johann Christoph 136,
185
Wagner, Richard 219
Walser, Martin 280
Warschau 253, 257, 278
Werner von Oberwesel 146
Wien 131, 136, 192, 205, 207, 223,
225
Wilhelm I., Deutscher Kaiser
201 f.
Wilhelm II., Deutscher Kaiser 219

Wilhelm von Preußen, Kronprinz
219
William of Newbury 141
William von Norwich 143
Wittenberg 171, 182
Worms 130 f., 138 f., 144, 156
Würzburg 160, 198

Xanten 205

Yathrib *siehe* Medina

Zimberli, Johann 152
Zola, Emile 224